Hans Christian
Andersen
Märchen

*Illustriert
von Kamila Štanclová
und Dušan Kállay*

Hans Christian Andersen

Märchen

Aus dem Dänischen

cbj ist der Kinder- und Jugendbuchverlag
in der Verlagsgruppe Random House

www.cbj-verlag.de

Umwelthinweis:
Dieses Buch wurde auf chlorfrei
gebleichtem Papier gedruckt.
Gesetzt nach den Regeln
der Rechtschreibreform.

1. Auflage 2005
© 2005 by BRIO, Prag
© 2005 für die Illustrationen
Kamila Štanclová und Dušan Kállay
© 2005 für das Layout BRIO, Prag
© 2005 für die deutschsprachige Ausgabe cbj, München
Layout: Clara Istler
Innenillustrationen:
Kamila Štanclová und Dušan Kállay
Umschlagbild: Dušan Kállay
Umschlaggestaltung: Clara Istler
und Atelier Langenfass, Ismaning
Jo · Herstellung: WM
Satz: Uhl + Massopust, Aalen
Druck: GRASPO CZ, Ltd.
Pod Šternberkem 324, Zlín
ISBN 3-570-12903-9
Printed in the Czech
Republic

Inhalt

13	Das Feuerzeug
23	Das hässliche junge Entlein
38	Die Prinzessin auf der Erbse
43	Der böse Fürst
49	Der kleine Klaus und der große Klaus
66	Der unartige Knabe
70	Däumelinchen
86	Die kleine Seejungfrau
119	Das Gänseblümchen
127	Des Kaisers neue Kleider
136	Der standhafte Zinnsoldat
144	Die wilden Schwäne
169	Der fliegende Koffer
177	Eine Rose vom Grabe Homers
180	Die Störche
189	Der Schlafgott
208	Der Rosenelf
216	Der Schweinehirt
224	Die Nachtigall
238	Die Brautleute
243	Die roten Schuhe
253	Der Springer
257	Der Däne Holger
264	Von einem Fenster in Vartou
268	Der Flachs
275	Der kleine Tuk

282	Das alte Haus
295	Die Geschichte des Jahres
309	Es ist ganz gewiss!
314	Goldschatz
327	Die Galoschen des Glücks
367	Tölpelhans
373	Die Schnellläufer
378	Der Flaschenhals
394	Suppe auf einem Wurstspeiler
414	Der letzte Traum der alten Eiche
423	Vogel Phönix
427	Der Wind erzählt von Waldemaar Daae und seinen Töchtern
444	Kindergeplauder
449	Der Puppenspieler
457	Zwölf mit der Post
464	Der Mistkäfer
476	Was Vater tut, das ist immer recht
484	Der Schneemann
493	Im Entenhof
503	Die Glocke
513	Der Sturm versetzt Schilder
521	Die Teekanne
524	Das Schneeglöckchen
530	Ein Blatt vom Himmel
535	Feder und Tintenfass
541	Das stumme Buch

»Die Märchendichtung ist das am weitesten ausgedehnte Reich der Poesie... die Vertreterin der Poesie, und wer sie beherrscht, muss das Tragische, das Komische, das Naive, die Ironie und den Humor hineinlegen können.«

Hans Christian Andersen

DAS FEUERZEUG

Dort kam ein Soldat auf der Landstraße einhermarschiert: »Eins, zwei! Eins, zwei!« Er hatte seinen Tornister auf dem Rücken und einen Säbel an der Seite, weil er im Krieg gewesen war, doch nun sollte es heimwärts gehen. Da begegnete er auf der Landstraße einer alten Hexe; sie war entsetzlich garstig, die Unterlippe hing ihr bis auf die Brust hinab. Sie sagte: »Guten Abend, Soldat! Was für einen zierlichen Säbel und großen Tornister du doch hast! Du bist ein echter Soldat! Nun sollst du so viel Geld bekommen, wie du haben willst!« – »Schönen Dank, alte Hexe!«, sagte der Soldat. »Siehst du dort den großen Baum?«, sagte die Hexe und zeigte auf einen Baum, der ihnen zur Seite stand. »Er ist im Innern ganz hohl. Wenn du ihn bis zum Gipfel ersteigst, erblickst du ein Loch, durch das du hinabgleiten und bis tief in den Baum hinunterkommen kannst. Ich werde dir einen Strick um den Leib binden, um dich wieder heraufziehen zu können, sobald du mich rufst!«

»Was soll ich denn da unten im Baum?«, fragte der Soldat.

»Geld holen«, sagte die Hexe. »Du musst wissen, sobald du auf den Boden des Baumes hinunterkommst, so befindest du dich in einem langen Gang; dort ist es ganz hell, weil da über hundert Lampen brennen. Dann gewahrst du drei Türen. Du kannst sie öffnen, der Schlüssel steckt darin. Gehst du in die erste Kammer hinein, so erblickst du mitten auf dem Fußboden eine große Kiste, auf der ein Hund sitzt. Er hat ein Paar Augen so groß wie ein Paar Tassen, aber darum darfst du dich nicht kümmern! Ich gebe dir meine blau karierte Schürze, die kannst du auf dem Fußboden ausbreiten; geh dann schnell hin und packe den Hund, setze ihn auf meine Schürze, öffne die Kiste und nimm so viel Geld du willst. Es ist alles lauter Kupfer; willst du aber lieber Silber haben, so musst du in das nächste Zimmer hineintreten; dort sitzt ein Hund, der Augen hat so groß wie Mühlräder; aber darum brauchst du dich nicht zu kümmern, setze ihn nur auf meine Schürze und nimm dir von dem Geld. Willst du dagegen Gold haben, so kannst du es auch bekommen, so viel wie du nur zu tragen vermagst, wenn du in die dritte Kammer hineingehst. Allein der Hund, der hier auf der Geldkiste sitzt, hat zwei Augen, jedes so groß wie ein runder Turm. Glaub's, das ist ein richtiger Hund. Aber darum brauchst du dich nicht zu kümmern. Setze ihn nur auf meine Schürze, so tut er dir nichts, und nimm aus der Kiste so viel Gold du willst.«

»Das ist gar nicht übel!«, sagte der Soldat. »Aber was soll ich dir geben, du alte Hexe? Denn etwas, kann ich mir denken, willst du wohl auch haben!«

»Nein«, sagte die Hexe, »nicht einen einzigen Pfennig will ich haben! Mir sollst du nur ein altes Feuerzeug holen, das meine Großmutter vergaß, als sie zum letzten Mal unten war!«

»Gut«, sagte der Soldat, »knüpfe mir denn den Strick um den Leib.«

»Hier ist er«, sagte die Hexe, »und hier ist meine blau karierte Schürze!«

So kletterte denn der Soldat den Baum hinauf, glitt durch das Loch hinunter und stand nun, wie die Hexe gesagt, unten in dem großen Gang, wo die vielen hundert Lampen brannten.

Nun öffnete er die erste Tür. Hu! Da saß der Hund mit Augen so groß wie Tassen und glotzte ihn an.

»Du bist ein netter Bursch!«, sagte der Soldat, setzte ihn auf die Schürze der Hexe und nahm so viel Kupfergeld, wie nur immer in seine Taschen ging, verschloss dann die Kiste, setzte den Hund wieder hinauf und ging in das andere Zimmer. Potztausend! Da saß der Hund mit Augen so groß wie Mühlenräder.

»Du solltest mich nicht so starr ansehen!«, sagte der Soldat. »Du könntest sonst Augenweh bekommen!« Und damit setzte er den Hund auf die Schürze der Hexe; als er aber das viele Silbergeld in der Kiste gewahrte, warf er alles Kupfergeld fort und füllte sich die Taschen und den Tornister mit lauter Silber. Nun ging er in die dritte Kammer hinein. Nein, war das grässlich! Der Hund darin hatte wirklich zwei Augen so groß wie ein runder Turm, und die liefen im Kopf wie Räder umher.

»Guten Abend!«, sagte der Soldat und griff an den Tschako, denn einen solchen Hund hatte er nie zuvor gesehen; als er ihn aber eine Zeit lang betrachtet hatte, dachte er bei sich: Nun kann es genug sein!, hob ihn auf den Fußboden herunter und öffnete die Kiste. Nein, Gott bewahre! Was war da für eine Menge Gold! Dafür konnte er ganz Kopenhagen und die Zuckerferkelchen der Kuchenweiber, alle Zinnsoldaten, Peitschen und Schaukelpferde in der ganzen Welt kaufen. Ja, das war einmal Geld!

Nun warf der Soldat alles Silbergeld, womit er seine Taschen und seinen Tornister gefüllt hatte, fort und nahm stattdessen Gold – ja, alle Taschen, der Tornister, der Tschako und die Stiefel wurden angefüllt, sodass er kaum gehen konnte. Nun hatte er Geld! Den Hund setzte er auf die Kiste hinauf, schlug die Tür zu und rief dann durch den Baum hinauf: »Ziehe mich empor, alte Hexe!«

»Hast du denn auch das Feuerzeug?«, fragte die Hexe.

»Wahrhaftig«, sagte der Soldat, »das hatte ich rein vergessen«, und nun ging er und nahm es. Die Hexe zog ihn empor, und da stand er wieder auf der Landstraße, die Taschen, Stiefel, Tornister und Tschako bis oben voll Geld.

»Was willst du denn mit dem Feuerzeug?«, fragte der Soldat.

»Das geht dich nichts an!«, sagte die Hexe. »Du hast ja Geld bekommen, gib mir jetzt nur das Feuerzeug.«

»Larifari!«, sagte der Soldat. »Gleich sagst du mir, was du damit willst, oder ich ziehe meinen Säbel und schlage dir den Kopf ab!«

»Nein!«, sagte die Hexe.

Da schlug ihr der Soldat den Kopf ab. Nun lag sie da! Er aber band all sein Geld in ihre Schürze, nahm sie wie ein Bündel auf den Rücken, steckte das Feuerzeug in die Tasche und ging geradeswegs nach der Stadt.

Es war eine schmucke Stadt, und in dem schmucksten Wirtshaus kehrte er ein, verlangte die allerbesten Zimmer und die Speisen, die er am liebsten aß, denn nun war er reich, da er so viel Geld hatte.

Dem Hausknecht, der ihm die Stiefel putzen sollte, schien es freilich, als wären es recht sonderbare alte Stiefel, die ein so reicher Herr hätte, aber er hatte sich noch keine neuen gekauft. Am nächsten Tag bekam er aber Stiefel, die sich sehen lassen konnten, und extrafeine Kleider. Nun war aus dem Soldaten ein vornehmer Herr geworden und man erzählte ihm von allen

Herrlichkeiten der Stadt und von dem König und was für eine reizende Prinzessin seine Tochter wäre.

»Wo kann man sie zu sehen bekommen?«, fragte der Soldat.

»Man kann sie eben gar nicht zu Gesicht bekommen!«, lautete die Antwort. »Sie wohnt in einem großen kupfernen Schloss, ringsum durch viele Mauern und Türme geschützt. Niemand außer dem König darf bei ihr aus und ein gehen, weil geweissagt ist, dass sie mit einem ganz gemeinen Soldaten verheiratet werden wird, und das kann der König nicht dulden.«

Ich möchte sie wohl sehen!, dachte der Soldat, aber dazu konnte er ja eben keine Erlaubnis erhalten.

Nun lebte er lustig in den Tag hinein, ging fleißig ins Theater, fuhr in des Königs Garten und gab den Armen viel Geld, und das war brav. Er wusste ja noch von früheren Tagen her, wie schlimm es wäre, nicht einen Heller zu besitzen. Nun war er reich, hatte feine Kleider und bekam viele Freunde, die

alle sagten, er wäre ein guter Junge, ein echter Kavalier, und das behagte dem Soldaten gar sehr. Da er aber jeden Tag nur Geld ausgab und nie etwas einnahm, so hatte er zuletzt nur noch zwei Pfennig übrig und musste aus den prächtigen Zimmern, die er bisher bewohnt hatte, in ein kleines Giebelstübchen dicht unter dem Dach ziehen, musste sich seine Stiefel selbst bürsten, und keiner seiner Freunde kam zu ihm, weil man so viele Treppen zu ihm hinaufzusteigen hatte.

Es war ein ganz dunkler Abend und er konnte sich nicht einmal ein Licht kaufen; aber da erinnerte er sich plötzlich, dass sich noch ein Lichtstumpf in dem Feuerzeug befinden musste, das er aus dem hohlen Baum mitgenommen hatte, in den ihm die Hexe hinuntergeholfen. Er holte das Feuerzeug und das Lichtstümpfchen hervor, aber gerade als er Feuer schlug und die Funken aus dem Feuerstein flogen, sprang die Tür auf, und der Hund, der Augen hatte so groß wie ein Paar Tassen und den er unten im Baum gesehen hatte, stand vor ihm und sagte: »Was befiehlt mein Herr?«

»Was ist das?«, sagte der Soldat. »Das ist ja ein drolliges Feuerzeug, wenn ich dadurch bekommen kann, was ich nur haben will! Schaffe mir etwas Geld herbei«, sagte er zum Hund, und flugs war er fort, flugs war er wieder da und hielt einen großen Beutel voll Geld in seinem Maul.

Nun wusste der Soldat, was das für ein prächtiges Feuerzeug war. Schlug er einmal, so kam der Hund, der auf der Kiste mit dem Kupfergeld saß, schlug er zweimal, so kam der, welcher das Silbergeld hatte, und schlug er dreimal, so kam der, welcher das Gold hatte. Nun zog der Soldat wieder in die prächtigen Zimmer hinunter, zeigte sich in guten Kleidern, und da erkannten ihn gleich alle seine guten Freunde und hielten große Stücke auf ihn.

Da dachte er einmal: Es ist doch wirklich auffallend, dass man die Prinzessin nicht zu sehen bekommt! Sie soll außerordentlich schön sein, be-

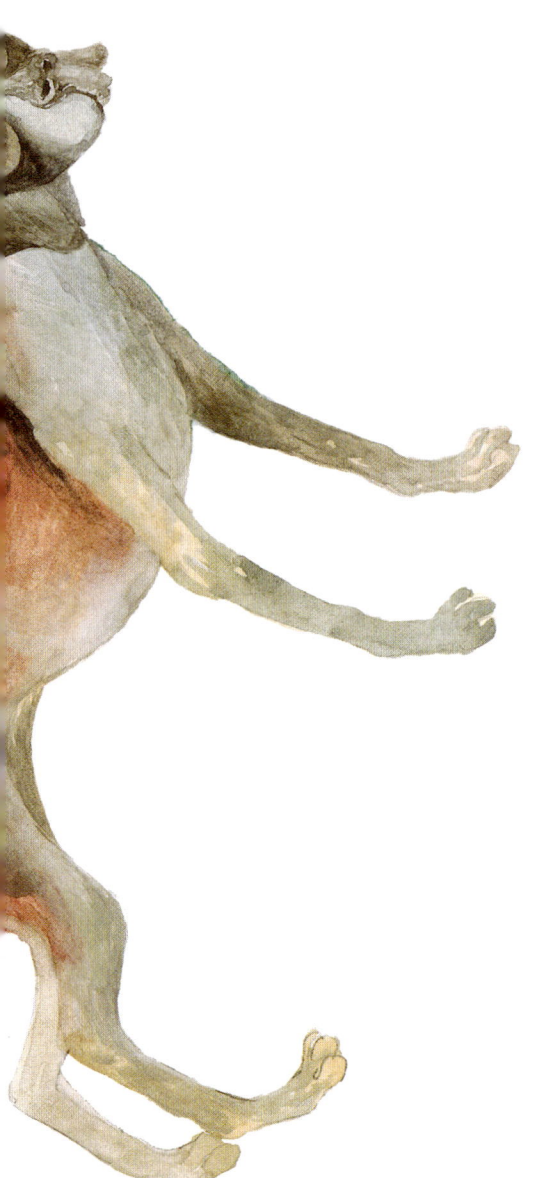

hauptet jedermann, aber was kann das helfen, wenn sie immer in dem großen Kupferschloss mit den vielen Türmen sitzen muss. Kann ich sie denn gar nicht zu sehen bekommen? – Wo ist nur mein Feuerzeug? Nun schlug er Feuer und flugs kam der Hund mit Augen so groß wie Tassen.

»Es ist zwar mitten in der Nacht«, sagte der Soldat, »aber ich möchte doch gar zu gern die Prinzessin sehen, nur einen kleinen Augenblick!«

Der Hund war gleich aus der Tür, und ehe es der Soldat dachte, sah er ihn schon mit der Prinzessin wieder. Sie saß und schlief auf des Hundes Rücken und war so schön, dass jedermann sehen konnte, dass es eine wirkliche Prinzessin war. Der Soldat konnte sich nicht enthalten, sie zu küssen, denn er war ein echter Soldat.

Der Hund lief darauf mit der Prinzessin wieder zurück; als es aber Morgen wurde und der König und die Königin beim Frühstück saßen, sagte die Prinzessin, sie hätte in der Nacht einen ganz wunderlichen Traum von einem Hund und einem Soldaten gehabt. Sie wäre auf dem Hund geritten und der Soldat hätte sie geküsst.

»Das wäre wahrlich eine schöne Geschichte!«, sagte die Königin.

Nun sollte eine der alten Hofdamen in der nächsten Nacht am Bett der Prinzessin wachen, um zu sehen, ob es ein wirklicher Traum wäre oder was es sonst sein könnte. Der Soldat sehnte sich ganz schrecklich danach, die schöne Prinzessin wieder zu sehen, und so kam denn der Hund in der Nacht, nahm sie und lief, was er nur immer konnte; allein die alte Hofdame zog Wasserstiefel an und lief ebenso schnell hinterher. Als sie nun sah, dass sie in einem großen Haus verschwanden, dachte sie: Nun weiß ich, wo es ist! und zeichnete mit einem Stück Kreide ein großes Kreuz an die Tür. Darauf ging sie heim und legte sich nieder und auch der Hund kam mit der Prinzessin wieder. Als er aber sah, dass ein Kreuz auf die Tür, wo der Soldat wohnte, gezeichnet war, nahm er ebenfalls ein Stück Kreide und machte auf alle Türen der ganzen Stadt Kreuze. Und das war klug getan, denn nun konnte ja die Hofdame die richtige Tür nicht finden, da an allen Kreuze waren.

Frühmorgens kamen der König und die Königin, die Hofdame und alle Offiziere, um zu sehen, wo die Prinzessin gewesen war.

»Da ist es!«, sagte der König, als er die erste mit einem Kreuz bezeichnete Tür erblickte.

»Nein, dort ist es, liebes Männchen!«, sagte die Königin, als sie die zweite Tür mit dem Kreuzeszeichen bemerkte.

»Aber da ist eins und dort ist eins!«, riefen sie sämtlich; wohin sie sahen, waren Kreuze an den Türen. Da sahen sie denn wohl ein, dass alles Suchen vergeblich wäre.

Aber die Königin war eine außerordentlich kluge Frau, die mehr verstand, als in einer Karosse einherzufahren. Sie nahm ihre große goldene Schere, zerschnitt ein großes Stück Seidenzeug und nähte dann einen kleinen niedlichen Beutel, den füllte sie mit feiner Buchweizengrütze, band ihn der Prinzessin auf den Rücken und schnitt darauf ein kleines Loch in den Beutel, sodass die Grütze den ganzen Weg, den die Prinzessin passierte, bestreuen konnte. Nachts kam der Hund wieder, nahm die Prinzessin auf seinen Rücken und lief mit ihr zu dem Soldaten, der sie so herzlich lieb hatte und so gern ein Prinz gewesen wäre, um sie heimführen zu können.

Der Hund merkte durchaus nicht, wie die Grütze über den ganzen Weg vom Schloss bis zu dem Fenster, wo er mit der Prinzessin die Mauer hinauflief, verstreut wurde. Nun sahen es des Morgens der König und die Königin deutlich, wo ihre Tochter gewesen war, und da nahmen sie den Soldaten und warfen ihn ins Gefängnis.

Da saß er nun. Ach, wie finster und langweilig war es darin! Auch sagte man ihm: »Morgen wirst du gehängt werden!« Das war just nicht vergnüglich zu hören und dazu hatte er sein Feuerzeug daheim im Wirtshaus gelassen. Am Morgen konnte er durch das Eisengitter vor seinem kleinen Fenster sehen, wie das Volk aus der Stadt herbeieilte, ihn hängen zu sehen. Er hörte die Trommeln und sah die Soldaten marschieren. Alle Leute waren auf den Beinen; dabei war auch ein Schusterjunge mit Schurzfell und Pantoffeln; er lief so eilig, dass ihm ein Pantoffel abflog und gerade gegen die Mauer, hinter welcher der Soldat saß und durch das Eisengitter hinausschaute.

»Höre einmal, Schusterjunge! Du brauchst dich nicht so zu beeilen«, sagte der Soldat zu ihm, »es wird doch nichts daraus, bevor ich komme. Willst du aber in meine frühere Wohnung laufen und mir mein Feuerzeug holen, so sollst du vier Groschen bekommen. Aber lauf und nimm die Beine in die Hand!« Der Schusterjunge wollte gern die vier Groschen haben und eilte pfeilgeschwind nach dem Feuerzeug, gab es dem Soldaten und – ja, nun werden wir es zu hören bekommen.

Außerhalb der Stadt war ein großer Galgen aufgemauert, ringsum standen die Soldaten und viele tausend Menschen. Der König und die Königin saßen auf einem prächtigen Thron den Richtern und dem ganzen Rat gerade gegenüber.

Schon stand der Soldat oben auf der Leiter, als man ihm aber den Strick um den Hals legen wollte, sagte er, dass man ja stets einem armen Sünder, bevor er seine Strafe erduldete, einen unschuldigen Wunsch erfüllte. Er möchte so gern eine Pfeife Tabak rauchen, es wäre ja die letzte Pfeife, die er in dieser Welt bekäme!

Das wollte ihm nun der König nicht abschlagen, und so nahm der Soldat sein Feuerzeug und schlug Feuer, ein-, zwei-, dreimal. Siehe!, da standen alle Hunde da, der mit Augen so groß wie Tassen, der mit Augen so groß wie Mühlräder und der, welcher Augen hatte so groß wie ein runder Turm.

»Helft mir, dass ich nicht gehenkt werde!«, sagte der Soldat, und da stürzten sich die Hunde auf die Richter und den ganzen Rat, ergriffen den einen bei den Beinen, den andern bei der Nase, und warfen sie viele Klafter hoch in die Luft, sodass sie beim Niederfallen in Stücke geschlagen wurden.

»Ich will nicht!«, sagte der König, aber der größte Hund nahm sowohl ihn wie die Königin und warf sie allen anderen nach. Da erschraken die Soldaten, und alles Volk schrie: »Lieber Soldat, du sollst unser König sein und die schöne Prinzessin haben!«

Darauf setzte man den Soldaten in des Königs Karosse, und alle drei Hunde tanzten voran und riefen: »Hurra!«, und die Jungen pfiffen auf den Fingern, und die Soldaten präsentierten. Die Prinzessin kam aus dem kupfernen Schloss heraus und wurde Königin und das konnte ihr gar wohl gefallen! Die Hochzeit dauerte acht Tage lang und die Hunde saßen mit bei Tafel und machten große Augen.

Das hässliche junge Entlein

Draußen auf dem Land war es herrlich! Es war Sommer! Das Korn stand gelb, der Hafer grün. Das Heu war unten auf den grünen Wiesen in Schobern aufgestellt, und da spazierte der Storch auf seinen langen roten Beinen und klapperte ägyptisch, denn diese Sprache hatte er von seiner Mutter gelernt. Um den Acker und die Wiesen zogen sich große Wälder und mitten in ihnen befanden sich tiefe Seen. Oh, es war herrlich da draußen auf dem Land!

Mitten im warmen Sonnenschein lag ein altes Rittergut, von tiefen Kanälen umgeben, und von der Mauer an bis zum Wasser hinunter wuchsen dort große Klettenblätter, die so hoch waren, dass unter den größten kleine Kinder aufrecht stehen konnten. Darin war es geradeso wild wie im tiefsten Wald. Hier lag eine Ente auf ihrem Nest, um ihre Jungen auszubrüten, aber jetzt war sie dessen fast überdrüssig, weil es doch gar zu lange dauerte und sie dabei so selten Besuch bekam. Die anderen Enten zogen es vor, auf den Kanälen herumzuschwimmen, anstatt sie zu besuchen und unter einem Klettenblatt zu sitzen, um mit ihr zu plaudern.

Endlich platzte ein Ei nach dem anderen. »Piep, piep!«, sagte es, alle Eidotter waren lebendig geworden und steckten den Kopf heraus.

»Rap, rap! Eilt, eilt!«, rief sie, und da beeilten sie sich nach Kräften und guckten unter den grünen Blättern nach allen Seiten umher. Die Mutter ließ sie sich auch umschauen, soviel sie wollten, denn das Grüne ist gut für die Augen.

»Wie groß ist doch die Welt!«, sagten alle Jungen; denn freilich hatten sie jetzt ganz anders Platz als zu der Zeit, da sie noch drinnen im Ei lagen.

»Haltet ihr das schon für die ganze Welt?«, sagte die Mutter. »Die erstreckt sich noch weit über die andere Seite des Gartens hinaus bis in das Feld des Pfarrers; da bin ich indes noch nie gewesen! – Ihr seid doch alle hübsch beisammen?«, setzte sie hinzu und erhob sich. »Nein, ich habe noch nicht alle! Das größte Ei liegt immer noch da! Wie lange soll denn das noch dauern? Nun habe ich es wirklich bald satt!« Und dann legte sie sich wieder.

»Nun, wie geht es?«, fragte eine alte Ente, die auf Besuch gekommen war.

»Es dauert mit dem einen Ei so lange!«, sagte die Ente, welche brütete. »Es zeigt sich noch kein Loch in ihm. Aber nun sollst du die anderen sehen. Es sind die hübschesten jungen Enten, die ich je gesehen habe. Sie sind sämtlich ihrem Vater wie aus dem Gesicht geschnitten! Der Bösewicht, er besucht mich nicht einmal!«

»Lass mich doch das Ei sehen, das nicht platzen will«, erwiderte die Alte. »Verlass dich darauf, es ist ein Putenei! So bin ich auch einmal angeführt worden, und ich hatte meine liebe Not mit den Jungen, denn sie fürchten sich vor dem Wasser, kann ich dir sagen. Erst konnte ich sie gar nicht herausbekommen, soviel ich auch ermahnte und nachhalf! – Lass mich doch das Ei sehen! Ja, das ist ein Putenei! Lass es liegen und lehre lieber deine anderen Kinder schwimmen!«

»Ich will doch noch ein wenig darauf liegen bleiben!«, entgegnete die Ente. »Habe ich nun so lange gelegen, kommt es auf etwas länger auch nicht an!«

»Jeder nach seinem Geschmack!«, sagte die alte Ente und nahm Abschied. Endlich platzte das große Ei. »Piep, piep!«, sagte das Junge und kroch heraus. Es war sehr groß und auffallend hässlich. Die Ente besah es sich. »Das ist ja ein entsetzlich großes Entlein!«, sagte sie. »Keines von den anderen sieht so aus. Sollte es wirklich eine junge Pute sein? Nun, da wollen wir bald dahinter kommen! In das Wasser muss es und sollte ich es selbst hineinstoßen!«

Am nächsten Tag war prächtiges, herrliches Wetter! Die Sonne schien brennend heiß auf alle die grünen Kletten hernieder. Die Entleinmutter erschien mit ihrer ganzen Familie am Kanal. Platsch!, sprang sie in das Wasser. »Rap, rap!«, rief sie, und ein Entlein nach dem anderen plumpste hinein. Das Wasser schlug ihnen über dem Kopf zusammen, aber sie tauchten gleich wieder empor und schwammen stolz dahin, die Beine bewegten sich von selbst, und alle waren sie in dem nassen Element, selbst das hässliche graue Junge schwamm mit.

»Nein, das ist keine Pute!«, sagte die Entleinmutter. »Sieh nur einer, wie hübsch es die Beine gebraucht, wie gerade es sich hält! Es ist mein eigenes Kind. Im Grunde ist es ganz niedlich, wenn man es nur genauer betrachtet. Rap, rap! Kommt nun mit, jetzt sollt ihr die Welt kennen lernen. Ich werde euch im Entenhof vorstellen, aber haltet euch immer in meiner Nähe, damit euch niemand trete, und nehmt euch vor der Katze in Acht!«

Und so kamen sie in den Entenhof hinein. Ein erschrecklicher Lärm herrschte drinnen, denn zwei Familien bekämpften sich um einen Aalkopf, und trotzdem bekam ihn die Katze.

»Seht, so geht es in der Welt zu!«, sagte die Entleinmutter und schnappte mit dem Schnabel, denn sie wollte auch den Aalkopf haben. »Gebraucht nun eure Beine«, sagte sie, »seht zu, dass ihr euch etwas beeilt, und neigt den Hals vor der alten Ente dort. Sie ist die vornehmste von allen hier. Spanisches Blut rollt in ihren Adern, deshalb ist sie so schwerfällig. Wie ihr seht, trägt sie einen roten Lappen um das Bein. Das ist etwas unvergleichlich Schönes und die höchste Auszeichnung, die eine Ente erhalten kann. Es soll andeuten, dass man sie nicht verlieren will und dass sie Tieren und Menschen kenntlich sein soll. Sputet euch! Nicht die Beine einwärts! Ein wohlgezogenes Entlein setzt die Beine weit auseinander, gerade wie Vater und Mutter! Seht, so! Neigt nun euren Hals und sagt: ›Rap!‹«

Und das taten sie. Aber die anderen Enten ringsumher betrachteten sie und sprachen: »Seht nur einmal! Nun sollen wir die Sippschaft auch noch bekommen, als ob wir nicht schon genug wären! Pfui, wie das eine Entlein aussieht! Das wollen wir nicht unter uns dulden!« Und sogleich flog eine Ente hin und biss es in den Nacken.

»Lass es zufrieden«, sagte die Mutter, »es tut ja niemand etwas!«

»Ja, aber es ist so groß und sonderbar«, sagte die Ente, welche es gebissen hatte, »und deshalb muss es weggejagt werden!«

»Das sind schöne Kinder, die sie hat!«, sagte herablassend die alte Ente mit dem Lappen um den Fuß. »Sämtlich schön mit Ausnahme des einen, das missglückt ist! Ich wünschte, sie könnte es umbrüten!«

»Das geht nicht, Ihro Gnaden!«, sagte die Entleinmutter. »Es ist nicht hübsch, aber es hat ein sehr gutes Gemüt und schwimmt ebenso vortrefflich wie eines der anderen, ja, ich darf sagen, fast noch etwas besser. Ich denke, es wird sich auswachsen oder mit der Zeit kleiner werden. Es hat zu lange im Ei gelegen und deshalb nicht die rechte Gestalt bekommen!« Darauf zupfte sie es im Nacken und fing an, es zu glätten. »Außerdem«, fuhr sie fort, »ist es ein Enterich, und da schadet es nicht so viel. Ich bilde mir ein, er wird tüchtige Kräfte bekommen, da schlägt er sich schon durch!«

»Die anderen Entlein sind ja ganz niedlich!«, sagte die Alte. »Tut nun, als ob ihr zu Hause wäret, und findet ihr einen Aalkopf, so könnt ihr mir ihn bringen!«

Und so waren sie wie zu Hause.

Aber das arme Entlein, das zuletzt aus dem Ei gekrochen und so hässlich war, wurde gebissen, gepufft und gehänselt, von den Enten wie von den Hühnern. »Es ist zu groß«, sagten sie allesamt, und der Puterhahn, der mit Sporen geboren war und deshalb in dem Wahn stand, dass er Kaiser wäre, blies sich wie ein Schiff mit vollen Segeln auf, ging gerade auf das Entlein zu, kollerte und wurde ganz rot am Kopf. Das arme Entlein wusste weder, wie es stehen, noch wie es gehen sollte. Es war betrübt, dass es so hässlich aussah und dem ganzen Entenhof zum Gespött diente.

So ging es den ersten Tag und später wurde es schlimmer und schlimmer. Das arme Entlein wurde von allen gejagt, selbst seine Geschwister waren recht unartig gegen es und sagten immer: »Wenn dich nur die Katze holen wollte, du garstiges Ding!«, und die Mutter seufzte: »Wärest du nur weit fort!« Die Enten bissen es, die Hühner hackten auf es los, und die Futtermagd stieß es mit dem Fuß.

Da lief und flog es über den Zaun; die Vöglein in den Büschen erhoben sich erschrocken in die Luft. Daran ist meine Hässlichkeit schuld!, dachte das Entlein und schloss die Augen, lief aber trotzdem weiter. So gelangte es bis zu dem großen Moor, in dem die wilden Enten wohnten. Hier lag es die ganze Nacht, denn es war sehr müde und traurig.

Am Morgen flogen die wilden Enten auf und erblickten den neuen Kameraden. »Was bist du denn für ein Landsmann?«, fragten sie, und das Entlein drehte sich nach allen Seiten und grüßte, so gut es konnte.

»Du bist abschreckend hässlich!«, sagten die wilden Enten, »aber das kann uns einerlei sein, wenn du nur nicht in unsere Familie einheiratest!«

Das Arme, es dachte wahrlich nicht ans Heiraten. Ihm war nur daran gelegen, die Erlaubnis zu erhalten, im Schilf zu liegen und Moorwasser zu trinken.

Zwei ganze Tage lang hatte es dagelegen, als zwei wilde Gänse oder vielmehr Gänseriche dorthin kamen. Sie waren noch nicht gar lange aus dem Ei gekrochen und deshalb auch etwas vorschnell.

»Höre, Kamerad, du bist so hässlich, dass du förmlich hübsch bist und wir dich gut leiden können. Willst du zu uns halten und Zugvogel sein? Dicht nebenbei in einem anderen Moor wohnen einige süße, liebliche wilde Gänschen, lauter Fräulein, die das ›Rap, rap!‹ köstlich zu plaudern verstehen, du bist imstande dazu, dein Glück zu machen, so hässlich du auch bist!«

Piff, paff!, knallte es da plötzlich, und beide wilden Gänseriche fielen tot in das Schilf hinab, und das Wasser wurde blutrot. Piff, paff!, knallte es abermals, und ganze Scharen wilder Gänse flogen aus dem Schilf auf, und dann knallte es wieder. Es war große Jagd; die Jäger lagen rings um das Moor

herum, ja, einige saßen oben in den Baumzweigen, die sich weit über das Röhricht hinstreckten. Der blaue Pulverdampf zog wie Wolken durch die dunklen Bäume hindurch und ruhte weit über dem Wasser. In den Sumpf drangen die Jagdhunde hinein. Platsch, platsch! Schilf und Rohr neigten sich nach allen Seiten. Was war das für ein Schreck für das arme Entlein! Es drehte den Kopf, um ihn unter die Flügel zu stecken, als in demselben Augenblick ein fürchterlich großer Hund dicht vor ihm stand; die Zunge hing dem Tier ganz lang aus dem Hals und die Augen funkelten grässlich. Er berührte das Entlein fast mit der Schnauze, wies die scharfen Zähne und – platsch!, zog er sich zurück, ohne es zu packen.

»Gott sei Dank!«, seufzte das Entlein, »ich bin so hässlich, dass mich selbst der Hund nicht beißen mag!«

So lag es denn ganz still, während die Schrotkörner in das Schilf sausten und Schuss auf Schuss knallte.

Erst am späten Nachmittag wurde es still, aber das arme Entlein wagte noch nicht, sich zu erheben. Es wartete noch mehrere Stunden, ehe es sich umschaute, und dann eilte es, so schnell es konnte, aus dem Moor weiter. Es lief über Felder und Wiesen, und dabei war ein Sturm, dass es nur mit großer Mühe vorwärts kommen konnte.

Gegen Abend erreichte es ein erbärmliches Bauernhäuschen, das in so traurigem Zustand war, dass es selbst nicht wusste, nach welcher Seite es fallen sollte, und so blieb es stehen. Der Sturm brauste dermaßen um das wilde Entlein, dass es sich setzen musste, um Widerstand zu leisten. Und es wurde immer schlimmer und schlimmer.

Da bemerkte es, dass sich die Tür aus der einen Angel gehoben hatte und so schief hing, dass es durch die Spalte in die Stube hineinschlüpfen konnte, und das tat es.

Hier wohnte eine alte Frau mit ihrer Katze und ihrem Huhn; die Katze, welche sie Söhnchen nannte, konnte einen Buckel machen und spinnen. Selbst Funken konnte man ihr entlocken, wenn man sie im Dunkeln gegen die Haare strich. Das Huhn hatte sehr kleine, niedrige Beine und wurde deshalb Kurzbeinchen genannt. Es legte goldene Eier und die Frau liebte es wie ihr eigenes Kind.

Am Morgen bemerkte man sogleich das fremde Entlein und die Katze begann zu spinnen und das Huhn zu glucken.

»Was ist das?«, rief die Frau und schaute sich um, da sie aber nicht gut sah, hielt sie das Entlein für eine fette Ente. »Das ist ja ein sonderbarer Fang!«, sagte sie. »Nun kann ich Enteneier bekommen. Wenn es nur kein Enterich ist! Das müssen wir erproben.«

So wurde denn das Entlein für drei Wochen auf Probe angenommen, aber Eier kamen nicht.

Nun war die Katze der Herr im Haus und das Huhn war die Frau, und immer sagten sie: »Wir und die Welt!«, denn sie glaubten, dass sie die eine Hälfte wären, und zwar der allerbeste Teil. Das Entlein wollte es bedünken, dass man auch wohl anderer Meinung sein könnte, aber das duldete das Huhn nicht.

»Kannst du Eier legen?«, fragte es.

»Nein!«

»Nun gut, dann halte auch deinen Mund!«

Und die Katze sagte: »Kannst du einen Buckel machen, kannst du spinnen, kannst du Funken sprühen?«

»Nein!«

»Dann darfst du auch keine Meinung haben, wenn vernünftige Leute reden!«

Und das Entlein saß im Winkel und war schlechter Laune. Da dachte es unwillkürlich an die frische Luft und den Sonnenschein und bekam eine so große Lust, auf dem Wasser zu schwimmen, dass es sich endlich nicht länger enthalten konnte, das dem Huhn anzuvertrauen.

»Was sprichst du da?«, fragte das Huhn. »Du hast nichts zu tun, deshalb plagen dich so seltsame Launen. Lege Eier oder spinne, dann gehen sie vorüber!«

»Aber es ist köstlich, auf dem Wasser zu schwimmen«, entgegnete das Entlein, »köstlich, sich den Kopf in den Fluten zu kühlen oder auf den Grund niederzutauchen!«

»Ja, das muss wirklich ein prächtiges Vergnügen sein!«, sagte das Huhn spöttisch. »Bist du denn närrisch geworden? Frage einmal die Katze, sie ist die Klügste, die ich kenne, ob es ihr so angenehm vorkommt, auf dem Wasser zu schwimmen oder unterzutauchen! Ich will von mir gar nicht reden. – Frage selbst unsere Herrschaft, die alte Frau, klüger als sie ist niemand in der Welt. Meinst du, sie hätte Lust zu schwimmen oder sich das Wasser über dem Kopf zusammenschlagen zu lassen?«

»Ihr versteht mich nicht!«, sagte das Entlein.

»Wenn wir dich nicht verstehen, wer sollte dich dann wohl verstehen? Du wirst doch wohl nicht klüger sein wollen als die Katze und die Frau, um meiner gar nicht zu erwähnen! Zier dich nicht, Kind, und setze dir keine Grillen in den Kopf! Danke deinem Schöpfer für all das Gute, das man dir erwiesen hat! Hat man dich nicht in eine warme Stube und in einen Kreis aufgenommen, von dem du etwas lernen kannst? Aber du bist ein Faselhans, und es ist keineswegs erfreulich, mit dir umzugehen! Mir kannst du Glauben schenken, denn ich meine es gut mit dir, ich sage dir kränkende Wahrheiten, und daran kann man seine wirklichen Freunde erkennen!

Sieh jetzt nur zu, dass du Eier legst und spinnen und Funken sprühen lernst!«

»Ich glaube, ich gehe in die weite Welt hinaus!«, sagte das Entlein.

»Ja, tue das!«, entgegnete das Huhn.

So ging denn das Entlein. Es schwamm auf dem Wasser, es tauchte unter, aber von allen Tieren wurde es um seiner Hässlichkeit willen übersehen.

Jetzt erschien der Herbst; die Blätter im Wald wurden gelb und braun, der Sturm entführte sie und wirbelte sie umher, und oben in der Luft machte sich die Kälte bemerkbar. Die Wolken hingen schwer von Hagel und Schneeflocken, und auf dem Zaun stand ein Rabe und schrie: »Au, au!« vor lauter Kälte. Ja, man konnte schon ordentlich frieren, wenn man nur daran dachte. Das arme Entlein hatte es wahrlich nicht gut.

Eines Abends, die Sonne ging gerade wunderbar schön unter, kam ein ganzer Schwarm prächtiger, großer Vögel aus dem Gebüsch hervor, wie sie das Entlein noch nie so schön gesehen hatte. Sie waren blendend weiß und hatten lange, geschmeidige Hälse: Es waren Schwäne. Sie stießen einen merkwürdigen Ton aus, breiteten ihre prächtigen, großen Schwingen aus und flogen aus den kalten Gegenden fort nach wärmeren Ländern,

nach offenen Seen. Sie stiegen so hoch, so hoch, dass dem hässlichen jungen Entlein ganz seltsam zumute wurde. Es drehte sich im Wasser wie ein Rad herum, streckte den Hals nach ihnen aus und stieß einen so lauten und sonderbaren Schrei aus, dass es sich ordentlich vor sich selber fürchtete. Es konnte die prächtigen, die glücklichen Vögel nicht vergessen, und sobald es sie nicht mehr wahrnahm, tauchte es bis auf den Grund unter und geriet, als es wieder emporkam, förmlich außer sich. Es wusste nicht, wie die Vögel hießen noch wohin sie zogen, aber doch hatte es sie lieb wie nie jemand zuvor. Neid kam gleichwohl nicht in sein Herz. Wie hätte ihm auch nur in den Sinn kommen können, sich eine solche Schönheit zu wünschen! Es wäre schon froh gewesen, wenn nur die Enten es hätten unter sich dulden wollen.

Und der Winter wurde so kalt, so kalt! Das Entlein musste unermüdlich umherschwimmen, um das Zufrieren des Lochs, in dem es schwamm, zu verhindern. Aber jede Nacht wurde das Loch schmäler und schmäler. Es war eine Kälte, dass die Eisdecke krachte. Das Entlein musste fortwährend die Beine gebrauchen, damit sich das Loch nicht völlig schloss. Endlich wurde es matt, lag ganz still und fror im Eis fest.

In der Frühe des folgenden Morgens kam ein Bauer, der das arme Tier gewahrte. Er ging hin, zerschlug das Eis mit seinem Holzschuh, rettete es und trug es heim zu seiner Frau. Da lebte es wieder auf.

Die Kinder wollten mit ihm spielen. Da aber das Entlein glaubte, sie wollten ihm wehetun, fuhr es in der Angst gerade in eine Milchschüssel, sodass die Milch in der Stube umherspritzte. Die Frau schlug entsetzt die Hände zusammen. Dann flog das Entlein auf das Gestell, auf dem die Butter aufbewahrt wurde, und von hier in die Mehltonne hinein und dann wieder in die Höhe. Da könnt ihr euch denken, wie es aussah! Die Frau schrie und schlug mit der Feuerzange nach ihm, die Kinder liefen einander über den Haufen und lachten und lärmten. Gut war es, dass die Tür offenstand; so konnte sich das Entlein zwischen die Sträucher in den frisch gefallenen Schnee hinausretten, und da lag es nun, bis auf den Tod erschöpft.

Aber es würde wahrlich zu traurig sein, all die Not und das Elend zu erzählen, welche das Entlein in dem harten Winter auszustehen hatte. Es lag zwischen dem Röhricht im Moor, als die Sonne wieder warm zu scheinen begann; die Lerchen sangen, es war ein herrlicher Lenz.

Da entfaltete es mit einem Mal seine Schwingen, stärker sausten sie als zuvor und trugen es kräftig vorwärts, und ehe es sichs versah, befand es sich in einem großen Garten, wo die Apfelbäume in voller Blüte standen, wo die Fliederbüsche dufteten und ihre langen grünen Zweige zu den sich sanft dahinschlängelnden Bächen und Kanälen herniedersenkten. Oh, wie war es hier so köstlich, so frühlingsfrisch! Und gerade vor ihm kamen aus dem Dickicht drei schöne weiße Schwäne angeschwommen; mit gekräuseltem Gefieder glitten sie leicht und majestätisch über das Wasser dahin. Das Entlein erkannte die prächtigen Tiere und wurde von einer eigentümlichen Schwermut ergriffen.

»Ich will hinfliegen zu ihnen, den königlichen Vögeln, und sie werden mich totbeißen, weil ich, der ich so hässlich bin, mich ihnen zu nähern wage. Aber meinetwegen! Besser, von ihnen getötet als von den Enten gezwackt, von den Hühnern gepickt, von der Hühnermagd gestoßen zu werden und im Winter alles mögliche Weh über sich ergehen zu lassen!« Und es flog auf das Wasser und schwamm den prächtigen Schwänen entgegen, die mit gesträubten Federn auf es losschossen. »Tötet mich nur!«, sagte das arme Tier und neigte sein Haupt gegen den Wasserspiegel und erwartete den Tod – aber was sah es in dem klaren Wasser? Es sah unter sich sein eigenes Bild, aber es war nicht mehr ein plumper schwarzgrauer Vogel, hässlich und Abscheu erweckend, es war selbst ein Schwan.

Es tut nichts, in einem Entenhof geboren zu sein, wenn man nur in einem Schwanenei gelegen hat!

Nun fühlte es sich förmlich glücklich über all die Not und Widerwärtigkeit, die es ausgestanden hatte. Nun verstand es erst sein Glück, erst die Herrlichkeit recht zu würdigen, die es überall begrüßte. Und die großen Schwäne umschwammen es und streichelten es mit ihrem Schnabel.

Da traten einige kleine Kinder in den Garten hinein. Sie warfen Brot und Korn in das Wasser, und das kleinste rief: »Da ist ein Neuer!« Und die anderen Kinder jubelten mit: »Ja, es ist ein Neuer angekommen!« Sie klatschten in die Hände, tanzten umher, holten Vater und Mutter herbei, und es wurden Brot und Kuchen in das Wasser geworfen, und sie sagten alle: »Der Neue ist der Schönste, so jung und majestätisch!« Und die alten Schwäne verneigten sich vor ihm.

Da überkamen ihn Schüchternheit und Verschämtheit, und er verbarg den Kopf unter den Flügeln; es war ihm so eigen zumute, er wusste fast selbst nicht, wie. Er war allzu glücklich, aber durchaus nicht stolz, denn ein gutes Herz wird niemals stolz. Er dachte daran, wie er verfolgt und verhöhnt worden war, und hörte nun alle sagen, er wäre der schönste von allen schönen Vögeln. Die Fliederbüsche neigten sich mit den Zweigen zu ihm in das Wasser hinunter und die Sonne schien warm und erquickend. Da sträubte er sein Gefieder, der schlanke Hals erhob sich, und aus Herzensgrund jubelte er: »So viel Glück habe ich mir nicht träumen lassen, als ich noch das garstige Entlein war!«

Die Prinzessin auf der Erbse

Es war einmal ein Prinz, der wollte eine Prinzessin heiraten, aber es sollte eine wirkliche Prinzessin sein. Nun reiste er durch die ganze Welt, um eine solche zu finden, aber überall stand etwas im Wege. Prinzessinnen waren genug da, aber ob es auch wirkliche Prinzessinnen waren, dahinter konnte er durchaus nicht kommen; immer war etwas da, das nicht stimmte. So kam er denn wieder nach Hause und war ganz betrübt, denn er wollte so gern eine wirkliche Prinzessin haben.

Eines Abends entstand ein furchtbares Unwetter; es blitzte und donnerte, der Regen strömte hernieder, es war geradezu entsetzlich. Da klopfte es an das Stadttor, und der alte König ging hin, um zu öffnen.

Es war eine Prinzessin, die draußen stand. Aber, mein Gott, wie sah sie von dem Regen und dem bösen Wetter aus! Das Wasser triefte ihr von den Haaren und Kleidern hinunter und lief in die Schuhspitzen hinein und aus den Hacken wieder hinaus, und sie sagte, dass sie eine wirkliche Prinzessin wäre.

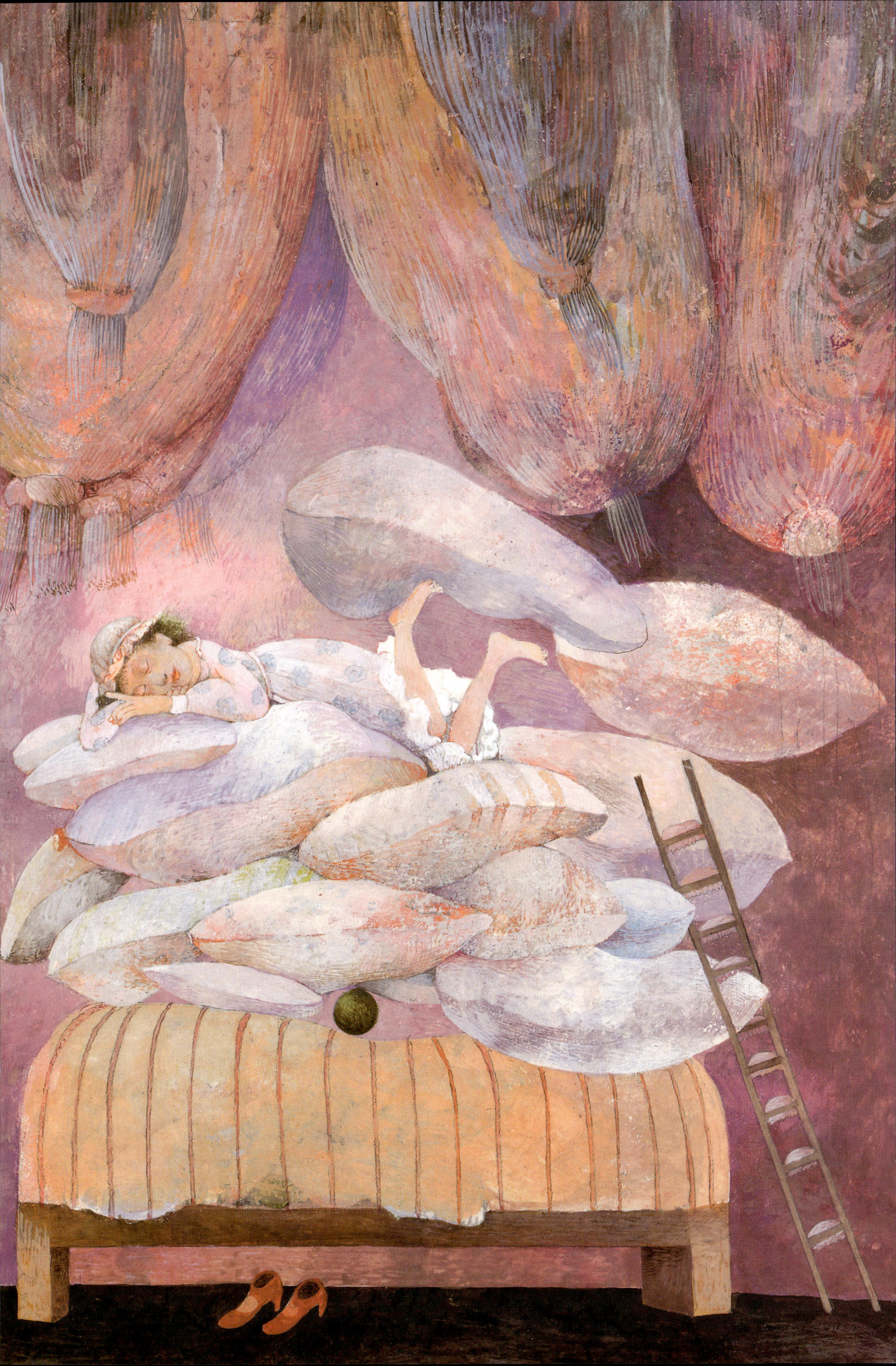

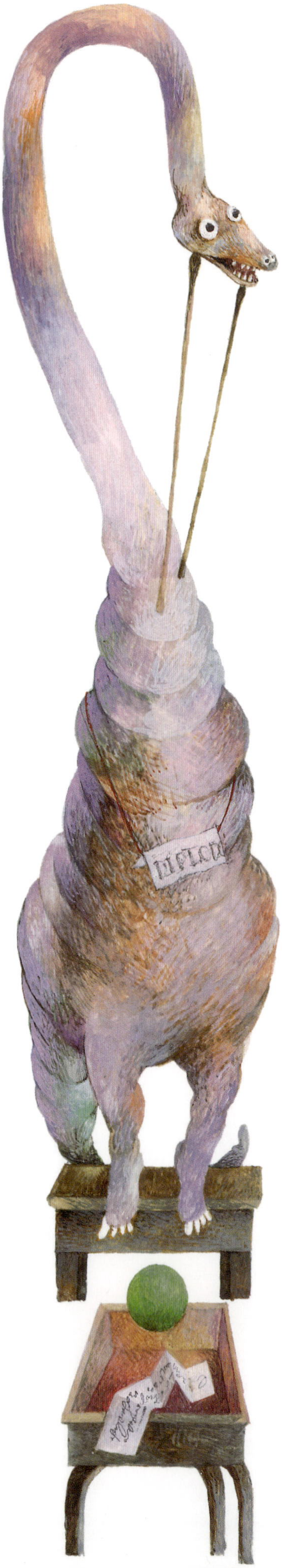

Nun, das wollen wir bald genug herausbekommen!, dachte die alte Königin, sagte aber nichts, ging in das Schlafzimmer, nahm alle Betten heraus und legte eine Erbse auf den Boden der Bettstelle. Darauf nahm sie zwanzig Matratzen, legte sie auf die Erbse, und dann noch zwanzig Eiderdaunenbetten oben auf die Matratzen.

Da sollte die Prinzessin nun des Nachts liegen.

Am Morgen fragte man sie, wie sie geschlafen hätte.

»Oh, entsetzlich schlecht!«, sagte die Prinzessin. »Ich habe fast die ganze Nacht kein Auge zutun können! Gott weiß, was in meinem Bett gewesen ist! Ich habe auf etwas Hartem gelegen, sodass ich am ganzen Körper braun und blau bin! Es ist wahrhaft entsetzlich!«

Daran konnte man denn sehen, dass sie eine wirkliche Prinzessin war, da sie durch die zwanzig Matratzen und durch die zwanzig Eiderdaunenbetten die Erbse gefühlt hatte. So feinfühlig konnte nur eine wirkliche Prinzessin sein!

Da nahm der Prinz sie zur Frau, denn nun wusste er, dass er eine wirkliche Prinzessin hatte, und die Erbse kam auf die Kunstkammer, wo sie noch zu sehen ist, wenn sie niemand genommen hat.

Seht, das war eine wirkliche Geschichte.

42   Der böse Fürst

Der böse Fürst

Es war einmal ein böser Fürst; sein Dichten und Trachten gingen darauf hinaus, alle Länder der Welt zu erobern und allen Menschen Furcht einzuflößen; mit Feuer und Schwert zog er umher, und seine Soldaten zertraten die Saat auf den Feldern und zündeten des Bauern Haus an, dass die rote Flamme die Blätter von den Bäumen leckte und das Obst gebraten an den versengten schwarzen Bäumen hing. Mit dem nackten Säuglinge im Arme flüchtete sich manche arme Mutter hinter die noch rauchenden Mauern ihres abgebrannten Hauses, aber hier suchten die Soldaten sie auch, und fanden sie die Armen, so war dies neue Nahrung ihrer teuflischen Freude; böse Geister hätten nicht ärger verfahren können wie diese Soldaten; der Fürst aber meinte, so sei es recht, so müsste es hergehen. Tagtäglich wuchs seine Macht, sein Name war von allen gefürchtet und das Glück schritt neben ihm einher bei allen seinen Taten. Aus den eroberten Städten führte er große Schätze heim; in seiner Residenzstadt wurde ein Reichtum aufgehäuft, der an keinem andern Orte seinesgleichen hatte.

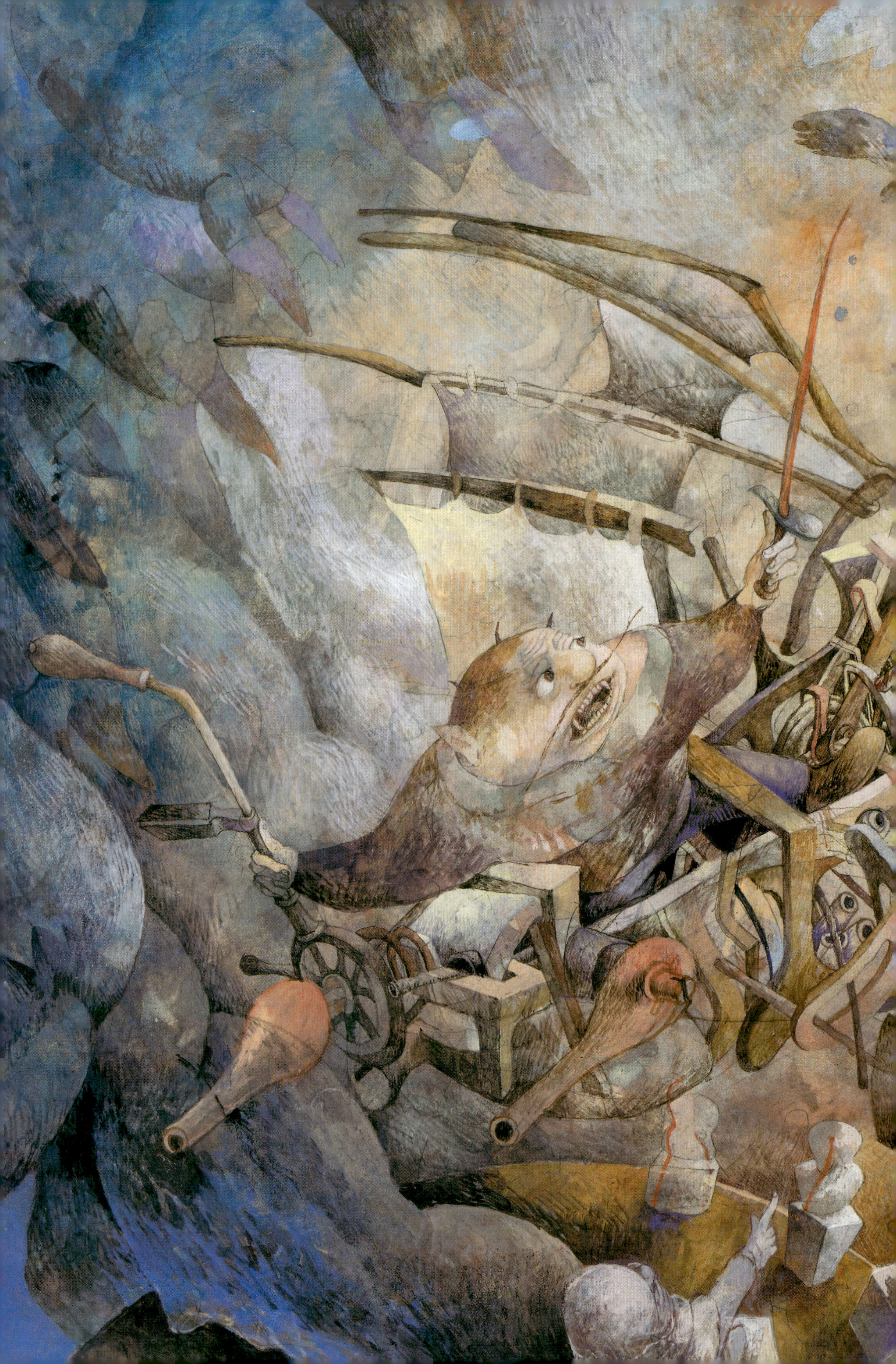

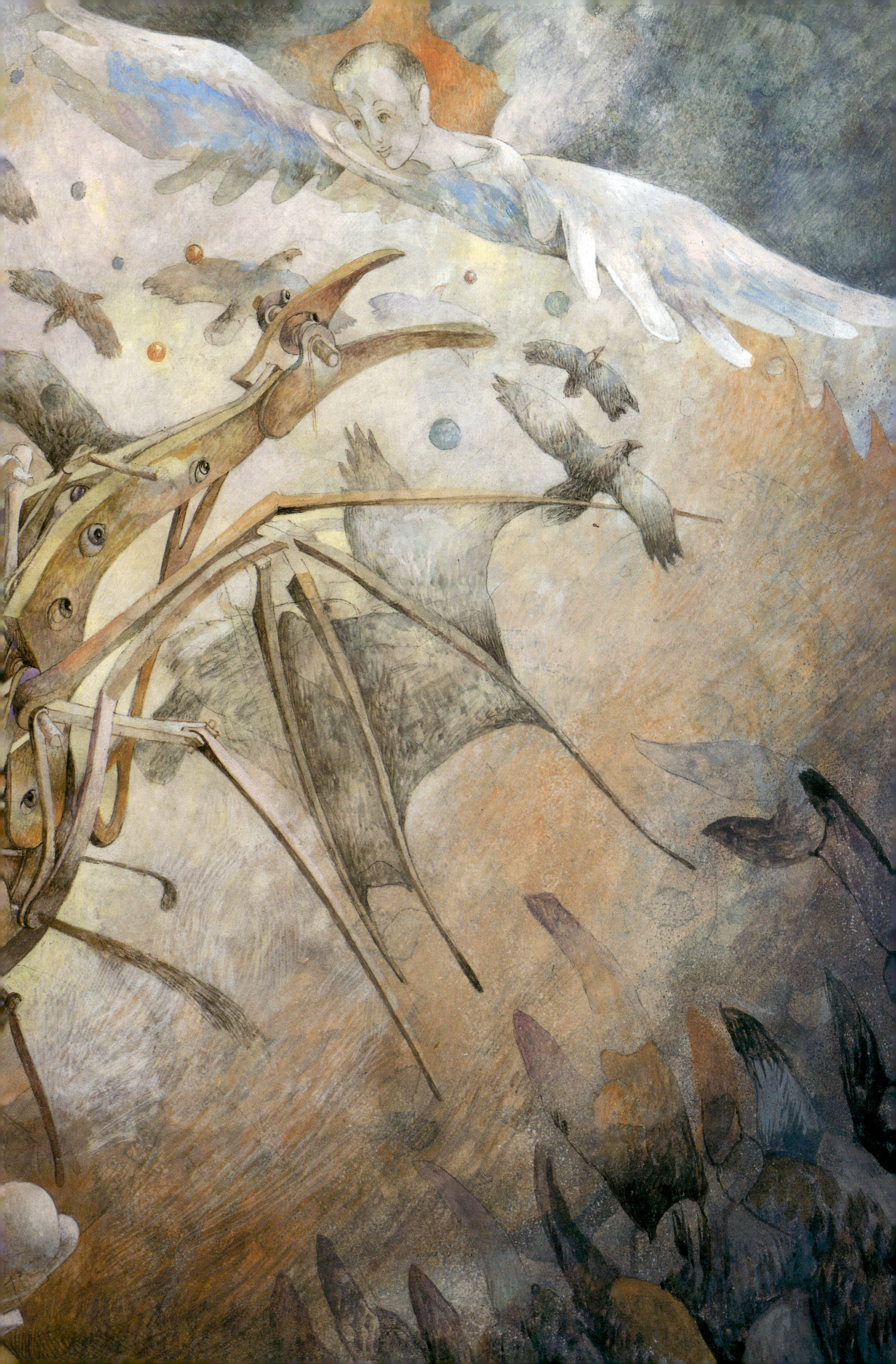

Er ließ prächtige Schlösser, Kirchen und Hallen bauen, und jeder, der diese herrlichen Bauten und großen Schätze sah, rief ehrfurchtsvoll: »Welch großer Fürst!« Sie bedachten aber nicht des Elends, das er über andere Länder und Städte verhängt hatte; sie vernahmen nicht die Seufzer und den Jammer, die aus den eingeäscherten Städten empordrangen.

Der Fürst betrachtete sein Gold und seine prächtigen Bauten und dachte dabei gleich der Menge: »Welch großer Fürst!« – »Aber ich muss mehr haben, weit mehr! Keine Macht darf der meinigen gleichkommen, geschweige denn größer als die meine sein!« Er bekriegte deshalb seine Nachbarn und besiegte alle. Die besiegten Könige ließ er mit goldenen Ketten an seinen Wagen fesseln und so fuhr er durch die Straßen seiner Residenz; tafelte er, so mussten jene Könige ihm und seinen Hofleuten zu Füßen knien und sich von den Brocken sättigen, die ihnen von der Tafel zugeworfen wurden.

Endlich ließ der Fürst seine eigene Bildsäule auf den öffentlichen Plätzen und in den königlichen Schlössern errichten, ja, er wollte sie sogar in den Kirchen vor dem Altare des Herrn aufstellen; allein hier traten die Priester ihm entgegen und sagten: »Fürst, du bist groß, aber Gott ist größer, wir wagen es nicht, deinem Befehle nachzukommen.«

»Wohlan denn!«, rief der Fürst, »ich werde auch Gott besiegen!« – Und im Übermute und törichten Frevel ließ er ein kostbares Schiff bauen, mit welchem er die Lüfte durchsegeln könnte; es war bunt und prahlerisch anzusehen, wie der Schweif eines Pfaues, und es war wie mit tausenden von Augen besetzt und übersät, aber jedes Auge war ein Büchsenlauf. Der Fürst saß in der Mitte des Schiffes, er brauchte nur an eine dort angebrachte Feder zu drücken, und tausend Kugeln flogen nach allen Seiten hinaus, während die Feuerschlünde sogleich wieder aufs Neue geladen waren. Hunderte von Adlern wurden vor das Schiff gespannt und mit Pfeilesschnelle ging es nun aufwärts gegen die Sonne. Wie lag da die Erde tief unten! Mit ihren Bergen und Wäldern schien sie nur ein Ackerfeld zu sein, in das der Pflug seine Furchen gezogen, längs welchem der grüne, beraste Rain hervorblickte, bald glich sie nur noch einer flachen Landkarte mit undeutlichen Strichen, und endlich war sie ganz in Nebel und Wolken verhüllt. Immer höher flogen die Adler, aufwärts in den Lüften – da sandte Gott einen einzigen seiner unzähligen Engel aus; der böste Fürst schleuderte tausende von Kugeln gegen ihn, allein die Kugeln prallten zurück von den glänzenden Fittichen des Engels, fielen herab wie gewöhnliche Hagelkörner; doch, ein Blutstropfen, nur ein einziger, tröpfelte von einer der weißen Flügelfedern herab, und dieser Tropfen fiel auf das Schiff, in welchem der Fürst saß, er brannte sich im Schiffe ein, er lastete wie tausend Zentner Blei und riss das Schiff in stürzender Fahrt abwärts zur Erde nieder; die starken Schwingen der Adler zerbrachen, der Wind umsauste des Fürsten Haupt, und die Wolken ringsum – waren diese doch von dem Flammenrauche der abgebrannten Städte gebildet – formten sich in drohende Gestalten, wie meilenlange Seekrabben, die ihre Klauen und Scheren nach ihm ausstreckten, türmten sich zu ungeheueren Felsen mit herabrollenden, zerschmetternden Blöcken, bildeten sich zu Feuer speienden Drachen – halb tot lag der Fürst im Schiffe ausgestreckt, und dieses blieb endlich mit einem furchtbaren Stoße in den dicken Baumzweigen eines Waldes hängen.

»Ich will Gott besiegen!«, sagte der Fürst, »ich habe es geschworen, mein Wille muss geschehen!« – Und sieben Jahre hindurch ließ er bauen und arbeiten an künstlichen Schiffen zum Durchsegeln der Luft, ließ Blitzstrahle vom härtesten Stahle schneiden, denn er wollte des Himmels Befestigung sprengen. Aus allen seinen Landen sammelte er Kriegsheere, die, als sie Mann bei Mann aufgestellt waren, einen Raum von mehreren Meilen bedeckten. Die Heere gingen an Bord der künstlichen Schiffe, der Fürst näherte sich dem seinen; da sandte Gott einen Mückenschwarm, einen einzigen, kleinen Mückenschwarm aus. Derselbe umschwirrte den Fürsten und zerstach sein Gesicht und seine Hände; zornentbrannt zog er sein Schwert und schlug um sich, allein er schlug nur in die leere Luft hinein, die Mücken traf er nicht. Da befahl er, kostbare Teppiche zu bringen, ihn in dieselben einzuhüllen, damit ihn keine Mücke fernerhin steche; und die Diener taten wie befohlen. Allein, eine einzige Mücke hatte sich an die innere Seite des Teppichs gesetzt, von hier kroch sie in das Ohr des Fürsten und stach ihn. Es brannte wie Feuer, das Gift drang hinein in sein Gehirn; wie wahnsinnig riss er die Teppiche von seinem Körper und schleuderte sie weit weg, zerriss seine Kleidung und tanzte nackend herum vor den Augen seiner rohen, wilden Soldaten, die nun des tollen Fürsten spotteten, der Gott bekriegen wollte und von einer einzigen kleinen Mücke besiegt worden war.

Der kleine Klaus und der grosse Klaus

In einem Dorf lebten zwei Männer, die beide denselben Namen hatten. Beide hießen Klaus, aber der eine besaß vier Pferde, der andere nur ein einziges Pferd. Um sie nun voneinander unterscheiden zu können, nannte man den mit den vier Pferden den großen Klaus, und denjenigen, der nur ein einziges Pferd hatte, den kleinen Klaus. Nun wollen wir hören, was sich mit den beiden ereignete, denn es ist eine wahre Geschichte. Die ganze Woche musste der kleine Klaus für den großen Klaus pflügen und ihm sein einziges Pferd leihen; darauf half ihm der große Klaus wieder mit allen seinen vieren, jedoch nur einmal in der Woche, und das war des Sonntags. Hussa! Wie knallte der kleine Klaus mit seiner Peitsche über alle fünf Pferde hin; sie waren ja an dem einen Tag so gut wie sein. Die Sonne schien so herrlich und alle Glocken auf dem Kirchturm läuteten zur Kirche; die Leute waren so geputzt und gingen mit dem Gesangbuch unter dem Arm hin, um die Predigt anzuhören, und sie sahen nach dem kleinen Klaus, der pflügte mit fünf Pferden, und er war so vergnügt, dass er wieder mit der Peitsche knallte und rief: »Hopp, alle meine Pferde!«

»Das darfst du nicht sagen«, meinte der große Klaus, »es gehört dir ja nur das eine Pferd!«

Aber als wieder jemand nach der Kirche vorbeiging, vergaß der kleine Klaus, dass er es nicht sagen durfte, und da rief er: »Hopp, alle meine fünf Pferde!«

»Nun muss ich bitten, es bleiben zu lassen«, sagte der große Klaus, »denn sagst du es noch einmal, so schlage ich dein Pferd vor den Kopf, dass es tot liegen bleibt; dann ist es vorbei mit ihm!«

»Ich will es gewiss nicht mehr sagen«, antwortete der kleine Klaus; als aber Leute vorbeikamen und ihm einen guten Tag zunickten, wurde er so vergnügt, und es dünkte ihm so schön, dass er fünf Pferde hätte, sein Feld zu pflügen, dass er mit der Peitsche knallte und rief: »Hottehü, alle meine Pferde!«

»Ich werde deine Pferde behottehüen«, sagte der große Klaus und nahm einen Spannpflock und schlug des kleinen Klaus' einziges Pferd vor den Kopf, sodass es umfiel und mausetot war.

»Ach, nun habe ich gar kein Pferd mehr!«, sagte der kleine Klaus und begann zu weinen. Darauf häutete er das Pferd ab und ließ das Fell gut am Wind trocknen, steckte es dann in einen Sack, den er auf den Rücken nahm, und ging nach der Stadt, um seine Pferdehaut zu verkaufen.

Er hatte einen langen Weg zu gehen, musste durch einen großen, dunklen Wald, und nun wurde es entsetzlich schlechtes Wetter; er verirrte sich völlig, und ehe er wieder auf den rechten Weg kam, war es Abend und allzu weit, um vor Einbruch der Nacht die Stadt zu erreichen oder wieder nach Hause zu kommen.

Dicht am Weg lag ein großer Bauernhof; die Läden waren draußen vor den Fenstern geschlossen, aber das Licht konnte doch darüber hinausscheinen. Dort erlaubt man mir vielleicht zu übernachten, dachte der kleine Klaus, ging hin und klopfte an. Die Bauersfrau öffnete; als sie aber hörte, was er wollte, sagte sie, er sollte seiner Wege gehen, ihr Mann wäre nicht daheim und sie nähme keinen Fremden auf.

»Nun, so muss ich draußen liegen bleiben«, sagte der kleine Klaus, und die Bauersfrau riegelte ihm die Tür vor der Nase zu.

Dicht dabei stand ein großer Heuschober und zwischen ihm und dem Haus war ein kleiner Schuppen mit flachem Strohdach.

»Da oben kann ich liegen«, sagte der kleine Klaus, als er das Dach wahrnahm, »das ist ein vortreffliches Bett; der Storch wird wohl nicht herunterfliegen und mich in die Beine beißen.« Denn ein lebendiger Storch stand oben auf dem Dach, wo er sein Nest hatte.

Nun kletterte der kleine Klaus auf den Schuppen hinauf, wo er sich niederlegte und hin und her drehte, um in die rechte Lage zu kommen. Die hölzernen Fensterladen schlossen oben nicht, und so konnte er gerade in die Stube hineinsehen.

Darin war ein großer Tisch gedeckt, und mitten darauf Wein und Braten und ein delikater Fisch. Die Bauersfrau und der Küster saßen bei Tisch und sonst kein anderer, und sie schenkte ihm ein, und er machte sich über den Fisch her, denn das war etwas für seinen Schnabel.

»Wer doch auch etwas davon abbekommen könnte!«, sagte der kleine Klaus und reckte den Kopf gerade gegen das Fenster. Potztausend, welch herrlichen Kuchen er da konnte stehen sehen! Ja, das war ein Schmaus!

Plötzlich hörte er, wie jemand von der Landstraße auf das Haus zugeritten kam; es war der Mann der Bauersfrau, der nach Hause kam. Es war so weit ein ganz guter Mann, aber er hatte die wunderliche Schwachheit, dass er den Anblick eines Küsters nicht vertragen konnte. Kam ihm ein Küster vor Augen, wurde er ganz rasend. Das war auch die Ursache, warum der Küster hingegangen war, der Frau Guten Tag zu sagen, denn er wusste, dass ihr Mann nicht zu Hause war, und die gute Frau setzte ihm deshalb die herrlichsten Speisen vor, die sie hatte. Als sie nun den Mann kommen hörten, erschraken sie sehr, und die Frau bat den Küster, in eine große, leere Lade, die in einer Ecke stand, hineinzukriechen. Das tat er auch, denn er wusste ja, dass der arme Mann den Anblick eines Küsters nicht vertragen konnte. Die Frau versteckte hurtig all das herrliche Essen und den Wein in ihren Backofen; denn hätte es der Mann zu sehen bekommen, so hätte er doch gewiss gefragt, was das zu bedeuten hätte.

»Ach ja!«, seufzte der kleine Klaus oben auf dem Schuppen, als er all das Essen verschwinden sah.

»Ist jemand da oben?«, fragte der Bauer und sah zu dem kleinen Klaus hinauf. »Weshalb liegst du da? Komm lieber mit in die Stube hinein.«

Da erzählte der kleine Klaus, wie er sich verirrt hätte, und bat, bei ihm übernachten zu dürfen.

»Ja freilich«, sagte der Bauer, »aber nun müssen wir erst etwas zu essen haben.«

Die Frau empfing sie beide außerordentlich freundlich, deckte einen langen Tisch und gab ihnen eine große Schüssel Grütze. Der Bauer war hungrig und aß mit großem Appetit; aber der kleine Klaus konnte nicht aufhören, an den delikaten Braten, Fisch und Kuchen zu denken, die, wie er wusste, im Backofen standen. Unter den Tisch zu seinen Füßen hatte er den Sack mit der Pferdehaut hingelegt, denn wir wissen ja, dass er sich ihretwegen auf den Weg gemacht hatte, um sie in der Stadt zu verkaufen. Die Grütze wollte ihm gar nicht schmecken. So trat er denn auf seinen Sack und die trockene Haut im Sack knarrte laut.

»Pst!«, sagte der kleine Klaus zu seinem Sack, trat jedoch zugleich wieder auf den Sack, dass er noch lauter als zuvor knarrte.

»Sieh! Was hast du denn in deinem Sack?«, fragte der Bauer.

»Oh, es ist ein Zauberer«, sagte der kleine Klaus; »er sagt, wir sollten keine Grütze essen; er hätte den ganzen Ofen voll Braten, Fisch und Kuchen gehext!«

»Nicht möglich!«, sagte der Bauer und öffnete schnell den Ofen, wo er all die herrlichen Speisen erblickte, die seine Frau darin versteckt hatte, die aber, wie er nun glaubte, der Zauberer im Sack für sie hineingehext hatte. Die Frau durfte nichts sagen, sondern setzte sogleich die Speisen auf den Tisch, und so aßen sie sowohl vom Fisch als auch vom Braten und Kuchen. Gleich trat der kleine Klaus wieder auf den Sack, dass die Haut knarrte.

»Was sagt er nun?«, fragte der Bauer.

»Er sagt«, antwortete der kleine Klaus, »er hätte für uns auch drei Flaschen Wein hergehext; sie ständen ebenfalls im Ofen!«

Nun musste die Frau den Wein, den sie versteckt hatte, hervorholen, und der Bauer trank und wurde gar lustig; einen solchen Zauberer, wie der kleine Klaus im Sack hatte, den hätte er gar zu gern gehabt.

»Kann er auch wohl den Teufel herhexen?«, fragte der Bauer. »Den möchte ich gern sehen, denn nun bin ich lustig!«

»Ja«, sagte der kleine Klaus, »mein Zauberer kann alles, was ich verlange. Nicht wahr, du?«, fragte er und trat auf den Sack, dass es knarrte. »Hörst du? Er sagt ja! Aber der Teufel sieht hässlich aus; es ist nicht der Mühe wert, ihn zu sehen.«

»Oh, mir ist gar nicht bange! Wie mag er wohl aussehen?«

»Ja, er will sich wie ein leibhaftiger Küster zeigen!«

»Hu!«, sagte der Bauer. »Das wäre freilich hässlich! Du musst wissen, dass ich den Anblick eines Küsters nicht vertragen kann. Aber das tut nichts, ich weiß ja, dass es der Teufel ist, so werde ich mich wohl besser darein finden. Nun habe ich Mut, aber er darf mir nicht zu nahe kommen!«

»Pass auf! Jetzt werde ich meinen Zauberer fragen«, sagte der kleine Klaus, trat auf den Sack und hielt sein Ohr hin.

»Was sagt er?«

»Er sagt, du kannst hingehen und die Lade, die in der Ecke steht, aufschlagen, so wirst du den Teufel darin hocken sehen. Aber du musst den Deckel in der Hand behalten, damit der Böse nicht entkommt.«

»Willst du ihn mir halten helfen?«, sagte der Bauer und ging zu der Lade hin, in der die Frau den wirklichen Küster versteckt hatte, der nun darin saß und vor Angst mit den Zähnen klapperte.

Der Bauer hob den Deckel ein wenig empor und guckte hinein. »Hu!«, schrie er und sprang zurück. »Ja, nun habe ich ihn gesehen; er sah vollkommen aus, als ob es unser Küster wäre! Nein, das war schrecklich!«

Darauf tranken sie noch bis tief in die Nacht hinein.

»Den Zauberer musst du mir verkaufen«, sagte der Bauer; »verlange für ihn alles, was du willst! Ja, ich gebe dir gleich einen ganzen Scheffel Geld!«

»Nein, das kann ich nicht!«, sagte der kleine Klaus. »Bedenke doch, wie viel Nutzen ich von diesem Zauberer haben kann!«

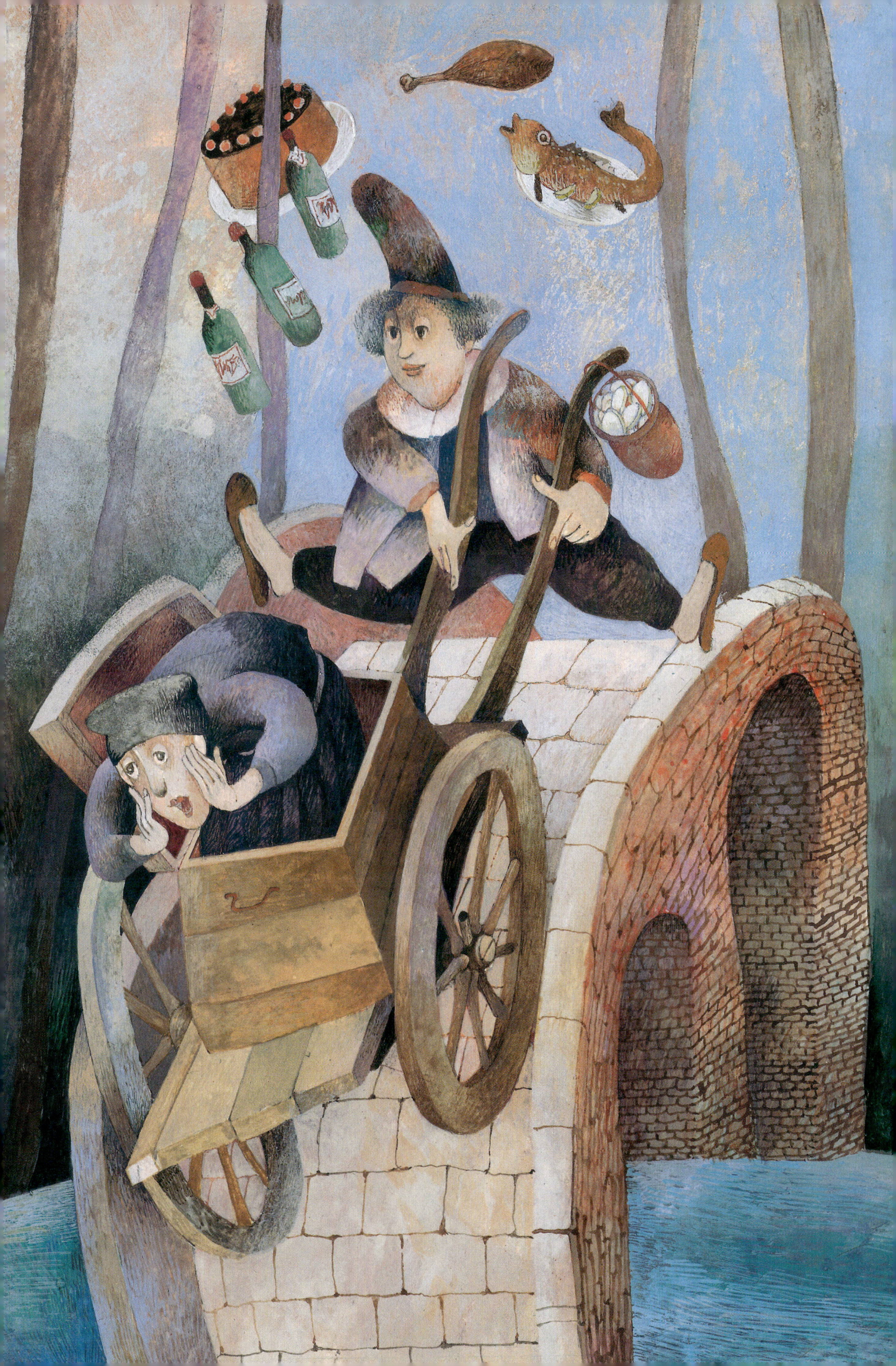

»Ach, ich möchte ihn gar zu gern haben!«, sagte der Bauer und hörte nicht auf, ihn zu bitten.

»Nun«, sagte der kleine Klaus endlich, »da du so gut gewesen bist, mir heute Nacht Obdach zu gewähren, so mag es meinetwegen sein. Du sollst den Zauberer für einen Scheffel Geld bekommen, aber ich will ihn gehäuft voll haben.«

»Das sollst du bekommen«, sagte der Bauer, »aber die Lade dort musst du mit dir nehmen, ich will sie nicht eine Stunde länger im Haus behalten, denn man kann nicht wissen, ob er nicht noch darin sitzt!«

Der kleine Klaus gab dem Bauer seinen Sack mit der trockenen Haut und bekam dafür einen ganzen Scheffel Geld bis oben voll. Der Bauer verehrte ihm sogar noch einen großen Schubkarren, um das Geld und die Lade darauf fortzufahren.

»Lebe wohl!«, sagte der kleine Klaus, und darauf fuhr er mit seinem Geld und der großen Lade, worin der Küster noch immer saß, seiner Wege.

Auf der anderen Seite des Waldes war ein großer, tiefer Bach; das Wasser schoss so rauschend dahin, dass man kaum gegen den Strom schwimmen konnte. Man hatte eine neue Brücke darüber gebaut; mitten auf ihr hielt der kleine Klaus still und sagte ganz laut, damit es der Küster in der Lade hören konnte:

»Was soll ich nur mit der dummen Lade anfangen? Sie ist so schwer, als ob Steine darin wären! Ich werde ganz matt, wenn ich sie noch weiterfahre. Ich will sie lieber in den Bach werfen; schwimmt sie dann zu mir nach Hause, so ist es gut, und tut sie es nicht, so verschlägt es auch nicht viel.«

Nun packte er die Lade mit der einen Hand an und hob sie ein wenig auf, just als ob er sie in das Wasser stürzen wollte.

»Nein, lass sein!«, rief der Küster in der Kiste. »Lass mich nur erst hinaus!«

»Hu!«, sagte der kleine Klaus und tat, als finge er sich zu fürchten an. »Er sitzt noch darin! Schnell mit ihm in den Bach!«

»O nein, o nein!«, rief der Küster. »Tue es nicht und ich will dir einen ganzen Scheffel Geld geben!«

»Ja, das ist eine andere Sache!«, sagte der kleine Klaus und öffnete die Lade. Der Küster kroch sogleich heraus, stieß die leere Lade in das Wasser und ging nach Hause, wo der kleine Klaus einen ganzen Scheffel Geld erhielt. Einen hatte er ja schon vorher von dem Bauern erhalten; nun hatte er den ganzen Schubkarren voll Geld!

»Das Pferd bekam ich recht gut bezahlt!«, sagte er zu sich selbst, als er zu Hause angekommen war und in seiner Stube alles Geld mitten auf dem Fußboden zu einem großen Haufen aufschüttete. »Das wird den großen Klaus ärgern, wenn er erfährt, wie reich ich durch mein einziges Pferd geworden bin, aber ich will es ihm doch nicht geradeheraus sagen.«

Nun schickte er einen Jungen zum großen Klaus und ließ um ein Scheffelmaß bitten.

Was er nur damit will!, dachte der große Klaus und bestrich den Boden des Maßes mit Teer, damit von dem, was gemessen wurde, etwas daran hängen bleiben könnte. Und so geschah es auch, denn als er den Scheffel zurückerhielt, klebten drei große, neue Silbermünzen daran.

»Was ist das?«, sagte der große Klaus und lief sofort zu dem kleinen. »Wo hast du all das Geld herbekommen?«

»Oh, das ist für meine Pferdehaut, die ich gestern Abend verkaufte.«

»Potztausend, das war gut bezahlt!«, sagte der große Klaus, lief nach Hause, ergriff eine Axt und schlug alle seine vier Pferde vor den Kopf. Darauf zog er ihnen die Haut ab und fuhr mit ihnen nach der Stadt.

»Häute, Häute! Wer kauft Häute?«, rief er durch die Straßen.

Alle Schuhmacher und Gerber kamen angelaufen und fragten, was er für sie verlange.

»Einen Scheffel Geld für jede«, sagte der große Klaus.

»Bist du närrisch?«, sagten alle. »Glaubst du, wir hätten das Geld scheffelweis?«

»Häute, Häute! Wer kauft Häute?«, rief er wieder; aber allen, die nach dem Preis fragten, antwortete er: »Einen Scheffel Geld.«

»Er will uns zum Besten haben!«, riefen alle, und nun ergriffen die Schuhmacher ihre Spannriemen und die Gerber ihre Schurzfelle und fingen an, auf den großen Klaus loszuprügeln.

»Häute, Häute!«, spotteten sie ihm nach. »Wart, du sollst von uns eine Haut bekommen, die grün und gelb gezeichnet ist. Hinaus mit ihm aus der Stadt!«, riefen sie, und der große Klaus musste aus Leibeskräften laufen. So gründlich war er noch nie durchgeprügelt worden.

»Wart!«, sagte er, als er nach Hause kam. »Dafür soll der kleine Klaus mir büßen; ich schlage ihn tot!«

Aber zu Hause beim kleinen Klaus war die alte Großmutter gestorben. Sie war zwar stets sehr heftig und böse gegen ihn gewesen, aber er war doch recht betrübt, nahm die tote Frau und legte sie in sein warmes Bett, in der Hoffnung, er könne sie dadurch wieder zum Leben zurückbringen. Dort sollte sie die ganze Nacht liegen; er selbst wollte sich in einen Winkel setzen und auf einem Stuhl schlafen, wie er schon vorher getan hatte.

Als er nun nachts so dasaß, ging die Türe auf, und der große Klaus trat mit seiner Axt herein. Er wusste schon, wo des kleinen Klaus' Bett stand, ging gerade darauf los und schlug nun die tote Großmutter vor den Kopf, weil er glaubte, dass es der kleine Klaus wäre.

»Da hast du es!«, sagte er. »Nun wird es dir vergehen, dich über mich lustig zu machen!« Und darauf ging er wieder nach Hause.

»Das ist doch ein schlimmer, böser Mann«, sagte der kleine Klaus; »da dachte er, mich totzuschlagen. Es war doch für die alte Mutter gut, dass sie schon tot war, sonst hätte er ihr das Leben genommen!«

Nun zog er der alten Großmutter ihre Sonntagskleider an, lieh sich von dem Nachbarn ein Pferd, spannte es vor den Wagen und setzte die alte Großmutter auf den hintersten Sitz, sodass sie beim Fahren nicht herausfallen konnte, und so rollten sie vorwärts durch den Wald. Als die Sonne aufging, befanden sie sich schon vor einem großen Krug, wo der kleine Klaus still hielt, um zu frühstücken.

Der Wirt hatte viel, viel Geld; er war auch ein sehr guter Mann, aber hitzig, als wenn Pfeffer und Tabak in ihm wären.

»Guten Morgen!«, sagte er zum kleinen Klaus. »Du hast dich heute früh in die Sonntagskleider geworfen?«

»Ja!«, sagte der kleine Klaus. »Ich will mit meiner alten Großmutter nach der Stadt, sie sitzt draußen auf dem Wagen; ich kann sie nicht in die Stube hineinbekommen. Wollt Ihr ihr nicht ein Glas Met bringen? Ihr müsst aber recht laut schreien, denn sie kann nicht gut hören.«

»Ja, das soll geschehen!«, sagte der Wirt und schenkte ein großes Glas Met ein, mit dem er zur toten Großmutter, die aufrecht im Wagen saß, hinausging.

»Hier ist ein Glas Wein von Eurem Sohn!«, sagte der Wirt; aber die tote Frau erwiderte nicht ein einziges Wort, sondern saß ganz still.

»Hört Ihr nicht?«, schrie der Wirt, so laut er nur konnte. »Hier ist ein Glas Met von Eurem Sohn!«

Noch einmal rief er dasselbe und dann noch einmal; da sie sich aber durchaus nicht von der Stelle rührte, wurde er zornig und warf ihr das Glas gerade ins Gesicht, sodass ihr der Met über die Nase hinunterströmte und sie im Wagen hintenüberfiel, denn sie war nur aufrecht hingesetzt, aber nicht festgebunden.

»Hallo!«, rief der kleine Klaus, sprang zur Tür hinaus und fasste den Wirt an der Brust. »Du hast meine Großmutter getötet! Schau hin, da hat sie ein großes Loch in der Stirn!«

»Oh, was für ein Unglück!«, rief der Wirt und schlug die Hände über dem Kopf zusammen. »Das kommt alles von meiner Hitze! Süßer kleiner Klaus, ich will dir einen ganzen Scheffel Geld geben und deine Großmutter begraben lassen, als wenn sie meine eigene wäre, aber schweige nur still, sonst schlagen sie mir den Kopf ab, und das ist so hässlich!«

So erhielt der kleine Klaus einen ganzen Scheffel Geld, und der Wirt begrub die alte Großmutter, als wäre es seine eigene gewesen. Als der kleine Klaus mit dem vielen Geld wieder nach Hause kam, sandte er gleich seinen

Jungen zum großen Klaus hinüber, um diesen zu bitten, ob er ihm nicht ein Scheffelmaß leihen wollte.

»Was ist das?«, sagte der große Klaus. »Habe ich ihn denn nicht totgeschlagen? Da muss ich selbst einmal nachsehen!« Und so ging er selbst mit dem Scheffelmaß zum kleinen Klaus hinüber.

»Nein! Wo hast du all das Geld herbekommen?«, fragte er und riss die Augen beim Anblick des neuen Geldhaufens gewaltig auf.

»Nicht mich, sondern meine Großmutter hast du erschlagen!«, sagte der kleine Klaus. »Ich habe sie nun verkauft und einen Scheffel Geld für sie erhalten.«

»Das ist wahrhaftig gut bezahlt!«, sagte der große Klaus und eilte heim, nahm eine Axt und schlug sogleich seine alte Großmutter tot, legte sie auf den Wagen, fuhr nach der Stadt, wo der Apotheker wohnte, und fragte, ob er einen toten Menschen kaufen wolle!

»Wer ist es und wo habt Ihr ihn herbekommen?«, fragte der Apotheker.

»Es ist meine Großmutter!«, sagte der große Klaus. »Ich habe sie totgeschlagen, um sie gegen einen Scheffel Geld zu verkaufen.«

»Gott bewahre uns!«, sagte der Apotheker. »Ihr müsst in Fieberhitze sprechen! Redet nicht dergleichen Zeug, sonst könntet Ihr den Kopf verlieren!« Und nun las er ihm gründlich den Text, setzte ihm auseinander, was für eine entsetzliche Schandtat er begangen hätte und welch ein schlechter Mensch er wäre und dass er Strafe verdiente. Der große Klaus erschrak darüber so sehr, dass er aus der Apotheke auf den Wagen sprang, auf die Pferde einhieb und heimfuhr. Aber der Apotheker und alle Leute glaubten, er wäre verrückt, und ließen ihn deshalb fahren, wohin er wollte.

»Das will ich dir vergelten!«, sagte der große Klaus, als er draußen auf der Landstraße war. »Ja, das sollst du mir bezahlen, kleiner Klaus!« Und nun nahm er, sobald er nach Hause gekommen war, den größten Sack, den er finden konnte, ging zum kleinen Klaus hinüber und sagte: »Nun hast du mich wieder zum Besten gehabt. Erst schlug ich meine Pferde tot, dann meine alte Großmutter! Das ist bloß deine Schuld, aber nie sollst du mich wieder zum Besten haben!« Und dann packte er den kleinen Klaus um den Leib und steckte ihn in seinen Sack, nahm ihn auf den Rücken und rief ihm zu: »Jetzt gehe ich und ertränke dich!«

Man musste eine lange Strecke gehen, bis man zum Bach kam, und der kleine Klaus war nicht so leicht zu tragen. Der Weg führte dicht an der Kirche vorüber, die Orgel spielte, und die Leute sangen so schön darin; da setzte der große Klaus seinen Sack mit dem kleinen Klaus dicht neben der Kirchentür nieder und dachte, es würde ganz gut sein, wenn er erst hineinträte und ein Lied mitsänge, ehe er weiterginge – der kleine Klaus könne ja nicht entwischen, und alle Leute wären in der Kirche. So ging er denn hinein.

»O weh, o weh!«, seufzte der kleine Klaus im Sack; er drehte sich und drehte sich, aber es war ihm nicht möglich, die Bande zu lösen. In dem Augenblick kam der alte Kuhhirt, mit schneeweißem Haar und einem großen Stock in der Hand, vorüber; er trieb eine ganze Herde Kühe und Stiere vor sich her; sie liefen gegen den Sack, in dem der kleine Klaus saß, sodass er umfiel.

»O weh!«, seufzte der kleine Klaus. »Ich bin noch so jung und soll schon ins Himmelreich!«

»Und ich Armer«, sagte der Kuhhirt, »bin schon so alt und kann noch immer nicht dahin kommen!«

»Binde den Sack auf!«, rief der kleine Klaus. »Krieche statt meiner hinein, so kommst du sogleich ins Himmelreich!«

»Ja, das will ich mit Freuden tun!«, sagte der Kuhhirt und band den Sack auf, aus dem der kleine Klaus sofort hinaussprang.

»Willst du nun auf das Vieh aufpassen?«, sagte der alte Mann und kroch in den Sack hinein, den der kleine Klaus zuband und dann mit allen Kühen und Stieren seines Weges ging.

Unmittelbar danach kam der große Klaus aus der Kirche und nahm seinen Sack wieder auf den Rücken. Freilich kam es ihm vor, als ob dieser gar leicht geworden wäre, denn der alte Kuhhirt war kaum halb so schwer wie der kleine Klaus. »Wie leicht er jetzt zu tragen ist! Das ist der Lohn dafür, dass ich ein Kirchenlied mit angehört habe!«

So ging er zu dem Bach, der tief und groß war, warf den Sack mit dem alten Kuhhirten in das Wasser und rief ihm nach, denn er glaubte ja, dass es der kleine Klaus wäre: »Sieh! Nun sollst du dich nicht mehr über mich lustig machen!«

Darauf ging er heimwärts; als er aber an den Kreuzweg kam, begegnete er dem kleinen Klaus, der all sein Vieh vor sich hertrieb.

»Was ist das?«, rief der große Klaus. »Habe ich dich nicht ertränkt?«

»Ja!«, sagte der kleine Klaus. »Du warfst mich ja vor kaum einer halben Stunde in den Bach!«

»Aber wo hast du all das schöne Vieh herbekommen?«, fragte der große Klaus.

»Das ist Seevieh!«, sagte der kleine Klaus. »Ich will dir die ganze Geschichte erzählen und will mich auch bestens bedankt haben, dass du mich ertränktest, denn nun bin ich obenauf, bin ordentlich reich, das kannst du mir glauben! Mir war so bange, als ich im Sack steckte und mir der Wind um die Nase pfiff, so bange, als du mich von der Brücke hinunter in das kalte Wasser warfst! Ich sank sogleich auf den Grund, stieß mich aber nicht, denn da unten wächst das feinste weiche Gras. Darauf fiel ich, und sogleich wurde der Sack geöffnet, und die schönste Jungfrau in schneeweißen Kleidern und mit einem grünen Kranz um das Haar nahm mich bei der Hand und sagte: ›Bist du da, kleiner Klaus? Da hast du für das Erste einiges Vieh. Eine Meile weiter auf dem Weg steht noch eine ganze Trift, die ich dir ebenfalls verehren will.‹ Nun bemerkte ich, dass der Bach eine große Landstraße für das Meervolk war. Unten auf dem Grund gingen und fuhren Leute gerade von der See her mitten in das Land hinein bis zur Quelle des Baches. Wie reizend war es da, wie viele Blumen und frisches Gras gab es überall. Die Fische, die im Wasser schwammen, schossen mir blitzschnell an den Ohren vorüber, wie hier die Vögel in der Luft. Was waren da für schmucke Leute, und nun erst das Vieh, das an Gräben und Hecken weidete.«

»Aber warum bist du denn gleich wieder zu uns heraufgekommen?«, fragte der große Klaus. »Das hätte ich nicht getan, wenn es da unten wirklich so schön ist.«

»Je nun!«, sagte der kleine Klaus. »Das ist sehr pfiffig von mir. Höre, was ich dir erzähle: Die Seejungfrau sagte, eine Meile weiter auf dem Weg – unter dem Weg versteht sie ja den Bach, da sie nirgends anders hinkommen kann – stände noch eine ganze Trift Vieh für mich. Wie ich nun weiß, macht der Bach bald hier, bald da Krümmungen. Das ist ja ein schrecklicher Umweg. Nein, da kürzt man doch viel ab, wenn man hier auf das Land emporsteigt und querüber wieder nach dem Bach treibt. Dabei spare ich ja fast eine halbe Meile und komme eher zu meinem Seevieh!«

»Oh, du bist ein glücklicher Mann!«, sagte der große Klaus. »Denkst du, ich würde ebenfalls Seevieh bekommen, wenn ich auf den Grund des Baches hinunterkäme?«

»Ja, das sollte ich meinen!«, sagte der kleine Klaus. »Aber ich kann dich nicht im Sack bis an den Bach hintragen; dazu bist du mir zu schwer. Willst du aber selbst dahin gehen und dann in den Sack kriechen, so will ich dich mit dem größten Vergnügen hineinwerfen.«

»Besten Dank!«, sagte der große Klaus. »Bekomme ich aber kein Seevieh, wenn ich hinunterkomme, dann prügle ich dich tüchtig durch. Darauf kannst du dich verlassen.«

»O nein. Sei nicht so schlimm!«

Nun gingen sie zum Bach hin. Als das Vieh, welches durstig war, das Wasser sah, lief es, so schnell es konnte, zur Tränke hinunter.

»Sieh, wie eilig es das Vieh hat!«, sagte der kleine Klaus. »Es sehnt sich danach, wieder auf den Grund hinunterzukommen!«

»Ja, hilf mir nur erst«, sagte der große Klaus, »denn sonst bekommst du Prügel.« Und dann kroch er in einen großen Sack, der quer über dem Rücken eines der Stiere gelegen hatte. »Lege einen Stein hinein, denn sonst befürchte ich, dass ich nicht untersinke!«

»Es geht schon!«, sagte der kleine Klaus, legte aber doch einen großen Stein in den Sack, zog das Band fest zu und stemmte sich dagegen. Plumps! Da lag der große Klaus im Bach und sank sogleich auf den Grund.

»Ich fürchte, ich fürchte, er findet am Ende das Vieh doch nicht!«, sagte der kleine Klaus und zog mit dem, was er hatte, heimwärts.

Der unartige Knabe

Es war einmal ein alter Dichter, ein wirklich guter alter Dichter. Eines Abends erhob sich, während er zu Hause saß, draußen ein entsetzliches Unwetter; der Regen strömte hernieder, aber der Dichter saß warm und gemütlich an seinem Kachelofen, in dem das Feuer brannte und die Äpfel brieten.

»Da bleibt kein trockener Faden an den Armen, die in dem Wetter draußen sind!«, sagte er, denn er war ein gutmütiger Dichter.

»O öffne mir! Ich friere und bin so nass!«, rief plötzlich draußen ein kleines Kind. Es weinte und klopfte an die Tür, während der Regen niederströmte und der Sturm an allen Fenstern raste.

»Du armes Ding!«, sagte der alte Dichter und stand auf, die Tür zu öffnen. Da stand ein kleiner Knabe; er war ganz nackt, und das Wasser triefte ihm aus dem langen blonden Haar. Er zitterte vor Kälte; wäre er nicht hineingekommen, hätte er in dem schlimmen Wetter sicherlich umkommen müssen.

»Du armer Kleiner!«, sagte der alte Dichter und nahm ihn bei der Hand. »Komm nur zu mir, ich will dich schon erwärmen! Wein und einen Apfel sollst du auch bekommen, denn du bist ein prächtiger Junge!«

Das war er auch. Seine Augen sahen wie zwei helle Sterne aus, und obgleich ihm das Wasser aus dem blonden Haar floss, kräuselte es sich doch auf das Anmutigste. Er sah wie ein kleiner Engel aus, war aber bleich vor Kälte und zitterte am ganzen Körper. In der Hand hielt er einen prachtvollen Bogen, der aber vom Regen völlig verdorben war; die Farben der hübschen Pfeile liefen bei dem nassen Wetter alle ineinander.

Der alte Dichter setzte sich wieder an den Kachelofen, nahm den kleinen Knaben auf den Schoß, drückte ihm das Wasser aus dem Haar, wärmte die kleinen Hände in seinen eigenen und kochte ihm süßen Wein. Da erholte er sich, bekam rote Wangen, sprang auf den Fußboden hinunter und tanzte um den alten Dichter herum.

»Du bist ein lustiger Knabe!«, sagte der Alte. »Wie heißt du denn?«

»Ich heiße Amor!«, antwortete er. »Kennst du mich nicht? Dort liegt mein Bogen. Mit dem verstehe ich zu schießen! Sieh, nun wird das Wetter draußen wieder gut; der Mond scheint!«

»Aber dein Bogen ist verdorben!«, sagte der Dichter.

»Das wäre schlimm!«, sagte der kleine Knabe, nahm ihn auf und untersuchte ihn. »Oh, er ist schon trocken und hat gar nicht gelitten. Die Sehne sitzt ganz stramm! Nun werde ich ihn probieren!« Damit spannte er ihn, legte einen Pfeil darauf, zielte und schoss ihn dem guten alten Dichter gerade ins Herz. »Nun kannst du sehen, dass mein Bogen nicht verdorben war!«, sagte er, lachte laut auf und lief seiner Wege. Der unartige Knabe! So nach dem alten Dichter zu schießen, der ihn so freundlich in seine warme Stube aufgenommen hatte, so gut gegen ihn gewesen war und ihm so guten Wein und den besten Apfel gegeben hatte.

Der gute Dichter lag auf dem Fußboden und weinte, er war gerade in das Herz geschossen. »Pfui«, sagte er, »was für ein unartiger Knabe dieser Amor ist. Allen guten Kindern will ich es erzählen, damit sie sich vor ihm hüten können und nie mit ihm spielen, denn er fügt ihnen nur Unheil zu.«

Alle guten Kinder, Mädchen und Knaben, denen er es erzählte, nahmen sich auch vor dem schlimmen Amor in Acht, aber er überlistete sie dennoch, denn er ist zu durchtrieben und schlau. Kommen die Studenten aus den Vorlesungen, so geht er ihnen zur Seite, in einem schwarzen Rock und mit einem Buch unter dem Arm. Sie erkennen ihn nicht und fassen ihn deshalb unter, weil sie ihn auch für einen Studenten halten, aber dann bohrt er ihnen den Pfeil in die Brust. Wenn die Mädchen vom Prediger kommen und wenn sie in der Kirche stehen, immer ist er auch hinter ihnen. Ja, er ist zu allen Zeiten hinter den Leuten her. Er sitzt in dem großen Kronleuchter im Theater und brennt lichterloh, dass die Leute glauben, es wäre eine Lampe, aber später merken sie schon, dass es etwas anderes war. Er läuft in des Königs Park und auf den Wällen umher, ja, er hat einmal deinem eigenen Vater und deiner eigenen Mutter gerade in das Herz geschossen. Frage sie nur, dann wirst du ja hören, was sie sagen. Ja, es ist ein schlimmer Knabe, dieser Amor, mit dem musst du nie etwas zu tun haben. Hinter allen Leuten ist er her. Denke nur, er schoss sogar einmal einen Pfeil nach der alten Großmutter. Freilich ist's schon lange her, aber das vergisst sie nie. Pfui, der schlimme Amor! Aber nun kennst du ihn! Merke, was für ein unartiger Knabe er ist!

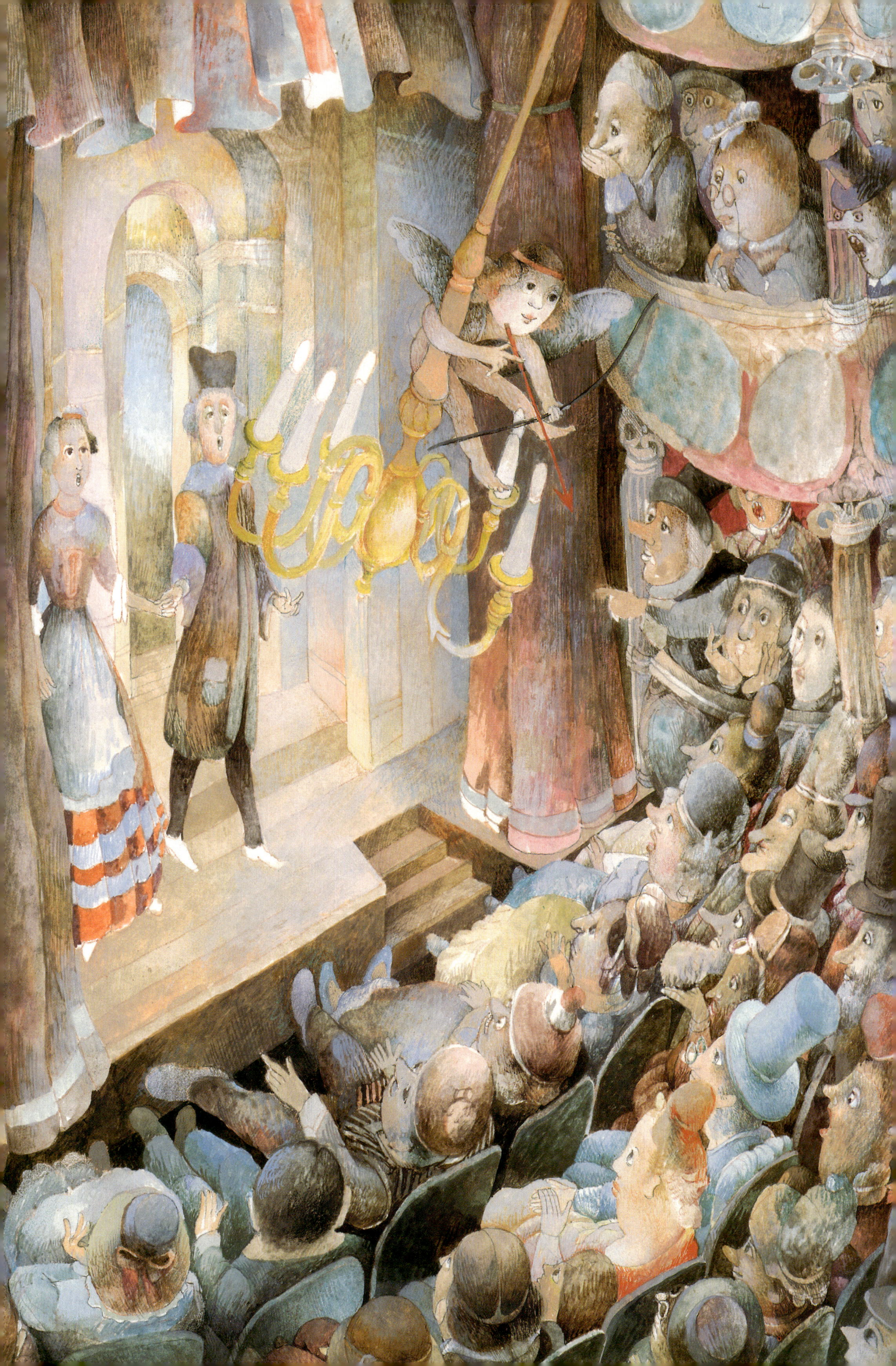

DÄUMELINCHEN

Es war einmal eine Frau, die gar zu gern ein kleines Kind haben wollte, aber sie wusste gar nicht, wo sie es herbekommen sollte. Da ging sie zu einer alten Hexe und sagte zu ihr: »Ich möchte doch gar zu gern ein kleines Kind haben; kannst du mir nicht sagen, wo ich eins herbekomme?«

»O ja, das soll nicht schwer halten!«, sagte die Hexe. »Da hast du ein Gerstenkorn; das ist nicht etwa von der Art, wie es auf einem Acker wächst oder womit die Hühner gefüttert werden. Lege es in einen Blumentopf, dann wirst du etwas zu sehen bekommen!«

»Besten Dank!«, sagte die Frau und gab der Hexe ein Silberstück, ging dann heim, pflanzte das Gerstenkorn, und sogleich wuchs eine große, herrliche Blume hervor, die vollkommen einer Tulpe glich, aber die Blütenblätter schlossen sich fest zusammen, als ob sie noch in der Knospe wären.

»Das ist eine schöne Blume!«, sagte die Frau und küsste sie auf die herrlichen roten und gelben Blütenblätter, aber wie sie sie noch küsste, tat die Blume einen großen Knall und öffnete sich. Es war, wie man nun sehen konnte, eine wirkliche Tulpe, aber mitten in der Blüte, auf dem grünen Blumengriffel, saß ein winzig kleines Mädchen, fein und lieblich. Es war nicht größer als ein Daumen und deswegen wurde es Däumelinchen genannt.

Eine prächtige, lackierte Walnussschale erhielt sie zur Wiege, blaue Veilchenblätter waren ihre Matratze und ein Rosenblatt ihr Deckbett. Darin schlief sie des Nachts, aber am Tag spielte sie auf dem Tisch. Die Frau hatte einen Teller darauf gestellt, um den sie einen ganzen Kranz Blumen gelegt hatte, deren Stängel in das Wasser reichten. Hier schwamm ein großes Tulpenblatt, und auf diesem durfte Däumelinchen sitzen und von der einen Seite des Tellers bis zur anderen schwimmen. Zum Rudern hatte sie zwei weiße Pferdehaare. Das sah unbeschreiblich niedlich aus. Sie konnte auch singen, o so fein und lieblich, wie man nie zuvor gehört hatte.

Eines Nachts, als sie in ihrem hübschen Bettchen lag, kam durch das Fenster, in dem eine Scheibe zerbrochen war, eine hässliche Kröte hereingeschlüpft. Die Kröte war entsetzlich garstig, groß und nass; sie hüpfte gerade auf den Tisch, wo Däumelinchen lag und unter dem roten Rosenblatt schlief.

»Das wäre eine schöne Frau für meinen Sohn!«, sagte die Kröte, und dann ergriff sie die Walnussschale, in der Däumelinchen schlief, und hüpfte mit ihr durch die Scheibe in den Garten hinunter.

Da floss ein großer, breiter Bach; aber dicht am Ufer war es sumpfig und morastig; hier wohnte die Kröte mit ihrem Sohn. Hu, der war ebenso garstig und hässlich, das ganze Ebenbild seiner Mutter. »Koax, koax, brekekekex«, war alles, was er sagen konnte, als er das hübsche kleine Mädchen sah.

»Schwatz nicht so laut, sonst wacht sie auf!«, sagte die alte Kröte. »Sie könnte uns sonst noch entlaufen, denn sie ist so leicht wie eine Flaumfeder! Wir wollen sie in den Bach hinaus auf eins der breiten Wasserlilienblätter setzen, das ist für sie, die so leicht und klein ist, wie eine Insel. Da kann sie nicht entlaufen, während wir den Festsaal unten tief unter dem Sumpf, wo ihr wohnen und leben sollt, instand setzen.«

Nach der Mitte des Baches zu wuchsen gar viele Wasserlilien mit ihren breiten grünen Blättern. Sie gewährten einen Anblick, als ob sie auf dem Wasser schwämmen. Das Blatt, das am weitesten hinausragte, war auch das allergrößte. Zu ihm schwamm die alte Kröte hinaus und setzte die Walnussschale mit Däumelinchen darauf.

Das arme kleine Mädchen erwachte beim ersten Morgengrauen, und da es wahrnahm, wo es war, fing es gar bitterlich an zu weinen, denn Wasser umgab von allen Seiten das große grüne Blatt; es war ihr unmöglich, an das Land zu kommen. Die alte Kröte saß unten im Sumpf und schmückte ihr Zimmer mit Schilf und gelben Wasserlilien, denn für die neue Schwiegertochter sollte alles auf das Feinste hergerichtet werden. Darauf schwamm sie mit dem garstigen Sohn zu dem Blatt hinaus, wo Däumelinchen saß. Sie wollten ihr niedliches Bett holen, welches in das Brautgemach gesetzt werden sollte, ehe sie selbst dessen Schwelle übertrat.

Die alte Kröte verneigte sich vor ihr bis tief ins Wasser hinein und sagte: »Hier stell ich dir meinen Sohn vor, der dein Mann sein soll. Ihr werdet unten im Sumpf ganz prächtig wohnen.«

»Koax, koax, brekekekex!«, war alles, was der Sohn sagen konnte.

Nun nahmen sie das stattliche kleine Bett und schwammen damit fort; Däumelinchen aber saß ganz allein und weinte heiße Tränen auf das grüne Blatt hinab, denn sie wollte weder bei der hässlichen Kröte wohnen noch ihren hässlichen Sohn zum Mann haben. Die kleinen Fische, die unten im Wasser schwammen, hatten die Kröte recht wohl gesehen und gehört, was sie sagte. Sie streckten deshalb alle die Köpfe in die Höhe, sie wollten doch auch das kleine Mädchen sehen. Kaum hatten sie es gesehen, so fanden sie es so allerliebst, dass es ihnen Leid tat, dass es zur hässlichen Kröte hinunter sollte. Nein, das durfte nie geschehen! Sie versammelten sich unten im Wasser, rings um den grünen Stängel, der das Blatt hielt, worauf es saß, nagten mit den Zähnen den Stiel ab, und nun schwamm das Blatt mit Däumelinchen hinab, weit, weit fort, wohin die Kröte nicht gelangen konnte.

Däumelinchen segelte an gar vielen Städten vorüber, und die kleinen Vögel saßen in den Büschen, sahen sie und sangen: »Welch niedliches kleines Mädchen!« Weiter und immer weiter schwamm das Blatt mit ihr; so reiste denn Däumelinchen ins Ausland. Ein allerliebster kleiner weißer Schmetterling wurde nicht müde, sie zu umflattern, und schwebte endlich auf das Blatt hernieder, denn er konnte Däumelinchen gar wohl leiden. Diese war hoch erfreut, denn die Kröte konnte sie jetzt nicht mehr erreichen, und es war so köstlich, wo sie segelte. Die Sonne schien auf das Wasser und dieses glänzte wie schimmerndes Gold. Da nahm sie ihren Gürtel, schlang dessen eines Ende um den Schmetterling und befestigte das andere am Blatt. Das glitt jetzt weit schneller das Wasser hinunter und sie mit, denn sie saß ja auf dem Blatt.

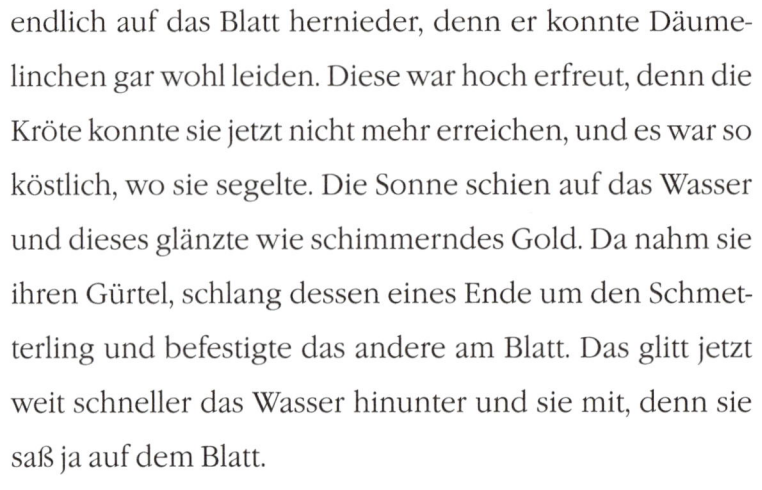

Plötzlich kam ein großer Maikäfer angeflogen, der sie gewahrte und augenblicklich seine Klauen um ihren schlanken Leib schlug und mit ihr auf einen Baum flog. Aber das grüne Blatt schwamm den Bach hinab, und der Schmetterling flog mit, denn er war an das Blatt gebunden und konnte sich auch nicht befreien.

Gott, wie sehr erschrak das arme Däumelinchen, als der Maikäfer mit ihr auf den Baum hinaufflog! Am meisten betrübte sie jedoch der Gedanke an den schönen weißen Schmetterling, den sie an das Blatt gebunden hatte. Konnte er nicht loskommen, musste er rettungslos verhungern. Aber das rührte den Maikäfer durchaus nicht. Er setzte sich mit ihr auf das größte grüne Blatt des Baumes, speiste sie mit dem Blütenhonig und sagte, sie wäre sehr schön, obgleich sie einem Maikäfer in keinem Stück ähnelte. Später kamen alle die anderen Maikäfer, die den Baum bewohnten, zu Besuch; sie beguckten Däumelinchen von allen Seiten, und die Maikäferfräulein rümpften die Fühlhörner und sagten: »Sie hat ja nur zwei Füße; das sieht doch zu jämmerlich aus!« – »Sie hat keine Fühlhörner!«, spotteten andere. »Wie schlank sie um die Hüften ist! Pfui, sie sieht einem Menschen sprechend ähnlich! Wie hässlich sie ist!«, sagten alle Maikäferfrauen, und trotzdem war Däumelinchen so schön. So kam sie auch dem Maikäfer vor, der sie entführt hatte, da aber alle anderen darin übereinstimmten, sie wäre hässlich, so glaubte er es zuletzt ebenfalls und wollte sie nun gar nicht haben; sie konnte gehen, wohin sie wollte. Sie flogen mit ihr vom Baum hinunter und setzten sie auf ein Gänseblümchen. Da weinte sie, weil sie so hässlich wäre, dass sie nicht einmal die Maikäfer unter sich dulden wollten, und doch war sie über alle Vorstellung schön, fein und klar, wie das herrlichste Rosenblatt.

Während des ganzen Sommers lebte Däumelinchen ganz allein in dem großen Wald. Sie flocht sich ein Bett aus Grashalmen und hing es unter einem großen Klettenblatt auf, sodass sie gegen den Regen geschützt war. Blütenhonig war ihre Speise, und ihren Durst stillte sie an dem Tau, der morgens auf den Blättern stand. So verstrichen Sommer und Herbst, aber nun kam der Winter, der kalte, lange Winter. Alle Vögel, die ihr so schön vorgesungen hatten, flogen ihrer Wege, die Bäume und Blumen welkten dahin; das große Klettenblatt, unter dem sie gewohnt hatte, schrumpfte zusammen, und es blieb nur ein gelber, vertrockneter Stängel. Sie fror bitterlich, ihre Kleider waren zerrissen, und sie selbst war gar fein und klein. Das arme Däumelinchen musste erfrieren. Es begann zu schneien, und jede Schneeflocke, die auf sie fiel, tat dieselbe Wirkung, als wenn man auf uns eine ganze Schaufel voll wirft, denn wir sind groß, sie war aber nur einen Daumen lang. Da hüllte sie sich in ein verwelktes Blatt, aber das erwärmte sie nicht; sie zitterte vor Kälte. Hart am Saum des Waldes, wohin sie jetzt gelangt war, lag ein großes Kornfeld, allein das Korn war längst eingeerntet, nur die nackten, trockenen Stoppeln ragten aus der gefrorenen Erde hervor. Ihr kamen sie wie ein großer Wald vor, den sie zu durchwandern hatte, und sie klapperte nur so vor Kälte. Da kam sie vor die Tür der Feldmaus. Ihr ganzes Reich bestand in einer kleinen Höhle unter den Kornstoppeln. Dort wohnte die Feldmaus geschützt und behaglich, hatte die ganze Stube voll Korn und eine prächtige Küche und Speisekammer. Das arme Däumelinchen stellte sich an die Tür, gerade wie jedes andere arme Bettelmädchen, und bat um ein kleines Stückchen Gerstenkorn, denn sie hatte seit zwei Tagen nicht das Geringste zu essen bekommen.

»Du arme Kleine!«, sagte die Feldmaus, denn es war im Grunde genommen eine gute alte Feldmaus. »Komm in meine warme Stube herein und iss mit mir!«

Da sie nun Gefallen an Däumelinchen fand, sagte sie: »Du kannst getrost den Winter über bei mir bleiben, aber du musst mir die Stube hübsch sauber halten und mir Geschichten erzählen, denn das ist meine Lust!« Däumelinchen tat, was die gute alte Feldmaus verlangte, und hatte es ganz vortrefflich bei ihr.

»Nun bekommen wir gewiss bald Besuch!«, sagte die Feldmaus. »Mein Nachbar pflegt mich täglich zu besuchen. Der hat noch mehr an sich gebracht als ich, hat große Säle und geht in einem herrlichen schwarzen Samtpelz einher. Könntest du den zum Mann bekommen, dann wärest du gut versorgt. Er kann aber nicht sehen. Du musst ihm die allerschönsten Geschichten erzählen, die du weißt!«

Aber darum kümmerte sich Däumelinchen nicht, sie mochte den Nachbarn gar nicht haben, denn er war ein Maulwurf. Er kam und machte in seinem schwarzen Samtpelz seine Aufwartung. Er wäre sehr reich und sehr gelehrt, sagte die Feldmaus. Seine Wohnung war auch in der Tat zwanzigmal größer als die der Feldmaus, und Gelehrsamkeit besaß er, aber die Sonne und die herrlichen Blumen konnte er gar nicht leiden; über sie wusste er nur Schlimmes zu erzählen, weil er sie nie gesehen hatte. Däumelinchen musste singen, und sie sang sowohl: »Maikäfer, flieg!« als auch: »Der Pfarrer geht ins Heu!« Wegen ihrer schönen Stimme verliebte sich der Maulwurf in sie, sagte aber noch nichts; oh, er war ein sehr besonnener Mann!

Er hatte sich vor kurzem einen langen Gang von seinem bis zu ihrem Haus durch die Erde gegraben; in ihm durften die Feldmaus und Däumelinchen mit seiner Erlaubnis nach Herzenslust spazieren. Er bat sie aber, sich nicht vor dem toten Vogel zu erschrecken, der im Gang läge. Es war ein ganzer Vogel mit Federn und Schnabel, der erst ganz kürzlich beim Beginn des Winters gestorben sein konnte und nun gerade da begraben war, wo er seinen Gang angelegt hatte.

Der Maulwurf nahm ein faules Stück Holz in das Maul, weil es im Dunkeln wie Feuer schimmert, ging dann voran und leuchtete ihnen in dem langen, finsteren Gang. Als sie zu der Stelle gelangten, wo der tote Vogel lag, drückte der Maulwurf mit seiner breiten Nase gegen das Gewölbe und stieß die Erde auf, sodass ein großes Loch entstand, durch welches das Licht hereinschimmerte. Mitten auf dem Boden lag eine tote Schwalbe, die schönen Flügel fest an die Seite gedrückt, die Beine und den Kopf unter die Federn gezogen. Der arme Vogel war sicher vor Kälte gestorben. Däumelinchen hatte inniges Mitleid mit ihm, sie liebte all die kleinen Vögel, hatten sie ihr doch den ganzen Sommer hindurch so schön etwas vorgesungen und vorgezwitschert, aber der Maulwurf stieß ihn mit seinen kurzen Beinen und sagte: »Nun pfeift er nicht mehr! Es muss doch jämmerlich sein, als kleiner Vogel geboren zu werden! Gott sei Lob, dass es keines meiner Kinder wird. Außer seinem ›Quivit‹ hat ja ein solcher Vogel durchaus nichts und muss im Winter elendiglich verhungern!«

»Ja, das könnt Ihr als vernünftiger Mann wohl sagen!«, entgegnete die Feldmaus. »Was hat ein Vogel für all sein Quivit, wenn der Winter kommt? Er muss hungern und frieren, doch das wird wohl etwas bedeuten sollen.«

Däumelinchen sagte nichts, als aber die beiden anderen dem Vogel den Rücken wandten, neigte sie sich hinab, schob die Federn, die über seinem Kopf lagen, zur Seite und küsste ihn auf die geschlossenen Augen. Vielleicht war er es, der mir im Sommer so schön etwas vorsang, dachte sie, wie viel Freude hat er mir verschafft, der liebe, schöne Vogel.

Der Maulwurf stopfte nun das Loch, durch welches das Tageslicht hineinschien, wieder zu und begleitete die Damen nach Hause. Aber in der Nacht konnte Däumelinchen schlechterdings nicht schlafen. Da erhob sie sich von ihrem Bett und flocht aus Heu einen großen, schönen Teppich, trug ihn hinunter, breitete ihn über dem toten Vogel aus und legte weiche Baumwolle, die sie im Zimmer der Feldmaus gefunden hatte, dem Vogel zur Seite, damit er warm liegen möchte in der kalten Erde.

»Lebe wohl, du schöner, lieber Vogel!«, sagte sie. »Lebe wohl und Dank für deinen herrlichen Gesang im Sommer, als alle Bäume grün waren und die Sonne auf uns so warm herniederschien!« Dann legte sie ihr Köpfchen an des Vogels Brust, fuhr aber sogleich erschrocken zusammen, denn es war fast, als ob etwas in ihr klopfte. Das war des Vogels Herz. Der Vogel war nicht tot, er lag nur in Betäubung, war jetzt erwärmt worden und bekam wieder Leben.

Im Herbst fliegen alle Schwalben nach den warmen Ländern, verspätet sich aber eine, so friert sie so, dass sie wie tot zur Erde fällt und liegen bleibt, wohin sie fällt, und der kalte Schnee seine Decke über sie breitet.

Däumelinchen schauderte ordentlich, so war sie erschreckt worden, denn der Vogel war ihr gegenüber, die kaum Daumeslänge hatte, ja so erschrecklich groß, aber sie fasste doch wieder Mut, legte die Baumwolle dichter um die Schwalbe und holte ein Krauseminzenblatt, dessen sie sich selbst als Deckbett bedient hatte, und legte es über den Kopf des Vogels.

In der nächsten Nacht schlich sie sich wieder zu ihm hinunter, und nun war er lebendig, aber so matt, dass er nur einen kurzen Augenblick seine Augen öffnen und Däumelinchen anzusehen vermochte, die, weil sie kein anderes Lämpchen finden konnte, mit einem Stückchen faulen Holzes in der Hand neben ihm stand.

»Herzlichen Dank, du niedliches kleines Kind!«, sagte die kranke Schwalbe zu ihr. »Ich bin vortrefflich erwärmt! Bald erhalte ich meine Kräfte wieder und kann dann draußen im warmen Sonnenschein umherfliegen.«

»Ach«, sagte Däumelinchen, »es ist draußen gar kalt, es schneit und friert! Bleib du in deinem warmen Bettchen, ich werde dich schon pflegen!«

Darauf brachte sie der Schwalbe Wasser in einem Blumenblatt, und diese trank und erzählte ihr, wie sie sich an einem Dornbusch ihren einen Flügel verletzt hätte, was sie verhinderte, so schnell wie die anderen Schwalben zu fliegen, als diese weit, weit fort nach den warmen Ländern flogen. Endlich war sie auf die Erde gefallen, aber an Weiteres konnte sie sich nicht mehr erinnern, und sie war völlig unwissend darüber, wie sie hierher gekommen war.

Den ganzen Winter blieb sie nun da unten und Däumelinchen nahm sich ihrer auf das Beste an und hatte sie lieb. Weder der Maulwurf noch die Feldmaus erfuhr das Geringste davon, weil sie die arme Schwalbe nicht mochten.

Sobald der Frühling kam und die Sonne die Erde erwärmte, sagte die Schwalbe Däumelinchen Lebewohl, die nun das Loch öffnete, welches der Maulwurf in der Decke gemacht hatte. Die Sonne schien herrlich auf sie hernieder, und die Schwalbe fragte, ob sie sie begleiten wollte, sie könnte auf ihrem Rücken sitzen, und dann wollten sie weit hinaus in den grünen Wald fliegen. Aber Däumelinchen wusste, dass es die alte Feldmaus betrüben würde, wenn sie sie auf solche Art verließ.

»Nein, ich kann nicht!«, sagte Däumelinchen. – »Lebe wohl, lebe wohl, du gutes, schönes Mädchen!«, sagte die Schwalbe und flog hinaus in den Sonnenschein. Däumelinchen sah ihr nach, und die Tränen traten ihr in die Augen, denn sie hatte die Schwalbe gar lieb.

»Quivit, quivit!«, sang der Vogel und flog hinein in den grünen Wald.

Däumelinchen war sehr betrübt. Sie erhielt nie Erlaubnis, in den warmen Sonnenschein hinauszugehen. Das Korn, das auf dem Acker über dem Haus der Feldmaus ausgesät war, wuchs auch hoch in die Luft empor; für das arme kleine Mädchen, das kaum Daumeslänge hatte, war es ein völlig undurchdringlicher Wald.

»Während des Sommers sollst du nun an deiner Aussteuer nähen!«, sagte die Feldmaus zu ihr, denn nun hatte der Nachbar, der langweilige Maulwurf in dem schwarzen Samtpelz, sich um sie beworben. »Du sollst sowohl Wollen- wie Leinenzeug haben. Ich will dir Tisch- und Bettzeug mitgeben, wenn du die Frau des Maulwurfs wirst!«

Däumelinchen musste nun die Spindel drehen, und die Feldmaus nahm vier Spinnen in Lohn, die Tag und Nacht spinnen und weben mussten. Jeden Abend kam der Maulwurf auf Besuch und sprach nur immer davon, dass, wenn der Sommer vergangen, die Sonne nicht mehr so warm scheinen würde – jetzt brannte sie ja die Erde fest wie einen Stein –, ja, wenn der Sommer endlich vorbei wäre, dann wollte er mit Däumelinchen Hochzeit feiern. Sie war aber gar nicht vergnügt, denn sie hatte den langweiligen Maulwurf keineswegs lieb. Jeden Morgen, wenn die Sonne aufging, und jeden Abend, wenn sie unterging, schlich sie sich zur Tür hinaus, und sobald der Wind die Kornähren auseinander wehte, dass sie den blauen Himmel sehen konnte, dachte sie daran, wie hell und schön es hier draußen wäre, und wünschte so sehr, die liebe Schwalbe wieder zu sehen; aber die kam nie wieder, die war gewiss weit fort in den schönen grünen Wald geflogen.

Als es nun Herbst wurde, hatte Däumelinchen ihre ganze Aussteuer fertig.

»In vier Wochen sollst du Hochzeit halten!«, sagte die Feldmaus zu ihr. Aber Däumelinchen weinte und sagte, sie wolle den langweiligen Maulwurf nicht haben.

»Schnickschnack!«, sagte die Feldmaus. »Sei nur nicht widerspenstig, sonst muss ich dich mit meinen weißen Zähnen beißen. Es ist ja ein ganz vortrefflicher Mann, den du erhältst. Solchen schwarzen Samtpelz hat selbst die Königin nicht. Seine Küche und sein Keller sind wohlbestellt. Sage du Gott Dank für ihn!«

Nun sollte Hochzeit sein. Der Maulwurf war schon gekommen, Däumelinchen zu holen. Sie sollte bei ihm tief unten unter der Erde wohnen,

sollte nie in die warme Sonne hinauskommen, weil er sie nicht ausstehen konnte. Das arme Kind war sehr betrübt, sie sollte nun der schönen Sonne Lebewohl sagen, die sie bei der Feldmaus doch wenigstens von der Tür aus hatte sehen dürfen.

»Lebe wohl, du klarer Sonnenstrahl!«, sagte sie, streckte die Ärmchen hoch empor und ging auch eine kurze Strecke vom Haus der Feldmaus fort, denn nun war das Korn geerntet, und nur die dürren Stoppeln standen noch da. »Lebe wohl, lebe wohl!«, sagte sie und schlang ihre Ärmchen um eine kleine rote Blume, die daneben stand. »Grüße die liebe Schwalbe von mir, wenn du sie zu sehen bekommst!«

»Quivit, quivit!«, ertönte es in demselben Augenblick über ihrem Kopf. Sie blickte auf, es war die Schwalbe, die gerade vorüberflog. Sobald Däumelinchen sie gewahrte, wurde sie sehr froh. Sie erzählte ihr, wie ungern sie den garstigen Maulwurf zum Mann nähme, und dass sie nun tief unter der Erde wohnen sollte, wo das Sonnenlicht nie hineinschiene. Sie konnte sich ihrer Tränen dabei nicht erwehren.

»Nun kommt der kalte Winter«, sagte die Schwalbe, »ich fliege nach den warmen Ländern fort. Willst du mich begleiten? Du kannst auf meinem Rücken sitzen! Binde dich nur mit deinem Gürtel fest, dann fliegen wir fort von dem garstigen Maulwurf und seiner finsteren Stube, weit fort über die Berge nach den warmen Ländern, wo die Sonne schöner scheint als hier, wo es immer Sommer ist, wo immer schöne Blumen blühen. Fliege nur mit mir, du süßes, kleines Däumelinchen, die du mir das Leben gerettet hast, als ich erfroren in dem finsteren Schoß der Erde lag!«

»Ja, ich ziehe mit dir«, sagte Däumelinchen und setzte sich auf des Vogels Rücken, mit den Füßen auf seine ausgebreiteten Flügel, band ihren Gürtel an einer der stärksten Federn fest, und nun erhob sich die Schwalbe hoch in

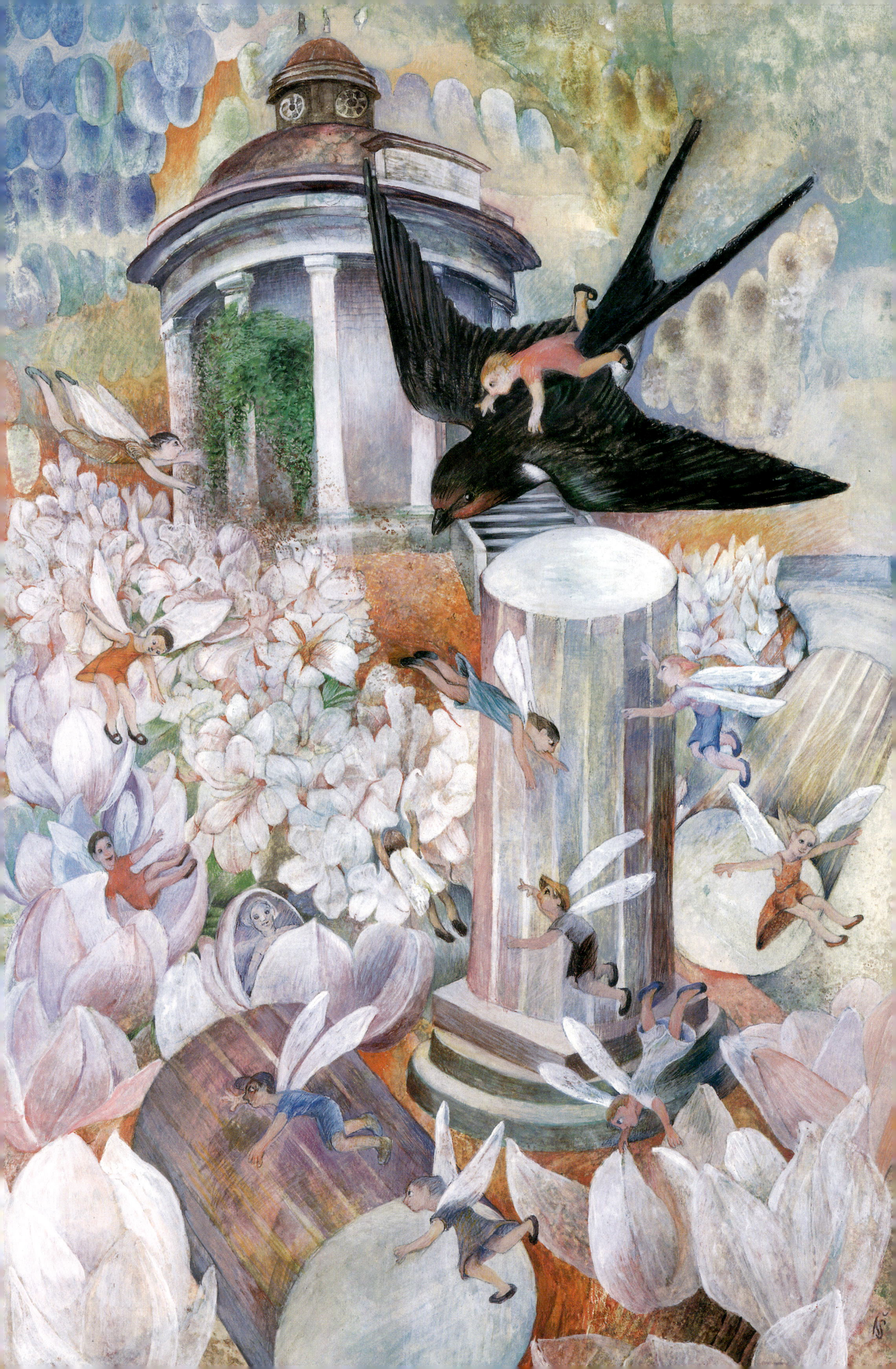

die Lüfte, über Wälder und Seen, hoch hinauf über die großen Gebirge, wo immer Schnee liegt. Däumelinchen fror in der kalten Luft, verbarg sich aber unter den warmen Federn des Vogels und streckte nur das Köpfchen hervor, um die herrliche Gegend unter sich zu betrachten.

Endlich kamen sie nach den warmen Ländern. Dort schien die Sonne weit heller als hier, der Himmel war doppelt so hoch, und an Gräben und Hecken wuchsen die herrlichsten grünen und blauen Weintrauben. In den Wäldern hingen Zitronen und Apfelsinen, Myrten und Krauseminzen erfüllten alles mit ihrem Duft, und auf den Landstraßen sprangen die hübschesten Kinder und spielten mit großen bunten Schmetterlingen. Aber die Schwalbe flog immer noch weiter und es wurde schöner und schöner. Unter den prachtvollsten grünen Bäumen an dem blauen See stand seit alten Zeiten ein weißes Marmorschloss. Weinreben rankten sich um hohe Säulen; an der äußersten Spitze waren viele Schwalbennester, und in einem von ihnen wohnte die Schwalbe, welche Däumelinchen trug.

»Hier ist mein Haus!«, sagte die Schwalbe. »Suche du dir aber selbst eine der prächtigsten Blumen aus, die da unten wachsen, und ich will dich dann hinaufsetzen, und dein Los wird so glücklich sein, wie du nur wünschen kannst!«

»O wie herrlich!«, sagte Däumelinchen und klatschte in die kleinen Händchen. Da lag eine große weiße Marmorsäule, die zur Erde gesunken und in drei Stücke zerborsten war, zwischen ihnen aber wuchsen die schönsten großen weißen Blumen. Die Schwalbe flog mit Däumelinchen hinunter und setzte sie auf eines der breiten Blätter. Aber wer malt ihr Erstaunen – mitten in der Blume saß ein kleiner Mann, so weiß und durchsichtig, wie wenn er von Glas wäre. Die niedlichste goldene Krone hatte er auf dem Kopf und die prächtigsten hellen Flügel an den Schultern. Er selbst war nicht größer als

Däumelinchen. Es war der Engel der Blumen. In jeder Blume wohnte so ein kleiner Mann oder eine Frau, dieser aber war der König über alle.

»Gott, wie schön er ist!«, raunte Däumelinchen der Schwalbe zu.

Der kleine König erschrak gewaltig vor der Schwalbe, denn gegen ihn, der so klein und fein war, schien sie ein wahrer Riesenvogel zu sein. Als er aber Däumelinchen gewahrte, wurde er gar froh, war sie doch das allerschönste Mädchen, das er bis jetzt gesehen hatte. Deshalb nahm er die Goldkrone von seinem Haupt und setzte sie ihr auf, fragte, wie sie hieße und ob sie seine Gemahlin sein wollte, dann sollte sie Königin über alle Blumen werden. Potztausend! Das war doch ein anderer Mann als der Sohn der Kröte und der Maulwurf mit dem schwarzen Samtpelz. Sie gab deshalb dem schönen König das Jawort, und von jeder Blume kam eine Dame oder ein Herr, so allerliebst, dass es eine Lust war. Jedes brachte Däumelinchen ein Geschenk, aber das beste von allen waren ein Paar schöne Flügel von einer großen weißen Fliege. Sie wurden Däumelinchen am Rücken befestigt und nun konnte auch sie von Blume zu Blume fliegen. Überall herrschte darüber Freude, und die Schwalbe saß oben in ihrem Nest und sang ihnen etwas vor, so gut sie vermochte, aber im Herzen war sie gleichwohl betrübt, denn sie hatte Däumelinchen gar lieb und würde sich nie von ihr getrennt haben.

»Du sollst fortan nicht mehr Däumelinchen heißen!«, sagte der König der Blumen zu ihr. »Das ist ein hässlicher Name und du bist so schön. Wir wollen dich Maja nennen!«

»Lebe wohl, lebe wohl!«, sagte die Schwalbe und zog wieder fort aus den warmen Ländern, weit fort nach unserem kalten Himmelsstrich. Dort hatte sie ein kleines Nest oben an dem Fenster, wo der Mann wohnt, der Märchen erzählen kann. Dem sang sie ihr »Quivit, quivit« vor. Davon haben wir die ganze Geschichte.

Die kleine Seejungfrau

Weit draußen im Meer ist das Wasser so blau wie die Blätter der prächtigsten Kornblume und so klar wie das reinste Glas, aber es ist außerordentlich tief, tiefer, als irgendein Ankertau reicht; viele Kirchtürme müssten übereinander gestellt werden, um vom Grunde bis über das Wasser emporzureichen. Dort wohnt das Meervolk.

Nun muss man aber nicht etwa glauben, dass dort der nackte weiße Sandboden sei; o nein, da wachsen die wunderbarsten Bäume und Pflanzen, die im Stängel und in den Blättern so biegsam und geschmeidig sind, dass sie sich bei der geringsten Wasserströmung wie lebendige Wesen bewegen. Alle Fische, kleine und große, schlüpfen zwischen den Zweigen hindurch, gerade wie hier oben die Vögel in der Luft. An der allertiefsten Stelle liegt das Schloss des Meerkönigs; die Wände sind von Korallen und die hohen, spitzen Fenster von dem allerdurchsichtigsten Bernstein, das Dach besteht aus Muschelschalen, die sich nach der Strömung des Wassers öffnen und schließen. Das gewährt einen prachtvollen Anblick, denn in jeder liegen strahlende Perlen, schon eine Einzige würde ein herrlicher Schmuck in der Krone einer Königin sein.

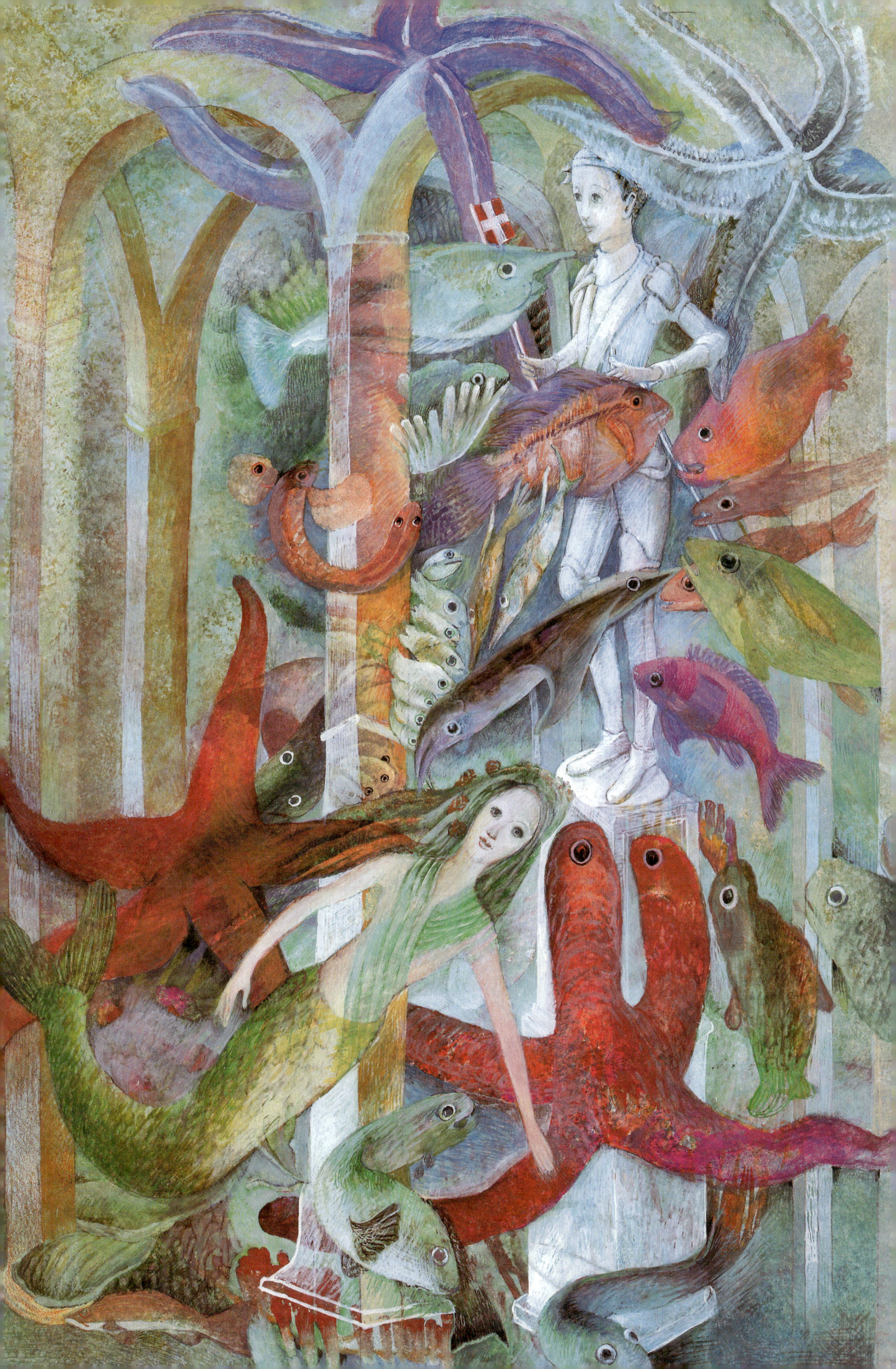

Der Meerkönig dort unten war seit vielen Jahren verwitwet, aber seine alte Mutter leitete den Haushalt. Sie war eine kluge Frau, jedoch sehr stolz auf ihren Adel, weshalb sie als Ordensschmuck zwölf Austern auf dem Schwanz trug, während sich andere Vornehme mit sechs begnügen mussten. Sonst verdiente sie alles Lob, besonders weil sie die größte Liebe zu den kleinen Meerprinzessinnen, ihren Enkelinnen, an den Tag legte. Es waren sechs bildschöne Kinder, aber die Jüngste war doch die schönste von allen, ihre Haut war so durchsichtig und fein wie ein Rosenblatt, ihre Augen so blau wie das tiefste Meer, aber wie alle anderen hatte sie keine Füße, der Körper ging in einen Fischschwanz aus.

Den ganzen lieben Tag konnten sie unten im Schloss in den großen Sälen spielen, wo lebendige Blumen aus den Wänden hervorwuchsen. Die großen Bernsteinfenster wurden geöffnet, und dann schwammen die Fische zu ihnen herein, gerade wie bei uns die Schwalben hereinfliegen, wenn wir die Fenster aufmachen. Allein die Fische schwammen zu den kleinen Prinzessinnen hin, fraßen ihnen aus der Hand und ließen sich streicheln.

Draußen vor dem Schloss war ein großer Garten mit feuerroten und dunkelblauen Bäumen, die Früchte strahlten wie Gold und die Blumen wie glühendes Feuer, während sich Stängel und Blätter unaufhörlich bewegten. Die Erde selbst war der feinste Sand, aber blau wie eine Schwefelflamme. Über dem Ganzen ruhte ein eigentümlicher blauer Schimmer. Eher hätte man vermuten können, man stände hoch droben in der Luft und hätte nur Himmel über und unter sich, als dass man sich auf dem Meeresgrund befände. Bei Windstille konnte man die Sonne gewahren, die wie eine Purpurblume aussah, aus deren Kelch alles Licht strömte. Jede der kleinen Prinzessinnen hatte ihr besonderes Plätzchen im Garten, wo sie nach

Herzenslust und eigenem Gutdünken graben und pflanzen konnte. Die eine gab ihrem Blumenbeet die Gestalt eines Walfisches; eine andere zog es vor, dass das ihrige einer Seejungfrau gliche; aber die jüngste machte das ihrige rund wie die Sonne und hatte nur Blumen, die rot wie diese schimmerten. Sie war überhaupt ein eigentümliches Kind, still und sinnend, und als die anderen Schwestern sich mit den merkwürdigen Sachen putzten, die sie aus gestrandeten Schiffen erhalten hatten, wollte sie außer den rosenroten Blumen, die der Sonne da droben glichen, nur eine schöne Bildsäule haben, die einen wunderhübschen Knaben darstellte. Sie war aus weißem Marmor gehauen und beim Stranden auf den Meeresgrund gesunken. Die Prinzessin pflanzte neben die Bildsäule eine rosenrote Trauerweide; sie wuchs herrlich und hing mit ihren frischen Zweigen weit über diese weg bis auf den blauen Sandboden hinunter, wo der Schatten violett erschien und sich wie die Zweige unablässig bewegte. Es sah aus, als ob der Wipfel und die Wurzeln miteinander spielten und sich küssten.

Keine größere Freude gab es für sie, als von der Menschenwelt dort droben zu hören. Die alte Großmutter musste alles, was sie von Schiffen und Städten, Menschen und Tieren wusste, erzählen. Am wunderbarsten und herrlichsten erschien es ihr aber, dass die Blumen oben auf der Erde dufteten, was sie auf dem Meeresgrund nicht taten, und dass die Wälder grün wären und die Fische, die sich dort zwischen den Zweigen blicken ließen, so laut und lieblich singen könnten, dass es eine Lust wäre. Es waren die kleinen Vögel, welche die Großmutter Fische nannte, denn sonst konnte sie sich ihren Enkelinnen, da diese noch keinen Vogel gesehen hatten, nicht verständlich machen.

»Sobald ihr euer fünfzehntes Jahr erreicht habt«, sagte die Großmutter, »werdet ihr die Erlaubnis bekommen, aus dem Meer emporzutauchen, im

Mondschein auf den Klippen zu sitzen und die großen Schiffe anzusehen, die vorbeisegeln; Wälder und Städte werdet ihr erblicken!«

Im nächsten Jahr wurde die eine der Schwestern fünfzehn Jahre, aber die anderen – ja, da war die eine immer ein Jahr jünger als die andere, sodass der jüngsten noch volle fünf Jahre fehlten, ehe sie vom Meeresgrund aufsteigen und sehen durfte, wie es bei uns aussieht. Aber die eine gelobte der anderen, ihr zu erzählen, was sie erblickt und ihr am ersten Tag am herrlichsten gefallen hätte; denn ihre Großmutter erzählte ihnen lange nicht genug, es gab noch so vieles, worüber sie gern Aufschluss gehabt hätten.

Keine aber war so voller Sehnsucht wie die Jüngste, gerade sie, die noch am längsten zu warten hatte und die so still und gedankenvoll war. Manche

Nacht stand sie am offenen Fenster und schaute empor durch das dunkelblaue Wasser, wie die Fische mit ihren Flossen und Schwänzen es peitschten. Mond und Sterne konnte sie sehen; allerdings schienen sie ganz bleich, sahen aber dafür durch das Wasser ungleich größer aus als vor unseren Augen. Glitt dann etwas unter ihnen wie eine schwarze Wolke hin, so wusste sie, dass es entweder ein Walfisch war, der über ihr schwamm, oder auch ein Schiff mit vielen Menschen. Sie dachten schwerlich daran, dass eine schöne Seejungfrau auf dem Grund stünde und ihre weißen Hände gegen den Kiel emporstreckte.

Nun war die älteste Prinzessin fünfzehn Jahre alt und durfte über den Meeresspiegel emporsteigen.

Als sie zurückkam, hatte sie hunderterlei Dinge zu erzählen; das Schönste aber, sagte sie, wäre doch: im Mondschein auf einer Sandbank zu liegen und die an der Küste gelegene große Stadt zu betrachten, wo die Lichter wie hunderte von Sternen funkelten, die Musik und das Geräusch von Wagen und Menschen zu hören, die vielen Kirchtürme zu sehen und auf das Glockengeläute zu lauschen. Gerade weil die Jüngste noch nicht hinaufkonnte, war sie am meisten von Sehnsucht nach all diesem erfüllt.

Mit welcher Aufmerksamkeit lauschte sie auf diese Erzählungen, und wenn sie später des Abends am offenen Fenster stand und durch das dunkelblaue Wasser emporschaute, waren alle ihre Gedanken nur auf die große Stadt mit all dem Lärm und Geräusch gerichtet, und dann kam es ihr vor, als hörte sie das Läuten der Kirchenglocken bis zu sich heruntertönen.

Ein Jahr darauf erhielt die zweite Schwester die Erlaubnis, durch das Wasser emporzusteigen und zu schwimmen, wohin sie wollte. Gerade bei Sonnenuntergang tauchte sie auf, und dieser Anblick war ihrer Ansicht nach das Schönste. Der ganze Himmel hätte wie Gold ausgesehen, sagte sie, und die Wolken, ja deren Pracht könnte sie nicht genug beschreiben! Rot und veilchenblau wären sie über ihr dahingesegelt, aber weit geschwinder als sie flog, gleich einem langen weißen Schleier, ein Zug wilder Schwäne über das Wasser hin der scheidenden Sonne nach. Sie flogen ihr entgegen, diese aber sank, und der Rosenschimmer erlosch auf dem Meeresspiegel und den Wolken.

Im nächsten Jahr stieg die dritte Schwester hinauf; sie war die beherzteste von allen und schwamm deshalb einen breiten Fluss aufwärts, der sich in das Meer ergoss. Herrliche grüne Hügel, mit Weinreben bedeckt, erblickte sie; Schlösser und Meierhöfe schauten durch prächtige Wälder hervor. Sie hörte, wie alle Vögel sangen, und die Sonne schien so warm, dass sie oftmals untertauchen musste, um ihr brennend heißes Antlitz zu kühlen. In einer kleinen Bucht traf sie einen ganzen Schwarm niedlicher Menschenkinder; ganz nackt liefen sie umher und plätscherten im Wasser. Sie wollte mit ihnen spielen, aber erschrocken liefen sie fort, und da kam ein kleines schwarzes Tier, das war ein Hund, aber sie hatte vorher nie einen Hund gesehen; der bellte sie so wütend an, dass ihr ganz ängstlich zumute wurde und sie wieder die offene See aufsuchte. Aber nimmer konnte sie die prächtigen Wälder, die grünen Hügel und die kleinen Kinder vergessen, die schwimmen konnten, obgleich sie keinen Fischschwanz hatten.

Die vierte Schwester war nicht so mutig, sie blieb mitten auf dem wilden Meer und erzählte, dass es gerade dort am schönsten wäre. Man könnte viele Meilen ringsumher überschauen, und der Himmel stände wie eine Glasglocke darüber. Schiffe hatte sie gesehen, aber nur weit entfernt, sie sahen wie Strandmöwen aus; die drolligen Delfine hatten Purzelbäume geschlagen und die großen Walfische Wasser aus ihren Nasenlöchern in die Höhe gespritzt, dass es wie Wasserkünste ausgesehen hätte.

Nun kam die fünfte Schwester an die Reihe. Ihr Geburtstag war mitten im Winter, und deshalb sah sie, was die anderen nicht gesehen hatten. Die See nahm sich ganz grün aus, und ringsumher schwammen große Eisberge, von denen ihrer Erzählung nach jeder wie eine Perle aussah und doch weit größer war als die Kirchtürme, welche die Menschen bauen. In den merkwürdigsten Gestalten zeigten sie sich und schimmerten wie Diamanten. Sie hatte sich auf einen der größten gesetzt, und alle Segler kreuzten erschrocken draußen herum, wo sie saß und den Wind mit ihrem langen Haar spielen ließ. Allein gegen Abend überzog sich der Himmel mit Wolken, es blitzte und donnerte, während die schwarze See die großen Eisblöcke hoch in die Höhe hob und sie bei dem starken Wetterleuchten erglänzen ließ. Auf allen Schiffen zog man die Segel ein, da war eine Angst, ein Entsetzen, sie aber saß ruhig auf ihrem schwimmenden Eisberg und sah, wie die blauen Blitzstrahlen im Zickzack in die weiß schäumende See hinunterfuhren.

Sobald eine der Schwestern zum ersten Mal über das Wasser kam, war eine jede über das Neue und Schöne, das sie wahrnahm, entzückt; da sie jetzt aber als erwachsene Mädchen die Erlaubnis hatten, nach eigenem Belieben emporzusteigen, wurde es ihnen gleichgültig, sie sehnten sich wieder nach der Heimat, und nach Verlauf eines Monats sagten sie, dass es bei ihnen da unten doch am allerschönsten wäre, und da wäre man hübsch zu Hause.

In mancher Abendstunde schlangen die fünf Schwestern die Arme umeinander und stiegen in einer Reihe über das Wasser empor. Herrliche Stimmen hatten sie, schöner als irgendein Menschenkind, und wenn ein Sturm heraufzog, sodass sie vermuten durften, es würden Schiffe untergehen, dann schwammen sie vor den Schiffen her und sangen lieblich von den Schönheiten auf dem Meeresgrund und baten die Seeleute, sich nicht zu fürchten, dort hinunterzukommen. Diese konnten aber die Worte nicht verstehen, sie dachten, es wäre der Sturm, und sie bekamen auch die Herrlichkeiten da unten nicht zu sehen, denn wenn das Schiff sank, ertranken die Menschen und kamen nur als Leichen zu dem Schloss des Meerkönigs.

Wenn am Abend so die Schwestern Arm in Arm durch das Meer emporstiegen, dann blieb die kleine Schwester ganz allein zurück und schaute ihnen nach, und es war ihr, als ob sie weinen müsste, aber eine Meerfrau hat keine Tränen, und so leidet sie ungleich mehr.

»Ach, wäre ich doch erst fünfzehn Jahre alt!«, sagte sie. »Ich weiß, dass gerade ich die Welt dort oben und die Menschen, die darauf bauen und wohnen, recht lieb haben werde!«

Endlich war sie fünfzehn Jahre alt.

»Sieh, nun bist du uns entwachsen«, sagte ihre Großmutter, die alte Königin-Witwe. »Komm nun und lass mich dich schmücken wie deine anderen Schwestern!« Nun setzte sie ihr einen Kranz von weißen Lilien auf das Haar, aber jedes Blumenblatt war die Hälfte einer Perle; und die alte Mutter ließ acht große Austern sich im Schwanz der Prinzessin festklemmen, um ihren hohen Stand kundzutun.

»Das tut weh!«, sagte die kleine Seejungfrau.

»Ja, Hoffart will Zwang haben!«, sagte die Großmutter.

Oh, sie würde gern auf alle diese Pracht verzichtet und den schweren Kranz abgelegt haben! Ihre roten Gartenblumen kleideten sie ungleich besser, aber das half nun weiter nichts. »Lebe wohl!«, sagte sie und stieg leicht und klar durch das Wasser empor.

Eben war die Sonne untergegangen, als sie den Kopf über den Meeresspiegel erhob, aber alle Wolken schimmerten noch wie Rosen und Gold, und mitten in der blassroten Luft strahlte der Abendstern hell und herrlich, die Luft war mild und frisch, und kein Windhauch kräuselte das Meer. Dort lag ein großer Dreimaster, nur ein einziges Segel war aufgezogen, denn kein Lüftchen rührte sich, und ringsumher saßen im Tauwerk und auf dem Topmast Matrosen. Da waren Musik und Gesang, und als die Dunkelheit des Abends zunahm, wurden hunderte von farbigen Laternen angezündet; sie sahen aus, als ob die Flaggen aller Nationen in der Luft wehten. Die kleine Seejungfrau schwamm bis an das kleine Kajütenfenster, und jedes Mal wenn das Wasser sie emporhob, konnte sie durch die spiegelhellen Fensterscheiben hineinschauen, wo viele geputzte Menschen standen, aber der Schönste war doch der junge Prinz mit den großen schwarzen Augen. Er war gewiss nicht viel über sechzehn Jahre alt, sein Geburtstag wurde gerade gefeiert, und deshalb herrschte all diese Pracht. Die Matrosen tanzten auf dem Verdeck, und als der Prinz zu ihnen hinaustrat, stiegen über hundert Raketen in die Luft empor. Sie leuchteten wie der helle Tag, sodass sich die kleine Seejungfrau entsetzte und aus Furcht unter das Wasser tauchte. Aber sie streckte den Kopf bald wieder hervor, und da war es ihr, als ob alle Sterne des Himmels zu ihr herniederfielen. Nie hatte sie ein solches Feuerwerk gesehen. Große Sonnen drehten sich zischend im Kreis, prächtige Feuerfische schwangen sich in die blaue Luft empor, und von allem zeigte sich ein flimmernder Widerschein in der klaren,

stillen See. Auf dem Schiff selbst war es so hell, dass man auch das kleinste Tau bemerken konnte, geschweige die Menschen. Wie schön der junge Prinz doch war, und er drückte den Leuten die Hände unter freundlichem Lächeln, während die Musik durch die herrliche Nacht erklang.

Es wurde spät, aber die kleine Seejungfrau konnte die Augen nicht von dem Schiff und dem schönen Prinzen abwenden. Die farbigen Laternen erloschen, die Raketen stiegen nicht mehr in die Luft, keine Kanonenschüsse donnerten mehr, aber tief unten im Meer summte und brummte es. Mittlerweile saß die kleine Seejungfrau auf dem Wasser und schaukelte auf und nieder, sodass sie in die Kajüte hineinschauen konnte. Aber hurtiger schoss das Schiff durch die Wellen, ein Segel nach dem anderen breitete sich aus, stärker schlugen die Wogen, ein schwarzes Gewölk zog sich zusammen, es wetterleuchtete in der Ferne. Oh, ein entsetzliches Unwetter sollte losbrechen! Deshalb refften die Matrosen die Segel. Das große Schiff schaukelte in fliegender Fahrt auf der wilden See; großen schwarzen Bergen gleich schäumte das Wasser empor, das sich über die Masten zu wälzen drohte, aber das Schiff tauchte wie ein Schwan zwischen den hohen Wogen hinunter und ließ sich wieder auf die aufgetürmten Wasser heben. Der kleinen Seejungfrau kam es gerade wie eine Lustfahrt vor, aber als eine solche betrachteten es die Seeleute nicht, das Schiff stöhnte und krachte, die dicken Planken bogen sich bei den heftigen Stößen, welche die See gegen das Schiff führte, der Hauptmast brach mitten durch, als wenn er ein Rohr wäre, und das Schiff legte sich auf die Seite, während das Wasser in den Raum eindrang. Nun sah die kleine Seejungfrau, dass die Seeleute in Gefahr schwebten, sie musste sich selbst vor den Balken und Schiffstrümmern, die auf dem Wasser trieben, in Acht nehmen. Einen Augenblick war es so stockfinster, dass sie nicht das Geringste wahrnehmen konnte, wenn es dann aber blitzte, wurde es wieder so hell, dass die kleine Seejungfrau alle auf dem Schiff erkannte. Jeder tummelte sich, so gut er konnte. Besonders schaute sie sich nach dem jungen Prinzen um und sah ihn, als das Schiff barst, in die tiefe See versinken. Im ersten Augenblick war sie sehr froh, denn nun kam er zu ihr herunter, dann aber fiel ihr ein, dass ja die Menschen im Wasser nicht leben können und dass er also nur tot zum Schloss des Meerkönigs gelangen könnte. Nein, sterben durfte er nicht! Deshalb schwamm die kleine Seejungfrau zwischen den Balken und Planken, die auf dem Meer trieben, hindurch, vergaß völlig die eigene Gefahr, tauchte tief unter das Wasser und stieg wieder zwischen den Wogen empor. Zuletzt erreichte sie so den jungen Prinzen, der kaum noch länger in der erregten See schwimmen konnte. Seine Arme und Beine begannen zu ermatten, die schönen Augen schlossen sich, er hätte sterben müssen, wäre sie nicht hinzugekommen. Sie hielt seinen Kopf über das Wasser empor und ließ sich dann mit ihm von den Wogen treiben, wohin sie wollten.

Gegen Morgen war das Unwetter vorüber. Vom Schiff war auch nicht ein Span mehr zu sehen. Rot und glühend erhob sich die Sonne aus dem Wasser; es war gerade, als ob des Prinzen Wangen dadurch Leben bekämen, doch blieben seine Augen geschlossen. Die kleine Seejungfrau küsste seine hohe, schöne Stirn und strich sein nasses Haar zurück. Es kam ihr fast vor, als gliche er dem Marmorbild dort unten in dem kleinen Garten. Sie küsste ihn wieder und wieder und wünschte, er möchte doch leben.

Nun tauchte das feste Land auf; hohe blaue Berge, auf deren Gipfeln der weiße Schnee flimmerte, als wären es Schwäne, die dort lägen. Unten an der Küste waren prächtige grüne Wälder, und im Vordergrund lag eine Kirche oder ein Kloster, man konnte es noch nicht recht unterscheiden, aber ein Gebäude war es. Zitronen- und Apfelsinenbäume wuchsen da im Garten und vor dem Eingang standen hohe Palmbäume. Das Meer bildete hier eine kleine Bucht, in der das Wasser ganz still, aber sehr tief war, und die von einer Klippe begrenzt wurde, wo der feine weiße Sand angespült war. Hierher schwamm die kleine Seejungfrau mit dem schönen Prinzen, legte ihn in den Sand und trug dabei hauptsächlich Sorge, dass sein Haupt im warmen Sonnenschein lag.

Da läuteten die Glocken in dem großen weißen Gebäude und darauf wandelten viele junge Mädchen durch den Garten. Nun schwamm die kleine Seejungfrau hinaus hinter einige hohe Steine, die aus dem Wasser hervorragten, bedeckte Haar und Busen mit Schaum des Meeres, sodass niemand ihr liebliches Gesicht bemerken konnte, und gab Acht, wer zu dem armen Prinzen kommen würde.

Es währte nicht lange, bis ein junges Mädchen dorthin kam. Es erschrak, wie es schien, heftig, aber nur einen Augenblick, dann holte es mehrere Menschen, und die kleine Seejungfrau sah, dass der Prinz wieder zu sich kam und alle ringsumher anlächelte, aber zu seiner Retterin lächelte er nicht hinaus, er wusste ja auch nicht, dass er ihr das Leben zu verdanken hatte. Sie fühlte sich so betrübt, dass sie, als er in das große Gebäude geführt wurde, traurig unter das Wasser tauchte und zum Schloss ihres Vaters zurückkehrte.

Sie war immer still und sinnend gewesen, aber nun wurde sie es noch mehr. Die Schwestern fragten sie, was sie das erste Mal dort oben gesehen hätte, aber sie erzählte ihnen nichts.

Manchen Abend und Morgen stieg sie zu der Stelle empor, wo sie den Prinzen verlassen hatte. Sie sah, wie die Früchte des Gartens reiften und abgepflückt wurden, sie sah, wie der Schnee auf den hohen Bergen schmolz, aber den Prinzen sah sie nicht, und immer trauriger kehrte sie deshalb wieder heim. Ihr einziger Trost war es, in ihrem Gärtchen zu sitzen und ihre Arme um das schöne Marmorbild zu schlingen, das dem Prinzen ähnelte, aber ihre Blumen pflegte sie nicht, sie wuchsen wie in einer Wildnis über die Wege hinaus, und ihre langen Stängel und Blätter verflochten sich mit den Zweigen der Bäume, sodass es dort ganz dunkel war.

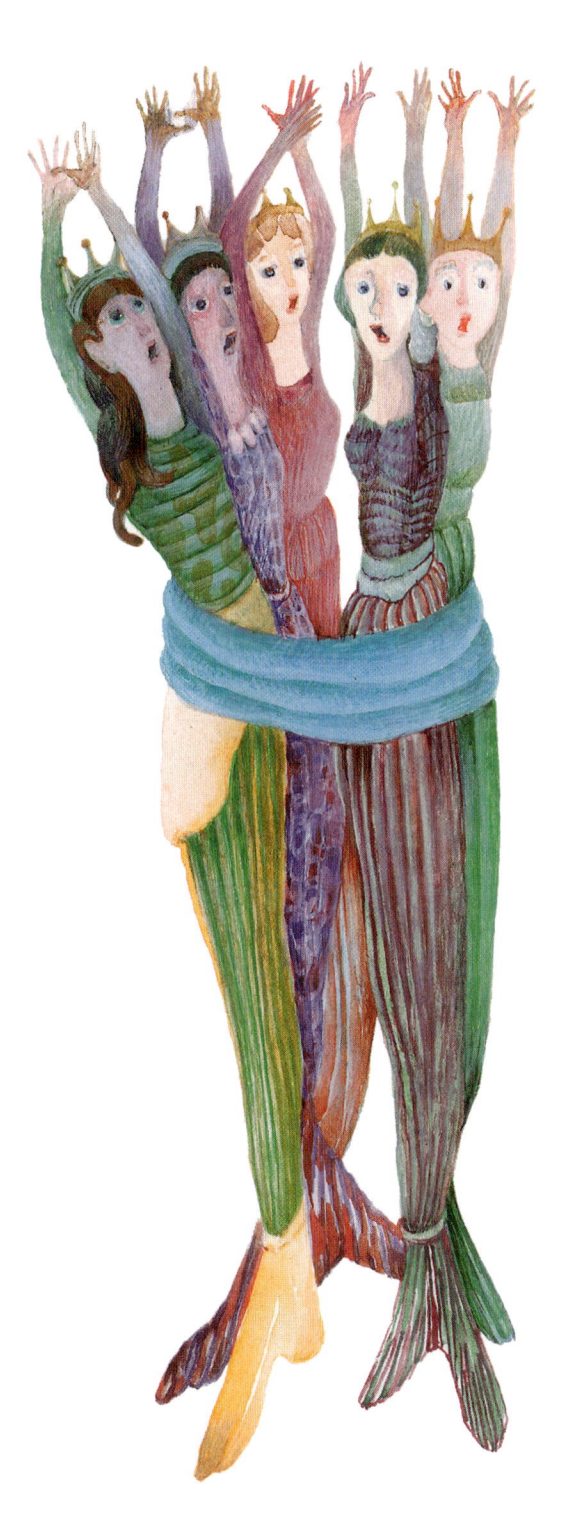

Endlich konnte sie es nicht länger aushalten, sondern erzählte es einer ihrer Schwestern, und da erfuhren es gleich alle anderen, aber beileibe niemand weiter als diese und ein paar andere Seejungfrauen, die es aber nur ihren nächsten Freundinnen erzählten. Eine von ihnen konnte über den Prinzen Auskunft geben, sie hatte auch die Geburtstagsfeier auf dem Schiff mit angesehen, wusste, woher er war und wo sein Königreich lag.

»Komm, Schwesterchen!«, sagten die anderen Prinzessinnen, und einander die Arme um die Schultern schlingend, stiegen sie in einer langen Reihe aus dem Meer empor, dort wo das Schloss des Prinzen lag.

Dieses war aus einer hellgelben, glänzenden Steinart aufgeführt, mit großen Marmortreppen, deren eine gerade in das Meer hinabführte. Prächtige vergoldete Kuppeln erhoben sich über dem Dach, und zwischen den Säulen, welche das ganze Gebäude umgaben, standen Marmorbilder, die wie lebende Wesen aussahen. Durch das helle Glas in den hohen Fenstern sah man in die prächtigsten Säle hinein, wo kostbare seidene Vorhänge und Tapeten aufgehängt und alle Wände mit großen Gemälden geschmückt waren, dass es eine wahre Lust war, das alles anzuschauen. Mitten in dem größten Saal plätscherte ein hoher Springbrunnen, seine Strahlen erhoben sich bis zur Glaskuppel an der Decke, durch welche die Sonne auf das Wasser und die schönen Pflanzen herabschien, die in dem großen Becken wuchsen.

Nun wusste sie, wo er wohnte, und dort zeigte sie sich manchen Abend und manche Nacht auf dem Wasser; sie schwamm weit näher an das Land heran, als irgendeine andere gewagt hatte, ja sie ging den schmalen Kanal ganz hinauf, bis unter den prächtigen Marmoraltan, der einen langen Schatten über das Wasser warf. Hier saß sie und betrachtete den jungen Prinzen, der allein in dem klaren Mondschein zu weilen glaubte.

Sie sah ihn manchen Abend in seinem prächtigen, mit Flaggen geschmückten Boot unter Musik dahinsegeln; sie schaute zwischen dem grünen Schilf hervor, und wenn der Wind ihren langen silberweißen Schleier erfasste und es jemand sah, so dachte er, es wäre ein Schwan, welcher die Flügel ausbreitete.

Sie hörte manche Nacht, wenn die Fischer bei Fackelschein auf der See fischten, dass sie viel Gutes von dem jungen Prinzen erzählten, und es freute sie, dass sie ihm das Leben gerettet hatte, als er halbtot auf den Wogen umhertrieb, und sie dachte daran, wie fest sein Haupt an ihrer Brust geruht und wie innig sie ihn da geküsst hatte. Davon wusste er gar nichts, konnte von ihr nicht einmal träumen.

Mehr und mehr begann sie, die Menschen zu lieben, mehr und mehr wünschte sie, zu ihnen emporsteigen und unter ihnen wandeln zu dürfen, deren Welt ihr weit größer als die ihrige zu sein schien. Sie konnten ja auf Schiffen über das Meer fliegen, auf den hohen Bergen hoch über die Wolken emporsteigen, und die Länder, die sie besaßen, erstreckten sich mit ihren Wäldern und Feldern weiter, als sie zu überblicken vermochte. Da war so vieles, was sie zu wissen wünschte, doch waren die Schwestern nicht imstande, ihr auf alles Antwort zu geben, weshalb sie die alte Großmutter danach fragte, welche die höhere Welt, wie sie die Länder über dem Meer sehr richtig nannte, gar wohl kannte.

»Wenn die Menschen nicht ertrinken«, fragte die kleine Seejungfrau, »können sie dann ewig leben, sterben sie nicht, wie wir hier unten auf dem Meeresgrund?«

»O doch«, sagte die Alte, »sie müssen ebenfalls sterben, und ihre Lebenszeit ist sogar noch kürzer als die unsrige. Wir können dreihundert Jahre alt werden, aber wenn wir zu sein aufhören, verwandeln wir uns nur in Schaum und haben hier unten nicht einmal ein Grab unter unseren Lieben. Wir haben keine unsterbliche Seele, werden nie mehr zum Leben erweckt, wir gleichen dem grünen Schilf, das, einmal abgeschnitten, nie wieder grünen kann! Die Menschen dagegen haben eine Seele, die ewig lebt, lebt, nachdem der Körper wieder zu Erde geworden. Sie schwingt sich durch den Äther empor, hinauf zu all den glänzenden Sternen! Gerade wie wir aus dem Meer emportauchen und der Menschen Länder schauen, so erheben auch sie sich zu unbekannten herrlichen Stätten, die wir nie zu sehen bekommen.«

»Weshalb erhielten wir keine unsterbliche Seele?«, fragte betrübt die kleine Seejungfrau. »Gern wollte ich alle meine hunderte von Jahren, die ich zu leben habe, dahingeben, um nur einen Tag Mensch zu sein und dann an der himmlischen Welt Anteil zu erhalten!«

»Daran darfst du nicht denken!«, sagte die Alte. »Wir haben es viel glücklicher und besser als die Menschen da droben!«

»Ich werde also sterben und als Schaum auf dem Meer dahinfließen, werde der Wogen Musik nicht mehr hören, die schönen Blumen und die rote Sonne nicht mehr sehen! Kann ich denn gar nichts tun, um eine ewige Seele zu gewinnen?«

»Nein!«, sagte die Alte. »Nur wenn dich ein Mensch so lieb gewönne, dass du ihm mehr als Vater und Mutter wärest, wenn er mit all seinen Gedanken und seiner Liebe an dir hinge und begehrte, dass der Geistliche seine rechte Hand in die deinige legte mit dem Gelübde der Treue hier und in alle Ewigkeit, dann flösse seine Seele in deinen Körper über, und auch du erhieltest Anteil an dem Glück der Menschen. Er gäbe dir Seele und behielte doch seine eigene. Aber das kann nie geschehen! Was gerade hier im Meer für schön gilt, dein Fischschwanz, finden sie oben auf der Erde hässlich! Es fehlt ihnen nun einmal das richtige Verständnis, dort muss man ein paar unbeholfene Säulen haben, die sie Beine nennen, um für schön zu gelten!«

Da seufzte die kleine schöne Seejungfrau und sah betrübt auf ihren Fischschwanz.

»Lass uns fröhlich sein«, sagte die Alte, »hüpfen und springen wollen wir in den uns vergönnten dreihundert Jahren, das ist fürwahr hinlängliche Zeit, nachher kann man umso unbekümmerter ausruhen. Heute Abend werden wir Hofball haben!«

Es war auch eine Pracht, wie man sie auf Erden nie erblickt. Wände und Decke des großen Tanzsaales waren von dickem, aber durchsichtigem

Glas. Mehrere hundert kolossale Muschelschalen, rosenrote und grasgrüne, standen reihenweise an jeder Seite mit einer blau brennenden Flamme, die den ganzen Saal erleuchtete und selbst durch die Wände hindurchschien, sodass die See ringsumher in Licht schwamm. Man konnte alle die unzähligen Fische, große und kleine, wahrnehmen, wie sie auf die Glasmauern zuschwammen; auf einigen blinkten purpurrote Schuppen, auf anderen glänzten sie golden und silbern.

Mitten durch den Saal floss ein breiter, sanft dahinrieselnder Strom und auf diesem tanzten die Meermänner und Meerfrauen nach ihrem eigenen lieblichen Gesang. So schöne Stimmen haben die Menschen auf Erden nicht. Die jüngste Prinzessin sang am schönsten von allen, man klatschte ihr Beifall, und einen Augenblick fühlte sie Freude in ihrem Herzen, denn sie wusste, dass sie die schönste Stimme von allen auf Erden und im Meer hatte. Aber bald begann sie wieder, der Welt über sich zu gedenken. Sie konnte den schönen Prinzen und ihren Schmerz, keine unsterbliche Seele wie er zu besitzen, nicht vergessen. Deshalb schlich sie sich aus dem Schloss ihres Vaters hinaus, und während drinnen alles Gesang und Jubel war, saß sie betrübt in ihrem Gärtchen. Da hörte sie plötzlich ein Waldhorn durch das Wasser zu ihr herniedertönen, und sie dachte: Jetzt segelt er gewiss dort oben, er, den ich mehr als Vater und Mutter liebe, er, an dem ich mit allen Gedanken hänge und in dessen Hand ich so gern mein Lebensglück legen möchte. Alles will ich wagen, um ihn und eine unsterbliche Seele zu gewinnen! Während meine Schwestern drinnen im Schloss meines Vaters tanzen, will ich zur Meerhexe gehen. Bisher habe ich immer ein Grauen vor ihr gehabt, aber vielleicht kann sie mir Rat und Hilfe gewähren.

Nun trat die Prinzessin aus ihrem Garten hinaus und eilte zu dem brausenden Strudel, hinter dem die Hexe wohnte. Den Weg hatte sie nie zuvor betreten; hier wuchs keine Blume, kein Seegras, nur der nackte graue Sandboden erstreckte sich bis zu dem Strudel, wo das Wasser wie brausende Mühlräder schäumend wirbelte und alles, was es ergriff, mit sich in die Tiefe hinunterriss. Mitten zwischen diesen alles zerschmetternden Wirbeln musste sie hindurchschreiten, um das Gebiet der Meerhexe zu erreichen, und hier gab es eine große Strecke lang keinen anderen Weg als über warmen, schwankenden Schlamm, den die Hexe ihr Tiefmoor nannte. Dahinter lag ihr Haus, mitten in einem seltsamen Wald. Alle Bäume und Büsche waren Polypen, halb Tier und halb Pflanze, sie sahen aus wie hundertköpfige Schlangen, die aus der Erde hervorwuchsen; alle Zweige waren lange, schlammige Arme, mit Fingern gleich gelenkigen Würmern, und Glied für Glied bewegte sich, von der Wurzel bis zum äußersten Gipfel. Alles, was sie im Meer ergreifen konnten, umschlangen sie unlösbar und ließen es nie wieder los. Die kleine Prinzessin blieb erschrocken vor diesem Wald stehen; ihr Herz klopfte vor Angst; beinahe wäre sie umgekehrt, aber da dachte sie an den Prinzen und die zu gewinnende Menschenseele und fasste wieder Mut. Ihr langes, frei hinabwallendes Haar band sie fest um den Kopf, damit sie die Polypen nicht daran ergreifen konnten, beide Hände kreuzte sie über der Brust und eilte dann vorwärts zwischen den widrigen Polypen hindurch, die ihre gelenkigen Arme und Finger hinter ihr herstreckten. Sie bemerkte, wie jeder von ihnen einen Gegenstand, den er ergriffen hatte, mit hunderten von kleinen Armen, wie mit starken Eisenbanden, gepackt hielt. Menschen, die in der See umgekommen und hinabgesunken waren, schauten als weiße Gerippe aus den Armen der Polypen hervor. Schiffsruder und Kisten hielten sie umklammert, Gerippe von Landtieren und, was ihr fast das Schrecklichste war, eine Meerfrau, die sie gefangen und erstickt hatten.

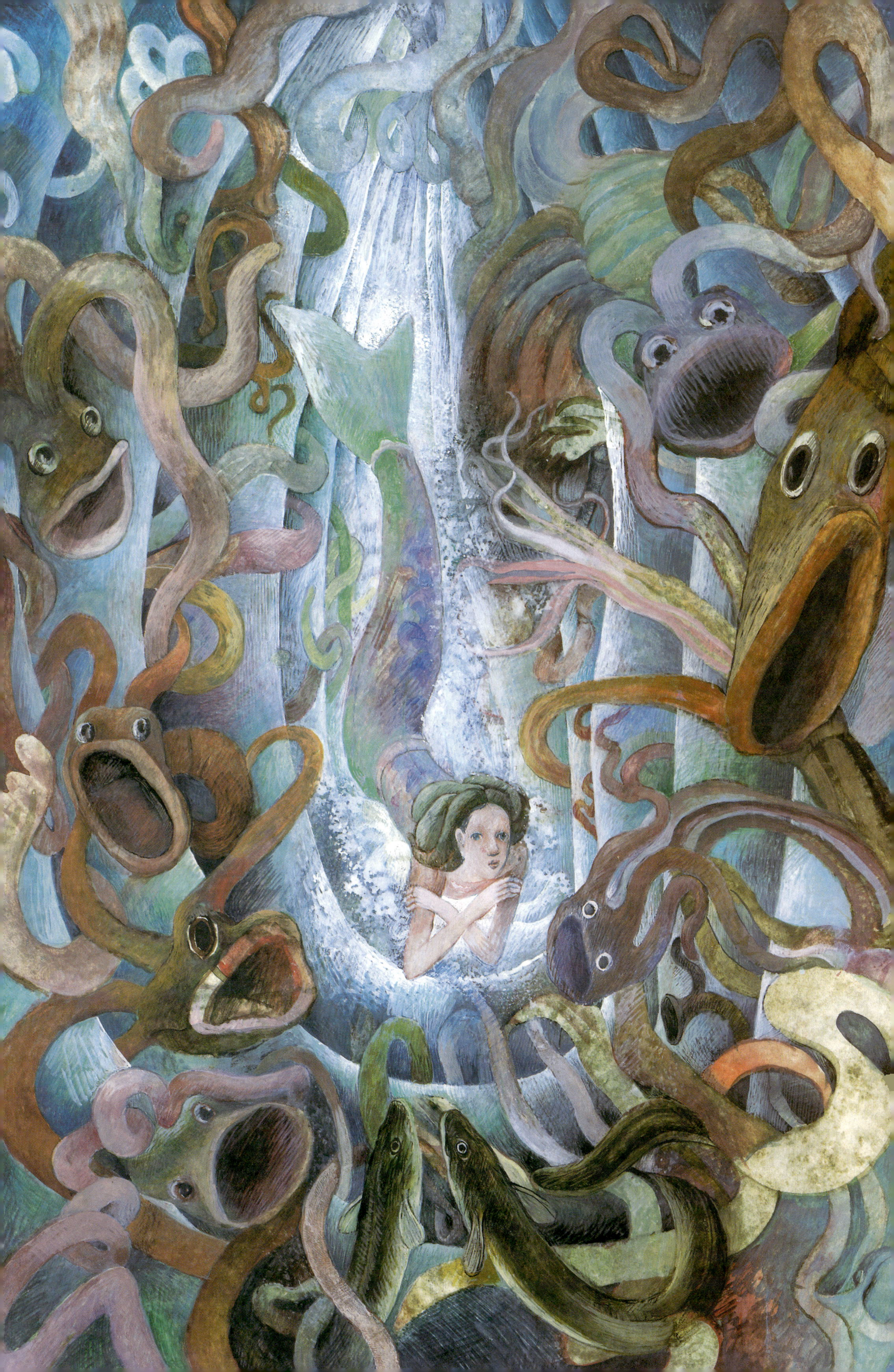

Nun kam sie zu einem großen, fast überall mit Schleim überzogenen Platz im Wald, wo große, fette Wasserschlangen sich ringelten und ihren garstigen weißgelben Bauch zeigten. Mitten auf dem Platz war ein Haus aus den weißen Knochen schiffbrüchiger Menschen errichtet; dort saß die Meerhexe und ließ eine Kröte aus ihrem Mund fressen, wie die Menschen ein Kanarienvögelchen Zucker naschen lassen. Die hässlichen, fetten Wasserschlangen nannte sie ihre Kügelchen und ließ sie sich auf ihrem großen, schwammigen Busen umherwälzen.

»Ich weiß schon, was du willst«, sagte die Meerhexe, »dumm genug! Indes sollst du deinen Willen bekommen, denn er wird dich ins Unglück stürzen, mein holdes Prinzesschen. Du möchtest deinen Fischschwanz loswerden und dafür zwei Stummel wie die Menschen zum Gehen haben, damit sich der junge Prinz in dich verliebt und du ihn und eine unsterbliche Seele erhalten kannst!« Dabei lachte die Hexe so laut und hässlich, dass die Kröte und die Schlangen auf die Erde fielen und sich dort umherwälzten. »Du konntest zu keiner besseren Zeit eintreffen. Morgen, wenn die Sonne aufgeht, könnte ich dir nicht helfen, bis wieder ein Jahr verstrichen ist. Ich werde dir einen Trank kochen, mit dem du noch vor Sonnenaufgang an das Land schwimmen, dich an das Ufer setzen und ihn austrinken musst; dann schrumpft dein Schwanz zu dem zusammen, was die Menschen niedliche Beine nennen, aber es tut weh, es ist, als wenn ein scharfes Schwert dich durchbohrte. Alle, die dich erblicken, werden sagen, du seist das schönste Menschenkind, das sie gesehen! Du behältst deinen schwebenden Gang, keine Tänzerin kann einherschweben wie du, aber bei jedem Schritt, den du tust, ist es, als ob du auf ein scharfes Messer trätest, dass dein Blut fließen möchte. Willst du dies alles aushalten, dann will ich dir helfen!«

»Ja!«, sagte die kleine Seejungfrau mit bebender Stimme und dachte an den Prinzen und die zu gewinnende Seele.

»Aber merk wohl«, sagte die Hexe, »wenn du einmal menschliche Gestalt erhalten hast, kannst du nie wieder eine Meerfrau werden! Du kannst nie wieder durch das Wasser zu deinen Schwestern und dem Schloss deines Vaters hinuntersteigen, und gewinnst du nicht die Liebe des Prinzen, sodass er Vater und Mutter um deinetwillen vergisst, mit all seinen Sinnen an dir hängt und dem Geistlichen befiehlt, dass er eure Hände ineinander lege, sodass ihr Mann und Frau werdet, dann bekommst du keine unsterbliche Seele! Am Morgen nach seiner Verheiratung mit einer anderen wird dir das Herz brechen und du wirst zu Schaum auf dem Wasser.«

»Ich will es!«, sagte die kleine Seejungfrau und war bleich wie der Tod.

»Du musst mich aber auch bezahlen«, sagte die Hexe, »und es ist nicht wenig, was ich verlange. Du hast die schönste Stimme von allen hier unten auf dem Meeresboden, mit der hoffst du, ihn zu bezaubern, aber die Stimme musst du mir geben. Das Beste, was du besitzest, will ich für meinen köstlichen Trank! Mein eigen Blut muss ich ja dazugeben, damit der Trank scharf wird wie ein zweischneidig Schwert!«

»Aber wenn du mir meine Stimme nimmst«, sagte die kleine Seejungfrau, »was behalte ich dann übrig?«

»Deine schöne Gestalt«, sagte die Hexe, »deinen schwebenden Gang und deine sprechenden Augen, womit du schon ein Menschenherz betören kannst. Nun, hast du den Mut verloren? Streck deine kleine Zunge heraus, dann schneide ich sie für meine Bemühung ab, und du bekommst den kräftigen Trank!«

»Es geschehe!«, sagte die kleine Seejungfrau, und die Hexe setzte den Kessel auf, um den Zaubertrank zu kochen. »Reinlichkeit ist das halbe Leben!«, sagte sie und scheuerte den Kessel mit den Schlangen aus, die sie in einen Knoten gebunden hatte. Nun ritzte sie sich selber die Brust und ließ ihr schwarzes Blut hineinträufeln. Der Dampf bildete die seltsamsten Gestalten, sodass einem angst und bange werden musste. Jeden Augenblick tat die Hexe neue Sachen in den Kessel, und als es recht kochte, war es gerade, als wenn ein Krokodil weinte. Endlich war der Trank fertig; er sah aus wie das klarste Wasser.

»Da hast du ihn!«, sagte die Hexe und schnitt der kleinen Seejungfrau die Zunge ab; die war jetzt stumm, konnte weder singen noch sprechen.

»Falls dich die Polypen ergreifen sollten, wenn du wieder durch meinen Wald zurückkehrst«, sagte die Hexe, »so besprenge sie nur mit einem einzigen Tropfen dieses Trankes, dann zerspringen ihre Arme und Finger in tausend Stücke!« Aber das hatte die Prinzessin nicht nötig, die Polypen zogen sich erschreckt vor ihr zurück, als sie den funkelnden Trank sahen, der in ihrer Hand wie ein strahlender Stern leuchtete. So kam sie bald durch den Wald, das Moor und den Strudel.

Sie konnte das Schloss ihres Vaters erblicken; die Fackeln im großen Tanzsaal waren erloschen; sie schliefen drinnen sicher schon alle, aber sie wagte gleichwohl nicht, sie aufzusuchen, jetzt wo sie stumm war und auf immer von ihnen scheiden wollte. Es war, als ob ihr das Herz vor Trauer brechen sollte. Sie schlich sich in den Garten hinein, brach eine Blume von jedem Beet ihrer Schwestern, warf dem Schloss tausende von Kusshänden zu und stieg durch die dunkelblaue See empor.

Die Sonne war noch nicht aufgegangen, als sie das Schloss des Prinzen gewahrte und die prächtige Marmortreppe hinaufschritt. Der Mond schien wunderbar klar. Die kleine Seejungfrau trank den brennend scharfen Trank, und es war, als ob ein zweischneidig Schwert ihren Körper durchdränge, sie verlor die Besinnung und lag wie tot da. Als die Sonne über die See hin schien, erwachte sie und fühlte einen heftigen Schmerz, aber dicht vor ihr stand der holde junge Prinz, der seine kohlschwarzen Augen auf sie heftete, sodass sie die ihrigen niederschlagen musste, wobei sie bemerkte, dass ihr Fischschwanz verschwunden war und sie die niedlichsten, kleinen weißen Beine hatte, die ein hübsches Mädchen nur haben kann. Sie war aber ganz nackend, weshalb sie sich in ihr starkes, langes Haar einhüllte. Der Prinz fragte, wer sie wäre und wie sie hierher gekommen, und sie sah ihn mit ihren dunkelblauen Augen gar mild und doch so traurig an, denn sprechen konnte sie ja nicht. Da nahm er sie bei der Hand und führte sie in das Schloss. Bei jedem Schritt, den sie tat, war es ihr, wie ihr ja die Hexe vorausgesagt hatte, als wenn sie auf spitze Nadeln und scharfe Messer träte, aber das ertrug sie gern. An der Hand des Prinzen stieg sie so leicht wie eine Feder die Treppe hinauf und er wie alle anderen bewunderten ihren anmutigen, schwebenden Gang.

Kostbare Kleider von Seide und Musselin wurden ihr nun gereicht, im Schloss war sie die Schönste von allen, aber sie war stumm, konnte weder singen noch reden. Schöne Sklavinnen, in Seide und Gold gekleidet, kamen hervor und sangen vor dem Prinzen und seinen königlichen Eltern. Eine sang lieblicher als die andere und der Prinz klatschte Beifall und lächelte sie an; da wurde die kleine Seejungfrau betrübt, sie wusste, dass sie selbst weit schöner gesungen hätte. Oh, dachte sie bei sich selbst, wenn er nur wüsste, dass ich, um bei ihm zu sein, meine Stimme für alle Ewigkeit dahingegeben habe! Nun tanzten die Sklavinnen reizende, schwebende Tänze zur herrlichsten Musik; da erhob die kleine Seejungfrau ihre weißen

Arme, stellte sich auf die Fußspitzen und schwebte über den Fußboden, tanzend, wie noch keine getanzt hatte. Bei jeder Bewegung trat ihre Schönheit mehr hervor und ihre Augen redeten inniger zum Herzen als der Sklavinnen Gesang.

Alle waren davon bezaubert, besonders der Prinz, der die Prinzessin sein liebes Findelkind nannte; und sie tanzte ununterbrochen, obgleich es ihr, sooft ihr Fuß die Erde berührte, vorkam, als ob sie auf scharfe Messer träte. Der Prinz sagte, sie sollte immer um ihn sein, und sie erhielt sogar die Erlaubnis, vor seiner Tür auf einem Samtkissen zu schlafen.

Er ließ ihr eine Männertracht anfertigen, damit sie ihn auch zu Pferde begleiten könnte. Sie ritten durch die duftenden Wälder, wo die grünen Zweige ihre Schultern streiften und die Vöglein hinter den frischen Blättern sangen. Sie erkletterte mit dem Prinzen die hohen Berge, und obgleich ihre zierlichen Füßchen sichtlich bluteten, lachte sie doch darüber und folgte ihm, bis sie die Wolken tief unter sich segeln sahen, als ob es ein Vogelschwarm wäre, der nach fremden Ländern zöge.

Daheim im Schloss des Prinzen ging sie, wenn in der Nacht die anderen schliefen, auf die breite Marmortreppe hinaus und kühlte ihre brennenden Füße im kalten Seewasser, und dabei gedachte sie der ihrigen in der Tiefe.

In einer Nacht kamen ihre Schwestern Arm in Arm; sie sangen, während sie über das Wasser dahinschwammen, gar traurige Weisen. Sie winkte ihnen, und sie erkannten sie und erzählten, wie tief sie sie alle betrübt hätte. Seitdem besuchten sie sie jede Nacht, und in einer Nacht gewahrte sie in weiter Ferne die alte Großmutter, die schon seit vielen Jahren nicht zur Oberfläche emporgestiegen war, und den Meerkönig mit seiner Krone auf dem Haupt. Sie streckten die Hände nach ihr aus, wagten sich aber beide nicht so nahe an das Land wie die Schwestern.

Tag für Tag gewann sie der Prinz lieber, er liebte sie, wie man nur ein gutes, holdes Kind lieben kann, aber sie zur Königin zu machen, das fiel ihm nicht im Entferntesten ein, und seine Gemahlin musste sie doch werden, sonst bekam sie keine unsterbliche Seele, sondern musste an seinem Hochzeitsmorgen zu Schaum auf dem Meer werden.

»Hast du mich nicht am liebsten von allen?«, schienen die Augen der kleinen Prinzessin zu sagen, wenn er sie in seine Arme nahm und auf die schöne Stirn küsste.

»Ja, du bist mir die Liebste«, sagte der Prinz, »denn du hast das beste Herz von allen, du bist mir am meisten ergeben und ähnelst einem jungen Mädchen, das ich einmal sah, aber wohl schwerlich wieder finden werde. Ich war auf einem Schiff, welches scheiterte; die Wogen trieben mich in der Nähe eines heiligen Tempels, in dem mehrere junge Mädchen den Dienst verrichteten, an das Land. Das jüngste fand mich dort am Ufer und rettete mir das Leben; nur zweimal sah ich es. Es wäre die einzige Jungfrau, die ich in dieser Welt lieben könnte, aber du ähnelst ihr, du verdrängst fast ihr Bild in meiner Seele. Sie gehört dem heiligen Tempel an und deshalb hat dich mir mein gutes Glück gesandt; niemals wollen wir uns voneinander trennen!«

Ach, er weiß es nicht, dass ich ihm das Leben gerettet habe, dachte die kleine Prinzessin, ich trug ihn über die See zu dem Wald hin, wo der Tempel steht; ich sah ihn hinter dem Schaum und schaute aus, ob kein Mensch ihm nahen würde. Ich sah das schöne Mädchen, das er mehr liebt als mich! Die kleine Seejungfrau seufzte tief, weinen konnte sie nicht. Das Mädchen gehört dem heiligen Tempel an, hat er gesagt; nie kommt es in die Welt hinaus, sie begegnen einander nicht mehr, ich bin bei ihm, sehe ihn jeden Tag, ich will ihn pflegen, ihn lieben, ihm mein Leben opfern!

Aber nun sollte der Prinz sich verheiraten und die Tochter des Nachbarkönigs zur Frau bekommen; deshalb rüstete man ein Schiff prächtig aus. Der Prinz reiste, um die Länder des Nachbarkönigs kennen zu lernen, hieß es zwar, aber eigentlich geschah es, um sich die Tochter des Nachbarkönigs anzusehen; ein großes Gefolge sollte er mitnehmen. Die kleine Seejungfrau schüttelte das Köpfchen und lächelte; sie kannte die Gedanken des Prinzen weit besser als alle anderen. »Ich muss reisen!«, hatte er zu ihr gesagt. »Ich muss mir die schöne Prinzessin ansehen; meine Eltern verlangen es, aber sie als meine Braut heimzuführen, dazu wollen sie mich nicht zwingen. Ich kann sie nicht lieben! Sie ähnelt nicht dem schönen Mädchen im Tempel, dem du ähnelst. Sollte ich einmal eine Braut wählen, so würde die Wahl eher auf dich fallen, mein stummes Findelkindchen mit den redenden Augen!« Dabei küsste er sie auf ihren roten Mund, spielte mit ihrem langen Haar und legte sein Haupt an ihr Herz, dass es lebhafter von Menschenglück und einer unsterblichen Seele träumte.

»Du fürchtest dich doch nicht vor dem Meer, du stummes Kind?«, fragte er, als sie auf dem prächtigen Schiff standen, das ihn nach dem Land des Nachbarkönigs führen sollte, und er erzählte ihr von Stürmen und von Windstille, von merkwürdigen Fischen in der Tiefe und was die Taucher dort erblickt hätten, und sie lächelte bei seiner Erzählung, denn sie wusste ja besser als irgendein anderer auf dem Meeresgrund Bescheid.

In der mondhellen Nacht, als alle schliefen, nur der Steuermann an seinem Ruder nicht, saß sie am Rand des Schiffes und starrte durch das klare Wasser hinunter, und es kam ihr vor, als erblickte sie das Schloss ihres Vaters; auf dessen höchstem Turm stand die alte Großmutter mit der Silberkrone auf dem Haupt und schaute unverwandt durch den reißenden Strom zum Kiel des Schiffes empor. Da tauchten ihre Schwestern aus dem

Wasser hervor, sahen sie wehmütig an und rangen ihre weißen Hände. Sie winkte ihnen zu, lächelte und wollte erzählen, dass alles gut und glücklich ginge, aber der Schiffsjunge näherte sich ihr, und die Schwestern tauchten unter, sodass er wähnte, das Weiße, was er gesehen hatte, wäre nur Schaum auf der See.

Am folgenden Morgen segelte das Schiff in den Hafen der prächtigen Hauptstadt des Nachbarkönigs. Alle Kirchenglocken läuteten, und von den hohen Türmen erklangen Posaunen, während die Soldaten mit wehenden Fahnen und blitzenden Bajonetten in Parade aufmarschiert standen. Jeder Tag wurde festlich begangen. Bälle und Gesellschaften folgten einander, aber die Prinzessin war noch nicht da, sie werde weit entfernt in einem heiligen Tempel erzogen, hieß es, wo sie alle königlichen Tugenden erlernte. Endlich traf sie ein.

Die kleine Seejungfrau brannte vor Begierde, ihre Schönheit zu sehen, und musste gestehen, dass sie eine liebreizendere Gestalt nie erblickt hätte. Ihre Haut war fein und durchsichtig und hinter den langen, dunklen Augenwimpern lächelten ein Paar schwarzblaue, treue Augen.

»Du bist es«, rief der Prinz freudig, »du, die mich gerettet hat, als ich wie tot am Strand lag!«, und er zog sie als seine errötende Braut in seine Arme. »Oh, ich bin zu glücklich!«, sagte er zu der kleinen Seejungfrau. »Das Beste, das ich nie zu erlangen glaubte, ist mir erfüllt. Du wirst dich über mein Glück freuen, denn du hast mich am liebsten von allen!« Sie küsste ihm die Hand, und es war ihr jetzt schon, als fühlte sie ihr Herz brechen. Des Prinzen Hochzeitsmorgen sollte ihr ja den Tod geben und sie in Schaum auf dem Meer verwandeln.

Alle Kirchenglocken läuteten, die Herolde ritten in der Stadt umher und verkündeten die Verlobung. Auf allen Altären brannte duftendes Öl in kostbaren Silberlampen. Die Priester schwangen die Rauchfässer und Braut und Bräutigam reichten einander die Hand und empfingen den Segen des Bischofs. Die kleine Seejungfrau stand in Seide und Gold und hielt die Schleppe der Braut, aber ihr Ohr hörte nicht die festliche Musik, ihr Auge sah nicht die heilige Handlung, sie gedachte ihrer Todesnacht, dachte an alles, was sie in dieser Welt verloren hatte.

Noch an demselben Abend gingen Braut und Bräutigam an Bord des Schiffes; die Kanonen donnerten, alle Flaggen wehten, und mitten auf dem Schiff war ein königliches Zelt von Gold und Purpur errichtet und mit den herrlichsten Polsterkissen ausgestattet, wo das Brautpaar in der stillen, kühlen Nacht ruhen sollte.

Der Wind schwellte die Segel und das Schiff glitt leicht und ohne heftiges Schwanken über die klare See dahin.

Als die Dämmerung hereinbrach, wurden farbige Lampen angezündet, und die Seeleute tanzten lustige Tänze auf dem Verdeck. Die kleine Seejungfrau erinnerte sich dabei jenes Abends, als sie zum ersten Mal aus dem Meer aufgetaucht war und dieselbe Pracht und Freude gesehen hatte, und nun wirbelte sie mit im Tanz, schwebend, wie die Schwalbe schwebt, wenn sie verfolgt wird, und alle jubelten ihr Bewunderung zu, nie hatte sie so herrlich getanzt. Wie scharfe Messer schnitt es in ihre zarten Füße, aber sie fühlte es nicht, schmerzlicher schnitt es ihr noch durch das Herz. Sie wusste, dass es der letzte Abend war, wo sie ihn sah, für den sie Freundschaft und Heimat verlassen, ihre herrliche Stimme dahingegeben und täglich unendliche Schmerzen erlitten hatte, ohne dass er auch nur eine Ahnung davon hatte. Es war die letzte Nacht, wo sie dieselbe Luft wie er einatmete, das tiefe Meer und den sternblauen Himmel sah. Eine ewige Nacht ohne Denken und Träumen wartete ihrer, die keine Seele hatte und nimmer

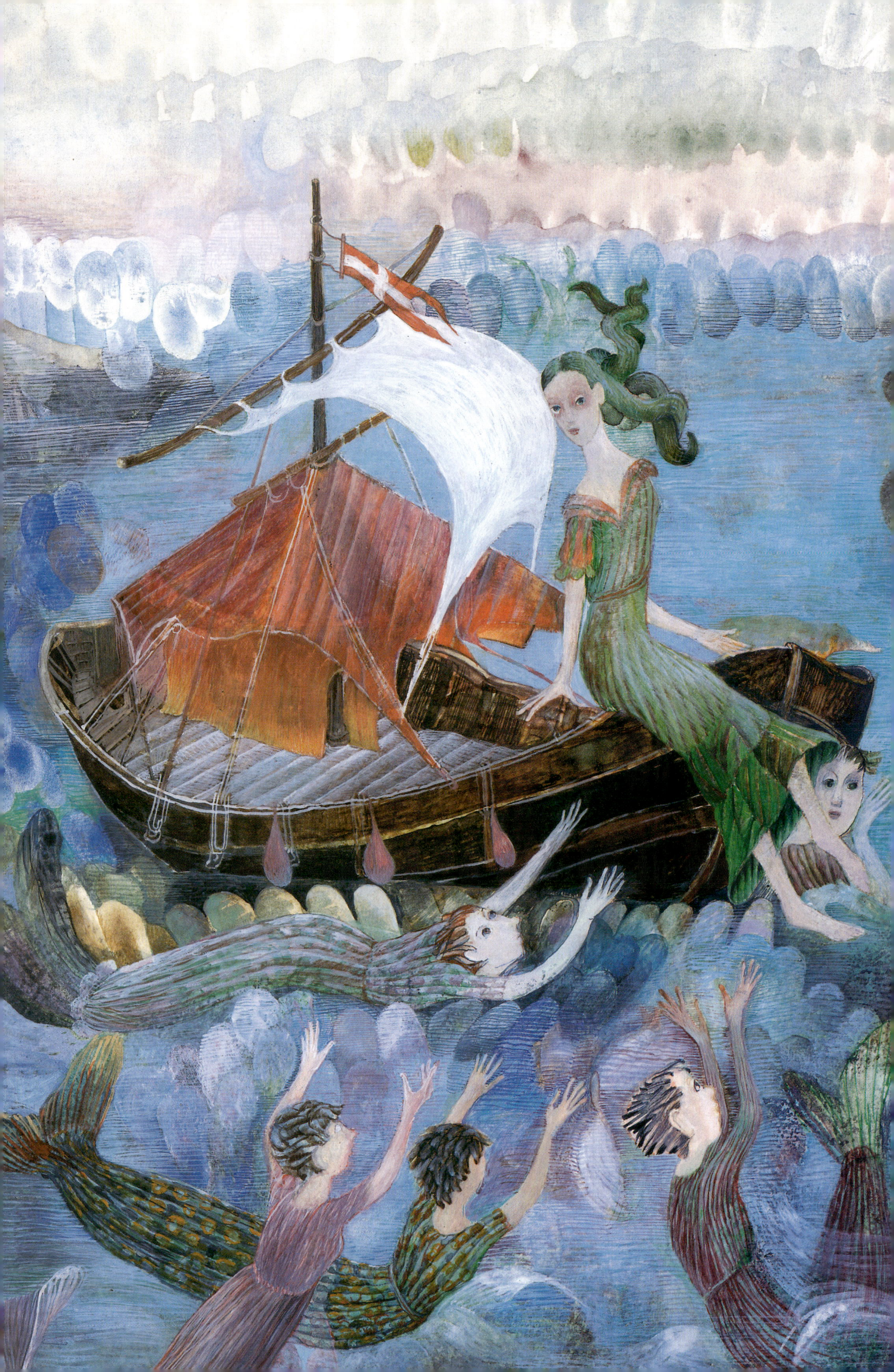

eine gewinnen konnte. Alles war Freude und Lustbarkeit auf dem Schiff, weit über Mitternacht hinaus; sie lächelte und tanzte mit Todesgedanken in ihrem Herzen. Der Prinz küsste seine schöne Braut und sie spielte mit seinem schwarzen Haar und Arm in Arm gingen sie in das prächtige Zelt zur Ruhe.

Es wurde ruhig und still auf dem Schiff, nur der Steuermann stand am Ruder; die kleine Seejungfrau legte ihre weißen Arme auf den Schiffsrand und schaute gegen Osten nach der Morgenröte aus. Der erste Sonnenstrahl war, wie sie wusste, ihr Todesbote. Da sah sie ihre Schwestern aus dem Meer emporsteigen, sie waren bleich wie sie selber, ihr langes schönes Haar flatterte nicht mehr im Wind, es war abgeschnitten.

»Wir haben es der Hexe gegeben, damit sie Hilfe bringe und du diese Nacht nicht sterben musst! Sie hat uns ein Messer gegeben, hier ist es! Siehst du, wie scharf es ist? Bevor noch die Sonne aufgeht, musst du es dem Prinzen in das Herz stoßen, und wenn sein warmes Blut auf deine Füße spritzt, dann wachsen sie zu einem Fischschwanz zusammen, und du wirst wieder eine Meerfrau, kannst in das Wasser zu uns herniedersteigen und deine dreihundert Jahre leben, ehe du der salzige Seeschaum wirst. Eile, eile! Er oder du musst vor Sonnenaufgang sterben. Unsere alte Großmutter trauert, sodass ihr ihr weißes Haar ausgefallen ist, wie das unsrige vor der Schere der Hexe gefallen ist. Töte den Prinzen und komm zurück! Beeile dich, siehst du den roten Streifen am Himmel? In wenigen Minuten erhebt sich die Sonne und du musst sterben!« Und sie stießen einen eigentümlichen, tiefen Seufzer aus und sanken in die Wogen zurück.

Die kleine Seejungfrau zog den Purpurvorhang vor dem Zelt fort, und sie sah die schöne Braut mit ihrem Haupt an der Brust des Prinzen ruhen, und sie neigte sich hinab, küsste ihn auf seine schöne Stirn, schaute zum Himmel empor, wo die Morgenröte immer glühendere Farben annahm, sah das scharfe Messer an und heftete dann wieder ihre Blicke auf den Prinzen, der im Traum den Namen seiner Braut rief, sie allein lebte in seinen Gedanken, und das Messer zitterte in der Hand der Seejungfrau – aber dann warf sie es weit hinaus in die Wogen, die, wo es hinfiel, rot aufleuchteten; es sah aus, als spritzten Blutstropfen aus dem Wasser in die Höhe. Noch einmal schaute sie den Prinzen mit halb gebrochenem Blick an, stürzte sich vom Schiff in das Meer hinunter und merkte, wie ihr Körper sich in Schaum auflöste.

Jetzt stieg die Sonne aus dem Meer empor, mild und warm fielen ihre Strahlen auf den todeskalten Meeresschaum und die kleine Seejungfrau fühlte nichts vom Tod. Sie erblickte die Sonne und dicht über ihr schwebten hunderte von durchsichtigen, herrlichen Wesen; sie vermochte durch sie hindurch die weißen Segel des Schiffes und die roten Wolken am Himmel wahrzunehmen. Ihre Stimme war wie Sphärenklang, aber so geistig, dass kein menschliches Ohr sie vernehmen, wie auch kein irdisches Auge diese himmlischen Wesen erblicken konnte. Ohne Flügel schwebten sie vermöge ihrer eigenen Leichtigkeit durch die Luft. Die kleine Seejungfrau sah, dass sie einen Körper wie sie hatte, der sich mehr und mehr aus dem Schaum erhob.

»Zu wem komme ich?«, fragte sie, und ihre Stimme klang wie die der anderen Wesen, so geistig, dass keine irdische Musik sie wiedergeben kann.

»Zu den Töchtern der Luft!«, antworteten die anderen. »Eine Meerfrau hat keine unsterbliche Seele, kann sie nie erhalten, wenn es ihr nicht gelingt, eines Menschen Liebe zu gewinnen! Von einer fremden Macht hängt ihr ewiges Dasein ab. Die Töchter der Luft haben auch keine unsterbliche Seele, aber sie können sich selbst eine durch gute Handlungen verschaffen. Wir fliegen nach den warmen Ländern, wo der brodelnde Atem der Pestluft die Menschen tötet; dort fächeln wir Kühlung. Wir breiten den Duft der Blumen durch die Luft aus und senden Erquickung und Genesung. Haben wir dreihundert Jahre lang gestrebt, das Gute zu tun, dann empfangen wir eine unsterbliche Seele und nehmen an dem ewigen Glück der Menschen teil. Du arme kleine Seejungfrau, du hast von ganzem Herzen nach demselben Ziel wie wir gestrebt, hast gelitten und geduldet, hast dich nun zur Welt der Luftgeister erhoben, jetzt kannst du dir selbst durch gute Taten nach drei Jahrhunderten eine unsterbliche Seele schaffen!«

Die kleine Seejungfrau hob ihre lichten Arme zu Gottes Sonne empor und zum ersten Mal fühlte sie Tränen. Auf dem Schiff herrschten wieder Lärm und Leben; sie bemerkte, wie der Prinz mit seiner schönen Braut nach ihr suchte, wehmütig hefteten sie ihre Blicke auf den wallenden Schaum, als ob sie wüssten, dass sie sich in die Wogen gestürzt hätte. Unsichtbar küsste sie die Stirn der Braut, lächelte ihn an und stieg mit den anderen Kindern der Luft zu der rosenroten Wolke empor, die in der Luft einherschwamm.

»Nach dreihundert Jahren schweben wir so in Gottes Reich hinüber!«

»Sogar noch früher können wir hineingelangen!«, flüsterte einer der Luftgeister. »Unsichtbar schweben wir in die Häuser der Menschen hinein, wo es Kinder gibt, und für jeden Tag, an dem wir ein gutes Kind finden, das seinen Eltern Freude macht und ihre Liebe verdient, verkürzt uns Gott unsere Prüfungszeit. Das Kind weiß nicht, wann wir durch das Zimmer fliegen, und sobald wir aus Freude über es lächeln, werden die dreihundert Jahre um eins vermindert, sehen wir aber ein böses Kind, so müssen wir Tränen der Trauer weinen, und jede Träne legt unserer Prüfungszeit einen Tag zu!«

Das Gänseblümchen

Nun merke auf!

Draußen auf dem Land, hart am Weg, liegt ein Landhaus; du hast es sicher selbst schon einmal gesehen! Vor demselben befindet sich ein Blumengärtchen mit schön angestrichenem Gitter. Dicht daneben wuchs auf einem Grabenrand, inmitten des üppigsten grünen Grases, ein Gänseblümchen. Die Sonne schien auf es ebenso warm und schön wie auf die großen, reichen Prachtblumen drinnen im Garten, und deshalb wuchs es zusehends. Eines Morgens stand es mit seinen glänzend weißen Blättchen, die wie Strahlen rings um die inwendige gelbe Sonne sitzen, völlig entfaltet da. Es fiel ihm gar nicht ein, dass kein Mensch es im Gras dort bemerkte und dass es ein armes, verachtetes Blümchen wäre; o nein, es war ganz froh, wandte sich der warmen Sonne entgegen, schaute zu ihr empor und lauschte auf die Lerche, die in den Lüften sang.

Das Gänseblümchen fühlte sich so glücklich, als ob es ein hoher Festtag wäre, und doch war es ein Montag; alle Kinder waren in der Schule. Während diese auf ihren Bänken saßen und lernten, saß jenes auf seinem kleinen grünen Stängel und lernte gleichfalls von der warmen Sonne und von allem ringsumher, wie gütig Gott wäre, und es kam ihm ganz in der Ord-

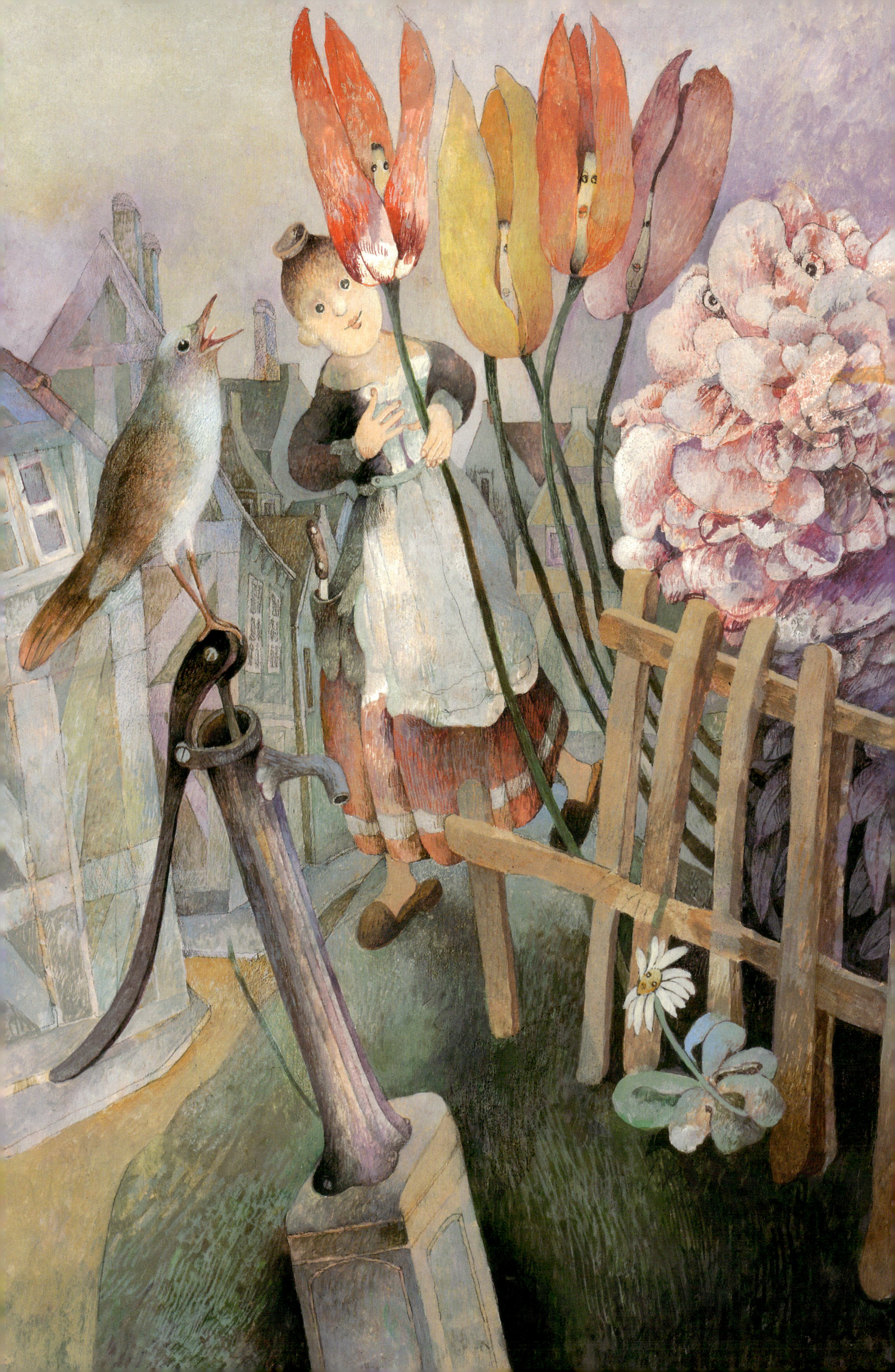

nung vor, dass die kleine Lerche alles, was sie im Stillen fühlte, so klar und schön sang. Das Gänseblümchen sah mit einer Art Ehrfurcht zu dem glücklichen Vogel empor, der singen und fliegen konnte, und war selbst gar nicht betrübt, dass es selbst dies nicht vermochte. Ich sehe und höre ja, dachte es, die Sonne bescheint mich, und der Wind küsst mich! O wie reich bin ich doch begabt worden!

Innerhalb des Staketenzaunes standen viele steife, vornehme Blumen; je weniger Duft sie hatten, desto stolzer erhoben sie ihr Haupt. Die Sonnenrosen blähten sich, um größer als die Rosen zu erscheinen, aber auf die äußere Größe kommt es wenig an. Die Tulpen hatten die allerschönsten Farben, und das wussten sie auch und richteten sich kerzengerade auf, um sich bemerkbar zu machen. Das eben erst aufgeblühte Gänseblümchen übersahen sie ganz, desto mehr aber beobachtete dieses sie und dachte: Wie reich und schön sie sind! Ja, zu ihnen fliegt gewiss der prächtige Vogel hernieder und besucht sie. Gottlob, dass ich so nahe dabeistehe, so kann ich doch die Herrlichkeit zu sehen bekommen. Und gerade während es das bei sich dachte, »Quirrevit!«, da kam die Lerche geflogen, aber nicht zu den Sonnenrosen und Tulpen hernieder, nein, hernieder in das Gras zu dem armen Gänseblümchen, das aus lauter Freude so erschrak, dass es gar nicht wusste, was es denken sollte.

Der kleine Vogel tanzte rings um es her und sang: »Wie weich doch das Gras ist! Sieh, welch allerliebstes Blümchen mit Gold im Herzen und Silber auf dem Kleid!« Das gelbe Pünktchen in der Gänseblume leuchtete auch wie Gold und die kleinen Blätter ringsumher blinkten silberhell.

Wie glücklich das Gänseblümchen war, nein, das übersteigt jede Vorstellung. Der Vogel küsste es mit seinem Schnabel, sang vor ihm und erhob sich dann wieder in die blaue Luft. Es währte eine ganze Viertelstunde, ehe sich das Blümchen wieder erholen konnte. Halb verschämt und doch innig froh sah es sich nach den Blumen drinnen im Garten um. Sie hatten ja die Ehre und Glückseligkeit, die ihm widerfahren war, mit angesehen, sie mussten ja begreifen, welche Freude das war. Aber die Tulpen richteten sich noch einmal so steif empor wie vorher und waren im Gesicht ganz spitz und rot, denn sie hatten sich geärgert. Die Sonnenrosen waren ganz dickköpfig. Hu!, es war gut, dass sie nicht reden konnten, sonst würden sie dem Gänseblümchen ordentlich die Wahrheit gesagt haben. Das arme Blümchen konnte wohl sehen, dass ihnen die gute Laune vergangen war, und das tat ihm aufrichtig Leid. Zu gleicher Zeit trat ein Mädchen in den Garten, mit einem scharfen, weithin blitzenden Messer. Es schritt durch die Tulpen hindurch und schnitt eine nach der anderen ab. »Ach«, seufzte das Gänseblümchen, »das ist ja schrecklich, nun ist es mit ihnen vorbei!« Dann ging das Mädchen mit den Tulpen fort; das Gänseblümchen war froh darüber, dass es draußen im Gras stand und nur ein armes Blümchen war. Es fühlte sich so recht dankbar, und als die Sonne unterging, faltete es seine Blätter, schlief ein und träumte die ganze Nacht von der Sonne und dem kleinen Vogel.

Als am Morgen die Blume wieder alle ihre weißen Blätter wie kleine Ärmchen der Luft entgegenstreckte, erkannte sie des Vogels Stimme, aber was er sang, war gar traurig. Ja, die arme Lerche hatte guten Grund dazu, denn sie war gefangen worden und saß jetzt in einem Käfig dicht neben dem offenen Fenster. Sie sang von der Herrlichkeit, frei und glücklich umherfliegen zu können, sang von der jungen grünen Saat auf dem Feld und von der schönen Reise, die sie auf ihren Schwingen hoch hinauf in die Luft machen konnte. Der arme Vogel war nicht guter Laune, gefangen saß er im Bauer.

Das Gänseblümchen wünschte so gern zu helfen, allein wie sollte es das anfangen? Ja, es war schwer, das Richtige zu finden. Es vergaß ganz und gar, wie schön alles ringsumher stand, wie warm die Sonne schien und wie herrlich seine eigenen Blättchen erglänzten. Ach, es vermochte nur an den gefangenen Vogel zu denken, für den es gar nichts tun konnte.

In diesem Augenblick kamen zwei kleine Knaben aus dem Garten, der eine von ihnen hatte ein Messer in der Hand, groß und scharf wie dasjenige, mit dem das Mädchen die Tulpen abgeschnitten hatte. Sie gingen gerade auf das Gänseblümchen los, das gar nicht begreifen konnte, was sie vorhatten.

»Hier können wir für die Lerche ein herrliches Rasenstück ausschneiden!«. sagte der eine Knabe und begann, in einem Viereck um das Gänseblümchen tief hineinzuschneiden, sodass es mitten in dem Rasenstück zu stehen kam.

»Reiße die Blume ab!«, sagte der andere Knabe, und das Gänseblümchen schauderte ordentlich vor Angst, denn abgerissen zu werden hieße ja, das Leben zu verlieren, und gerade jetzt wünschte es erst recht zu leben, da es mit dem Rasenstück zu der gefangenen Lerche in den Käfig kommen konnte.

»Nein, lass sie sitzen«, sagte der andere Knabe, »sie putzt so niedlich!« Und so blieb das Gänseblümchen sitzen und kam mit zu der Lerche in den Käfig hinein.

Aber der arme Vogel klagte laut über seine verlorene Freiheit und schlug mit den Flügeln gegen das Drahtgeflecht des Vogelbauers. Das Gänseblümchen konnte nicht reden, konnte nicht ein einziges tröstendes Wort sagen, so gern es auch wollte. Auf diese Weise verging der ganze Vormittag.

»Hier ist kein Wasser!«, sagte die gefangene Lerche. »Sie sind alle ausgegangen und haben vergessen, mir einen Tropfen Wasser hinzusetzen. Meine Kehle ist trocken und brennend heiß. Bald glühe ich vor Hitze, bald zittere ich vor Frost und die Luft ist so schwer! Ach, ich muss sterben, muss mich trennen von dem warmen Sonnenschein, von dem frischen Grün, von all der Herrlichkeit, die Gott geschaffen hat!« Und dann bohrte sie ihren kleinen Schnabel in das kühle Rasenstück, um sich daran ein wenig zu erfrischen. Da fielen ihre Augen auf das Gänseblümchen, und der Vogel nickte ihm zu, küsste es mit seinem Schnabel und sagte: »Auch du musst hier drinnen verwelken, du armes Blümchen! Dich und das grüne Grasfleckchen hat man mir für die ganze Welt, die ich draußen hatte, gegeben! Jeder kleine Grashalm soll mir ein grüner Baum, jedes deiner weißen Blätter eine duftende Blume sein! Ach, ihr erzählt mir nur, wie viel ich verloren habe!«

Wer ihn doch trösten könnte!, dachte das Gänseblümchen, konnte aber kein Blatt bewegen; allein der Duft, den die feinen Blätter aushauchten, war weit stärker, als er sich sonst bei dieser Blume vorfindet. Das entging auch dem Vogel nicht, und obwohl er vor Durst verschmachtete und in seiner Angst die grünen Grashalme abriss, rührte er die Blume gar nicht an.

Es wurde Abend und noch erschien niemand und brachte dem armen Vogel einen Tropfen Wasser. Da breitete er seine schönen Flügel aus, zuckte noch einmal krampfhaft zusammen, sein Gesang war ein wehmütiges Piep, Piep, das Köpfchen neigte sich gegen die Blume und sein Herz brach vor Entbehrung und Sehnsucht. Da konnte auch die Blume nicht wie am Abend vorher ihre Blätter zusammenfalten und einschlafen. Krank und traurig hing sie auf die Erde nieder.

Erst am nächsten Morgen kamen die Knaben und weinten, als sie den Vogel tot sahen, weinten viele Tränen und gruben ihm ein niedliches Grab, das mit Blumenblättern ausgeschmückt wurde. Des Vogels Leiche wurde in eine rote, schöne Schachtel gelegt, königlich sollte er begraben werden, der arme Vogel! Als er lebte und sang, vergaßen sie ihn, ließen ihn im Bauer sitzen und Not leiden, jetzt wurde für ihn großer Aufwand getrieben, und reichliche Tränen wurden ihm nachgeweint.

Aber das Rasenstück mit dem Gänseblümchen wurde hinaus in den Staub der Landstraße geworfen. Niemand gedachte der Blume, die doch am meisten für den Vogel gefühlt hatte und ihn so gern trösten wollte.

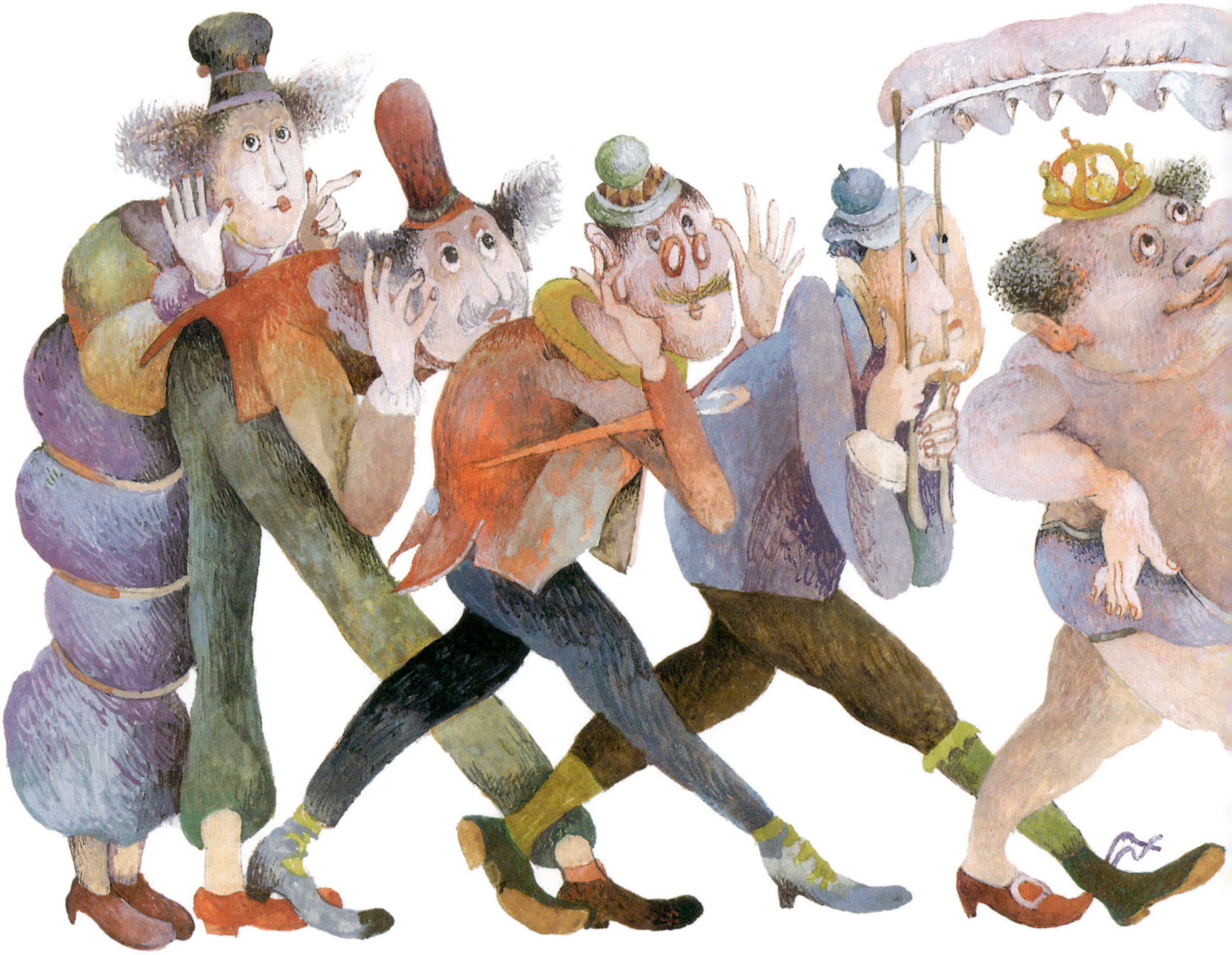

Des Kaisers neue Kleider

Vor vielen Jahren lebte einmal ein Kaiser, der so große Stücke auf hübsche neue Kleider hielt, dass er all sein Geld ausgab, um nur immer recht geputzt einherzugehen. Er kümmerte sich nicht um seine Soldaten, kümmerte sich nicht um Theater und Waldpartien, außer wenn es galt, seine neuen Kleider zu zeigen. Für jede Tagesstunde hatte er einen besonderen Rock, und wie man von einem König sagt: »Er befindet sich im Rat«, so sagte man hier immer: »Der Kaiser ist im Kleiderzimmer!«

In der großen Stadt, in der er residierte, ging es sehr lustig zu; jeden Tag kamen dort viele Fremde an. Eines Tages erschienen auch zwei Betrüger, die sich für Weber ausgaben und behaupteten, dass sie das schönste Zeug, das man sich denken könnte, zu weben verständen. Nicht allein wären die Farben und das Muster schon ungewöhnlich schön, sondern die Kleider, die man von diesem Zeug anfertigte, hätten auch die wunderbare Eigenschaft, dass sie jedem Menschen, der für seinen Beruf nicht taugte oder unerlaubt dumm wäre, unsichtbar blieben.

Das wären ja herrliche Kleider!, dachte der Kaiser. Wenn ich solche Röcke anhätte, könnte ich ja dahinter kommen, welche Männer in meinem Reich zu dem Amt, das sie bekleiden, nicht taugen; ich könnte die Klugen von den Dummen scheiden! Ja, das Zeug muss gleich für mich gewebt werden! Und er gab den beiden Betrügern ein reiches Handgeld, damit sie ihre Arbeit beginnen möchten.

Sie stellten auch zwei Webstühle auf, stellten sich, als ob sie arbeiteten, hatten aber nicht das Geringste auf dem Stuhl. Im Verlangen waren sie jedoch nicht faul; sie begehrten die feinste Seide und das prächtigste Gold. Das steckten sie in die eigene Tasche und arbeiteten an den leeren Webstühlen, und zwar bis tief in die Nacht hinein.

Nun möchte ich doch wohl wissen, wie weit sie mit dem Zeug sind!, dachte der Kaiser, aber es war ihm doch ein wenig bänglich um das Herz bei dem Gedanken, dass derjenige, welcher dumm oder für sein Amt schlecht geeignet wäre, es nicht zu sehen vermöchte. Er glaubte zwar wohl, dass er seinetwegen nicht ängstlich zu sein brauchte, er zog es aber doch vor, erst einen anderen zu senden, um nachzusehen, wie es stände. Alle Leute in der ganzen Stadt wussten, was für eine wunderbare Kraft das Zeug hatte, und waren sehr gespannt zu sehen, wie töricht oder dumm der Nachbar wäre.

Ich will meinen alten ehrlichen Minister zu den Webern schicken!, dachte der Kaiser. Er kann am besten unterscheiden, wie sich das Zeug ausnimmt, denn er hat Verstand, und niemand ist besser als er für sein Amt geeignet!

Nun ging der alte, gutherzige Minister in den Saal hinein, in dem die beiden Betrüger an den leeren Stühlen saßen und arbeiteten. Gott behüte uns!, dachte der alte Minister und sperrte die Augen weit auf, ich kann ja gar nichts sehen! Aber das sagte er nicht.

Die beiden Betrüger ersuchten ihn, näher zu treten und fragten, ob es nicht ein schönes Muster und prächtige Farben wären. Damit zeigten sie auf den leeren Webstuhl, und der arme Minister wurde nicht müde, die Augen aufzureißen, aber er konnte nichts wahrnehmen, denn es war nichts da. Mein Gott, dachte er, sollte ich dumm sein? Das habe ich nie geglaubt und das darf kein Mensch erfahren! Sollte ich für mein Amt nicht taugen? Nein, es geht nicht an, dass ich erzähle, ich könne das Zeug nicht sehen!

»Nun, Sie sagen ja nichts dazu!«, äußerte der eine am Webstuhl.

»Oh, es ist vortrefflich, ganz allerliebst!«, sagte der alte Minister und schaute durch seine Brille. »Dieses Muster und diese Farben! Ja, ich werde dem Kaiser berichten, dass es mir außerordentlich gefällt!«

»Nun, das freut uns!«, sagten beide Weber, und darauf bezeichneten sie die Farben mit Namen und erläuterten das eigentümliche Muster. Der alte Minister lauschte aufmerksam, damit er dasselbe sagen könnte, wenn er zum Kaiser zurückkäme, und so tat er.

Nun verlangten die Betrüger mehr Geld, mehr Seide und Gold, das sie alles noch zum Gewebe brauchten. Sie steckten alles in ihre eigenen Taschen, auf den Webstuhl kam nicht ein Faden, aber sie fuhren wie vorher fort, an den leeren Stühlen zu arbeiten.

Der Kaiser sandte bald wieder einen anderen gutmütigen Beamten hin, damit er nachsehe, wie es mit dem Weben ginge und ob das Zeug bald fertig wäre. Es ging ihm genau wie dem Minister, er guckte und guckte; da aber außer dem leeren Webstuhl nichts da war, konnte er auch nichts sehen.

»Nicht wahr, das ist ein schönes Stück Zeug?«, sagten die beiden Betrüger und zeigten und erklärten das schöne Muster, das gar nicht da war.

Dumm bin ich doch eben nicht, dachte der Mann, es ist demnach mein gutes Amt, zu dem ich nicht tauge. Das wäre doch sonderbar, doch darf man es wenigstens nicht merken lassen! So rühmte er denn das Zeug, welches er nicht sah, und versicherte ihnen seine Freude über die schönen Farben und das vortreffliche Muster. »Ja, es ist ganz allerliebst!«, sagte er zum Kaiser.

Alle Leute in der Stadt sprachen nur von dem prächtigen Zeug.

Nun wollte der Kaiser selbst es sehen, solange es noch auf dem Webstuhl wäre. Mit einer ganzen Schar auserwählter Männer, unter denen sich auch die beiden alten, grundehrlichen Beamten befanden, die vorher dort gewesen waren, begab er sich zu den beiden listigen Betrügern, die nun aus Leibeskräften webten, aber ohne Faser und Faden.

»Ja, ist das nicht wahrhaft kostbar?«, sagten die beiden grundehrlichen Beamten. »Geruhen Eure Majestät nur zu bewundern, was für ein Muster, was für Farben!« Und dabei wiesen sie auf den leeren Webstuhl, denn sie dachten, die anderen könnten das Zeug doch sehen. Was ist das, dachte der Kaiser, ich sehe ja gar nichts! Das ist ja entsetzlich! Bin ich dumm? Tauge ich nicht zum Kaiser? Das wäre das Schrecklichste, was mir passieren könnte. »Oh, es ist ganz hübsch!«, sagte der Kaiser darauf laut. »Es hat meinen allerhöchsten Beifall!« Und er nickte zufrieden und betrachtete den leeren Webstuhl; er wollte nicht gestehen, dass er nichts sehen konnte. Das ganze Gefolge, das er mit sich hatte, guckte und guckte, bekam aber nicht mehr heraus als alle die anderen; gleichwohl sprachen sie alle dem Kaiser nach: »Oh, es ist ganz hübsch!« Und sie rieten ihm, diese neuen Kleider aus diesem herrlichen Stoff zum ersten Mal bei dem feierlichen Aufzug zu tragen, der bevorstand. »Reizend, herrlich und wundervoll!«, ging es von Mund zu Munde, und alle waren innig froh darüber. Der Kaiser verlieh den beiden Betrügern ein Ritterkreuz, in das Knopfloch zu hängen, und den Titel »Geheime Hofweber«.

Die ganze Nacht vor dem Vormittag, an dem der Aufzug stattfinden sollte, brachten die Betrüger wachend zu und hatten mehr als sechzehn Lichter angezündet. Alle Leute konnten sehen, wie beschäftigt sie mit der Anfertigung der neuen Kleider des Kaisers waren. Sie stellten sich, als ob sie das Zeug von den Webstühlen nähmen, schnitten mit großen Scheren in der Luft herum, nähten mit Nähnadeln ohne Faden und sagten endlich: »Nun sind die Kleider fertig!«

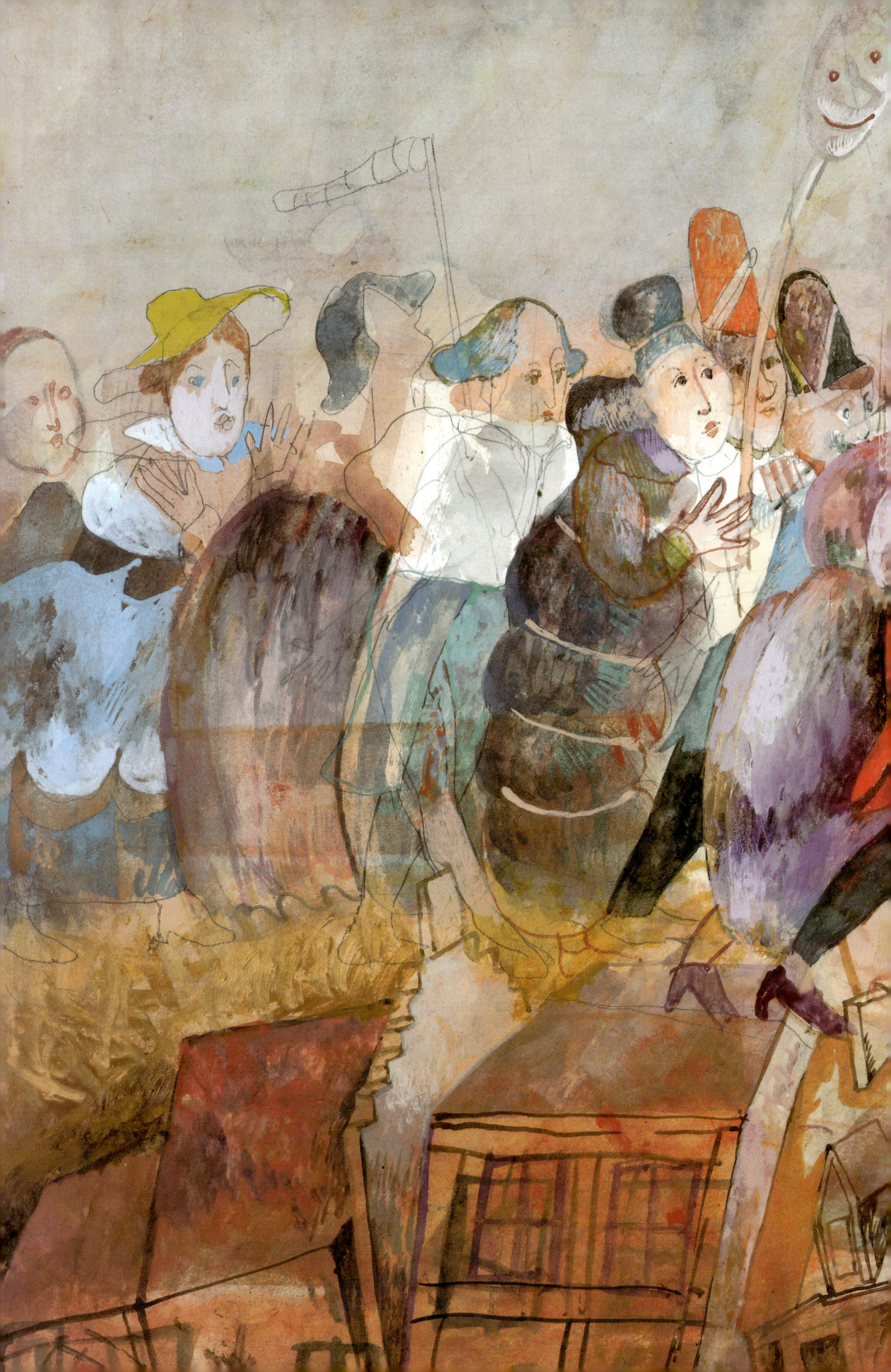

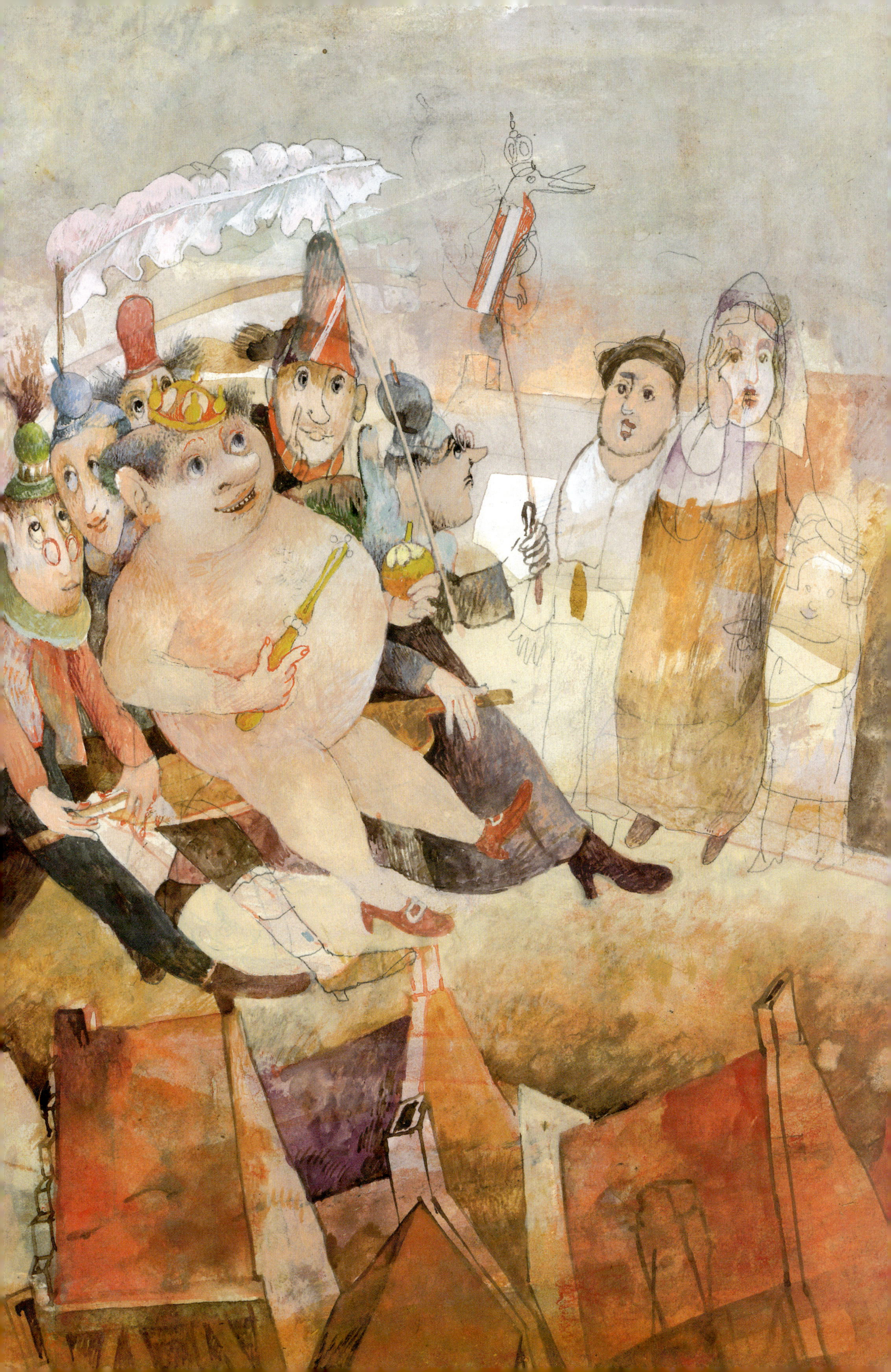

Der Kaiser kam mit seinen vornehmsten Hofleuten selbst zu ihnen, und beide Betrüger hoben den einen Arm in die Höhe, als ob sie etwas hielten, und sagten: »Seht, hier sind die Beinkleider! Hier ist der Rock! Hier der Mantel! Man sollte meinen, man trüge nichts auf dem Körper, aber das ist gerade der Vorzug dabei!«

»Ja!«, sagten alle Hofleute, konnten aber nichts sehen, denn es war gar nichts da.

»Geruhen Eure Kaiserliche Majestät nun allergnädigst, Hochdero Kleider abzulegen«, sagten die Betrüger, »dann wollen wir Hochdemselben hier vor dem großen Spiegel die neuen anziehen.«

Der Kaiser legte seine Kleider ab, und die Betrüger taten, als ob sie ihm jedes Stück der neuen Kleider, die angefertigt sein sollten, anzögen; und sie fassten ihn um die Hüften und stellten sich, als ob sie etwas festbänden, das sollte die Schleppe sein, und der Kaiser wandte und drehte sich vor dem Spiegel.

»Wie himmlisch sie kleiden, wie herrlich sie sitzen!«, riefen alle. »Welches Muster, welche Farben! Das ist ein kostbarer Anzug!«

»Draußen stehen sie mit dem Thronhimmel, welcher über Eurer Majestät im feierlichen Zug getragen werden soll!«, meldete der Oberzeremonienmeister.

»Nun, ich bin in Ordnung!«, sagte der Kaiser. »Sitzt es nicht gut?« Und dann wandte er sich noch einmal gegen den Spiegel, denn es sollte so aussehen, als ob er seinen Putz recht betrachtete.

Die Kammerherren, welche die Schleppe tragen sollten, langten gegen den Fußboden, als wenn sie die Schleppe aufhöben. Sie gingen und hielten die Hände steif vor sich in der Luft; sie durften es sich nicht anmerken lassen, dass sie nichts sahen.

So ging nun der Kaiser bei dem feierlichen Umzug unter dem prächtigen Thronhimmel, und alle Leute auf den Straßen und in den Fenstern riefen: »O Himmel, wie unvergleichlich sind doch des Kaisers neue Kleider! Welch herrliche Schleppe trägt er am Rock! Wie vortrefflich sitzt alles!« Niemand wollte sich anmerken lassen, dass er nichts sähe, denn sonst hätte er ja nicht zu seinem Amt getaugt oder wäre schrecklich dumm gewesen. Keines der kaiserlichen Kleider hatte bisher solchen Erfolg gehabt.

»Aber er hat ja gar nichts an!«, rief plötzlich ein kleines Kind. »O Himmel, hört die Stimme der Unschuld!«, sagte der Vater; und einer flüsterte dem anderen zu, was das Kind gesagt hatte.

»Er hat gar nichts an, ein kleines Kind ist dort, das behauptet, er habe gar nichts an!«

»Er hat ja gar nichts an!«, rief endlich das ganze Volk. Das wurmte den Kaiser, denn es schien ihm selbst, als ob das Volk Recht hätte, aber er dachte: Jetzt hilft nichts, als standhaft auszuhalten! Er nahm eine noch stolzere Haltung an, und die Kammerherren gingen und trugen die Schleppe, die gar nicht da war.

Der standhafte Zinnsoldat

Es waren einmal fünfundzwanzig Zinnsoldaten, die alle Brüder waren, da man sie aus einem und demselben alten Zinnlöffel gegossen hatte. Das Gewehr hielten sie im Arm, das Gesicht vorwärts gegen den Feind gerichtet; rot und blau, kurzum herrlich war die Uniform. Das Allererste, was sie in dieser Welt hörten, als der Deckel von der Schachtel, in der sie lagen, abgenommen wurde, war das Wort: »Zinnsoldaten!« Das rief ein kleiner Knabe und klatschte vor Wonne in die Hände. Er hatte sie zu seinem Geburtstag bekommen und stellte sie nun auf dem Tisch in Schlachtordnung auf. Der eine Soldat glich dem anderen auf das Genaueste, nur ein Einziger war etwas verschieden: Er hatte nur ein Bein, denn da er zuletzt gegossen worden war, hatte das Zinn nicht mehr ausgereicht; doch stand er auf seinem einen Bein ebenso fest wie die anderen auf ihren beiden, und gerade er sollte sich durch sein denkwürdiges Schicksal besonders auszeichnen.

Auf dem Tisch, wo sie aufgestellt wurden, stand noch viel anderes Spielzeug; aber dasjenige, was am meisten die Aufmerksamkeit auf sich zog, war ein hübsches Schloss von Papier. Durch die kleinen Fenster konnte man inwendig in die Säle hineinschauen. Vor ihm standen kleine Bäume, ringsum ein Stück Spiegelglas, das einen See vorstellen sollte. Schwäne von Wachs schwammen darauf und spiegelten sich darin. Das war wohl alles niedlich, aber das Niedlichste blieb doch ein kleines Mädchen, das mitten in dem offenen Schlossportal stand. Es war ebenfalls aus Papier ausgeschnitten, hatte aber ein seidenes Kleid an und ein kleines, schmales blaues Band über den Schultern; mitten auf diesem saß ein funkelnder Stern, so groß wie ihr ganzes Gesicht. Das kleine Mädchen streckte seine beiden Arme anmutig in die Höhe, denn es war eine Tänzerin, und dann erhob es das eine Bein so hoch, dass es der Zinnsoldat gar nicht entdecken konnte und dachte, dass sie wie er nur ein Bein hätte.

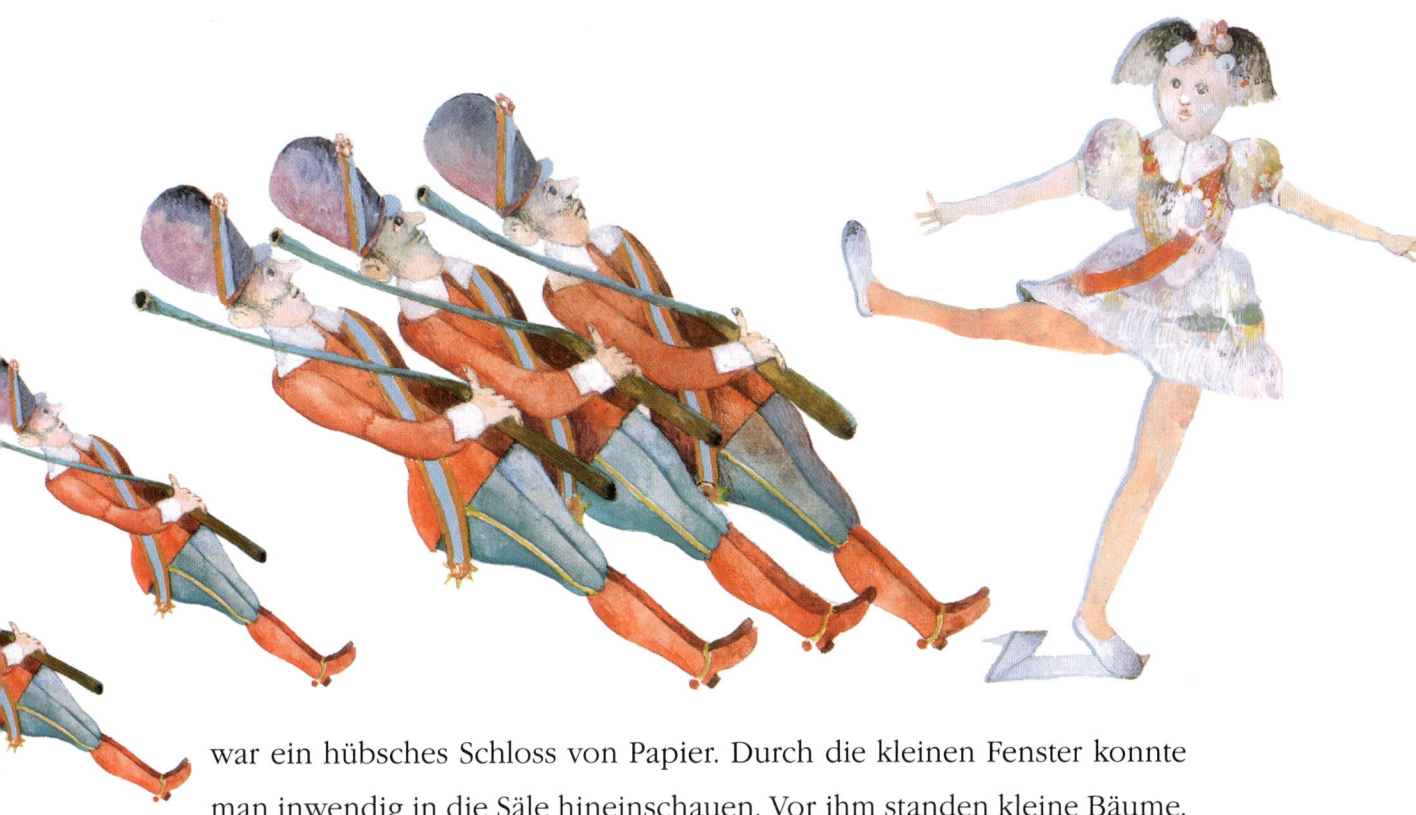

Die passte für mich als Frau!, dachte er. Aber sie ist zu vornehm für mich, sie wohnt in einem Schloss, und ich habe nur eine Schachtel, die ich mit vierundzwanzig teilen muss, das ist keine Wohnung für sie. Doch will ich zusehen, ob ich ihre Bekanntschaft machen kann! Dann legte er sich der

Länge nach hinter eine Schnupftabaksdose, die auf dem Tisch stand. Von hier konnte er die kleine, feine Dame, die nicht müde wurde, auf einem Bein zu stehen, ohne das Gleichgewicht zu verlieren, genau beobachten.

Als es Abend wurde, legte man die übrigen Zinnsoldaten in ihre Schachtel, und die Leute im Haus gingen zu Bette. Nun begann das Spielzeug zu spielen, bald »Heut kommt Besuch«, bald »Räuber und Stadtsoldaten« oder »Versteck«. Die Zinnsoldaten rasselten in ihrer Schachtel, weil sie gerne mit dabei gewesen wären, sie vermochten aber den Deckel nicht aufzuheben. Der Nussknacker schlug Purzelbäume und der Griffel fuhr lustig über die Tafel hin. Es entstand ein Lärm, dass der Kanarienvogel aufwachte und seinen Gesang mit hineinschmetterte, aber nur in Versen. Die beiden Einzigen, die sich nicht von der Stelle bewegten, waren der Zinnsoldat und die kleine Tänzerin. Sie stand kerzengerade auf der Zehenspitze und hatte beide Arme erhoben; er war auf seinem einen Bein ebenso standhaft, nicht einen Augenblick wandte er seine Augen von ihr ab.

Jetzt schlug es Mitternacht, und klapp! sprang der Deckel von der Schnupftabaksdose; aber nicht etwa Schnupftabak war darin, nein, sondern ein kleiner schwarzer Kobold; das war ein Kunststück.

»Zinnsoldat!«, sagte der Kobold. »Du wirst dir noch die Augen aussehen!«

Aber der Zinnsoldat tat, als ob er es nicht hörte.

»Ja, warte nur bis morgen!«, sagte der Kobold.

Als es nun Morgen ward und die Kinder aufstanden, wurde der Zinnsoldat in das offene Fenster gestellt, und war es nun der Kobold oder ein Zugwind, gleichviel, plötzlich flog das Fenster auf, und der Soldat fiel aus dem dritten Stockwerk häuptlings hinunter. Das war ein schrecklicher Sturz; er streckte sein eines Bein gerade in die Luft und blieb auf dem Helm, das Bajonett nach unten, zwischen den Pflastersteinen stecken.

Die Dienstmagd und der kleine Knabe liefen sogleich hinunter, um ihn zu suchen; aber obgleich sie beinahe auf ihn getreten wären, konnten sie ihn doch nicht erblicken. Hätte der Zinnsoldat gerufen: »Hier bin ich!«, so würden sie ihn gewiss gefunden haben; da er aber in Uniform war, hielt er es nicht für passend, so laut zu schreien.

Nun begann es zu regnen; Tropfen folgte auf Tropfen, bis es ein tüchtiger Platzregen wurde; als er vorüber war, kamen zwei Straßenjungen dorthin.

»Sieh, sieh!«, sagte der eine. »Da liegt ein Zinnsoldat, der muss hinaus und segeln!«

Nun machten sie ein Boot aus Zeitungspapier, setzten den Zinnsoldaten mitten hinein und ließen ihn den Rinnstein hinuntersegeln. Beide Knaben liefen nebenher und klatschten in die Hände. Hilf Himmel, was für Wellen erhoben sich in dem Rinnstein und welch reißender Strom war da! Ja, es musste der Regen stromweise herniedergerauscht sein. Das Papierboot schwankte auf und nieder, und bisweilen drehte es sich im Kreis, dass den Zinnsoldaten ein Schauer überlief. Trotzdem blieb er standhaft, verfärbte sich nicht, sah nur vorwärts und behielt das Gewehr im Arm.

Plötzlich trieb das Boot unter eine lange Rinnsteinbrücke; hier herrschte eine gleiche Finsternis wie in seiner Schachtel.

Wo mag ich jetzt nur hinkommen?, dachte er. Ja, ja, das ist des Kobolds Schuld! Ach, säße doch das kleine Mädchen hier im Boot, dann könnte es getrost noch einmal so finster sein!

In diesem Augenblick erschien eine große Wasserratte, die unter der Rinnsteinbrücke ihre Wohnung hatte.

»Hast du einen Pass?«, fragte die Ratte. »Her mit dem Pass!«

Aber der Zinnsoldat schwieg still und hielt sein Gewehr nur noch fester. Das Boot fuhr weiter und die Ratte hinterher. Hu!, wie sie mit den Zähnen knirschte und den Spänen und dem Stroh zurief: »Haltet ihn auf, haltet ihn auf! Er hat keinen Zoll bezahlt, er hat seinen Pass nicht vorgezeigt!«

Aber die Strömung wurde stärker und stärker; der Zinnsoldat konnte, schon ehe er das Ende der Brücke erreichte, den hellen Tag erblicken, aber er hörte zugleich einen brausenden Ton, der auch eines tapferen Mannes Herz erschrecken konnte. Denkt euch, der Rinnstein stürzte am Ende der Brücke gerade in einen großen Kanal hinab, was ihm gleiche Gefahr bringen musste wie uns, einen großen Wasserfall hinunterzusegeln.

Er war jetzt schon so nahe dabei, dass er nicht mehr anzuhalten vermochte. Das Boot fuhr hinab, der arme Zinnsoldat hielt sich, so gut es gehen wollte, aufrecht. Niemand sollte ihm nachsagen können, dass er auch nur mit den Augen geblinkt hätte. Das Boot drehte sich drei-, viermal um sich selbst und füllte sich dabei bis zum Rand mit Wasser, es musste sinken. Der Zinnsoldat stand bis zum Hals im Wasser und tiefer und tiefer sank das Boot. Mehr und mehr löste sich das Papier auf; jetzt ging das Wasser schon über des Soldaten Haupt – da dachte er an die kleine, niedliche Tänzerin, die er nie mehr erblicken sollte, und es klang vor des Zinnsoldaten Ohren:

»Morgenrot, Morgenrot,
Leuchtest mir zum frühen Tod!«

Nun zerriss das Papier, und der Zinnsoldat fiel hindurch, wurde aber in demselben Augenblick von einem großen Fisch verschlungen.

Nein, wie finster war es da drinnen; da war es noch schlimmer als unter der Rinnsteinbrücke, und vor allen Dingen sogar eng. Gleichwohl war der Zinnsoldat standhaft und lag, so lang er war, mit dem Gewehr im Arm.

Der Fisch fuhr umher und machte die entsetzlichsten Bewegungen; endlich wurde er ganz still, und wie ein Blitzstrahl fuhr es durch ihn hin. Dann

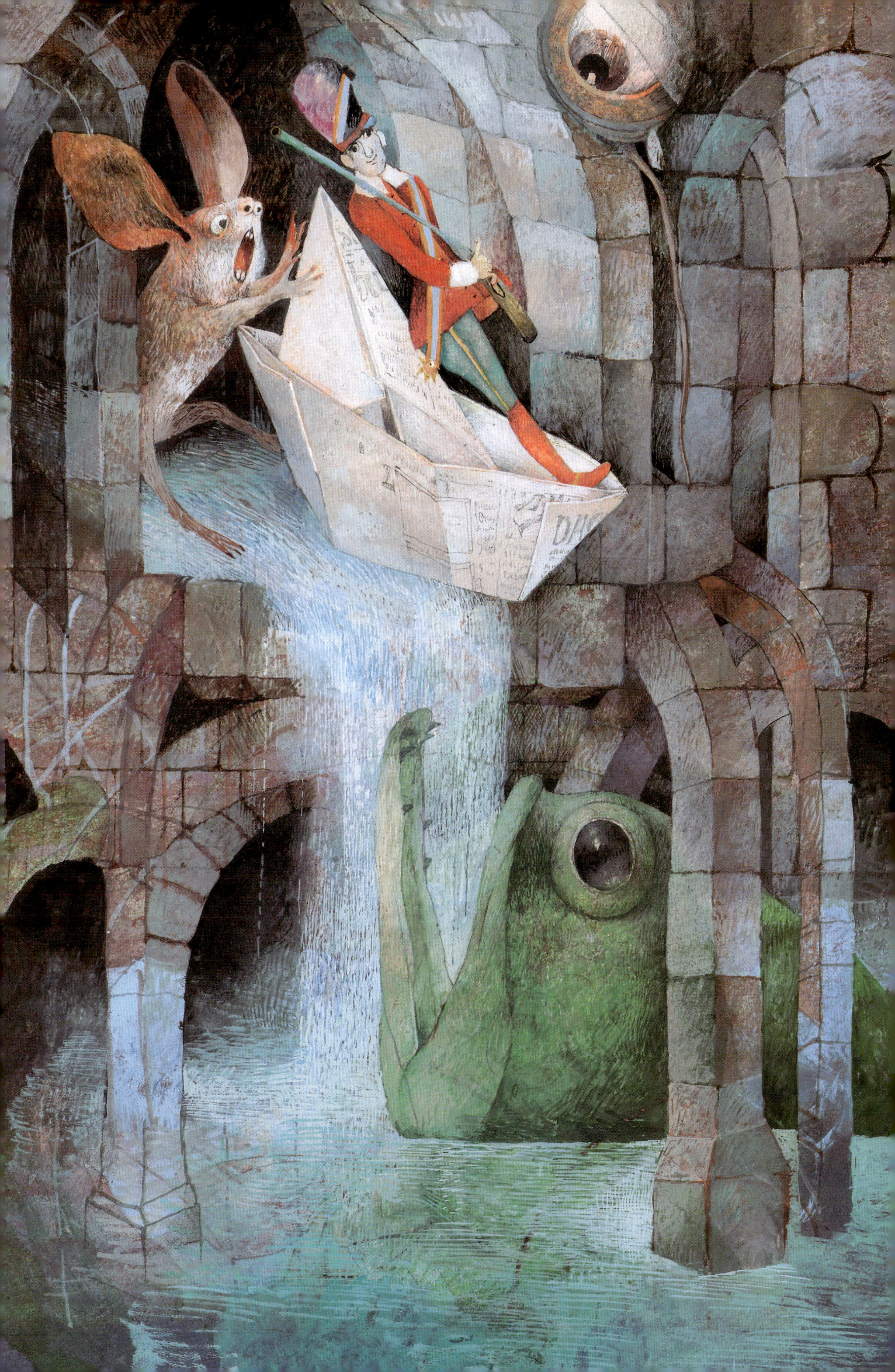

drang ein heller Lichtglanz hinein, und jemand rief laut: »Der Zinnsoldat!« Der Fisch war gefangen worden, auf den Markt gebracht, verkauft und in die Küche hinaufgekommen, wo ihn die Magd mit einem großen Messer aufschnitt. Sie fasste den Soldaten mitten um den Leib und trug ihn in die Stube hinein, wo alle einen so merkwürdigen Mann sehen wollten, der im Magen eines Fisches umhergereist war; der Zinnsoldat war jedoch darauf gar nicht stolz. Man stellte ihn auf den Tisch, und da – nein, wie wunderlich kann es doch in der Welt zugehen, befand sich der Zinnsoldat in der nämlichen Stube, in der er vorher gewesen war; er sah die nämlichen Kinder, und das nämliche Spielzeug stand auf dem Tisch: das herrliche Schloss mit der niedlichen kleinen Tänzerin. Sie hielt sich immer noch auf dem einen Bein und hatte das andere hoch in der Luft, sie war ebenfalls standhaft. Das rührte den Zinnsoldaten so, dass er beinahe Zinn geweint hätte, aber das schickte sich nicht. Er sah sie, und sie sah ihn an, aber sie sagten nichts. Plötzlich ergriff der eine der kleinen Knaben den Zinnsoldaten und warf ihn geradezu in den Ofen, obwohl er gar keinen Grund dazu hatte. Sicherlich trug der Kobold in der Dose die Schuld daran. Der Zinnsoldat stand ganz beleuchtet da und fühlte eine erschreckliche Hitze; ob sie aber die Folge des wirklichen Feuers oder seiner übergroßen Liebesglut war, das konnte er nicht unterscheiden. Alle Farbe war von ihm gewichen; ob dies auf der Reise geschehen war oder ob es von seinem tiefen Gram herrührte, wusste niemand zu sagen. Er sah das kleine Mädchen an und dieses sah ihn an. Er fühlte, dass er schmelze, aber noch stand er standhaft mit dem Gewehr im Arm. Da ging eine Tür auf, der Wind ergriff die Tänzerin, und sie flog wie eine Sylphide ebenfalls gerade in den Kachelofen zum Zinnsoldaten hin, loderte in hellen Flammen auf und war verschwunden. Da schmolz der Zinnsoldat zu einem Klumpen zusammen, und als die Magd am nächsten Tag die Asche herausnahm, fand sie ihn als ein kleines Zinnherz. Von der Tänzerin war dagegen nur der Stern übrig und der war kohlschwarz gebrannt.

Die wilden Schwäne

In weiter Ferne von hier, da, wohin die Schwalben, ehe unser Winter eintritt, fliegen, wohnte ein König, der elf Söhne und eine Tochter, Elise, hatte.

Die elf Brüder, Prinzen waren sie natürlich, gingen mit dem Stern auf der Brust und dem Säbel an der Seite in die Schule. Sie schrieben auf goldene Tafeln mit Diamantgriffeln und lasen und lernten gleich gut auswendig; man konnte es ihnen sogleich anhören, dass sie Prinzen waren. Ihre Schwester Elise saß auf einem Stühlchen von Spiegelglas und hatte ein Bilderbuch, welches das halbe Königreich gekostet hatte.

Oh, die Kinder hatten es gar gut, aber so sollte es leider nicht immer bleiben!

Ihr Vater, der König über das ganze Land war, verheiratete sich mit einer bösen Königin, welche die armen Kinder gar nicht lieb hatte. Schon am ersten Tag konnten sie es ganz deutlich merken. Im Schloss war ein großes Fest, und da spielten die Kinder: »Es kommt Besuch«; aber während sie sonst alle Kuchen und Bratäpfel, die nur aufzutreiben waren, erhielten, gab sie ihnen nur Sand in einer Tasse und sagte, sie könnten ja so tun, als ob es etwas wäre.

In der folgenden Woche übergab sie die kleine Elise einer Bauernfamilie auf dem Land, und es dauerte nicht lange, bis sie dem König so viel über die armen Prinzen in den Kopf gesetzt hatte, dass er sich gar nicht mehr um sie kümmerte.

»Fliegt hinaus in die Welt und sorgt für euch selber!«, sagte die böse Königin. »Fliegt als große Vögel, ohne Stimme!« Aber so schlimm, wie sie beabsichtigte, konnte sie es doch nicht ausführen: Sie verwandelten sich in elf herrliche wilde Schwäne. Mit einem seltsamen Schrei flogen sie zu den Schlossfenstern hinaus, über den Park und den Wald hinweg.

Es war noch ganz früh, als sie an jenem Bauernhaus, in dem ihre Schwester gerade im Bett lag und schlief, vorbeikamen. Hier schwebten sie über dem Dach, drehten ihre langen Hälse hin und her und schlugen mit den Flügeln, aber niemand sah oder hörte es. Sie mussten wieder weiter, hoch zu den Wolken empor, fort in die weite Welt, wo sie zu einem großen, finsteren Wald flogen, der sich bis an den Meeresstrand erstreckte.

Die arme kleine Elise stand in der Bauernstube und spielte mit einem grünen Blatt, denn anderes Spielzeug hatte sie nicht. Sie stach ein Loch in das Blatt, schaute durch es zur Sonne hinauf, und dann war es ihr, als wenn sie die hellen Augen ihrer Brüder erblickte, und sooft die warmen Sonnenstrahlen auf ihre Wangen schienen, gedachte sie aller ihrer Küsse.

Ein Tag verlief wie der andere. Wehte der Wind durch die großen Rosenhecken draußen vor dem Haus, dann flüsterte er den Rosen zu: »Wer kann schöner sein als ihr?« Aber die Rosen schüttelten den Kopf und sagten: »Elise ist es!« Und saß am Sonntag die alte Hausmutter vor der Tür und las in ihrem Gesangbuch, dann schlug der Wind die Blätter um und sagte zu dem

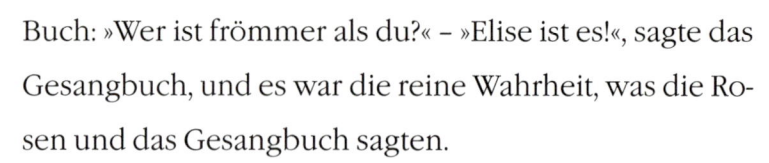

Buch: »Wer ist frömmer als du?« – »Elise ist es!«, sagte das Gesangbuch, und es war die reine Wahrheit, was die Rosen und das Gesangbuch sagten.

Als Elise fünfzehn Jahre alt war, sollte sie nach Hause zurückkehren. Kaum hatte aber die Königin ihre überraschende Schönheit gesehen, als sie von Zorn und Hass gegen Elise erfüllt wurde. Gern hätte sie auch ihre Stieftochter, wie deren Brüder, in einen wilden Schwan verwandelt, doch durfte sie es nicht sogleich wagen, da der König seine Tochter sehen wollte.

Früh des Morgens ging die Königin in das Bad, das von Marmor erbaut und mit weichen Kissen und den schönsten Decken ausgestattet war, nahm drei Kröten, küsste sie und sagte zu der einen: »Setze dich, wenn Elise in das Bad kommt, auf ihren Kopf, damit sie träge wird wie du!« – »Setze dich auf ihre Stirn«, sagte sie zu der zweiten, »damit sie hässlich wird wie du, damit sie ihr Vater nicht erkennt!« – »Ruhe an ihrem Herzen!«, flüsterte sie der dritten zu. »Lass sie einen bösen Sinn bekommen, damit sie dadurch Pein erleidet!« Darauf setzte sie die Kröten in das klare Wasser, das sofort eine grünliche Farbe annahm, rief Elise, entkleidete sie und hieß sie in das Wasser hinuntersteigen. Während diese nun untertauchte, setzte sich ihr die eine Kröte in das Haar, die andere auf die Stirn und die dritte auf den Busen, Elise schien es aber gar nicht zu bemerken. Als sie sich wieder emporrichtete, schwammen drei rote Mohnblumen auf dem Wasser. Wären die Tiere nicht giftig gewesen und hätten sie nicht von der Hexe einen Kuss erhalten, so wären sie in rote Rosen verwandelt worden, Blumen aber wurden sie trotzdem, weil sie auf Elises Haupt und an ihrem Herzen geruht hatten. Sie war zu fromm und unschuldig, als dass die Zauberkunst Gewalt über sie zu gewinnen vermochte.

Als das die böse Königin sah, rieb sie Elise mit Walnusssaft ein, sodass sie ganz dunkelbraun wurde, bestrich ihr schönes Gesicht mit einer stinkenden Salbe und ließ das schöne Haar sich verwirren. Es war unmöglich, die hübsche Elise wiederzuerkennen.

Als ihr Vater sie in diesem Zustand erblickte, erschrak er sehr und erklärte, das wäre seine Tochter nicht. Niemand wollte sie, außer dem Kettenhund und den Schwalben, wiedererkennen, das waren aber arme Tiere und hatten nicht mitzusprechen.

Da weinte die arme Elise und gedachte ihrer elf Brüder, die alle verschwunden waren. Betrübt schlich sie sich aus dem Schloss hinaus und ging den ganzen Tag über Feld und Sumpf bis in den großen Wald hinein. Sie wusste zwar nicht, wohin sie wollte, aber in ihrer Betrübnis sehnte sie sich nach ihren Brüdern, die gewiss ebenso wie sie in die Welt hinausgejagt worden waren. Diese wollte sie suchen und hoffte, sie auch zu finden.

Nur kurze Zeit war sie im Wald gewesen, als die Nacht hereinbrach. Sie war vollständig vom Weg abgekommen. Da legte sie sich denn auf das weiche Moos, betete ihr Abendgebet und lehnte ihr Köpfchen gegen einen Baumstumpf. Dort war es so still, die Luft war so mild, und ringsumher im Gras und auf dem Moos funkelten wie in grünlichem Feuer mehr als hundert Leuchtkäferchen. Als sie einen Zweig leise mit der Hand berührte, fielen die leuchtenden Insekten wie Sternschnuppen zu ihr nieder. Die ganze Nacht träumte sie von ihren Brüdern; sie spielten wieder als Kinder, schrieben mit Diamantgriffeln auf goldenen Tafeln und besahen sich das schöne Bilderbuch, welches das halbe Reich gekostet hatte. Aber auf die Tafeln schrieben sie nicht wie sonst nur Nullen und Striche, sondern die kühnen Taten, die sie ausgeführt, alles, was sie erlebt und gesehen hatten. Im Bilderbuch war alles lebendig, die Vögel sangen, und die Menschen traten förmlich aus dem Buch hervor und sprachen mit Elise und ihren Brüdern; wenn sie aber umblätterte, sprangen sie sogleich wieder hinein, damit keine Verwirrung unter die Bilder käme.

Als sie erwachte, stand die Sonne schon hoch. Allerdings konnte sie sie nicht sehen, denn die hohen Bäume breiteten ihre Zweige dicht und fest aus, aber die Strahlen spielten dort oben wie ein wehender Goldflor. Ein köstlicher Duft entströmte dem Grünen, und die Vögel waren so zutraulich, dass sie sich Elise fast auf die Schultern setzten. Sie hörte das Wasser plätschern, das kam aus vielen reichen Quellen, die alle in einen Teich mündeten, in dem der herrlichste Sandboden war. Zwar wuchs hier dichtes Gebüsch ringsumher, doch hatten an einer Stelle die Hirsche eine große Öffnung gebildet, und nach dieser Richtung hin ging Elise zum Wasser. Es war so klar, dass sie, wenn der Wind nicht die Zweige und Büsche bewegt hätte, fast hätte glauben können, sie wären auf den Boden gemalt, so deutlich spiegelte sich jedes Blatt darin ab.

Als sie ihr eigenes Angesicht erblickte, erschrak sie auf das Heftigste, so braun und hässlich war es. Kaum aber hatte sie ihr kleines Händchen nass gemacht und sich Augen und Stirn damit gerieben, so schien auch die weiße Haut wieder hervor. Da legte sie alle ihre Kleider ab und stieg in das frische Wasser. Ein schöneres Königskind als sie fand sich nirgends in dieser Welt. Als sie sich wieder angekleidet und ihr langes Haar geflochten hatte, ging sie zu der sprudelnden Quelle, trank aus ihrer hohlen Hand und wanderte tiefer in den Wald hinein, ohne selbst zu wissen, wohin. Sie dachte an ihre Brüder, dachte an den lieben Gott, der sie gewiss nicht verlassen würde. Und er, der die wilden Waldfrüchte wachsen ließ, zeigte ihr einen Baum, dessen Zweige sich unter seinen Früchten beugten. Dort hielt sie ihr Mittagsmahl, stützte die beladenen Zweige und ging dann in den dunkelsten Teil des Waldes hinein.

Dort war es so still, dass sie ihre eigenen Fußtritte hörte und jedes welke Blatt, das sich unter ihren Füßen bog. Nicht ein Vogel war dort zu sehen, nicht ein Sonnenstrahl konnte durch die großen, dichten Baumzweige hindurchdringen. Die hohen Stämme standen so dicht nebeneinander, dass es ihr, wenn sie geradeaus sah, vorkam, als umschlösse sie ein einziges dichtes Balkengitter. Oh, hier war Einsamkeit, wie sie sie nie zuvor gekannt hatte.

Die Nacht wurde gar finster. Nicht ein einziges Leuchtkäferchen funkelte aus dem Moos hervor; betrübt legte sie sich zum Schlaf nieder. Da schien es ihr, als beugten sich die Baumzweige über ihr zur Seite, und der liebe Gott sähe mit milden Augen auf sie hernieder, und kleine Engel guckten über seinem Haupt und unter seinen Armen hervor.

Als sie am andern Morgen erwachte, wusste sie nicht, ob sie es nur geträumt hätte oder ob es Wirklichkeit gewesen wäre.

Sie war erst wenige Schritte gegangen, als sie einer alten Frau, die Beeren in ihrem Korb trug, begegnete. Die Alte schenkte ihr einige. Elise fragte, ob sie nicht elf Prinzen hätte durch den Wald reiten sehen.

»Nein«, sagte die Alte, »aber gestern sah ich elf Schwäne mit goldenen Kronen auf dem Kopf den Bach hinabschwimmen.«

Sie führte Elise eine Strecke weiter bis zu einem Abhang, an dessen Fuß ein Bach vorüberrauschte. Die Bäume an seinen Ufern hatten ihre blätterreichen Wipfel miteinander verschlungen, und wo sie infolge ihres natürlichen Wuchses nicht zusammenreichen konnten, da hatten sie ihre Wurzeln aus dem Erdboden losgerissen und hingen, in den Zweigen miteinander verflochten, über das Wasser hinaus.

Elise sagte der Alten Lebewohl und ging dann den Bach bis zu seiner Mündung entlang.

Das ganze herrliche Meer lag nun vor dem jungen Mädchen ausgebreitet da. Aber nicht ein Segel zeigte sich darauf, nicht ein Boot war zu sehen, auf dem sie hätte weitergelangen können. Sie betrachtete die unzähligen kleinen Steine am Strand; das Wasser hatte sie alle rund geschliffen. Glas, Eisen, Steine, alles, was hier herangespült war, hatte die Gestalt des Wassers angenommen, das doch weit weicher war als ihre feine Hand. »Unermüdlich rollt es und rollt es und so ebnet sich das Harte; ich will ebenso unermüdlich sein! Dank für eure Lehre, ihr klaren, rollenden Wogen! Einmal, das sagt mir mein Herz, werdet ihr mich zu meinen Brüdern tragen!«

Auf dem angespülten Seegras lagen elf weiße Schwanenfedern; sie sammelte sie zu einem Strauß. Wassertropfen lagen auf ihnen, ob es Tau war oder Tränen, konnte niemand sehen. Einsam war es dort am Strand, aber sie fühlte es nicht, denn das Meer bot eine ewige Abwechslung dar, ja, in wenigen Stunden mehr, als die Binnenseen in einem ganzen Jahr aufzuweisen vermögen. Kam da eine große schwarze Wolke, so war es, als wollte die See sagen: »Ich kann auch finster aussehen!«, und erhob sich dann der Wind, so kräuselten sich die Wellen und zeigten sich in einem Kleid von Schaum. Erglühten aber die Wolken rot und legte sich der Wind, dann erschien das Meer wie ein Rosenblatt: Bald war es grün, bald weiß. Wie still es aber ruhen mochte, zeigte sich doch am Strand eine leise Bewegung; das Wasser hob sich schwach, wie die Brust eines schlafenden Kindes. Als die

Sonne eben untergehen wollte, gewahrte Elise elf wilde Schwäne mit goldenen Kronen auf dem Kopf, die dem Land zuflogen; einer schwebte hinter dem anderen, es sah wie ein langes weißes Band aus. Da stieg Elise den Abhang hinauf und versteckte sich hinter einem Busch. Die Schwäne ließen sich unmittelbar in ihrer Nähe nieder und schlugen mit ihren großen weißen Flügeln.

Als die Sonne unter das Wasser tauchte, sanken plötzlich die Schwanenhüllen, und elf herrliche Prinzen, Elises Brüder, standen da. Sie stieß einen lauten Schrei aus, denn hatten sie sich auch sehr verändert, so wusste sie doch, dass sie es waren, fühlte, dass sie es sein mussten; und sie sprang in ihre Arme, rief sie beim Namen, und sie wurden unendlich glücklich, als sie ihr Schwesterchen, das jetzt so groß und schön war, sahen und erkannten. Sie lachten und weinten und hatten sich bald darüber verständigt, wie böse ihre Stiefmutter gegen sie alle gehandelt hätte.

»Wir Brüder«, sagte der Älteste, »fliegen als wilde Schwäne, solange die Sonne am Himmel steht; ist sie untergegangen, erhalten wir unsere menschliche Gestalt wieder. Unsere Hauptsorge muss es deshalb sein, beim Sonnenuntergang festen Grund und Boden unter unseren Füßen zu haben, denn fliegen wir dann noch zwischen den Wolken, müssen wir, als Menschen, in die Tiefe hinabstürzen. Hier wohnen wir nicht. Es liegt ein ebenso schönes Land wie dieses am jenseitigen Meeresufer; der Weg dahin ist weit, wir müssen über das große Meer, und keine Insel liegt auf unserem Weg, auf der wir übernachten könnten; nur eine einsame kleine Klippe ragt inmitten des Meeres hervor. Sie ist gerade groß genug, dass wir Seite an Seite dicht nebeneinander ruhen können. Ist die See bewegt, so spritzt das Wasser hoch über uns; aber trotzdem danken wir Gott für sie. Dort übernachten wir in unserer Menschengestalt; ohne sie könnten wir unser teures Vaterland nie wieder sehen, denn zwei der längsten Tage des Jahres brauchen wir zu unserem Flug. Nur einmal jährlich ist es uns vergönnt, unsere väterliche Heimat zu besuchen. Elf Tage dürfen wir hier weilen, über diesen großen Wald hinfliegen, von wo wir das Schloss erblicken können, wo wir geboren sind und wo unser Vater wohnt, dürfen sehen den hohen Turm der Kirche, in der unsere Mutter begraben liegt. Hier scheinen uns Bäume und Büsche mit uns verwandt zu sein, hier jagen die wilden Pferde über die weiten Steppen hin, wie wir es in unserer Kindheit sahen; hier singt der Kohlenbrenner die alten Weisen, nach denen wir als Kinder so oft getanzt, hier ist unser Vaterland, hierher zieht uns unser Herz, und hier haben wir dich, du liebes Schwesterchen, gefunden. Noch zwei Tage dürfen wir hier bleiben, dann müssen wir über das Meer nach einem herrlichen Land aufbrechen, das aber doch nicht unser Vaterland ist. Aber wie werden wir es anfangen, dich mitzunehmen? Wir haben weder Schiff noch Boot.«

»Was kann ich tun, um euch zu erlösen?«, fragte die Schwester.

Sie unterhielten sich fast die ganze Nacht, nur wenige Stunden senkte sich der Schlummer auf ihre Augen. Elise erwachte durch das Rauschen der Schwanenflügel, die über sie hinsausten. Die Brüder waren wieder versammelt und flogen in großen Kreisen und zuletzt weit fort, doch blieb wenigstens einer von ihnen, der Jüngste, zurück. Der Schwan legte seinen Kopf in ihren Schoß und sie streichelte seine Schwingen; den ganzen Tag waren sie beisammen. Gegen Abend kamen die anderen zurück, und als die Sonne untergegangen war, standen sie in ihrer natürlichen Gestalt da.

»Morgen fliegen wir von hier fort und dürfen in einem ganzen Jahr nicht zurückkommen; aber dich können wir unmöglich so verlassen! Hast du

Mut, uns zu begleiten? Mein Arm ist stark genug, dich durch den Wald hindurchzutragen, sollten da unser aller Flügel nicht Kraft genug haben, mit dir über das Meer zu fliegen?«

»Ja, nehmt mich mit!«, sagte Elise.

Die ganze Nacht brachten sie damit zu, aus der geschmeidigen Weidenrinde und dem zähen Schilf ein starkes Netz zu flechten; auf dieses legte sich Elise, und als nun die Sonne sich erhob und die Brüder in wilde Schwäne verwandelt wurden, ergriffen sie das Netz mit ihren Schnäbeln und flogen mit ihrer teuren Schwester, die noch im süßen Schlummer lag, hoch zu den Wolken empor. Die Sonnenstrahlen schienen ihr gerade ins Antlitz, weshalb einer der Schwäne über ihrem Haupt einherschwebte, um sie mit seinen breiten Flügeln zu beschatten.

Sie waren schon weit vom Land, als Elise erwachte. Sie glaubte, noch zu träumen, so wunderbar kam es ihr vor, über das Meer hoch durch die Luft getragen zu werden. Ihr zur Seite lag ein Zweig mit herrlichen reifen Beeren und ein Bund wohlschmeckender Wurzeln. Diese hatte der jüngste der Brüder gesammelt und für sie hingelegt, und dankbar lächelte sie ihn an, denn sie erkannte, dass er es war, der über ihrem Haupt einherflog und sie mit den Flügeln beschattete.

Sie schwebten so hoch, dass das erste Schiff, das sie unter sich erblickten, ihnen wie eine Möwe vorkam, die auf dem Wasser lag. Eine große Wolke stand hinter ihnen, bergehoch übereinander getürmt, und auf dieser gewahrte Elise ihren eigenen Schatten und den der elf Schwäne, der in Riesengröße ihren eilenden Flug begleitete. Es war ein Gemälde, desgleichen sie nie zuvor gesehen hatte. Aber allmählich, wie die Sonne höher stieg und die Wolke weit hinter ihnen zurückblieb, verschwand das schwebende Schattenbild.

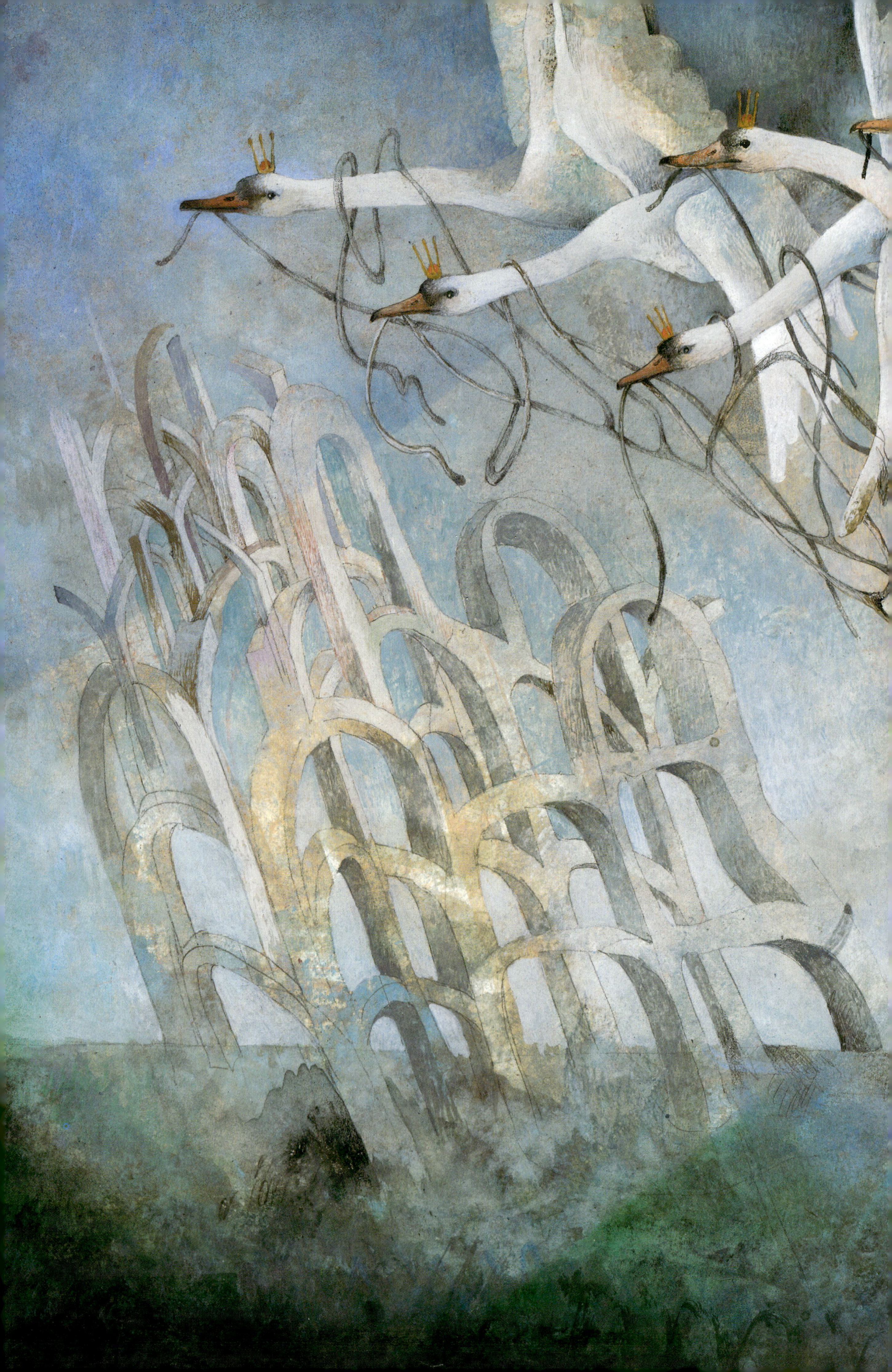

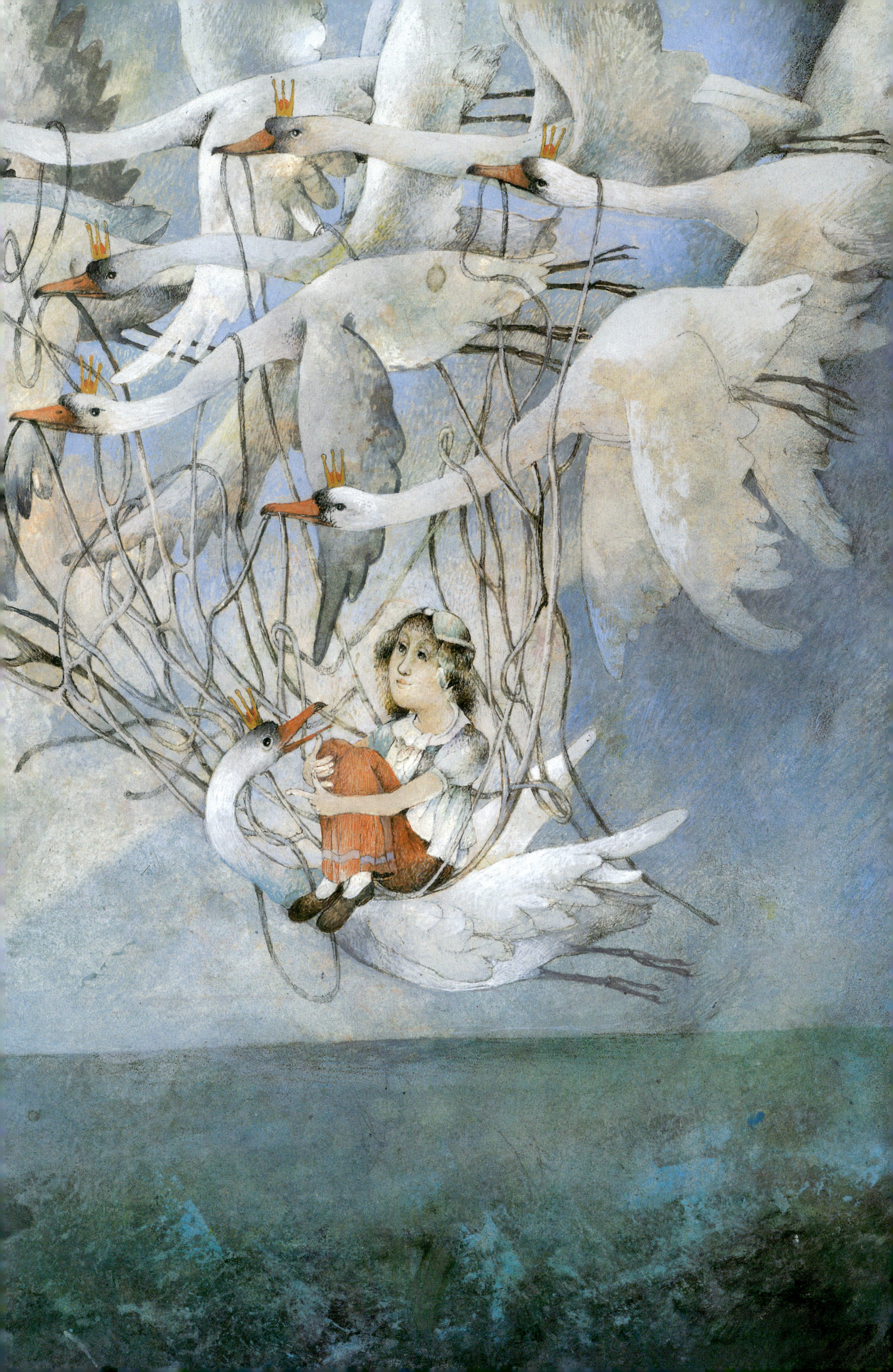

Den ganzen Tag flogen sie ohne Unterbrechung fort, wie ein sausender Pfeil durch die Luft fährt, aber doch ging es jetzt, wo sie die Schwester zu tragen hatten, bedeutend langsamer als sonst. Da zog sich ein Unwetter zusammen und der Abend näherte sich. Ängstlich sah Elise die Sonne mehr und mehr sinken, und noch immer war die einsame Klippe im Meer nicht zu erblicken. Es kam ihr vor, als ob die Schwäne stärkere Flügelschläge machten. Ach, und sie trug die Schuld, dass sie nicht schnell genug vorwärts kamen! Sobald die Sonne untergegangen war, mussten sie Menschen werden, ins Meer stürzen und ertrinken. Da betete sie aus Herzensgrund zum lieben Gott, aber noch entdeckte sie keine Klippe. Die schwarze Wolke kam näher und näher, die starken Windstöße verkündeten einen Sturm. Die Wolken hatten sich zu einer einzigen großen, unheildrohenden Masse zusammengebaut, die sich bleifarben vorwärts schob. Blitz leuchtete auf Blitz.

Jetzt hatte die Sonne den Meeresspiegel erreicht. Elise klopfte das Herz. Da schossen die Schwäne hinab, so schnell, dass sie zu fallen vermeinte. Aber jetzt schwebten sie wieder. Die Sonne war schon zur Hälfte unter das Wasser getaucht, da bemerkte sie erst die kleine Klippe unter sich. Sie sah nicht größer als ein Seehund aus, der den Kopf aus dem Wasser erhebt. Die Sonne sank schnell; nur ein schmaler Streifen blitzte noch über dem Wasser hervor, da berührte ihr Fuß festen Boden. Das Sonnenlicht erlosch wie der letzte Funken eines brennenden Papiers. Arm in Arm sah sie die Brüder um sich stehen, aber mehr Platz, als unabweislich für diese und sie erforderlich war, fand sich auch nicht. Die See schlug gegen die Klippe und ergoss sich wie ein Regenguss über sie; der Himmel leuchtete, als wenn er in Flammen stände, und der Donner rollte Schlag auf Schlag. Aber Schwester und Brüder hielten einander an den Händen und sangen Choräle, woraus sie Trost und Mut schöpften. Als der Tag graute, war die Luft rein und still. Sobald die Sonne sich erhob, flogen die Schwäne mit Elise von der Insel fort. Das Meer ging noch hoch, sodass es, als sie hoch in der Luft schwebten, ihnen vorkam, als ob der weiße Schaum auf der dunkelgrünen See Millionen Schwäne wären, die sich auf dem Wasser schaukelten.

Als die Sonne höher stieg, erblickte Elise, halb schwimmend in der Luft, ein Bergland vor sich, mit schimmernden Eismassen auf den Felsen, und mitten auf ihnen dehnte sich ein wohl meilenlanges Schloss aus, mit einem kühnen Säulengang über dem anderen. In der Tiefe wogten Palmenwälder und prächtige Blumen wie Mühlräder groß. Sie erkundigte sich, ob dies Land das Ziel ihrer Reise wäre, aber die Schwäne schüttelten den Kopf, denn was sie sah, war das herrliche, beständig wechselnde Wolkenschloss der Fee Fata Morgana. Dort hinein durfte man keinen Menschen bringen. Elise blickte es unverwandt an. Da stürzten plötzlich Berge, Wälder und das Schloss selbst zusammen, und nun standen zwanzig stolze Kirchen da, alle einander gleich, mit hohen Türmen und Spitzbogenfenstern. Sie glaubte, den Orgelklang zu vernehmen, aber was sie hörte, war nur das Meer. Schon war sie den Kirchen ganz nahe, als sie sich in eine Flotte verwandelten, die unter ihr dahinsegelte. Sie schaute aufmerksamer hin, und es war nur der Meeresnebel, der sich über das Wasser hinwälzte. Ja, eine ewige Abwechslung bot sich ihren Blicken dar, und nun gewahrte sie auch das wirkliche Land, dem sie zueilten. Dort erhoben sich herrliche blaue Berge mit Zedernwäldern, Städten und Schlössern. Lange vor Sonnenuntergang saß sie auf dem Felsen vor einer großen Höhle, die mit feinen grünen Schlingpflanzen bewachsen war; sie nahmen sich wie gestickte Teppiche aus.

»Nun wollen wir sehen, was du heute Nacht hier träumen wirst!«, sagte der jüngste Bruder und zeigte ihr das Schlafzimmer.

»O möchte ich doch träumen, wie ich euch erlösen kann!«, erwiderte sie. Dieser Gedanke beschäftigte sie so lebhaft, sie bat Gott so innig um seine Hilfe, ja selbst im Schlaf betete ihr Geist weiter, dass es ihr endlich vorkam, als flöge sie hoch in die Luft zu Fata Morganas Wolkenschloss und die Fee käme ihr entgegen, schön und glänzend. Und doch glich sie auch wieder der alten Frau, die ihr im Wald Beeren gegeben und von den Schwänen mit den goldenen Kronen erzählt hatte.

»Deine Brüder können erlöst werden!«, sprach sie. »Hast du aber auch Mut und Ausdauer? Wohl ist das Meer weicher als deine feinen Hände und formt doch die harten Steine um, aber es fühlt nicht den Schmerz, den deine Finger fühlen werden; es hat kein Herz, leidet nicht die Angst und Qual, die du aushalten musst. Siehst du diese Brennnessel, die ich in meiner Hand halte? Von derselben Gattung wachsen viele um die Höhle, in welcher du schläfst. Nur diese und solche, die aus den Gräbern des Friedhofs hervorsprossen, sind brauchbar. Merke dir: Diese musst du pflücken, wenn sie deine Hand auch voll Blasen brennen werden. Brichst du nun die Nesseln, so erhältst du Flachs, aus dem du elf Panzerhemden mit langen Ärmeln flechten und binden musst; wirf diese über die elf Schwäne, so ist der Zauber gelöst. Aber sei dessen wohl eingedenk, dass du von Beginn bis Beendigung dieser Arbeit, und sollten Jahre dazwischenliegen, nicht sprechen darfst; das erste Wort, das über deine Lippen geht, fährt wie ein tötender Dolch in das Herz deiner Brüder; an deiner Zunge hängt ihr Leben. Merke dir dies alles!«

Zugleich berührte sie Elises Hand mit der Nessel; diese brannte wie glühendes Feuer, sodass die Prinzessin vor Schmerz erwachte. Es war heller, lichter Tag, und dicht neben der Stelle, wo sie geschlafen hatte, lag eine Nessel gleich der, die sie im Traum gesehen hatte. Da fiel sie auf ihre Knie, dankte dem lieben Gott und trat aus der Höhle, um sofort ihre Arbeit zu beginnen.

Mit ihren feinen Händen griff sie hinunter in die hässlichen Nesseln, die sich wie Feuer anfühlten. Große Blasen brannten sie an ihren Händen und Armen, aber gerne wollte sie dies erleiden, konnte sie ihre lieben Brüder dadurch erlösen. Sie brach jede Nessel mit ihren Händen und flocht den grünen Flachs.

Als die Sonne untergegangen war, kamen die Brüder und erschraken, als sie sie stumm fanden. Zunächst hielten sie es für einen neuen Zauber ihrer bösen Stiefmutter, als sie aber ihre Hände sahen, begriffen sie, was sie um ihretwillen tat. Der jüngste Bruder weinte, und wohin seine Tränen fielen, da fühlte sie keinen Schmerz, da verschwanden die brennenden Blasen.

Die Nacht brachte sie bei ihrer Arbeit zu, denn es ließ ihr keine Ruhe, ehe sie die lieben Brüder erlöst hatte. Den ganzen folgenden Tag saß sie, während die Schwäne fort waren, in ihrer Einsamkeit, aber nie war ihr die Zeit so schnell verflogen. Ein Panzerhemd war schon fertig und nun begann sie das zweite.

Da ließ sich zwischen den Bergen der Klang eines Jagdhorns vernehmen. Sie wurde ängstlich, der Ton kam immer näher; sie hörte Hundegebell. Erschreckt zog sie sich in die Höhle zurück, band die Nesseln, die sie gesammelt und gehechelt hatte, in ein Bund und setzte sich darauf.

Plötzlich kam ein großer Hund aus dem Gesträuch hervorgesprungen und darauf wieder einer und noch einer. Es verstrichen nur wenige Minuten, bis alle Jäger vor der Tür standen. Der schönste von ihnen war unstreitig der König des Landes, der nun auf Elise zutrat. Nie hatte er ein schöneres Mädchen gesehen.

»Wo bist du hergekommen, du herrliches Kind?«, redete er sie an. Elise schüttelte den Kopf, sie durfte ja nicht reden, denn es galt ihrer Brüder Leben und Erlösung. Ihre Hände verbarg sie unter der Schürze, damit der König nicht sähe, was sie zu leiden hätte.

»Begleite mich!«, begann er von neuem. »Hier darfst du nicht bleiben. Bist du ebenso gut, wie du schön bist, so will ich dich in Seide und Samt kleiden, dir die goldene Krone auf das Haupt setzen, und du sollst in meinem reichsten Schloss wohnen!« Und damit hob er sie auf sein Pferd. Sie weinte und rang ihre Hände, aber der König sagte: »Ich will nur dein Glück, einst wirst du mir dafür danken!« Dann stürmte er vorwärts zwischen den Bergen hindurch, hielt sie vor sich auf dem Pferd und die Jäger jagten hinterher.

Als die Sonne niedersank, lag die prächtige Königsstadt mit ihren Kirchen und Kuppeln vor ihnen, und der König führte sie in das Schloss hinein, wo in den hohen Marmorsälen große Wasserkünste plätscherten, wo Wände und Decken mit Gemälden verziert waren, aber sie hatte keine Augen dafür, sie weinte und trauerte. Willenlos duldete sie, dass die Frauen ihr königliche Kleider anlegten, ihr Perlen in das Haar flochten und feine Handschuhe über die verbrannten Finger zogen.

Als sie in aller ihrer Pracht dastand, war sie so blendend schön, dass sich der Hof noch tiefer vor ihr verneigte, und der König erwählte sie zu seiner Braut, obwohl der Erzbischof den Kopf schüttelte und flüsterte, das schöne

Waldmädchen wäre sicher eine Hexe; es blende ihre Augen und betöre das Herz des Königs.

Doch der König hörte nicht darauf, ließ die Musik erklingen, die köstlichen Speisen auftragen, die anmutigsten Mädchen um sich tanzen, und Elise wurde durch duftende Gärten in die prächtigsten Säle hineingeführt. Aber nicht ein Lächeln glitt über ihren Mund oder strahlte aus ihren Augen; in ihnen las man nur Trauer, als ihr ewiges Erbe und Eigentum. Nun öffnete der König ein kleines Zimmer dicht daneben, wo sie schlafen sollte. Es war mit köstlichen grünen Teppichen geschmückt und ähnelte vollkommen der Höhle, in welcher der König sie gefunden hatte. Auf dem Fußboden lag das Bund Flachs, den sie aus den Nesseln gesponnen hatte, und unter der Decke hing das Panzerhemd, das schon fertig war. Alles dies hatte einer der Jäger als Merkwürdigkeit mitgenommen.

»Hier kannst du dich in deine frühere Heimat zurückträumen!«, sprach der König. »Hier ist die Arbeit, die dich dort beschäftigte. Jetzt, mitten in deiner Pracht, wird es dich unterhalten, an die vergangene Zeit zurückzudenken.«

Als Elise das erblickte, was ihrem Herzen so nahe lag, spielte ein Lächeln um ihren Mund, und das Blut kehrte in ihre Wangen zurück; sie dachte an die Erlösung ihrer Brüder, küsste dem König die Hand, und er drückte sie an sein Herz und ließ durch alle Kirchenglocken das Hochzeitsfest verkündigen. Das schöne stumme Mädchen aus dem Wald war die Königin des Landes. Obwohl der Erzbischof dem König böse Worte ins Ohr flüsterte, drangen sie doch nicht in sein Herz ein; es blieb bei der Hochzeit, der Erzbischof selbst musste ihr die Krone auf das Haupt setzen, und in seinem Unwillen drückte er ihr den engen Reifen so fest auf die Stirn, dass er ihr Schmerzen verursachte. Doch ein schwererer Reifen legte sich um ihr

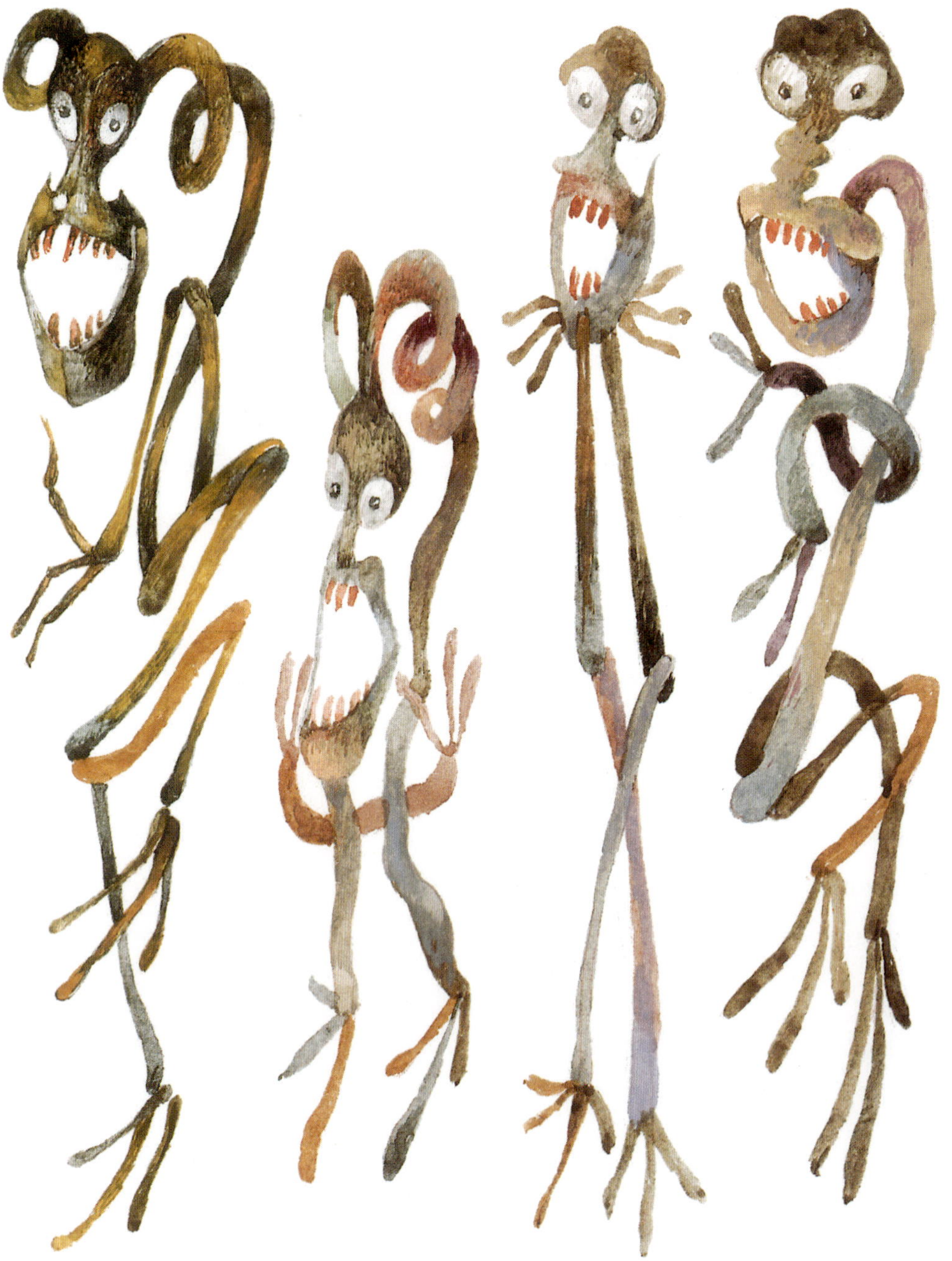

Herz: die Trauer um ihre Brüder; dagegen musste die körperliche Pein verschwinden.

Ihr Mund war stumm, hätte doch ein einziges Wort ihre Brüder das Leben gekostet; allein ihre Augen spiegelten ihre innige Zärtlichkeit gegen den guten, schönen König wider, der alles tat, um sie zu erfreuen. Sie liebte ihn von Tag zu Tag heißer und aufrichtiger. Hätte sie sich ihm nur anvertrauen, ihm ihr Leiden gestehen dürfen! Nun aber musste sie stumm sein, musste stumm ihr Werk vollenden. Deshalb schlich sie sich nachts von seiner Seite, ging in ihr verstecktes Kämmerchen, das wie die Höhle ausgeschmückt war, und flocht ein Panzerhemd nach dem anderen fertig; als sie jedoch das siebente begann, hatte sie keinen Flachs mehr.

Wie sie wusste, wuchsen die Nesseln, die sie allein verwenden durfte, auf dem Friedhof, aber sie musste sie selbst pflücken; wie sollte sie das anfangen?

Oh, was hat der Schmerz an meinen Fingern gegen die Qual zu bedeuten, die mein Herz erleidet!, dachte sie. Ich muss es wagen, der liebe Gott wird seine Hand nicht von mir abziehen! Mit einer Herzensangst, als hätte sie eine böse Tat vor, schlich sie sich in einer mondhellen Nacht in den Garten hinunter und ging durch die langen Baumwege und einsamen Straßen nach dem Friedhof hinaus. Dort erblickte sie auf einem der breitesten Leichensteine einen Kreis hässlicher Hexen. Sie zogen ihre Lumpen aus, als ob sie baden wollten, und gruben dann mit ihren langen, mageren Fingern in die frischen Gräber hinein und holten das Fleisch der Leichen heraus. Elise musste dicht bei ihnen vorüber, und sie hefteten ihre bösen Blicke auf sie, aber sie betete, sammelte die brennenden Nesseln und nahm sie mit sich nach dem Schloss.

Ein einziger Mensch hatte sie allein gesehen, der Erzbischof; er war noch wach, wenn die anderen schliefen. Nun hatte sich seine Meinung doch bewährt, dass es mit ihr nicht stände, wie es mit einer Königin stehen sollte. Sie war eine Hexe und darum hatte sie den König und das ganze Volk betört.

Bei der Beichte erzählte er dem König, was er gesehen hatte und was er befürchtete, und als seine Zunge diese harten Worte sprach, da schüttelten die geschnitzten Heiligenbilder ihre Köpfe, als ob sie sagen wollten: »Es ist nicht so, Elise ist unschuldig!« Der Erzbischof legte es jedoch anders aus, behauptete, dass sie gegen sie Zeugnis ablegten, dass sie über ihre Sünde die Köpfe schüttelten. Da rollten dem König zwei schwere Tränen über die Wangen herab, er ging mit Zweifel in seinem Herzen nach Hause. Er tat des Nachts, als ob er schliefe, aber es kam kein ruhiger Schlaf in seine Augen; er merkte, wie Elise aufstand, wie sie dies jede Nacht wiederholte, und jedes Mal ging er ihr leise nach und sah, dass sie in ihrer Kammer verschwand.

Tag für Tag wurde seine Miene finsterer. Elise sah es wohl, begriff aber nicht, weshalb. Doch ängstigte sie dieses Benehmen und was litt sie nicht erst in ihrem Herzen um ihrer Brüder willen! Auf den königlichen Samt und Purpur rannen ihre bitteren Tränen nieder; wie blitzende Diamanten lagen sie darauf, und alle, welche diese reiche Pracht sahen, wünschten, Königin zu sein. Inzwischen war ihre Arbeit fast vollendet, nur ein Panzerhemd fehlte noch, aber sie hatte nun keinen Flachs mehr und nicht eine einzige Nessel. Einmal, nur dieses letzte Mal noch, musste sie deshalb zum Friedhof hinauswandern und einige Hände voll pflücken. Mit Angst dachte sie an diese einsame Wanderung, mit Angst an die schrecklichen Hexen, aber ihr Wille war ebenso unerschütterlich wie ihr Vertrauen auf den Herrn. Elise ging, aber der König und der Erzbischof folgten ihr und sahen sie in die Kirchhofspforte hineintreten und verschwinden. Als sie sich ihr näherten, erblickten sie auf den Grabsteinen die Hexen, wie sie Elise erblickt hatte, und der König wandte sich ab, denn unter diesen vermutete er die, deren Haupt noch an diesem Abend an seiner Brust geruht hatte.

»Das Volk möge sie verurteilen!«, sagte er, und das Volk verurteilte sie zum Scheiterhaufen.

Aus den prächtigen Königssälen wurde sie in ein finsteres, feuchtes Loch geschleppt, in welches der Wind durch das Gitterfenster hineinpfiff; anstatt des Samts und der Seide gab man ihr das Bund Nesseln, das sie gesammelt hatte, darauf konnte sie ihr Haupt legen. Die harten, brennenden Panzerhemden, die sie geflochten hatte, sollten ihr statt Kissen und Decke dienen, doch konnte man ihr nichts Lieberes schenken. Sie nahm ihre Arbeit wieder auf und betete inbrünstig zu Gott. Draußen vor ihren Fenstern sangen die Gassenbuben Spottlieder auf sie und keine Seele tröstete sie mit einem herzlichen Wort.

Da sauste gegen Abend dicht am Gitter ein Schwanenflügel: Es war der jüngste der Brüder, der endlich die Schwester aufgefunden hatte. Laut schluchzte sie auf vor Freude, obgleich sie wusste, dass die kommende Nacht vielleicht die letzte war, die sie zu leben hatte. Aber jetzt war ihre Arbeit beinahe vollendet und ihre Brüder waren hier.

Der Erzbischof erschien, um die letzte Stunde mit ihr zuzubringen, das hatte er dem König versprochen, sie aber schüttelte den Kopf und bat ihn mit Blick und Mienen, wieder zu gehen. In dieser Nacht musste sie ja ihre

Arbeit vollenden, oder alles war vergeblich, vergeblich ihr Schmerz, ihre Tränen, ihre schlaflosen Nächte. Der Erzbischof schied mit bösen Worten von ihr, aber die arme Elise war sich ihrer Unschuld bewusst und arbeitete weiter. Die kleinen Mäuse liefen über den Fußboden hin, schleppten die Nesseln bis zu ihren Füßen, um doch auch ein wenig zu helfen, und die Drossel setzte sich an das Gitter des Fensters und sang, so lustig sie konnte, damit Elise den Mut nicht verlieren sollte.

Es begann gerade zu dämmern – erst in einer Stunde sollte die Sonne aufgehen –, da standen die elf Brüder vor dem Portal des Schlosses und verlangten, vor den König geführt zu werden. Das könne nicht geschehen, erhielten sie zur Antwort, es wäre ja noch Nacht, der König schliefe und dürfe nicht geweckt werden. Sie baten, sie drohten, die Wache kam, ja selbst der König trat aus seinem Schlafzimmer und fragte, was das zu bedeuten hätte, aber in dem Augenblick stieg strahlend die Sonne empor, und nun war kein Bruder mehr zu sehen, aber über das Schloss hinweg flogen elf wilde Schwäne.

Aus dem Stadttor strömte das ganze Volk, um die Hexe verbrennen zu sehen. Ein elender Gaul zog den Karren, auf dem sie saß. Man hatte sie mit einem Kittel von grober Sackleinwand bekleidet; ihr herrliches, langes Haar wallte aufgelöst um das schöne Haupt, ihre Wangen waren leichenblass, ihre Lippen bewegten sich leise, während ihre Finger den grünen Flachs flochten. Selbst auf ihrem Todesweg unterbrach sie die begonnene Arbeit nicht, die zehn Panzerhemden lagen zu ihren Füßen, an dem elften flocht sie; der Pöbel verhöhnte sie.

»Seht nur die Hexe an, wie sie vor sich hermurmelt; sie hat kein Gesangbuch in der Hand, nein, mit ihrem hässlichen Zauberwerk sitzt sie da. Reißt es ihr in tausend Stücke!«

Alle drangen auf sie ein und wollten es zerreißen. Da kamen elf weiße Schwäne geflogen, die setzten sich rings um sie auf den Karren und schlugen mit ihren großen Schwingen. Da wich der Haufen erschrocken zur Seite.

»Das ist ein Zeichen vom Himmel! Sie ist sicherlich unschuldig!«, flüsterten viele, wagten es aber nicht laut auszusprechen.

Nun ergriff der Büttel sie bei der Hand; da warf sie eiligst den Schwänen die elf Hemden über, und plötzlich standen elf stattliche Prinzen da, aber der jüngste hatte anstatt des einen Armes einen Schwanenflügel, denn seinem Panzerhemd fehlte ein Ärmel, den sie nicht fertig bekommen hatte.

»Nun darf ich sprechen!«, rief sie aus. »Ich bin unschuldig!«

Und das Volk, das sah, was geschehen war, verneigte sich vor ihr wie vor einer Heiligen, sie selbst aber sank leblos in die Arme ihrer Brüder, so hatten Spannung, Angst und Schmerz auf sie eingewirkt.

»Ja, unschuldig ist sie!«, sagte der älteste Bruder und erzählte alles, was geschehen war, und während er sprach, verbreitete sich ein Duft wie von Millionen Rosen, denn jedes Stück Brennholz des Scheiterhaufens hatte Wurzel geschlagen und Zweige getrieben. Da stand eine duftende Hecke, hoch und groß mit roten Rosen; zu alleroberst aber wiegte sich eine Blume, weiß und leuchtend, die wie ein Stern erglänzte. Diese brach der König, steckte sie Elise an die Brust, und nun erwachte sie mit Frieden und Glückseligkeit in ihrem Herzen.

Alle Kirchenglocken läuteten von selbst und die Vögel kamen in großen Schwärmen; es wurde ein Hochzeitszug zurück zum Schloss, wie ihn noch kein König gesehen hatte.

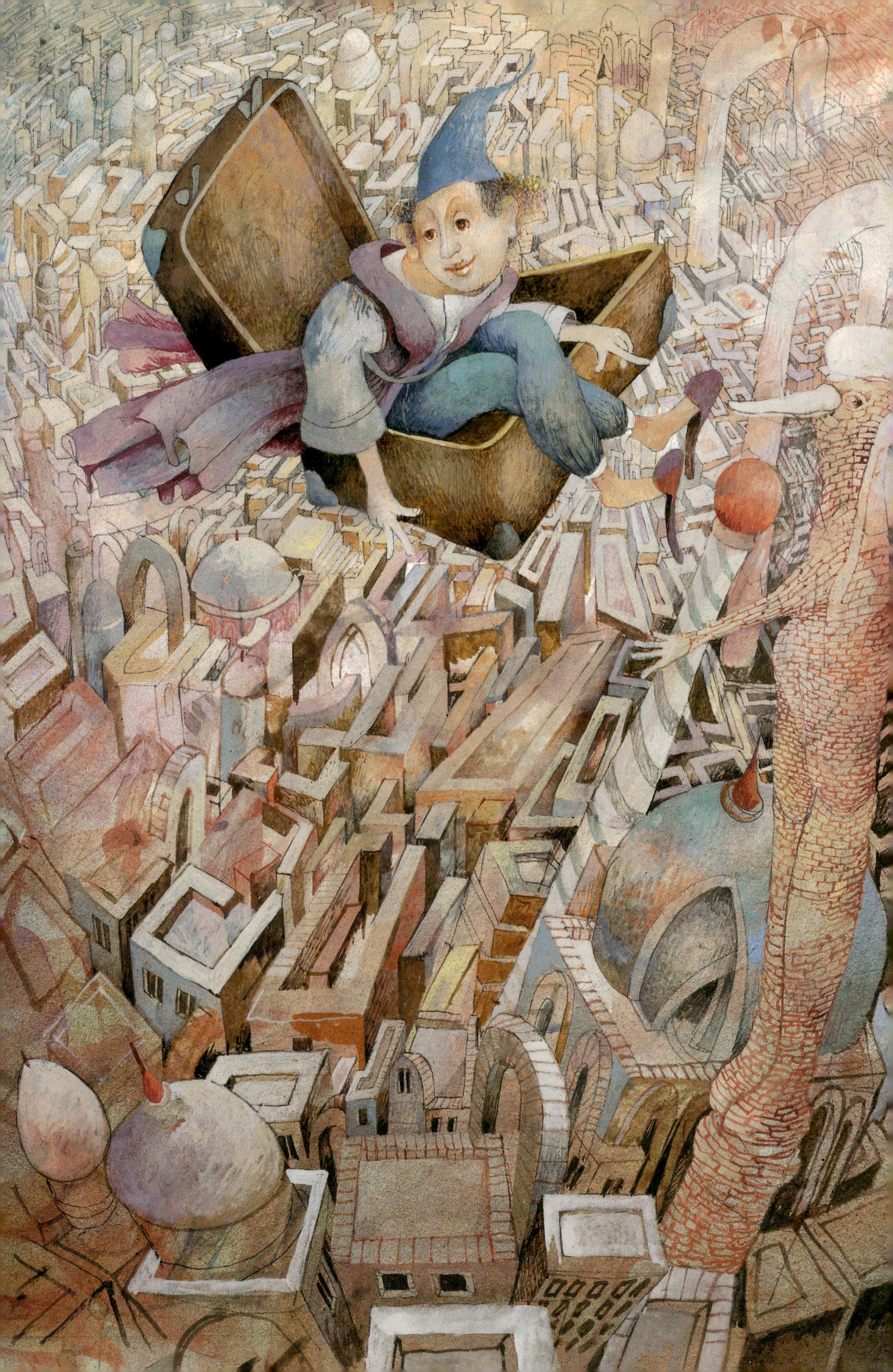

Der fliegende Koffer

Es war einmal ein Kaufmann, der so reich war, dass er die ganze Straße und beinahe noch ein Seitengässchen mit lauter harten Talern pflastern konnte. Allein das tat er nicht, er wusste sein Geld anders anzuwenden. Gab er einen Dreier aus, bekam er einen Taler wieder. Ja, ein tüchtiger Kaufmann war er, aber er musste doch sterben.

Der Sohn bekam nun all dies Geld, und er lebte lustig, ging jede Nacht auf Maskenbälle, machte Papierdrachen aus Talerscheinen und warf auf dem See mit Goldstücken anstatt mit Steinen. So konnte das Geld schon abnehmen und tat es auch. Zuletzt besaß er nicht mehr als wenige Groschen und hatte keine anderen Kleider als ein Paar Pantoffeln und einen alten Schlafrock. Nun bekümmerten sich seine Freunde nicht länger um ihn, da sie sich ja mit ihm zusammen nicht auf der Straße sehen lassen konnten; allein einer von ihnen, ein gutmütiger Mensch, sandte ihm einen alten Koffer und ließ ihm sagen: »Pack ein!« Ja, das war nun wohl recht gut, aber er hatte nichts einzupacken, und deshalb setzte er sich selbst in den Koffer.

Das war ein absonderlicher Koffer. Sobald man an das Schloss drückte, konnte er fliegen. Der Kaufmannssohn tat es, und husch flog er mit dem Koffer durch den Kamin hoch hinauf über die Wolken, weiter und immer weiter fort. Mitunter knackte der Boden bedenklich, und er hatte dann große Furcht, dass der Koffer in Stücke gehen würde, denn das hätte einen ganz artigen Luftsprung abgegeben! Gott bewahre uns! Endlich kam er nach dem Land der Türken! Den Koffer verbarg er im Wald unter dürren Blättern und ging dann in die Stadt hinein. Das konnte er recht wohl tun, denn bei den Türken ging ja alles wie er in Schlafrock und Pantoffeln. Da begegnete er einer Amme mit einem kleinen Kind. »Höre, du Türkenamme!«, sagte er. »Was ist das für ein großes Schloss hier unmittelbar bei der Stadt, dessen Fenster so hoch sitzen?«

»Dort wohnt die Tochter des Königs!«, sagte sie. »Es ist ihr geweissagt worden, dass sie über einen Geliebten sehr unglücklich werden würde, und deshalb darf niemand zu ihr kommen, wenn nicht der König und die Königin zugegen sind!«

»Ich danke!«, sagte der Kaufmannssohn, und dann ging er in den Wald hinaus, setzte sich in seinen Koffer, flog auf das Dach des Schlosses und kroch durch das Fenster zur Prinzessin hinein.

Sie lag auf dem Sofa und schlief; sie war so lieblich, dass er sie küssen musste. Sie erwachte und erschrak heftig, er aber sagte, er wäre der Türkengott, der durch die Luft zu ihr gekommen wäre, und das schmeichelte ihr.

Da saßen sie nun Seite an Seite und er erzählte ihr Geschichten von ihren Augen; das wären die herrlichsten, dunklen Seen, und die Gedanken schwämmen darin gleich Nixen. Er erzählte von ihrer Stirn, die wäre ein Schneeberg mit den prächtigsten Sälen und Bildern. Auch erzählte er vom Storch, der die niedlichen Kinderchen bringt.

Ja, das waren herrliche Geschichten! Dann freite er um die Prinzessin und sie sagte sogleich Ja.

»Aber Sie müssen am Sonnabend herkommen, da sind der König und die Königin bei mir zum Tee. Sie werden sehr stolz darauf sein, dass ich den Türkengott bekomme. Aber sorgen Sie dafür, dass Sie ein recht schönes Märchen erzählen können, denn das gewährt meinen Eltern die angenehmste Unterhaltung. Meine Mutter hört gern moralische und vornehme, und mein Vater lustige, über die man lachen kann.«

»Ja, ich bringe keine andere Brautgabe als ein Märchen!« Und dann trennten sie sich; aber die Prinzessin gab ihm einen mit Goldstücken besetzten Säbel, und die Goldstücke konnte er besonders gebrauchen.

Nun flog er fort, kaufte sich einen neuen Schlafrock und saß dann draußen im Wald und dichtete ein Märchen. Das sollte bis zum Sonnabend fertig sein und das war nicht so leicht.

Als er nun fertig war, siehe, da war es gerade Sonnabend. Der König, die Königin und der ganze Hof warteten bei der Prinzessin mit dem Tee. Er wurde sehr freundlich empfangen.

»Wollen Sie nun ein Märchen erzählen!«, sagte die Königin. »Eins, das tiefsinnig und belehrend ist!«

»Aber worüber man auch lachen kann!«, sagte der König.

»Jawohl!«, sagte er und erzählte. Da muss man nun gut aufmerken.

»Es war einmal ein Bund Schwefelhölzer, die auf ihre hohe Abkunft sehr stolz waren. Ihr Stammbaum, das heißt die große Fichte, von der jedes ein kleines, kleines Stückchen war, war ein großer, alter Baum im Wald gewesen. Die Schwefelhölzer lagen nun auf dem Gesims zwischen einem Feuerzeug und einem alten eisernen Topf, und diesen erzählten sie von ihrer Jugend. ›Ja, als wir auf dem grünen Zweig waren‹, sagten sie, ›da waren wir wahrlich auf einem grünen Zweig. Jeden Abend und jeden Morgen gab es Diamanttee, das war der Tau; den ganzen Tag hatten wir Sonnenschein, wenn nämlich die Sonne schien, und alle die kleinen Vögel mussten uns Geschichten erzählen. Wir konnten recht gut merken, dass wir auch reich waren, denn die Laubbäume waren nur im Sommer bekleidet; aber unsere Familie hatte die Mittel, für Sommer und Winter grüne Kleider anzuschaffen. Nun aber kamen Holzhauer und es entstand eine große Umwälzung; unsere ganze Familie zersplitterte sich. Der Stammherr erhielt als Hauptmast Platz auf einem prächtigen Schiff, das die Welt umsegeln konnte, wenn es wollte. Den anderen Zweigen wurden andere Stellen eingeräumt, und wir haben nun die Aufgabe, der niederen Menge das Licht anzuzünden.‹

›Ich weiß ein anderes Lied zu singen!‹, sagte der Eisentopf, an dessen Seite die Schwefelhölzer lagen. ›Seit ich das Licht der Welt erblickte, bin ich vielmal gescheuert und gekocht worden. Ich sorge für das Dauerhafte und bin, eigentlich gesprochen, der Erste hier im Haus. Meine einzige Freude ist, nach Tisch rein und fein auf dem Gesims zu liegen und mit den Kameraden vernünftig zu plaudern. Nehme ich aber den Wassereimer aus, der doch bisweilen auf den Hof hinunter kommt, so leben wir hier immer hinter zugemachten Türen. Unser einziger Neuigkeitsbote ist der Marktkorb, aber der redet zu aufrührerisch über die Regierung und das Volk.

Fiel doch neulich ein alter Topf aus Schreck darüber auf den Boden und zerbrach in Stücke. Der ist gut gesinnt, kann ich euch versichern!‹

›Nun sprichst du zu viel!‹, sagte das Feuerzeug, und der Stahl schlug gegen den Feuerstein, dass Funken sprühten. ›Wollen wir uns nicht einen lustigen Abend machen?‹

›Ja, lasst uns davon sprechen, wer der Vornehmste ist!‹, sagten die Schwefelhölzer.

›Nein, ich spreche nicht gern von mir selber!‹, versetzte der Tontopf. ›Ich schlage eine Abendunterhaltung vor. Ich will den Anfang machen und etwas erzählen; jeder teilt mit, was er erlebt hat. Da kann man sich so trefflich hineinfinden und es ist sehr lustig! Also hört: An der Ostsee bei den dänischen Buchten...‹

›Ein herrlicher Anfang!‹, riefen alle Teller. ›Das wird gewiss eine Geschichte, die allen gefällt!‹

›Ja, dort brachte ich meine Jugend bei einer stillen Familie zu; die Möbel wurden poliert, der Fußboden aufgewischt und alle vierzehn Tage wurden neue Vorhänge aufgesteckt!‹

›Wie anschaulich Sie doch erzählen!‹, sagte der Kamm. ›Man kann gleich hören, dass ein Frauenzimmer erzählt; es zieht sich etwas Reinliches hindurch!‹

›Ja, das fühlt man!‹, sagte der Wassereimer und machte vor Freude einen Satz, dass es auf dem Boden nur so klatschte!

Der Topf fuhr fort zu erzählen und das Ende entsprach dem Anfang.

Alle Teller klirrten vor Freude, und der Kamm zog grüne Petersilie aus dem Sandloch und bekränzte den Topf, weil er wusste, er würde die anderen dadurch ärgern, und bekränze ich ihn heute, dachte er, so bekränzt er mich morgen!

›Nun will ich tanzen!‹, sagte die Feuerzange und tanzte. Ja, Gott bewahre uns, wie konnte sie das eine Bein in die Höhe schwenken! Der Bezug des alten Stuhles dort in der Ecke platzte bei dem Anblick. ›Werde ich nun auch bekränzt?‹, fragte die Feuerzange, und sie wurde es.

Das ist doch nur Pöbel!, dachten die Schwefelhölzer.

Nun sollte die Teemaschine singen, aber sie entschuldigte sich mit Erkältung; auch könne sie nur in kochendem Zustand singen, aber es geschah eigentlich aus lauter Vornehmtuerei; sie wollte nur auf dem Tisch drinnen bei der Herrschaft singen.

Im Fenster saß eine alte Feder, mit der die Magd zu schreiben pflegte. Es war nichts Bemerkenswertes an ihr, ausgenommen dass sie zu tief in das Tintenfass getaucht war, aber gerade darauf tat sie sich etwas zugute. ›Will die Teemaschine nicht singen‹, sagte sie, ›so mag sie es bleiben lassen. Draußen sitzt im Bauer eine Nachtigall, die singen kann; sie hat zwar nichts gelernt, aber gleichwohl wollen wir ihr das heute Abend nicht übel auslegen!‹

›Ich finde es im höchsten Grade unpassend‹, äußerte der Teekessel, der das Amt eines Küchensängers bekleidete und ein Halbbruder der Teemaschine war, ›dass ein fremder Vogel angehört werden soll. Ist das patriotisch? Ich fordere den Marktkorb auf, darüber sein Urteil abzugeben!‹

›Ich ärgere mich nur!‹, sagte der Marktkorb. ›Ich ärgere mich so sehr, wie es sich niemand vorstellen kann! Ist das eine Art und Weise, den Abend zu verleben? Würde es nicht weit vernünftiger sein, das ganze Haus einmal auf den rechten Fleck zu setzen? Jeder sollte dann schon den ihm gebührenden Platz erhalten und ich würde die ganzen Anordnungen treffen!‹

›Ja, lasst uns Lärm machen!‹, riefen sie sämtlich. Plötzlich ging die Tür auf. Es war das Dienstmädchen, und nun standen sie still und wagten nicht,

Muck zu sagen. Aber da war kein Topf, der nicht ein Gefühl seiner Macht und Würde gehabt hätte. Ja, wenn ich nur gewollt hätte, dachte ein jeder, dann würde es sicher einen lustigen Abend gegeben haben!

Das Dienstmädchen nahm die Schwefelhölzer und machte Feuer mit ihnen an – Gott bewahre uns, wie sie sprühten und aufflammten!

Nun kann ein jeder sehen, dass wir die Ersten sind!, dachten sie. Welchen Glanz, welches Licht wir haben … Und nun waren sie ausgebrannt!«

»Das war ein herrliches Märchen!«, sagte die Königin. »Ich fühlte mich im Geist ganz zu den Schwefelhölzern in die Küche versetzt. Ja, nun sollst du unsere Tochter haben!«

»Jawohl!«, sagte der König. »Du sollst unsere Tochter am Montag bekommen!« Denn nun sagte er zu ihm, als zu einem künftigen Familienmitglied, Du.

Die Hochzeit war also festgesetzt und den Abend vorher wurde die ganze Stadt erleuchtet. Wecken und Brezeln wurden verteilt, die Straßenjungen drängten sich auf den Gassen, riefen Hurra und pfiffen auf den Fingern; es war außerordentlich prachtvoll.

Ich muss wohl auch daran denken, mein Scherflein zu den Feierlichkeiten beizutragen!, dachte der Kaufmannssohn, und nun kaufte er Raketen, Knallerbsen und alles erdenkliche Feuerwerk, legte es in seinen Koffer und flog damit in die Luft empor. Rutsch!, ging es in die Höhe und verpuffte unter vielem Lärm.

Alle Türken hüpften dabei in die Höhe, dass ihnen die Pantoffeln um die Ohren fuhren. Dergleichen Lufterscheinungen hatten sie niemals gesehen. Nun sahen sie ein, dass es der Türkengott selber war, welcher die Prinzessin bekommen sollte.

Sobald sich der Kaufmannssohn wieder mit seinem Koffer in den Wald hinabgelassen hatte, dachte er: Ich will doch in die Stadt gehen, um mir berichten zu lassen, wie es sich ausgenommen hat. Man kann sich wohl zusammenreimen, dass er Lust dazu hatte.

Nein, was ihm die Leute doch alles erzählten! Ein jeder, bei dem er sich erkundigte, hatte es in seiner Weise gesehen, aber einen prächtigen Eindruck hatte es auf alle gemacht.

»Ich sah den Türkengott selbst!«, erzählte der eine. »Er hatte Augen wie blitzende Sterne und einen Bart wie schäumendes Wasser!«

»Er flog in einem feurigen Mantel«, berichtete ein anderer. »Die lieblichsten Engelsköpfchen schauten unter den Falten hervor!«

Ja, das waren vortreffliche Sachen, die er zu hören bekam, und am Tag darauf sollte er Hochzeit halten.

Nun ging er nach dem Wald zurück, um sich in seinen Koffer zu setzen – aber wo war der? Der Koffer war verbrannt. Ein Funke war von dem Feuerwerk zurückgeblieben, der Feuer gefangen und den Koffer in Asche gelegt hatte. Er konnte nicht mehr fliegen, nicht mehr zu seiner Braut gelangen.

Sie aber stand den ganzen Tag auf dem Dach und harrte seiner. Sie wartet noch; er aber durchzieht die Welt und erzählt Märchen, die jedoch nicht mehr so lustig sind wie das von den Schwefelhölzern.

Eine Rose vom Grabe Homers

In allen Gesängen des Orients ertönt die Liebe der Nachtigall zur Rose; in den schweigenden, sternenhellen Nächten bringt der geflügelte Sänger seiner duftenden Blume eine Serenade.

Nicht weit von Smyrna, unter den hohen Platanen, wo der Kaufmann seine beladenen Kamele treibt, die stolz ihren langen Hals erheben und plump auf einen Boden treten, der heilig ist, sah ich eine blühende Rosenhecke; wilde Tauben flogen zwischen den Zweigen der hohen Bäume, und ihre Flügel schimmerten, während ein Sonnenstrahl über die Flügel hinglitt, als wären sie von Perlmutter.

Die Rosenhecke trug eine Blume, die unter allen die schönste war, und dieser sang die Nachtigall ihren Liebesschmerz; aber die Rose schwieg, ein Tautropfen lag, wie eine Träne des Mitleids, auf ihren Blättern, sie beugte sich mit dem Zweige hinab über einige große Steine.

»Hier ruht der Erde größter Sänger!«, sagte die Rose, »über seinem Grabe will ich duften, auf dieses meine Blätter streuen, wenn der Sturm mich entblättert! Iliums Sänger wurde Erde, der ich entsprieße! – Ich, eine Rose vom Grabe Homers, bin zu heilig, um für eine arme Nachtigall zu blühen!«

Und die Nachtigall sang sich zu Tode!

Der Kameltreiber kam mit seinen beladenen Kamelen und schwarzen Sklaven; sein Söhnchen fand den toten Vogel und beerdigte den kleinen Sänger in dem Grabe des großen Homer; die Rose bebte im Winde. Der Abend kam, die Rose faltete ihre Blätter dichter zusammen und träumte – es war ein schöner, sonnenheller Tag; eine Schar fremder Männer nahte, sie hatten eine Pilgerreise nach Homers Grabe unternommen. Unter den Fremden war ein Sänger aus dem Norden, aus der Heimat der Nebel und des Nordlichts; er brach die Rose ab, presste sie fest in ein Buch und führte sie so mit sich in einen andern Weltteil, in sein fernes Vaterland. Die Rose welkte aus Kummer und lag in dem engen Buche, das er in seiner Heimat öffnete, und er sagte: »Hier ist eine Rose vom Grabe Homers!«

Das träumte die Blume, und sie erwachte und zitterte im Winde. Ein Tautropfen fiel von ihren Blättern auf das Grab des Sängers. Die Sonne ging auf und schöner als zuvor glühte die Rose; es wurde ein heißer Tag, sie war in ihrem warmen Asien. Da wurden Fußtritte hörbar, fremde Franken kamen, wie die Rose sie im Traume gesehen, und unter den Fremden war ein Dichter aus dem Norden, er brach die Rose ab, drückte einen Kuss auf ihren schönen Mund und führte sie mit sich zur Heimat der Nebel und des Nordlichts.

Als eine Mumie ruht nun die Blumenleiche in seiner Iliade, und wie im Traum hört sie ihn das Buch öffnen und sprechen: »Hier ist eine Rose vom Grabe Homers!«

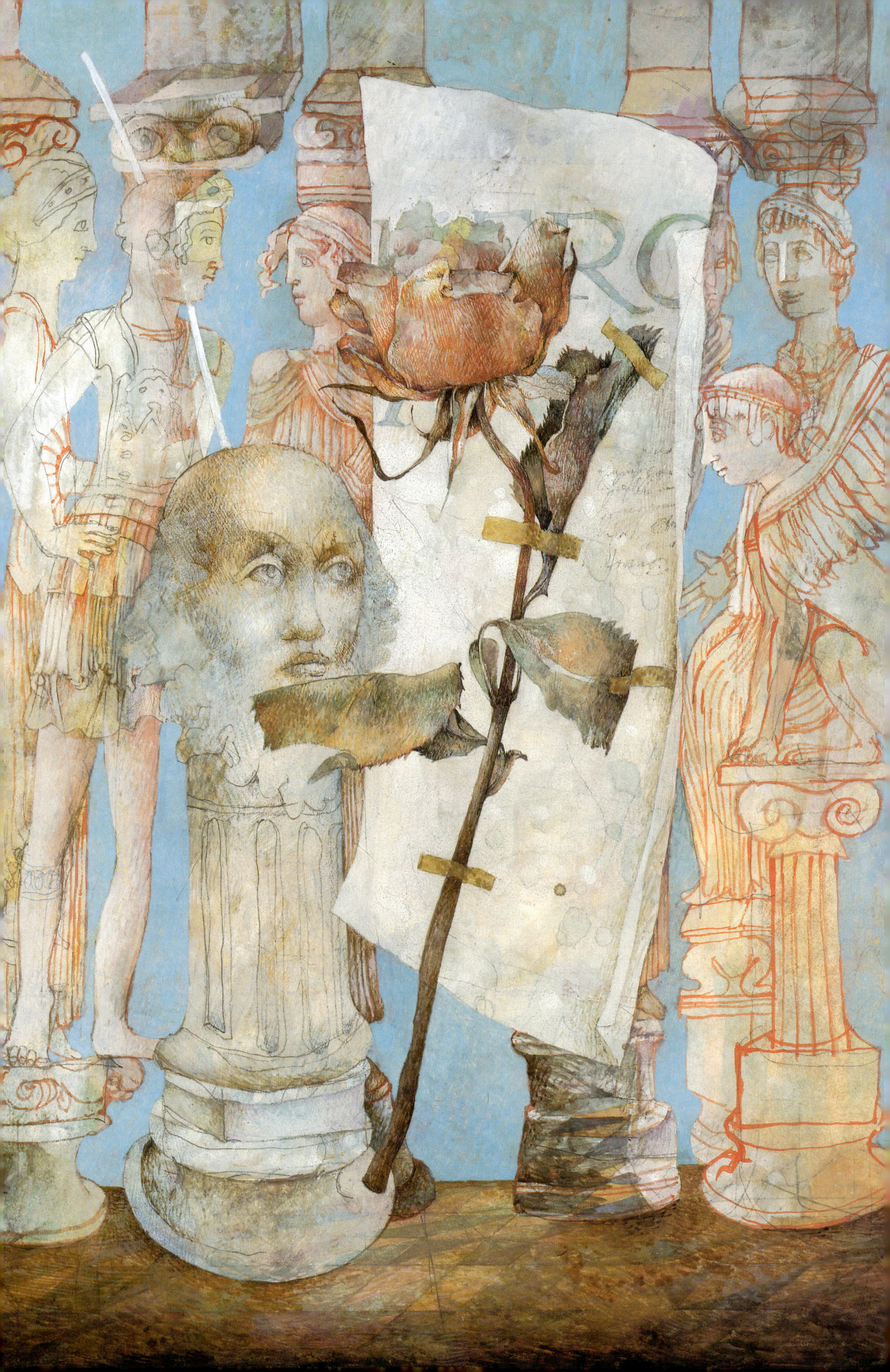

Die Störche

Draußen auf dem letzten Haus eines kleinen Dörfchens befand sich ein Storchennest. Die Storchenmutter saß im Nest bei ihren vier Jungen, die den Kopf mit dem kleinen schwarzen Schnabel, denn der war noch nicht rot geworden, hervorstreckten. Ein Stückchen entfernt stand auf dem Dachfirst starr und steif der Storchenvater. Er hatte das eine Bein unter sich emporgezogen, um doch auch ein wenig Beschwerde zu haben, während er Schildwache stand. Man hätte meinen können, er wäre aus Holz gedrechselt, so still stand er. Gewiss sieht es recht vornehm aus, dass meine Frau eine Schildwache bei dem Nest hat!, dachte er. Man kann ja nicht wissen, dass ich ihr Mann bin, man glaubt sicherlich, dass ich hierher kommandiert bin. Es sieht wahrlich nach etwas Großem aus! Und er stand unermüdlich auf einem Bein.

Unten auf der Straße spielte eine Schar Kinder, und als sie die Störche erblickten, sang einer der dreistesten Knaben und allmählich alle zusammen einen Vers aus einem alten Storchenlied, so gut sie sich dessen erinnern konnten:

»Störchlein, Störchlein, fliege,
Damit ich dich nicht kriege,
Deine Frau, die liegt im Neste dein
Bei deinen lieben Kinderlein:

Das eine wird gepfählt,
Das andere wird abgekehlt,
Das dritte wird verbrannt,
Das vierte dir entwandt!«

»Höre nur, was die Jungen singen!«, sagten die Storchenkinder. »Sie sagen, wir sollen gebraten und verbrannt werden!«

»Daraus braucht ihr euch nichts zu machen!«, sagte die Storchenmutter. »Hört nicht danach hin, es geschieht euch nichts!«

Aber die Knaben wiederholten es immer von neuem und wiesen mit Fingern nach dem Storch. Nur ein Knabe, Peter mit Namen, sagte, es wäre eine Sünde und Schande, sich über die Tiere lustig zu machen, und nahm an ihrem Unfug nicht teil. Die Storchenmutter tröstete ihre Kinder. »Kümmert euch doch nicht darum!«, sagte sie. »Seht nur, wie ruhig und unbekümmert euer Vater dasteht, und zwar auf einem Bein!«

»Uns ist so bange!«, sagten die Jungen und zogen ihre Köpfe in das Nest zurück.

Als am nächsten Tag die Kinder wieder zum Spielen zusammenkamen und die Störche erblickten, begannen sie wieder ihr altes Lied:

»Das eine wird gepfählt,
Das andere wird abgekehlt ...«

»Werden wir wohl gepfählt und verbrannt?«, fragten die Storchenkinder.

»Nein, sicher nicht!«, erwiderte die Mutter. »Ihr sollt fliegen lernen; ich werde es euch schon einüben! Dann geht es hinaus auf die Wiese und auf Besuch zu den Fröschen. Die verneigen sich vor uns im Wasser, singen: ›Koax, koax!‹, und dann essen wir sie auf. Das soll eine wahre Lust werden!«

»Und was dann?«, fragten die Storchenkinder.

»Dann versammeln sich alle Störche, die hier im Land wohnen, und darauf beginnt die große Herbstübung. Da muss man gut fliegen, das ist von großer Wichtigkeit, denn wer nicht fliegen kann, wird von dem General mit seinem Schnabel totgestochen. Lernt deshalb ja fliegen, wenn der Unterricht beginnt!«

»Dann werden wir ja aber doch gepfählt, wie die Knaben behaupteten, und höre nur, jetzt sagen sie es schon wieder!«

»Hört auf mich und nicht auf sie!«, sagte die Storchenmutter. »Nach der großen Übung fliegen wir nach den warmen Ländern, weit fort von hier, über Berge und Wälder. Nach Ägypten fliegen wir, wo es dreieckige Steinhäuser gibt, die in einer Spitze zusammenlaufen und bis über die Wolken ragen. Sie heißen Pyramiden und sind älter, als ein Storch sich vorstellen kann. Da ist auch ein Fluss, der aus seinen Ufern tritt und das ganze Land mit Schlamm überzieht. Man geht im Schlamm und isst Frösche.«

»Oh!«, riefen alle Jungen.

»Ja, da ist es wunderbar schön! Man tut den ganzen Tag nichts anderes als essen. Und während wir es so gut haben, ist hierzulande nicht ein grünes Blatt auf den Bäumen. Hier ist es so kalt, dass die Wolken in Stücke gefrieren und in kleinen weißen Läppchen herniederfallen!« Es war der Schnee, den sie meinte, aber nicht deutlicher zu erklären vermochte.

»Gefrieren denn auch die unartigen Knaben in lauter Stücke?«, fragten die Storchenkinder.

»Nein, in Stücke gefrieren sie nicht, aber es fehlt nicht viel daran, und sie müssen in der dunklen Stube und hinter dem Ofen sitzen. Ihr dagegen könnt in fremden Ländern umherfliegen, wo es Blumen gibt und warmer Sonnenschein herrscht!«

Inzwischen war schon einige Zeit verstrichen, und die Jungen waren so groß, dass sie im Nest aufrecht stehen und sich weit umschauen konnten. Der Storchenvater kam jeden Tag mit wohlschmeckenden Fröschen, kleinen Schlangen und allen auffindbaren Storchenleckereien geflogen. Und wie lustige Kunststücke machte er ihnen vor! Den Kopf verstand er gerade auf den Schwanz zu legen, mit dem Schnabel klapperte er, als wäre der eine Knarre, und dann erzählte er ihnen Geschichten, allesamt vom Sumpf.

»Hört, nun müsst ihr fliegen lernen!«, sagte eines Tages die Storchenmutter, und dann mussten alle vier Jungen auf den Dachfirst hinaus. Oh, wie sie schwankten! Wie sie suchten, sich mit den Flügeln im Gleichgewicht zu erhalten, und doch nahe daran waren, hinunterzufallen!

»Seht nun auf mich!«, sagte die Mutter. »So müsst ihr den Kopf halten! So müsst ihr die Beine setzen! Eins, zwei, eins, zwei! Das wird euch in der Welt vorwärts bringen!« Darauf flog sie eine kurze Strecke und die Jungen machten einen kleinen, plumpen Satz. Bums!, da lagen sie, denn sie waren noch zu schwerfällig.

»Ich will nicht fliegen!«, sagte das eine Junge und kroch wieder in das Nest hinein. »Ich mache mir nichts daraus, nach den warmen Ländern zu kommen.«

»So willst du also hier im Winter erfrieren? Sollen etwa die Knaben kommen und dich pfählen, abkehlen und verbrennen? Dann will ich sie rufen!«

»O nein!«, sagte das Storchenkind und hüpfte wieder auf das Dach zu den anderen. Am dritten Tag konnten sie schon ein wenig fliegen, und nun meinten sie auch, in der Luft schweben zu können. Das wollten sie, aber bums!, plumpsten sie nieder und mussten schnell wieder ihre Flügel in Bewegung setzen. Nun liefen die Knaben auf der Straße zusammen und sangen ihr Lied:

»Störchlein, Störchlein, fliege!«

»Sollen wir hinfliegen und ihnen die Augen aushacken?«, fragten die Jungen.

»Nein, lasst das hübsch bleiben!«, sagte die Mutter. »Hört nur auf mich, das ist weit wichtiger. Eins, zwei, drei! Nun fliegen wir rechts herum! Eins, zwei, drei! Nun links um den Schornstein! Seht, das war sehr gut! Der letzte Flügelschlag war so hübsch und richtig, dass ihr die Erlaubnis bekommen sollt, morgen mit mir in den Sumpf zu fliegen. Dort kommen mehrere nette Storchenfamilien mit ihren Kindern zusammen. Beweist mir nun, dass meine die wohlerzogensten sind, und haltet euch recht gerade, das sieht gut aus und gibt ein gewisses Ansehen!«

»Aber sollen wir denn an den unartigen Knaben keine Rache nehmen?«, fragten die Jungen.

»Lasst sie schreien, was sie wollen! Ihr erhebt euch doch zu den Wolken und kommt nach dem Land der Pyramiden, während sie frieren müssen und kein grünes Blatt noch einen süßen Apfel haben!«

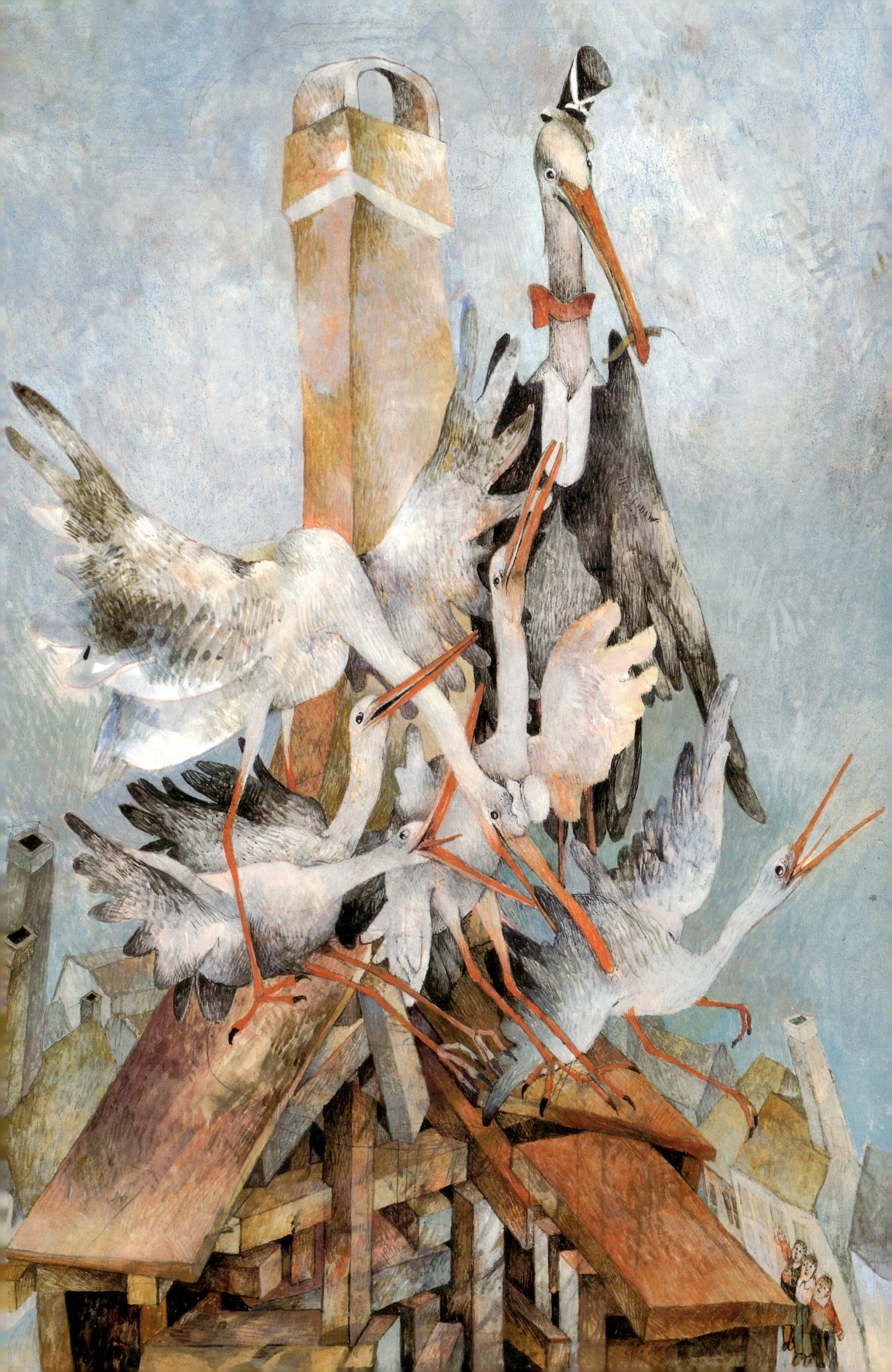

»Ja, wir wollen uns rächen!«, flüsterten sie einander zu, und dann wurde wieder fleißig geübt.

Von allen Knaben auf der Gasse war keiner eifriger, das Spottlied zu singen, als gerade der, welcher es zuerst angestimmt hatte, und das war ein ganz kleiner Bursche, denn er zählte sicher nicht mehr als sechs Jahre. Die Storchenkinder meinten freilich, er wäre hundert Jahre alt, weil er so viel größer als ihre Mutter und ihr Vater war. Was wussten sie davon, wie alt kleine und große Kinder sein können! Ihre ganze Rache sollte sich über diesen Knaben ergießen; er hatte ja mit dem Lied den Anfang gemacht und war dessen noch nicht müde geworden. Die jungen Störche waren sehr aufgebracht, und je größer sie wurden, desto weniger wollten sie es leiden. Die Mutter musste ihnen zuletzt versprechen, dass sie ihnen Rache verschaffen wollte, aber erst am letzten Tag ihres Aufenthalts im hiesigen Land sollte sie vollzogen werden.

»Wir müssen doch erst sehen, wie ihr euch bei der großen Übung bewähren werdet! Macht ihr eure Sache schlecht, sodass der General euch den Schnabel in die Brust bohren muss, dann haben die Knaben ja Recht, wenigstens in einer Hinsicht! Lasst uns also erst sehen!«

»Ja, das sollst du!«, sagten die Jungen und gaben sich deshalb besonders viel Mühe. Sie übten sich jeden Tag und flogen so leicht, dass es eine wahre Lust war.

Nun kam der Herbst. Alle Störche versammelten sich allmählich, um vor dem Winter nach den warmen Ländern zu fliegen. Was für eine Übung ging voraus! Über Wälder und Städte mussten sie, nur um zu sehen, wie gut sie fliegen konnten, denn es war ja eine große Reise, die bevorstand. Unsere jungen Störche machten ihre Sache so hübsch, dass sie die Zensur »Ausgezeichnet mit Frosch und Schlange« erhielten. Das war das allerbeste

Zeugnis und den Frosch und die Schlange durften sie essen und taten es auch.

»Nun müssen wir uns rächen!«, sagten sie.

»Jawohl!«, sagte die Storchenmutter. »Was ich mir ausgedacht habe, das ist gerade das Richtige. Ich weiß, wo der Teich ist, in dem die kleinen Menschenkinder liegen, bis der Storch kommt und sie ihren Eltern bringt. Die niedlichen kleinen Kinder schlafen und träumen so süß, wie sie nachher nie mehr träumen. Alle Eltern wollen gern so ein kleines Kind haben und alle Kinder wollen eine Schwester oder einen Bruder haben. Nun wollen wir nach dem Teich hinfliegen und für jedes der Kinder eins holen, welche das arge Lied nicht gesungen und sich über die Störche nicht lustig gemacht haben.«

»Aber jener schlimme, hässliche Junge, der es zu singen angefangen hat, was machen wir mit ihm?«

»Im Teich dort liegt ein kleines totes Kind, das sich totgeträumt hat. Das wollen wir zu ihm hintragen, dann muss er weinen, weil wir ihm ein totes Brüderchen gebracht haben. Aber dem guten Knaben, den ihr gewiss noch nicht vergessen habt, dem, der meinte, es sei eine Sünde und Schande, sich über die Tiere lustig zu machen, dem wollen wir sowohl ein Brüderchen als auch ein Schwesterchen bringen, und da der Knabe Peter heißt, so sollt ihr sämtlich Peter gerufen werden!«

Und wie sie gesagt hatte, geschah es. Seitdem hießen alle Störche Peter und werden noch heute so genannt.

Der Schlafgott

Der Schlafgott

In der ganzen Welt gibt es niemand, der so viele Geschichten weiß wie der Schlafgott. Er versteht das Erzählen aus dem Grunde!

Gegen Abend, wenn die Kinder noch hübsch artig am Tisch oder auf ihrem Schemel sitzen, kommt der Schlafgott. Er kommt leise die Treppe herauf, denn er geht auf Socken; ganz leise öffnet er die Tür, und husch!, spritzt er den Kindern süße Milch in die Augen, so fein, so fein, aber doch immer genug, dass sie nicht länger die Augen aufzuhalten vermögen. Deshalb sind sie auch nicht imstande, ihn zu sehen. Er schlüpft gerade hinter sie, bläst ihnen sanft in den Nacken und dann wird ihnen das Köpfchen gar schwer. O ja, aber es tut ihnen nicht weh, denn der Schlafgott meint es mit den Kindern gut. Er verlangt nur, dass sie ruhig sein sollen, und das sind sie am besten, wenn man sie zu Bett bringt. Sie sollen still sein, damit er ihnen Geschichten erzählen kann.

Sobald die Kinder nun schlafen, setzt sich der Schlafgott zu ihnen auf das Bett. Er geht stattlich einher, sein Frack ist von Seidenzeug, aber es ist unmöglich, dessen Farbe zu bestimmen, denn er schillert grün, rot und blau, je nach welcher Richtung der Gott sich dreht. Unter jedem Arm hält er einen Regenschirm, einen mit Bildern darauf, den er über die Kinder ausspannt, und dann träumen sie die ganze Nacht die herrlichsten Geschichten, und einen ohne eine Zeichnung. Diesen stellt er über die unartigen Kinder, damit sie ganz bewusstlos schlafen. Wenn sie am Morgen aufwachen, haben sie nicht das Allermindeste geträumt.

Nun wollen wir hören, wie der Schlafgott eine ganze Woche lang jeden Abend zu einem kleinen Knaben, der Hjalmar hieß, kam und was er ihm erzählte! Es sind im ganzen sieben Geschichten, weil es sieben Wochentage gibt.

Montag

»Höre einmal«, sagte der Schlafgott am Abend, als er Hjalmar zu Bett gebracht hatte, »nun will ich dir meinen ganzen Staat zeigen!« Da verwandelten sich alle Blumen in den Blumentöpfen zu großen Bäumen, die ihre langen Zweige unter der Decke hin und die Wände entlang streckten, sodass die ganze Stube wie das herrlichste Lusthaus aussah. Alle Zweige waren voll Blumen, und jede Blume war schöner als eine Rose, duftete balsamisch, und wollte man sie essen, war sie süßer als Eingemachtes. Die Früchte glänzten gerade wie Gold, und Wecken waren da, die vor lauter Rosinen platzten – es war unvergleichlich schön. Plötzlich aber ließ sich in dem Tischkasten, wo Hjalmars Schulbücher lagen, ein entsetzliches Jammern vernehmen.

»Was ist das nur?«, fragte der Schlafgott, ging zum Tisch und zog den Kasten auf. Es war die Tafel, in der es zerrte und zupfte, denn es hatte sich eine falsche Zahl in das Rechenexempel eingeschlichen, sodass die Zahlen auseinander laufen wollten. Der Griffel hüpfte und sprang an seiner Schnur, als stellte er einen kleinen Hund vor, der dem Rechenexempel helfen möchte, aber er war es nicht imstande. Und dann jammerte es auch in Hjalmars Schreibbuch, dass es hässlich anzuhören war. Auf jeder Seite standen von oben nach unten sämtliche große Buchstaben, ein jeder mit einem kleinen zur Seite. Das bildete die Vorschrift, und neben dieser standen wieder einige Buchstaben, die sich einbildeten, ebenso auszusehen, weil sie aus Hjalmars eigener Feder herrührten. Aber o weh! Sie sahen fast aus, als ob sie über die Linien, auf denen sie doch stehen sollten, gestolpert wären.

»Seht, so solltet ihr euch halten!«, sagte die Vorschrift. »Seht, etwas schräg, aber mit kräftigem Schwung!«

»Oh, wir wollen gern«, sagten Hjalmars Buchstaben, »aber wir können nicht, wir sind so schlimm und unwissend!«

»Dann sollt ihr Kinderpulver bekommen!«, sagte der Schlafgott.

»O nein!«, riefen sie, und dann standen sie mit einem Mal kerzengerade, dass es eine Lust war.

»Heute werden keine Geschichten erzählt!«, sagte der Schlafgott. »Jetzt muss ich sie einexerzieren! Eins, zwei! Eins, zwei!« Nun exerzierte er die Buchstaben ein, und sie standen so gerade und gesund da, wie nur eine Vorschrift immer stehen kann. Als aber der Schlafgott ging und Hjalmar am Morgen nachsah, da waren sie ebenso jämmerlich wie zuvor.

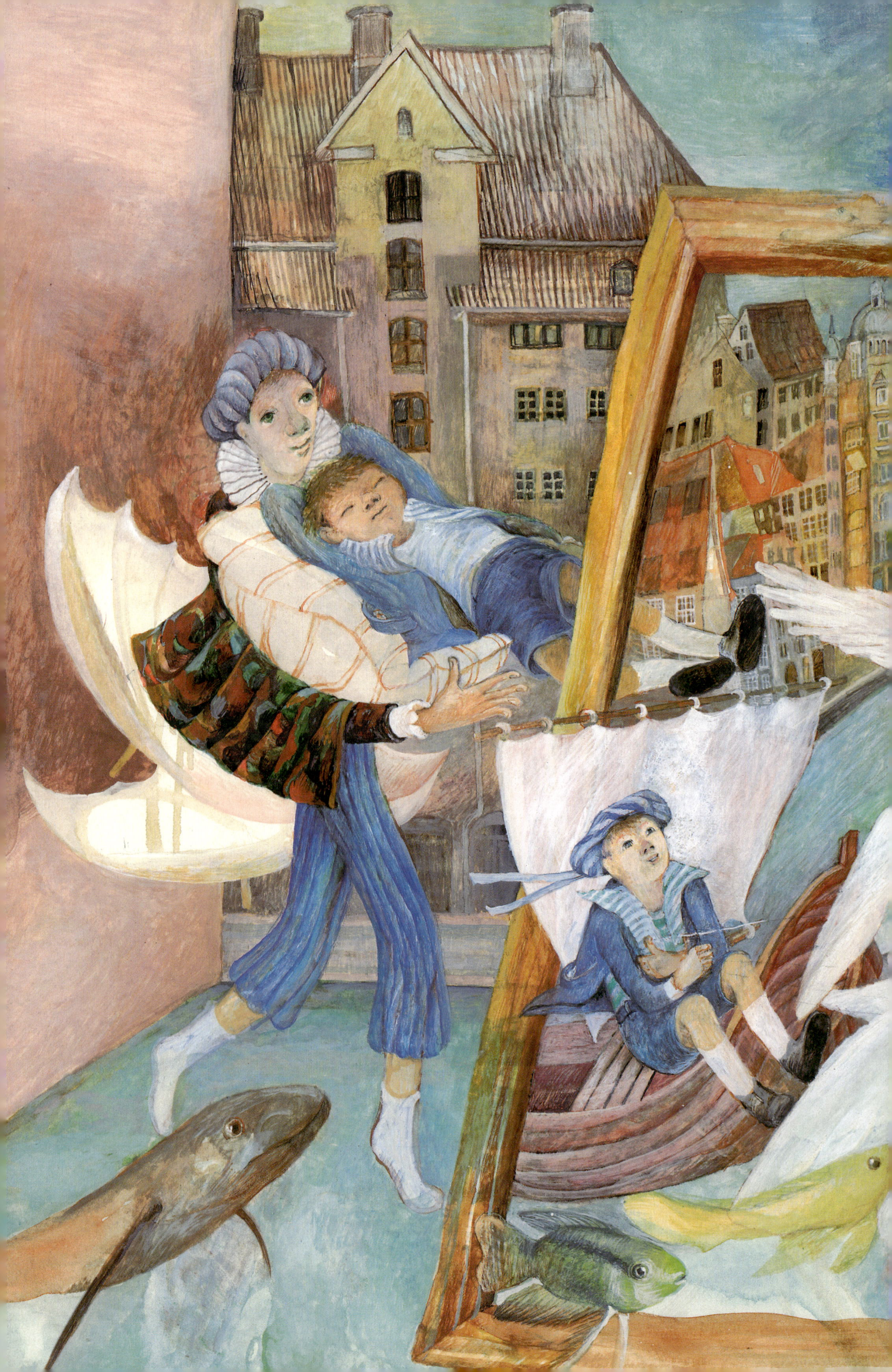

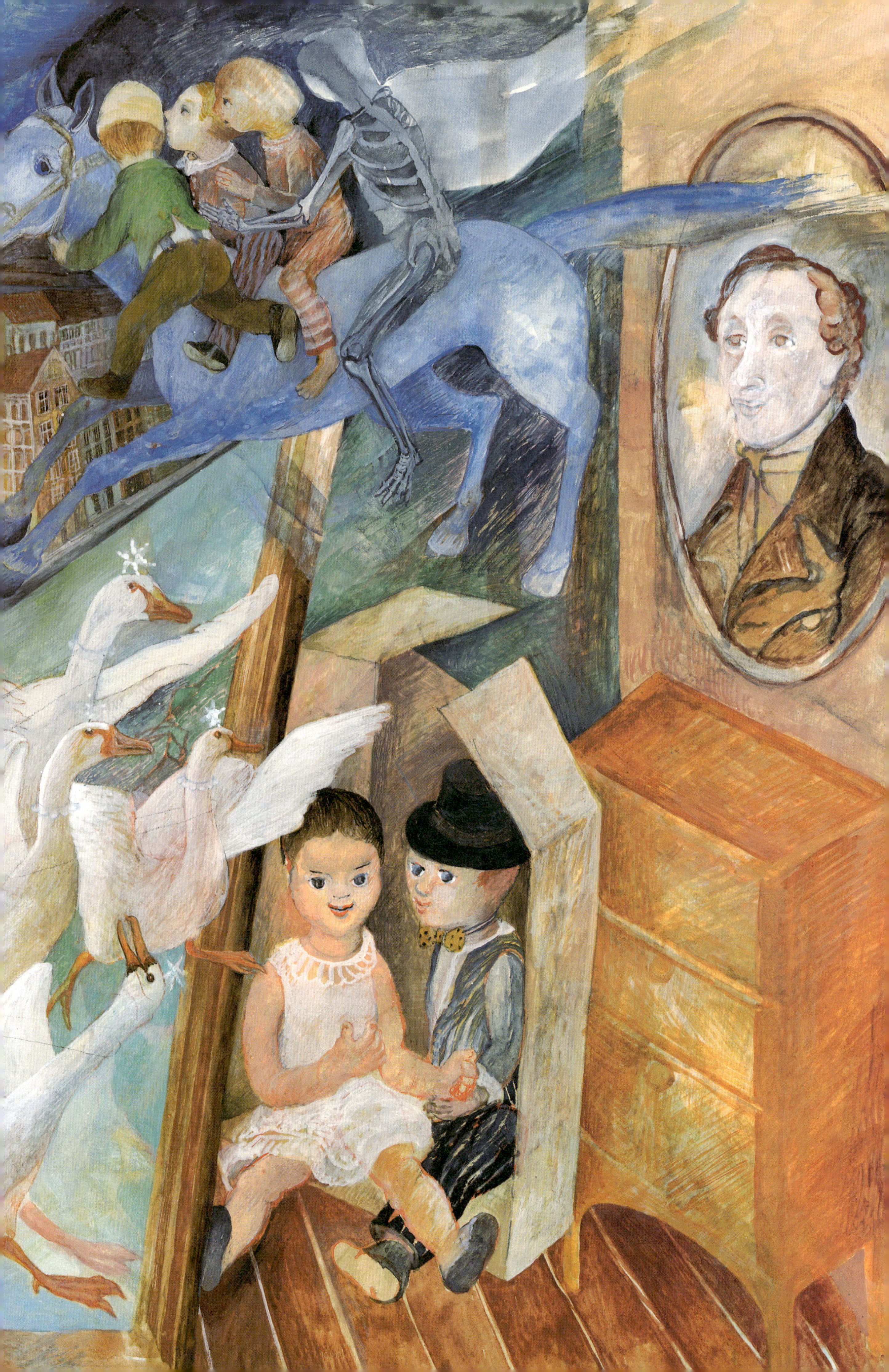

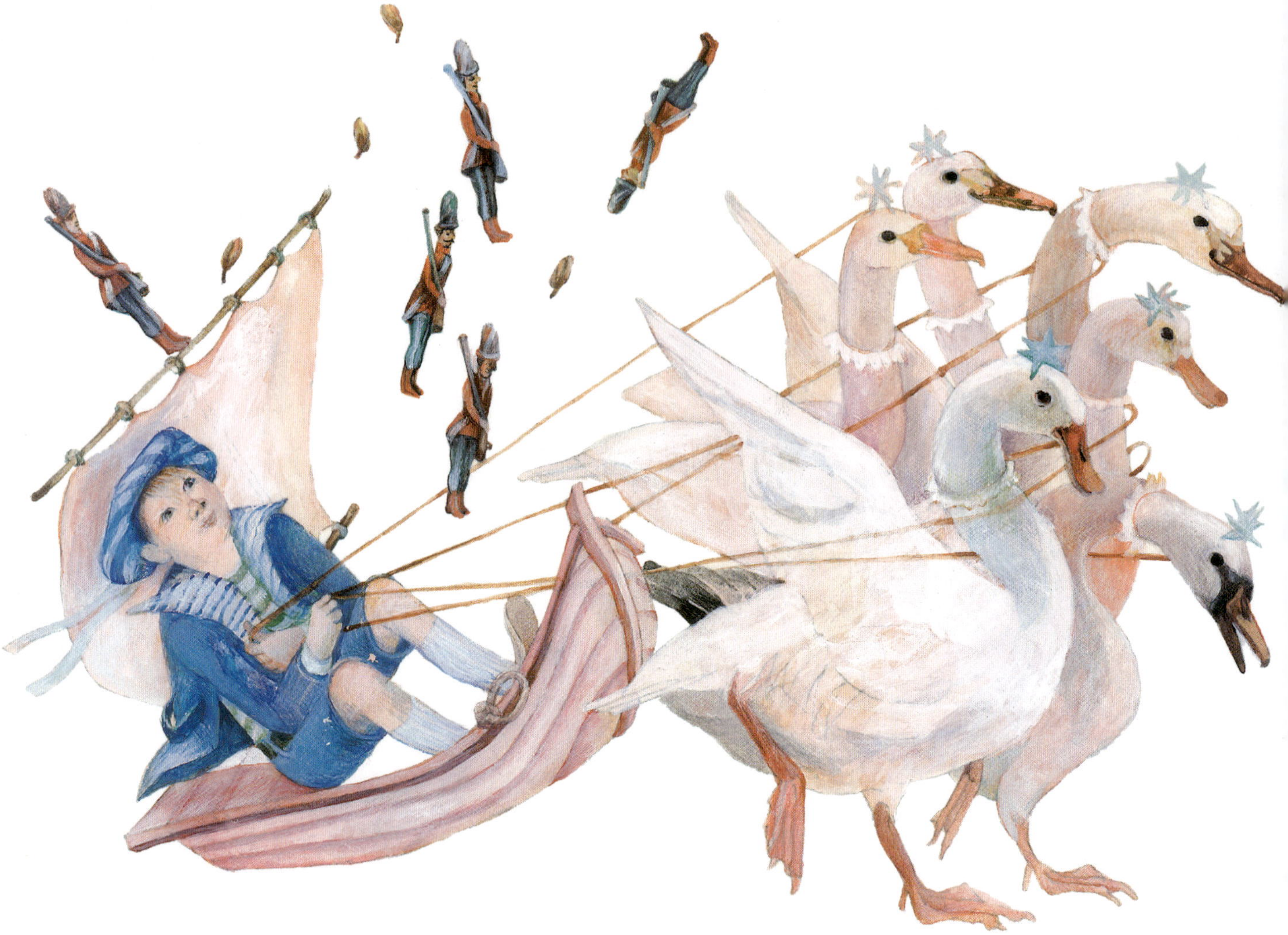

Dienstag

Sobald Hjalmar im Bett war, benetzte der Schlafgott mit seiner kleinen Zauberspritze alle Möbel in der Stube, und sofort begannen sie zu plaudern und plauderten sämtlich von sich selbst, mit Ausnahme des Spucknapfes, der schweigend dastand und sich darüber ärgerte, dass sie so eitel sein konnten, nur von sich zu reden, nur an sich zu denken und sich auch nicht mit einem einzigen Gedanken dessen zu erinnern, der doch so bescheiden in der Ecke stand und sich bespeien ließ.

Über der Kommode hing ein großes Gemälde in einem reich vergoldeten Rahmen, das eine Landschaft darstellte. Man sah hohe alte Bäume, Blumen im Gras und ein großes Wasser, durch das ein Fluss hindurchströmte, der sich um den Wald an vielen Schlössern vorüberschlängelte und sich fernab in das wilde Meer ergoss. Der Schlafgott benetzte mit seiner Zauberspritze das Gemälde, und dann begannen die Vögel darauf zu singen, die Baumzweige bewegten sich, und die Wolken flogen so natürlich, dass man ihren Schatten über die Landschaft konnte dahinschweben sehen.

Nun hob der Schlafgott den kleinen Hjalmar so hoch, dass er seine Füße in den Rahmen hineinstellen konnte, und zwar gerade in das hohe Gras. Da stand er nun. Die Sonne schien durch die Zweige auf ihn hernieder. Er lief an das Wasser und setzte sich in ein kleines Boot, das dalag. Es war rot und weiß angestrichen, die Segel leuchteten wie Silber, und sechs Schwäne, alle mit goldenen Kronen, die vom Hals herniederhingen, und einem strahlenden blauen Stern auf dem Kopf, zogen das Boot an dem grünen Wald vorüber, wo die Bäume von Räubern und Hexen und die Blumen von den niedlichen kleinen Elfen und von dem erzählten, was ihnen die Schmetterlinge zugeflüstert hatten.

Die prächtigsten Fische mit silbernen und goldenen Schuppen schwammen hinter dem Boot her; bisweilen schnellten sie sich über das Wasser empor, dass es plätscherte, und Vögel, rote und blaue, kleine und große, flogen in zwei langen Reihen hintennach, die Mücken tanzten, und die Maikäfer brummten: brumm, brumm. Alle wollten Hjalmar folgen und jeder hatte eine Geschichte zu erzählen.

Das war allerdings eine Segelfahrt, wie sie sein musste! Bald waren die Wälder dicht und dunkel, bald waren sie wie der herrlichste Park mit Sonnenschein und Blumen, und große Schlösser von Glas und Marmor lagen darin. Auf den Altanen standen Prinzessinnen, und alle waren kleine Mädchen, die Hjalmar recht wohl kannte, denn er hatte schon früher mit ihnen gespielt. Sie streckten die Hand aus, und jede hielt ihm das reizendste Zuckerwerk hin, das nur je eine Kuchenfrau verkaufen konnte, und Hjalmar ergriff beim Vorübersegeln das eine Ende des Stücks Zuckerwerk, und die Prinzessin hielt recht fest, sodass jedes seinen Teil erhielt, sie den kleinsten, Hjalmar den allergrößten. Bei jedem Schloss standen kleine Prinzen Schildwache. Sie salutierten mit goldenen Säbeln und ließen Rosinen und Zinnsoldaten regnen. Das waren wirkliche Prinzen!

Bald segelte Hjalmar durch Wälder, bald durch große Säle oder mitten durch eine Stadt. Er kam auch durch diejenige, in der sein Kindermädchen wohnte, das gute Mädchen, das ihn getragen hatte, als er ein ganz kleiner Knabe war, und das ihn so lieb gehabt hatte. Sie nickte und winkte und sang den niedlichen Vers, den sie selbst gedichtet und Hjalmar gesandt hatte:

>*»Ich denke dein in mancher Stund,*
>*Du süßes Kind, du Liebling mein!*
>*Ich hab geküsst dir deinen Mund,*
>*Die Stirne, Wangen rot und fein!*
>*Dein erstes Wort vernahm mein Ohr!*
>*Doch muss ich fort, vergiss mein nicht!*
>*Gott segne dich, den ich verlor,*
>*Du Engel aus des Herren Licht!«*

Und alle Vögel sangen mit, die Blumen tanzten auf ihren Stängeln, und die alten Bäume nickten, als ob der Schlafgott auch ihnen Geschichten erzähle.

Mittwoch

Nein, wie der Regen herniederströmte! Hjalmar konnte es im Schlaf hören, und als der Schlafgott ein Fenster öffnete, stand das Wasser gerade bis an das Fenster hinauf. Ein ganzer See wälzte sich schon da draußen und das prächtigste Schiff lag hart vor dem Haus.

»Willst du mitsegeln, kleiner Hjalmar«, sagte der Schlafgott, »dann kannst du heute Nacht nach fremden Ländern reisen und morgen doch wieder hier sein!«

Im Nu stand da Hjalmar in seinen Sonntagskleidern mitten auf dem prächtigsten Schiff, und sofort heiterte sich das Wetter auf, und sie segelten durch die Straßen, kreuzten um die Kirche, und nun war alles eine große, wilde See. Sie segelten so lange, bis kein Land mehr zu erblicken war. Sie bemerkten auch eine Schar Störche, die gleichfalls die Heimat verlassen hatten und nach den warmen Ländern wollten. Ein Storch flog dicht hinter dem anderen und sie waren schon weit, weit geflogen. Einer von ihnen war so müde, dass ihn seine Flügel kaum noch länger zu tragen vermochten. Er war der allerletzte in der Reihe und bald blieb er eine große Strecke zurück; endlich sank er mit ausgebreiteten Schwingen niedriger und niedriger, machte noch ein paar Flügelschläge, aber es half nichts. Jetzt berührte er mit seinen Füßen das Tauwerk des Schiffes, glitt das Segel hinunter, und bums!, da stand er auf dem Verdeck.

Da nahm ihn der Schiffsjunge und sperrte ihn in das Hühnerhaus zu den Hühnern, Enten und Truthähnen. Der arme Storch stand ganz eingeschüchtert mitten unter ihnen.

»Seht ihr den nicht?«, gackerten alle Hühner.

Der kalekuttische Hahn blies sich aus Leibeskräften auf und fragte ihn, wer er wäre. Die Enten gingen rückwärts und stießen einander an: »Spute dich, spute dich!«

Der Storch erzählte von dem warmen Afrika, von den Pyramiden und vom Strauß, der wie ein wildes Pferd durch die Wüste dahinstürme, aber die Enten verstanden nicht, was er sagte, und darum stießen sie einander an: »Wir sind wohl einig darüber, dass er dumm ist?«

»Ja, er ist sicherlich dumm!«, sagte der kalekuttische Hahn und kollerte dann. Da schwieg der Storch ganz still und dachte an sein Afrika.

»Für dünne Beine sind die eurigen ganz hübsch!«, spottete der kalekuttische Hahn. »Was kostet die Elle von ihnen?«

»Ha, ha, ha, ha!«, grinsten alle Enten, aber der Storch tat, als ob er es gar nicht hörte.

»Ihr dürft dreist mitlachen«, sagte der kalekuttische Hahn, »denn es steckt in Wahrheit viel Witz in meinen Worten, oder kamen sie Euch vielleicht zu seicht vor? Ja, ja, er ist nicht vielseitig. Wir wollen unsere Scherze für uns allein behalten!« Und dann gluckten die Hühner, und die Enten schnatterten: »Gikgak! Gikgak!« Es war erschrecklich, wie lustig sie ihre eigenen Späße fanden. Aber Hjalmar ging zum Hühnerhaus, öffnete die Tür, rief den Storch, und dieser hüpfte auf das Verdeck zu ihm hinaus. Nun hatte er sich ausgeruht, und es war gerade, als ob er Hjalmar zunickte, um sich bei ihm zu bedanken. Darauf breitete er seine Schwingen aus und flog nach den warmen Ländern, aber die Hühner gluckten, die Enten schnatterten, und der kalekuttische Hahn wurde ganz rot am Kopf.

»Morgen wollen wir Suppe von euch kochen!«, sagte Hjalmar, und da erwachte er und lag in seinem Bettchen. Es war doch eine merkwürdige Reise, die der Schlafgott ihn diese Nacht hatte machen lassen.

Donnerstag

»Weißt du was?«, sagte der Schlafgott. »Fürchte dich nur nicht; hier wirst du gleich eine kleine Maus sehen!« Und dabei hielt er ihm seine Hand mit dem leichten, niedlichen Tierchen hin. »Sie ist gekommen, dich zur Hochzeit einzuladen. Hier sind zwei Mäuschen, die heute Nacht in den Ehestand treten wollen. Sie wohnen unter dem Fußboden in deiner Mutter Speisekammer.«

»Aber wie kann ich mich durch das kleine Mäuseloch im Fußboden hindurchdrängen?«, fragte Hjalmar.

»Lass mich nur machen!«, versetzte der Schlafgott. »Ich will dich schon klein genug bekommen!« Darauf benetzte er Hjalmar mit seiner Zauberspritze, der nun sofort kleiner und kleiner wurde, bis er zuletzt nur fingergroß war. »Nun kannst du dir vom Zinnsoldaten die Kleider borgen; ich denke, sie werden dir jetzt schon passen, und es nimmt sich gut aus, sich in Gesellschaft in Uniform zu zeigen.«

»Jawohl!«, sagte Hjalmar, und dann war er im Augenblick wie der niedlichste Zinnsoldat gekleidet.

»Wollen Sie nicht so freundlich sein, sich in Ihrer Frau Mutter Fingerhut zu setzen?«, sagte die kleine Maus. »Dann werde ich die Ehre haben, Sie zu ziehen!«

»O Himmel! Will sich das Fräulein selbst bemühen?«, sagte Hjalmar, und so fuhren sie zur Mäusehochzeit.

Zuerst gelangten sie in einen weitläufigen Gang unter dem Fußboden, der nicht höher war, als dass sie ohne anzustoßen mit dem Fingerhut darin fahren konnten, und der ganze Gang war mit faulem Holz erleuchtet.

»Riecht es hier nicht prächtig?«, sagte die Maus, die ihn zog. »Der ganze Gang ist mit Speckschwarten eingerieben! Es kann nichts Vortrefflicheres geben!«

Nun kamen sie in den Brautsaal hinein; hier standen zur Rechten alle die kleinen Mäusefräulein, und die zischelten und tuschelten, als ob sie sich übereinander lustig machten. Zur Linken standen alle jungen Mäuseherren und strichen sich mit der Pfote den Schnauzbart; aber mitten im Kreis erblickte man das Brautpaar. Sie standen in einer ausgehöhlten Käserinde und küssten sich vor aller Augen ganz erschrecklich viel, denn sie waren ja Verlobte und sollten gleich Hochzeit halten.

Immer mehr und mehr Fremde erschienen; es fehlte nicht viel, so hätten die Mäuse einander totgetreten; dazu hatte sich das Brautpaar mitten in die Tür gestellt, sodass man weder herein- noch hinausgelangen konnte. Wie der Gang, so war auch das ganze Zimmer mit Speckschwarten eingerieben; das war die ganze Bewirtung; indes wurde zum Nachtisch eine Erbse vorgewiesen, in die eine kleine Maus aus der Familie die Namen des Brautpaares hineingebissen hatte, das heißt die ersten Buchstaben. Es war etwas ganz Außerordentliches.

Alle Mäuse versicherten, es wäre eine ausgezeichnete Hochzeit, und die Unterhaltung wäre sehr angeregt gewesen.

Dann fuhr Hjalmar wieder nach Hause. Er war zwar in vornehmer Gesellschaft gewesen, hatte aber auch gehörig zusammenkriechen, sich klein machen und in Zinnsoldatenuniform erscheinen müssen.

Freitag

»Es ist unglaublich, wie viele ältere Leute es gibt, die mich gern haben und festhalten möchten!«, sagte der Schlafgott. »Es sind vor allem diejenigen, die etwas Böses getan haben. ›Guter, lieber Schlaf!‹, sagen sie zu mir. ›Kein Schlaf kommt in unsere Augen, und so liegen wir denn die ganze Nacht und sehen alle unsere schlechten Taten, die wie kleine Kobolde auf der Kante der Bettstelle sitzen und uns über und über mit heißem Wasser bespritzen. Komme doch und verjage sie, damit wir einmal recht fest schlafen können.‹ Dann setzen sie tief aufseufzend hinzu: ›Wir wollen es gewiss gern bezahlen. Gute Nacht! Das Geld liegt für dich im Fenster!‹ Aber für Geld tue ich es nicht!«, sagte der Schlafgott.

»Was werden wir denn diese Nacht unternehmen?«, fragte Hjalmar.

»Ich weiß nicht, ob du heute Nacht wieder Lust hast, eine Hochzeit mitzumachen. Sie ist freilich anderer Art als die gestrige. Deiner Schwester große Puppe, die, welche wie ein Mann aussieht und Hermann heißt, soll sich mit der Puppe Berta verheiraten, und da außerdem deren Geburtstag ist, wird es an Geschenken nicht fehlen.«

»Ja, das kenne ich schon!«, sagte Hjalmar. »Sobald die Puppen neue Kleider brauchen, lässt sie meine Schwester ihren Geburtstag feiern oder Hochzeit halten. Das ist gewiss schon hundertmal geschehen!«

»Ja, aber heute Nacht ist die hundertunderste Hochzeit, und wenn die hundertunderste aus ist, dann ist alles vorüber. Deshalb wird sie auch so unvergleichlich schön. Sieh einmal!«

Hjalmar sah nach dem Tisch. Auf ihm stand das kleine Papphaus mit Licht in den Fenstern und alle Zinnsoldaten präsentierten vor der Tür das Gewehr. Das Brautpaar saß, ein jedes gegen einen Tischfuß gelehnt, ganz gedankenvoll da, und dazu hatte es auch Grund genug. Aber der Schlafgott, angetan mit der Großmutter schwarzem Rock, vollzog die Trauung. Nach deren Beendigung stimmten alle Möbel in der Stube folgendes Lied an, das der Bleistift gedichtet hatte. Es ging nach der Melodie des Zapfenstreichs:

»Es brause unser Lied empor
Fürs teure Paar in hellem Chor.
Sie stehen beide wie ein Pflock,
Denn Handschuhleder ist ihr Rock!
Hurra! Hurra! dem steifen Paar,
Das unsrer Stube Stolz stets war!«

Und nun überreichte man ihnen Geschenke, doch hatten sie sich alle Esswaren verbeten, denn sie hatten an ihrer Liebe genug.

»Wollen wir nun das Landleben genießen oder eine Hochzeitsreise antreten?«, fragte der Bräutigam. Darauf wurden die Schwalbe, die sich in vielen Ländern umgesehen, und die alte Hofhenne, die fünfmal Küchlein ausgebrütet hatte, zu Rate gezogen. Die Schwalbe erzählte von den schönen, warmen Ländern, wo die Weintrauben groß und schwer an den Stöcken hängen, wo die Luft so mild wäre und die Berge Farben hätten, wie man sie hierzulande niemals sieht.

»Es fehlt ihnen aber doch unser Grünkohl!«, sagte die Henne. »Ich brachte einen Sommer mit allen meinen Küken auf dem Land zu. Dort war eine Sandgrube, in der wir umhergehen und scharren konnten. Auch hatten wir Zutritt zu einem Garten mit Grünkohl! Oh, wie grün der war! Ich kann mir nichts Schöneres denken!«

»Aber ein Kohlkopf sieht wie der andere aus«, sagte die Schwalbe, »und dann herrscht hier oft so unangenehme Witterung!«

»Oh, daran hat man sich schon gewöhnt!«, sagte die Henne.

»Aber hier ist es kalt, es friert!«

»Das ist für den Kohl gerade dienlich!«, sagte die Henne. »Übrigens kann es auch bei uns sehr warm sein. Hatten wir nicht vor vier Jahren einen Sommer, wo fünf Wochen lang eine solche Hitze war, dass man kaum atmen konnte? Dann leben aber bei uns auch keine giftigen Tiere, wie in jenen Ländern, und wir sind frei von Räubern! Ein Bösewicht kann der nur sein, welcher unser Land nicht für das schönste hält! Er verdiente wahrlich nicht, hier zu weilen!« Weinend unterbrach sich die Henne und setzte dann schluchzend hinzu: »Auch ich bin gereist! Ich bin einmal in einem Korb über zwölf Meilen weit gefahren! Das Reisen gewährt schlechterdings kein Vergnügen!«

»Ja, die Henne ist eine vernünftige Frau!«, sagte die Puppe Berta. »Ich halte nichts davon, eine Gebirgsreise zu unternehmen, denn kaum ist man oben, so geht es gleich wieder hinunter! Nein, wir wollen hübsch nach der Sandgrube hinausziehen und uns im Kohlgarten ergehen!«

Und dabei blieb es!

Sonnabend

»Erzählst du mir nun Geschichten?«, fragte der kleine Hjalmar, sobald ihn der Schlafgott zu Bett gebracht hatte.

»Heute Abend haben wir keine Zeit dazu«, sagte der Schlafgott und spannte seinen schönen Regenschirm über ihn auf. »Sieh nur die Chinesen an!« Der ganze Schirm glich einer großen chinesischen Schale mit blauen Bäumen und spitzen Brücken und kleinen Chinesen darauf, die dastanden und nickten. »Wir müssen bis morgen die ganze Welt schön aufgeputzt haben«, sagte der Schlafgott, »es ist dann ja ein heiliger Tag, es ist Sonntag. Ich will auf den Kirchturm steigen, um nachzusehen, ob die kleinen Kirchengeister die Glocken putzen, damit ihr Geläute schön klingt. Auch will ich auf das Feld hinaus und untersuchen, ob die Winde den Staub von den Gräsern und Blättern blasen, und was die allerschwierigste Arbeit ist, ich will alle Sterne herunterholen, um sie aufzupolieren. Ich nehme sie in meine Schürze, aber erst müssen sie nummeriert werden, und ebenso die Löcher, in denen sie da oben sitzen, damit sie ihren rechten Platz wiedererhalten können, sonst würden sie nicht festsitzen, und wir bekämen zu viel Sternschnuppen, wenn einer nach dem anderen herabpurzelte!«

»Hören Sie, Herr Schlafgott«, begann ein altes Porträt, das an der Wand hing, an der Hjalmar schlief, »ich bin Hjalmars Urgroßvater. Ich danke Ihnen zwar, dass Sie dem Knaben Geschichten erzählen, aber sie dürfen doch seine Begriffe nicht verwirren. Die Sterne können nicht heruntergeholt und geputzt werden! Die Sterne sind Weltkörper, geradeso wie unsere Erde, und das ist eben das Gute an ihnen.«

»Besten Dank, du alter Urgroßvater!«, sagte der Schlafgott. »Besten Dank! Du bist ja das Haupt der Familie, du bist das Urhaupt! Aber ich bin älter als du. Ich bin ein alter Heide. Die Römer und Griechen nannten mich den Traumgott. Ich bin in die vornehmsten Häuser gekommen und komme noch hinein. Ich verstehe mit Niedrigen wie mit Großen umzugehen! Nun kannst du statt meiner erzählen!« Nach diesen Worten verließ der Schlafgott das Zimmer und nahm seinen Schirm mit.

»Nun darf man wohl seine Meinung nicht mehr sagen!«, sagte das alte Porträt. Und da erwachte Hjalmar.

Sonntag

»Guten Abend!«, sagte der Schlafgott, und Hjalmar nickte, sprang aber dann schnell hin und wandte des Urgroßvaters Porträt gegen die Wand um, damit er nicht wie gestern mitplaudern könnte.

»Nun musst du mir Geschichten erzählen – von den fünf grünen Erbsen, die in einer Schote wohnten, von Hahnenfuß, der Hennenfuß den Hof machte, und von der Stopfnadel, deren Spitze so fein war, dass sie sich einbildete, eine Nähnadel zu sein!«

»Man kann auch des Guten zu viel bekommen!«, sagte der Schlafgott. »Ich zeige dir am liebsten etwas, wie du weißt! Ich will dir meinen Bruder zeigen, der auch Schlafgott heißt, aber er kommt zu niemand öfter als einmal. Tritt er zu jemand heran, so nimmt er ihn mit auf sein Pferd und erzählt ihm Geschichten. Er weiß nur zwei; die eine ist so unvergleichlich schön, wie sich niemand in der Welt vorstellen kann, und die andere ist über alle Beschreibung hässlich und abscheulich!« Darauf hob der Schlafgott den kleinen Hjalmar zum Fenster empor und sagte: »Dort wirst du meinen Bruder sehen, den anderen Schlafgott, den sie auch den Tod nennen. Siehst du, er sieht gar nicht so schlimm wie in den Bilderbüchern aus, wo man ihn immer als Knochengerippe malt! Nein, sein Rock ist mit Silberstickerei verziert, er trägt eine stattliche Husarenuniform; ein Mantel von schwarzem Samt flattert bis über das Pferd hinaus! Sieh, wie er im Galopp dahinjagt!«

Und Hjalmar sah, wie der Schlafgott vorwärts eilte und junge wie alte Leute auf sein Pferd nahm; einige setzte er vorn, andere hinten auf, aber immer fragte er erst: »Wie steht es mit dem Zensurenbuch?« – »Gut!«, sagten sie sämtlich. »Ja, lass mich nur selbst sehen!«, erwiderte er, und dann mussten sie ihm das Buch zeigen. Alle nun, die »Sehr gut« und »Ausgezeichnet« hatten, kamen vorn auf das Pferd, und ihnen erzählte er die herrliche Geschichte; doch diejenigen, die »Ziemlich gut« und »Mittelmäßig« hatten, mussten hintenauf und die hässliche Geschichte anhören. Sie schauderten und weinten; sie wollten vom Pferd springen, vermochten es aber nicht, denn sie waren sofort fest an ihm angewachsen.

»Aber der Tod ist ja der herrlichste Schlafgott!«, sagte Hjalmar. »Vor ihm fürchte ich mich gar nicht!«

»Das sollst du auch nicht!«, sagte der Schlafgott. »Sieh nur zu, dass du ein gutes Sittenzeugnis erhältst!«

»Ja, das ist lehrreich!«, murmelte des Urgroßvaters Porträt. »Es hilft doch, wenn man seine Meinung sagt!« Und er freute sich.

Sieh, das ist die Geschichte vom Schlafgott! Nun mag er dir selbst heute Abend mehr erzählen.

Der Rosenelf

Mitten in einem Garten wuchs ein Rosenstock, der war über und über voll Rosen; und in einer derselben, der schönsten von allen, wohnte ein Elf. Der war so winzig klein, dass kein menschliches Auge ihn erblicken konnte. Hinter jedem Blatte in der Rose hatte er eine Schlafkammer. Er war so wohlgebildet und schön, wie nur ein Kind sein konnte, und hatte Flügel von den Schultern bis herunter zu den Füßen. Oh, welcher Duft war in seinen Zimmern und wie klar und schön waren die Wände! Es waren ja die blassroten Rosenblätter.

Den ganzen Tag freute er sich im warmen Sonnenschein, flog von Blume zu Blume, tanzte auf den Flügeln des fliegenden Schmetterlings und maß, wie viel Schritte er zu gehen habe, um über alle Landstraßen und Stege zu gelangen, welche auf einem einzigen Lindenblatte sind. Das war, was wir die Adern im Blatte nennen, die er für Landstraßen und Stege hielt. Ja, das waren ewige Wege für ihn! Ehe er damit fertig wurde, ging die Sonne unter; er hatte auch zu spät damit angefangen!

Es wurde sehr kalt, der Tau fiel und der Wind wehte; nun war es das Beste, nach Hause zu kommen. Er tummelte sich, was er konnte; aber die Rose

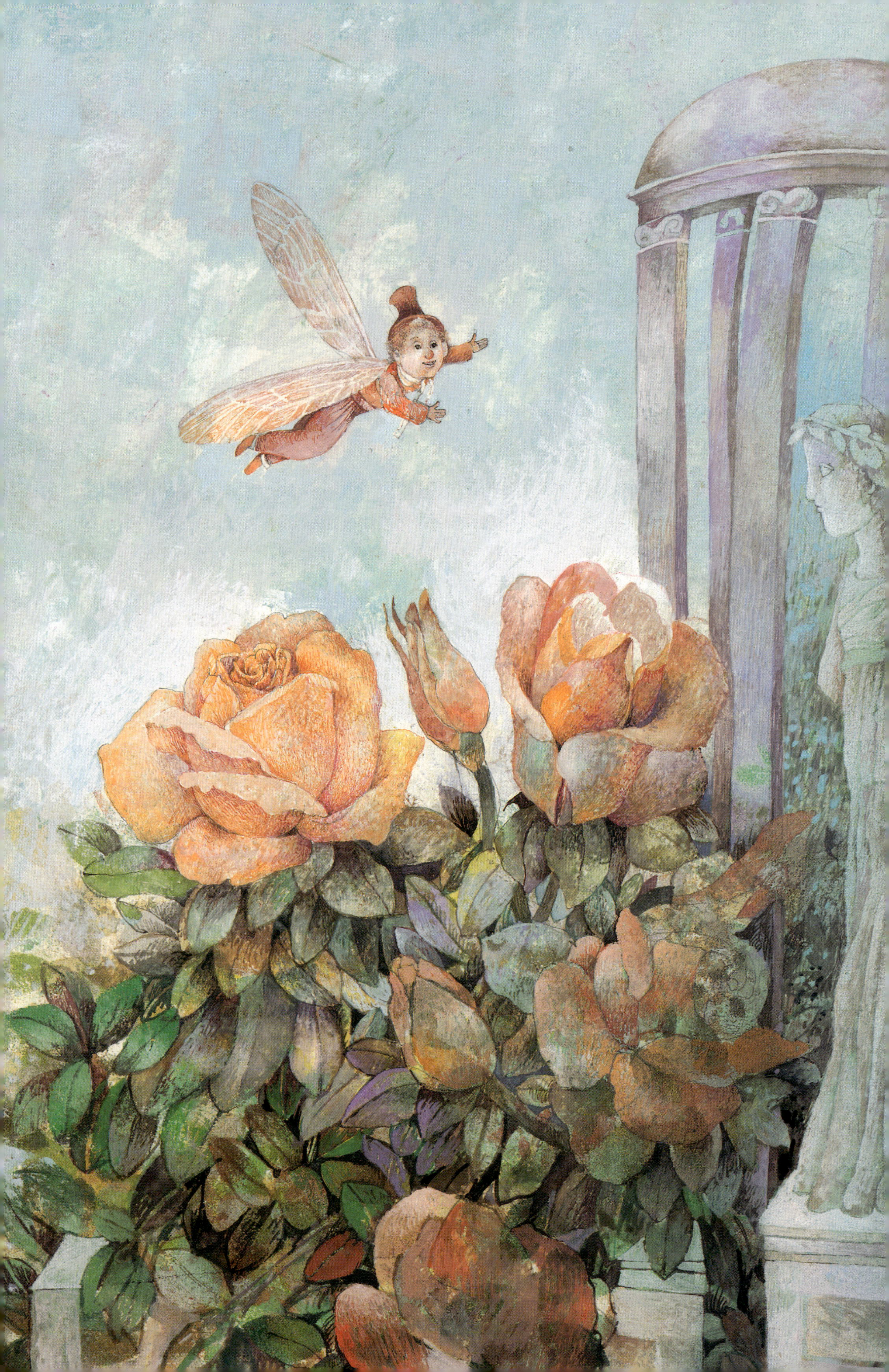

hatte sich geschlossen; er konnte nicht hineingelangen – keine einzige Rose stand geöffnet. Der arme kleine Elf erschrak sehr. Er war früher nie des Nachts draußen gewesen, hatte immer sanft und süß hinter den warmen Rosenblättern geschlummert: oh, das wird sicher sein Tod werden!

Am andern Ende des Gartens, wusste er, befand sich eine Laube mit schönem Jelängerjelieber; die Blüten sahen wie große bemalte Hörner aus; in eine derselben wollte er hinabsteigen und bis morgen schlafen.

Er flog dahin. Still! Es waren zwei Menschen drin: ein junger, hübscher Mann und ein schönes Mädchen. Sie saßen nebeneinander und wünschten, dass sie sich nie zu trennen brauchten. Sie waren einander so gut, weit mehr noch, als das beste Kind seiner Mutter und seinem Vater sein kann.

»Dennoch müssen wir uns trennen!«, sagte der junge Mann. »Dein Bruder mag uns nicht leiden, deshalb sendet er mich mit einem Auftrage so weit über Berge und Seen fort! Lebe wohl, meine süße Braut, denn das bist du doch!«

Dann küssten sie sich und das junge Mädchen weinte und gab ihm eine Rose. Aber bevor sie ihm dieselbe reichte, drückte sie einen Kuss so fest und innig darauf, dass die Blume sich öffnete. Da flog der kleine Elf in diese hinein und lehnte sein Haupt gegen die feinen, duftenden Wände; hier konnte er gut hören, dass Lebewohl gesagt wurde, lebe wohl! Er fühlte, dass die Rose ihren Platz an des jungen Mannes Brust erhielt. – Oh, wie schlug doch das Herz darin! Der kleine Elf konnte nicht einschlafen, so pochte es.

Aber nicht lange ruhte die Rose auf der Brust ungestört. Der Mann nahm sie hervor, und während er einsam in dem dunklen Walde ging, küsste er die Blume, oh, so oft und so heftig, dass der kleine Elf fast erdrückt wurde. Er konnte durch das Blatt fühlen, wie die Lippen des Mannes brannten, und die Rose selbst hatte sich wie bei der stärksten Mittagssonne geöffnet.

Da kam ein anderer Mann, finster und böse; es war des hübschen Mädchens schlechter Bruder. Der zog ein scharfes Messer hervor, und während jener die Rose küsste, stach der schlechte Mann ihn tot, schnitt ihm den Kopf ab und begrub Kopf und Körper in der weichen Erde unter dem Lindenbaume.

»Nun ist er vergessen und fort!«, dachte der schlechte Bruder, »er kommt nie mehr zurück. Eine lange Reise sollte er machen, über Berge und Seen: Da kann man leicht das Leben verlieren und das hat er verloren. Er kommt nicht mehr zurück und mich darf meine Schwester nicht nach ihm fragen.«

Dann scharrte er mit dem Fuße dürres Laub über die lockere Erde und ging wieder in der dunklen Nacht nach Hause. Aber er ging nicht allein, wie er dachte: Der kleine Elf begleitete ihn. Der saß in einem vertrockneten, zusammengerollten Lindenblatte, welches dem bösen Manne, als er grub, in die Haare gefallen war. Der Hut war nun darüber gesetzt, es war sehr finster im Hute und der Elf zitterte vor Schreck und Zorn über die schlechte Tat.

In der Morgenstunde kam der böse Mann nach Hause; er nahm seinen Hut ab und ging in der Schwester Schlafkammer hinein. Da lag das schöne, blühende Mädchen und träumte von ihm, dem sie von Herzen gut war und von dem sie nun glaubte, dass er über Berge und durch Wälder ginge. Und der böse Bruder neigte sich über sie und lachte hässlich, wie nur ein Teufel lachen kann. Da fiel das trockene Blatt aus seinem Haare auf die Bettdecke nieder; aber er bemerkte es nicht und ging hinaus, um in der Morgenstunde selbst ein wenig zu schlafen. Aber der Elf schlüpfte aus dem verwelkten Blatte, setzte sich in das Ohr des schlafenden Mädchens und erzählte ihr wie in einem Traume den schrecklichen Mord; beschrieb ihr den Ort, wo der Bruder den Geliebten ermordet und seine Leiche verscharrt habe; erzählte von dem blühenden Lindenbaume dicht daneben und sagte: »Damit du nicht glaubst, dass es nur ein Traum sei, was ich dir erzählt habe, so wirst du auf deinem Bette ein dürres Blatt finden!« Und das fand sie, als sie erwachte.

Oh, welche bittere Tränen weinte sie! Das Fenster stand den ganzen Tag offen: Der kleine Elf konnte leicht zu den Rosen und all den übrigen Blumen in den Garten hinausgelangen. Aber er konnte es nicht über sein Herz bringen, die Betrübte zu verlassen. Im Fenster stand ein Strauch mit Monatsrosen: In eine der Blumen setzte er sich und betrachtete das arme Mädchen. Ihr Bruder kam oft in die Kammer hinein und schien, trotz seiner bösen Tat, immer heiter, sie aber durfte kein Wort über ihren Herzenskummer sagen.

Sobald es Nacht wurde, schlich sie sich aus dem Hause, ging im Walde nach der Stelle, wo der Lindenbaum stand, nahm die Blätter von der Erde, grub diese auf und fand ihn, der ermordet war, sogleich. Oh, wie weinte sie und bat den lieben Gott, dass auch sie bald sterben möge! –

Gern hätte sie die Leiche mit sich nach Hause genommen, aber das konnte sie nicht. Da nahm sie das bleiche Haupt mit den geschlossenen Augen, küsste den kalten Mund und schüttelte die Erde aus seinem schönen Haare. »Das will ich behalten!«, sagte sie. Und als sie Erde und Blätter auf den toten Körper gelegt hatte, nahm sie den Kopf und einen kleinen Zweig von dem Jasminstrauche, der im Walde blühte, wo er begraben war, mit sich nach Hause.

Sobald sie in ihre Stube trat, holte sie sich den größten Blumentopf, der zu finden war: in diesen legte sie den toten Kopf, schüttelte Erde darauf und pflanzte dann den Jasminzweig in den Topf.

»Lebe wohl! Lebe wohl!«, flüsterte der kleine Elf; er konnte es nicht länger ertragen, all diesen Schmerz zu sehen, und flog deshalb hinaus zu seiner Rose im Garten. Aber die war abgeblüht; es hingen nur noch verbleichte Blätter an der grünen Hagebutte.

»Ach, wie bald ist es doch mit dem Schönen und Guten vorbei!«, seufzte der Elf. Zuletzt fand er wieder eine Rose; diese wurde sein Haus; hinter ihren feinen und duftenden Blättern konnte er hausen und wohnen.

Jeden Morgen flog er nach dem Fenster des armen Mädchens, sie stand immer bei dem Blumentopfe und weinte. Die bittern Tränen fielen auf den Jasminzweig, und mit jedem Tage, an welchem sie bleicher und bleicher wurde, stand der Zweig frischer und grüner da; ein Schoss trieb nach dem andern hervor; kleine weiße Knospen blühten auf und die küsste sie. Aber der böse Bruder schalt die Schwester und fragte, ob sie närrisch geworden sei. Er konnte es nicht leiden und nicht begreifen, weshalb sie immer über dem Blumentopfe weine. Er wusste ja nicht, welche

Augen da geschlossen und welche rote Lippen da zu Erde geworden waren. Und sie neigte ihr Haupt gegen den Blumentopf und der kleine Elf von der Rose fand sie da schlummernd. Da setzte er sich in ihr Ohr, erzählte von dem Abende in der Laube, vom Duft der Rose und der Liebe der Elfen. Da träumte sie wunderbar süß, und während sie träumte, entschwand das Leben; sie war eines stillen Todes verblichen; sie war bei ihm, den sie liebte, im Himmel.

Und die Jasminblüte öffnete ihre großen weißen Glocken; sie dufteten ganz eigentümlich süß: Anders konnten sie nicht über die Tote weinen.

Aber der böse Bruder betrachtete den schön blühenden Strauch, nahm ihn als ein Erbgut an sich und setzte ihn in seine Schlafstube, dicht an sein Bett, denn er war herrlich anzuschauen und der Duft war gar süß und lieblich. Der kleine Rosen-Elf folgte mit, flog von Blume zu Blume – in jeder wohnte ja eine kleine Seele – und erzählte von dem ermordeten jungen Manne, dessen Haupt nun Erde unter der Erde war, erzählte von dem bösen Bruder und der armen Schwester.

»Wir wissen es!«, sagte eine jede Seele in der Blume; »wir wissen es! Sind wir nicht aus des Erschlagenen Augen und Lippen entsprossen? Wir wissen es! Wir wissen es!« Und dann nickten sie gar sonderbar mit dem Kopfe.

Der Rosenelf konnt es nicht begreifen, wie sie so ruhig sein könnten, und flog hinaus zu den Bienen, die Honig sammelten, und erzählte ihnen die Geschichte von dem bösen Bruder. Die Bienen sagten es ihrer Königin, und diese befahl, dass sie alle am nächsten Morgen den Mörder umbringen sollten.

Aber in der Nacht vorher – es war die erste Nacht, welche auf den Tod der Schwester folgte –, als der Bruder in seinem Bette dicht neben dem duftenden Jasminstrauche schlief, öffnete sich ein jeder Blumenkelch, und unsichtbar, aber mit giftigen Stacheln, stiegen die Blumenseelen heraus und setzten sich in sein Ohr und erzählten ihm böse Träume, flogen alsdann über seine Lippen und stachen seine Zunge mit den giftigen Stacheln. »Nun haben wir den Toten gerächt!«, sagten sie und flogen zurück in des Jasmins weiße Glocken.

Als es Morgen war und das Fenster der Schlafkammer alsdann geöffnet wurde, fuhr der Rosenelf mit der Bienenkönigin und dem ganzen Bienenschwarm herein, um ihn zu töten.

Aber er war schon tot; es standen Leute rings um das Bett und sagten: »Der Jasminduft hat ihn getötet!«

Da verstand der Rosenelf der Blumen Rache und erzählte es der Königin der Bienen, diese summte mit ihrem ganzen Schwarme um den Blumentopf. Die Bienen waren nicht zu verjagen. Da nahm ein Mann den Blumentopf fort, und eine der Bienen stach seine Hand, sodass er den Topf fallen und zerbrechen ließ.

Da sahen sie den bleichen Totenschädel, und nun wussten sie, dass der Tote im Bette ein Mörder war.

Die Bienenkönigin summte in der Luft und sang von der Rache der Blumen und von dem Rosenelf, und dass hinter dem geringsten Blatte einer wohnt, der das Böse erzählen und rächen kann!

Der Schweinehirt

Es war einmal ein Prinz, der hatte nur ein ganz kleines Königreich, aber es war doch immer groß genug, sich darauf zu verheiraten, und verheiraten wollte er sich.

Nun war das freilich etwas keck von ihm, dass er sich herausnahm, zu des Kaisers Tochter zu sagen: »Willst du mich haben?« Aber er durfte es wohl, denn sein Name war weit und breit berühmt. Hunderte von Prinzessinnen gab es, die seine Bewerbung mit Freuden angenommen hätten. Aber lasst uns sehen, ob sie es tat.

Auf dem Grab des Vaters des Prinzen wuchs ein Rosenstock, ein wahrhaft herrlicher Rosenstock! Nur alle fünf Jahre blühte er und trieb dann auch nur eine einzige Rose, aber diese duftete auch so herrlich, dass man bei ihrem Geruch alle seine Sorgen und Bekümmernisse vergaß. Auch hatte er eine Nachtigall, die zu singen verstand, als ob alle lieblichen Melodien in ihrer kleinen Kehle wohnten.

Diese Rose und diese Nachtigall sollte die Prinzessin bekommen. Deshalb wurden sie beide in große silberne Behälter gesetzt und dann der Prinzessin übersandt.

Der Kaiser ließ sie vor sich her in den großen Saal tragen, in den die Prinzessin gegangen war, um mit ihren Hofdamen »Es kommt Besuch« zu spielen. Weiter hatten sie nichts. Als sie nun die großen Behälter mit den Geschenken gewahrte, klatschte sie vor Freude in die Hände.

»Wenn es doch ein Miezekätzchen wäre!«, sagte sie – aber da kam die herrliche Rose zum Vorschein.

»Nein, wie niedlich sie gemacht ist!«, sagten alle Hofdamen.

»Sie ist mehr als niedlich«, entgegnete der Kaiser, »sie ist wunderschön!«

Aber die Prinzessin befühlte sie und wäre fast in Tränen ausgebrochen. »Pfui, Papa«, rief sie aus, »es ist keine künstliche Rose, sondern eine natürliche!«

»Pfui«, stimmten alle Hofleute ein, »es ist eine natürliche!«

»Lasst uns erst nachsehen, was sich in dem anderen Behälter befindet, ehe wir uns erzürnen!«, meinte der Kaiser, und da zeigte sich die Nachtigall. Sie sang so herrlich, dass man nicht gleich etwas Böses gegen sie vorzubringen wusste.

»Superbe! Charmant!«, riefen alle Hofdamen, denn sie plauderten sämtlich französisch, eine immer schlechter als die andere.

»Wie mich dieser Vogel an die Spieldose der hochseligen Kaiserin erinnert!«, versetzte ein alter Kavalier. »Ach ja, es ist genau derselbe Ton, derselbe Vortrag!«

»Ja!«, erwiderte der Kaiser, und dann weinte er wie ein kleines Kind.

»Das wird doch wohl kein natürlicher sein!«, rief die Prinzessin aus.

»Ja, es ist ein natürlicher Vogel!«, sagten die Überbringer.

»Nun, dann lasst den Vogel fliegen!«, sagte die Prinzessin und wollte unter keiner Bedingung gestatten, dass der Prinz käme.

Dieser ließ sich jedoch nicht einschüchtern. Er rieb sich das Angesicht mit brauner und schwarzer Farbe ein, zog die Mütze weit hinunter und klopfte an.

»Guten Tag, Kaiser!«, sagte er. »Könnte ich nicht hier auf dem Schloss in Dienst treten?«

»Ach, hier gibt es so viele, die eine Stelle suchen!«, entgegnete der Kaiser. »Aber lass einmal sehen! – Ich brauche wirklich im Augenblick jemand, der die Schweine hüten kann, denn wir besitzen davon eine große Herde!«

So wurde denn der Prinz zum kaiserlichen Schweinehirten ernannt. Er erhielt ein elendes Kämmerchen unten neben dem Koben und hier musste er bleiben. Aber den ganzen Tag saß er und arbeitete, und als es Abend war, hatte er einen niedlichen kleinen Topf vollendet. Oben auf ihm hatte er ringsherum Schellen angebracht, die, sobald der Topf kochte, gar prächtig klingelten und die alte Melodie spielten:

»Ach, du lieber Augustin,
Alles ist hin, hin, hin!«

Aber das Allerkünstlichste war doch, dass man, sobald man den Finger in den aus dem Topf emporsteigenden Dampf hielt, sofort riechen konnte, was für Speisen auf jedem Herd in der Stadt zubereitet wurden. Das war freilich etwas anderes als eine Rose!

Nun spazierte die Prinzessin mit allen ihren Hofdamen vorüber, und als sie die Melodie hörte, blieb sie stehen und sah sehr heiter aus, denn sie konnte auch »Ach, du lieber Augustin« spielen. Das war das Einzige, was sie konnte, aber sie spielte es mit einem Finger.

»Das kann ich auch!«, rief sie aus. »Das muss wirklich ein gebildeter Schweinehirt sein. Höre, geh hin und frage ihn, wie viel das Instrument kostet!«

So musste denn eine der Hofdamen hinspringen, doch zog sie zuvor Holzpantoffeln über.

»Wie viel verlangst du für den Topf?«, fragte die Hofdame.

»Ich verlange zehn Küsse von der Prinzessin!«, antwortete der Schweinehirt.

»Gott bewahre uns!«, rief die Hofdame.

»Ja, weniger kann ich nicht nehmen!«, entgegnete der Schweinehirt.

»Nun, was sagte er?«, fragte die Prinzessin.

»Das kann ich wirklich nicht sagen!«, erwiderte die Hofdame. »Es ist zu entsetzlich!«

»Dann kannst du es mir zuflüstern!«

Und die Hofdame flüsterte es der Prinzessin zu.

»Er ist ja unartig!«, sagte die Prinzessin und ging schnell weiter. Aber kaum war sie eine kurze Strecke gegangen, da spielten die Schellen so lieblich:

> *»Ach, du lieber Augustin,*
> *Alles ist hin, hin, hin!«*

»Höre«, begann die Prinzessin von neuem, »frage ihn, ob er zehn Küsse von meinen Hofdamen will!«

»O nein!«, sagte der Schweinehirt. »Zehn Küsse von der Prinzessin oder ich behalte meinen Topf!«

»Was das für eine ärgerliche Sache ist!«, meinte die Prinzessin. »Aber dann müsst ihr euch wenigstens vor mich stellen, damit es niemand zu sehen bekommt!«

Und die Hofdamen stellten sich vor sie hin, breiteten ihre Kleider aus, und dann erhielt der Schweinehirt die zehn Küsse und sie den Topf.

Nun, das war eine Glückseligkeit! Den ganzen Abend und den ganzen Tag musste der Topf kochen. Nicht ein Herd war in der ganzen Stadt, von dem sie nicht gewusst hätten, was darauf gekocht wurde, sowohl beim Kammerherrn als auch beim Schuhmacher. Die Hofdamen tanzten und klatschten in die Hände.

»Wir wissen, wer süße Suppe und Pfannkuchen haben wird! Wir wissen, wem Grütze und Karbonade aufgetragen wird! Wie reizend, wie herrlich!«

»Wahrhaft reizend!«, stimmte die Oberhofmeisterin ein.

»Haltet aber ja reinen Mund, denn ich bin des Kaisers Tochter!«

»Kein Sterbenswort kommt über unsere Lippen!«, beteuerten sie sämtlich.

Der Schweinehirt, das heißt der Prinz – aber sie wussten ja nichts anderes, als dass er ein wirklicher Schweinhirt wäre –, ließ den Tag nicht vorübergehen, ohne etwas Neues zu arbeiten, und da verfertigte er eine Knarre. Wenn man diese drehte, so erklangen alle Walzer, Hopser und Polkas, die man seit der Schöpfung der Welt kannte.

»Aber das ist süperb!«, sagte die Prinzessin beim Vorübergehen. »Nie habe ich ein schöneres Kunstwerk spielen hören. Geh hin und frage ihn, was das Instrument kostet. Aber Küsse gebe ich nicht!«

»Er will hundert Küsse von der Prinzessin haben!«, sagte die Hofdame, die sich erkundigt hatte.

»Ich glaube, er ist närrisch!«, sagte die Prinzessin und ging weiter. Aber kaum war sie eine Strecke gegangen, als sie stehen blieb. »Man muss die Kunst aufmuntern«, sagte sie; »dazu bin ich des Kaisers Tochter! Sag ihm, ich will ihm wie gestern zehn Küsse geben, den Rest kann er sich bei meinen Hofdamen holen!«

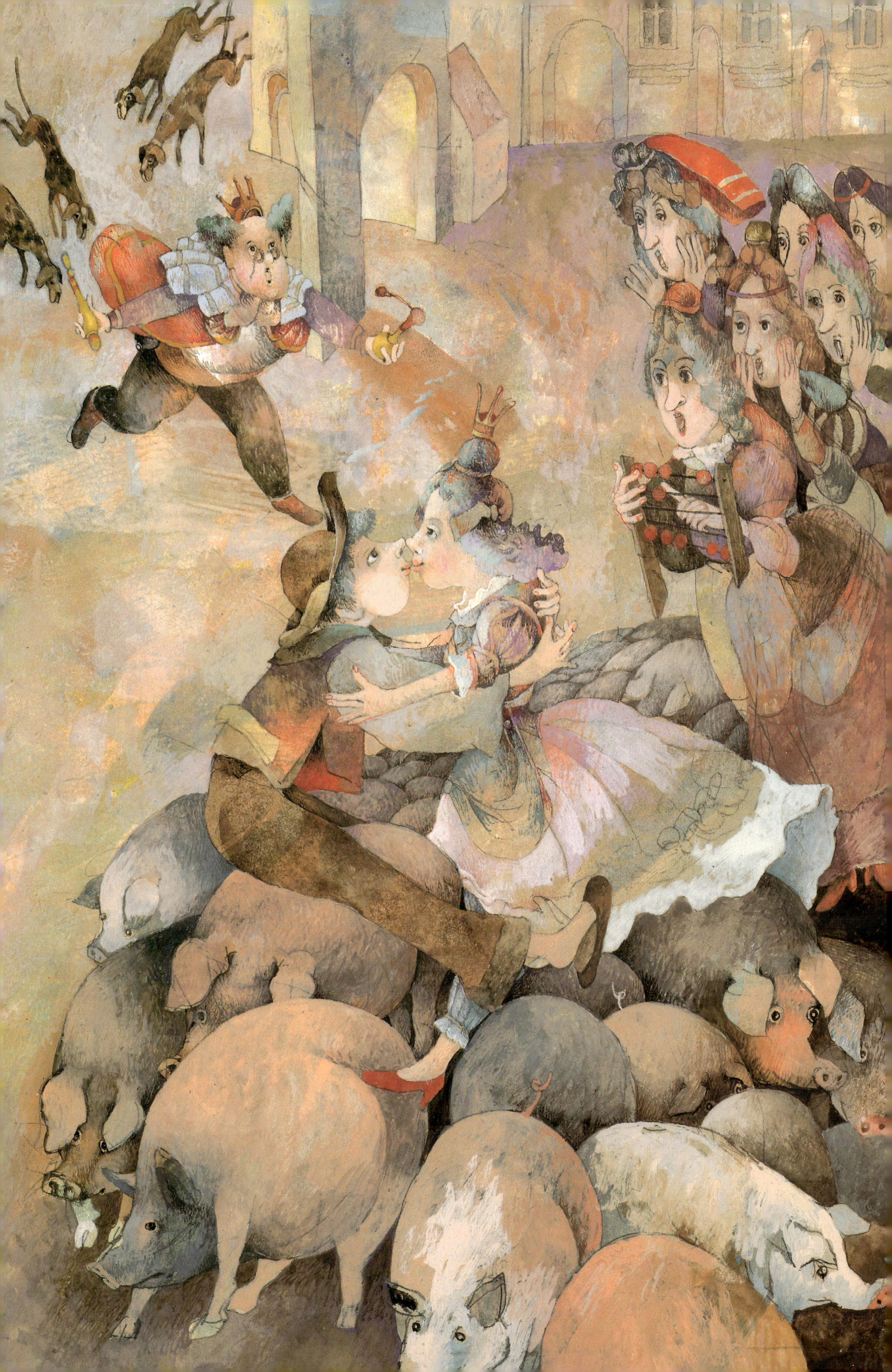

»Aber wir tun es so ungern!«, sagten die Hofdamen.

»Schnickschnack!«, versetzte die Prinzessin. »Wenn ich ihn küssen kann, dann könnt ihr es ebenfalls. Denkt daran, dass ich euch Kost und Lohn gebe!« Es half nichts, die Hofdame musste wieder zu ihm hin.

»Hundert Küsse von der Prinzessin«, sagte er, »oder jedes behält das seinige.«

»Stellt euch vor mich hin«, sagte die Prinzessin, und da stellten sich alle Hofdamen vor sie, und nun küsste er.

»Was mag nur der Auflauf dort unten beim Schweinekoben zu bedeuten haben!«, sagte der Kaiser, der auf den Altan hinausgetreten war. Er rieb sich die Augen und setzte sich die Brille auf. »Da haben sicher die Hofdamen ihre Hand im Spiel. Ich will einmal zu ihnen hinunter!«

Schnell zog er seine Pantoffeln hinten in die Höhe, denn es waren Schuhe, die er niedergetreten hatte.

Potztausend, wie eilig er es hatte!

Als er in den Hof hinunterkam, trat er ganz leise auf, und die Hofdamen hatten so viel damit zu tun, die Küsse zu zählen, damit es hübsch ehrlich dabei zuginge und er nicht zu viele, aber auch nicht zu wenige erhielte, dass sie den Kaiser gar nicht bemerkten. Er stellte sich auf die Fußspitzen.

»Was ist denn das?«, sagte er, als er sah, wie sie sich küssten, und dann schlug er mit dem Pantoffel auf sie los, gerade als der Schweinehirt den sechsundachtzigsten Kuss empfing.

»Hinaus!«, rief der Kaiser, denn er war sehr zornig, und sowohl der Schweinehirt wie die Prinzessin wurden aus seinem Kaiserreich vertrieben.

Da stand sie nun und weinte, der Schweinehirt schalt und der Regen floss stromweise hernieder.

»Ach, ich elendes Menschenkind!«, seufzte die Prinzessin, »hätte ich doch den hübschen Prinzen genommen! Ach, wie unglücklich ich bin!«

Und der Schweinehirt ging hinter einen Baum, wischte sich das Schwarze und das Braune aus dem Angesicht, warf die garstigen Kleider von sich und trat nun in der Prinzentracht hervor, so schön, dass sich die Prinzessin unwillkürlich vor ihm verneigen musste.

»Du hast mich so weit gebracht, dich zu verachten!«, begann er. »Du wolltest keinen ehrlichen Prinzen haben! Du verstandest dich nicht auf Rosen und Nachtigallen, aber den Schweinehirten konntest du um eines Spielwerks willen küssen. Was du jetzt erduldest, hast du verdient.«

Und dann ging er in sein Königreich, machte die Tür zu und legte einen Riegel vor, sodass sie draußen stehen und singen konnte:

»Ach, du lieber Augustin,

Alles ist hin, hin, hin!«

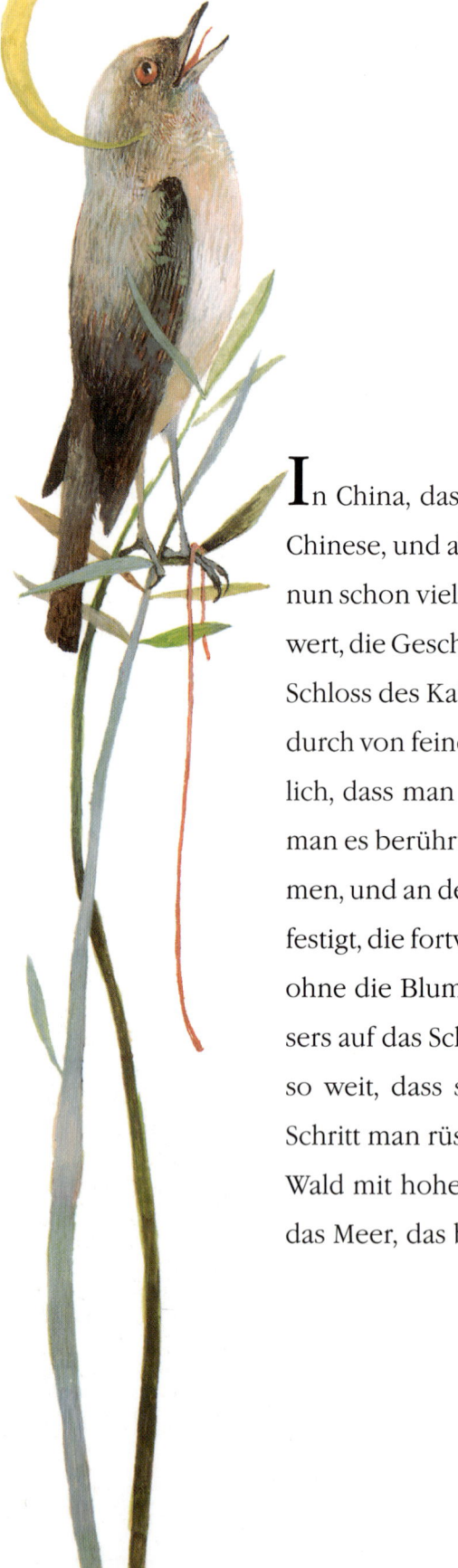

Die Nachtigall

In China, das wird dir wohl bekannt sein, ist der Kaiser ein Chinese, und alle, die ihn umgeben, sind auch Chinesen. Es ist nun schon viele Jahre her, aber gerade deshalb ist es der Mühe wert, die Geschichte zu hören, denn man vergisst sie sonst. Das Schloss des Kaisers war das prächtigste in der Welt, durch und durch von feinem Porzellan, so kostbar, aber auch so zerbrechlich, dass man sich ordentlich in Acht nehmen musste, wenn man es berührte. Im Garten sah man die merkwürdigsten Blumen, und an den allerprächtigsten waren silberne Glocken befestigt, die fortwährend tönten, damit man nicht vorüberginge, ohne die Blumen zu bemerken. Alles war im Garten des Kaisers auf das Scharfsinnigste ausgedacht, und er erstreckte sich so weit, dass selbst der Gärtner dessen Ende nicht kannte. Schritt man rüstig weiter, so gelangte man in den herrlichsten Wald mit hohen Bäumen und tiefen Seen. Der Wald stieß an das Meer, das blau und tief war. Große Schiffe konnten unter den überhängenden Zweigen hinsegeln, und in diesen wohnte eine Nachtigall, die so schmelzend sang, dass selbst der arme Fischer, der vollauf von seiner Arbeit in Anspruch genommen war, still lag und lauschte, wenn er nachts ausgefahren war, sein Netz aufzuziehen, und dann die Nachtigall hörte. »Mein Gott, wie ist das schön!«, sagte er, dann aber musste er seinem Gewerbe nachgehen und vergaß den Vogel. Doch wenn dieser in der nächsten Nacht wieder sang und der Fischer dorthin kam, wiederholte er: »Mein Gott, wie ist das doch schön!«

Von allen Ländern der Welt kamen Reisende nach der Stadt des Kaisers und bewunderten sie, das Schloss und den Garten; vernahmen sie aber die Nachtigall, dann sagten sie alle: »Das ist doch das Allerbeste!«

Die Reisenden erzählten davon nach ihrer Heimkehr, und die Gelehrten schrieben Bücher über die Stadt, das Schloss und den Garten; aber die Nachtigall vergaßen sie nicht; der wurde das Hauptkapitel gewidmet; und die, welche dichten konnten, schrieben die herrlichsten Gedichte über die Nachtigall im Wald bei dem tiefen See.

Die Bücher wurden in alle Sprachen übersetzt und einige gerieten dann auch einmal dem Kaiser in die Hände. Er saß in seinem goldenen Stuhl, las und las und nickte jeden Augenblick mit dem Kopf, denn es freute ihn, diese prächtigen Beschreibungen von der Stadt, dem Schloss und dem Garten zu vernehmen.

»Aber die Nachtigall ist doch das Allerbeste!«, stand da geschrieben!

»Was soll das heißen?«, sagte der Kaiser. »Die Nachtigall? Die kenne ich ja gar nicht. Gibt es einen solchen Vogel in meinem Kaiserreich und sogar in meinem eigenen Garten? Davon habe ich nie gehört! So etwas muss man erst aus den Büchern erfahren!«

Darauf rief er seinen Kavalier, der so vornehm war, dass er, wenn ihn ein

Geringerer anzureden begann oder um etwas zu fragen wagte, nichts als »P!« antwortete, und »P!« hat doch nichts zu bedeuten.

»Hier soll sich ja ein höchst merkwürdiger Vogel aufhalten, der Nachtigall genannt wird!«, redete ihn der Kaiser an. »Man sagt, dass er das Allerbeste in meinem großen Reich ist! Weshalb hat man mir nie etwas von ihm gesagt?«

»Ich habe ihn nie vorher nennen hören!«, sagte der Kavalier. »Er ist nie bei Hofe vorgestellt worden!«

»Ich will, dass er heute Abend herkommt und vor mir singt!«, fuhr der Kaiser fort. »Die ganze Welt weiß, was ich habe, und ich weiß es nicht!«

»Ich habe ihn nie vorher nennen hören«, entgegnete der Kavalier, »aber ich werde ihn suchen, ich werde ihn finden!«

Aber wo war er zu finden? Der Kavalier lief treppauf und treppab, durch Säle und Gänge, keiner von allen, die er traf, hatte von der Nachtigall je reden hören, und der Kavalier lief wieder zum Kaiser und behauptete, es müsste gewiss eine Fabel der Buchschreiber sein.

»Eure Kaiserliche Majestät können sich gar nicht vorstellen, was alles geschrieben wird. Das sind Erdichtungen, die zur so genannten Schwarzen Kunst gehören!«

»Aber das Buch, in dem ich es gelesen habe«, versetzte der Kaiser, »ist mir von dem großmächtigen Kaiser von Japan geschickt worden, und folglich kann es keine Unwahrheit sein. Ich will die Nachtigall hören! Sie soll heute Abend hier sein! Sie steht in meiner allerhöchsten Gnade! Und kommt sie nicht, so lasse ich dem ganzen Hof, wenn er Abendbrot gegessen hat, auf den Bauch treten!«

»Tsing-Pe!«, sagte der Kavalier und lief wieder treppauf und treppab, durch alle Säle und Gänge. Der halbe Hof lief mit, denn sie wollten sich nicht gern auf den Bauch treten lassen. Da war ein Fragen nach der merkwürdigen Nachtigall, die alle Welt kannte, nur niemand bei Hofe. Endlich trafen sie ein kleines, armes Küchenmädchen. Sie sagte: »O Gott, die Nachtigall! Die kenne ich gut! Ja, wie kann die singen! Jeden Abend darf ich meiner armen, kranken Mutter einige Speisereste bringen. Sie wohnt unten am Meeresufer, und wenn ich zurückkehre, müde bin und im Wald ruhe, dann höre ich die Nachtigall singen. Die Tränen treten mir dabei in die Augen, es kommt mir gerade so vor, als ob mich meine Mutter küsste!«

»Kleines Küchenmädchen!«, sagte der Kavalier. »Ich will Ihr eine feste Anstellung in der Küche und die Erlaubnis, den Kaiser speisen zu sehen, verschaffen, falls Sie uns zur Nachtigall führen kann, denn sie ist heute Abend zum Gesang befohlen!«

Darauf zogen sie alle nach dem Wald hinaus, wo die Nachtigall zu singen pflegte; der halbe Hof war mit. Als sie im besten Marsch waren, fing eine Kuh zu brüllen an.

»Oh«, sagte ein Hofjunker, »nun haben wir sie! Es steckt doch wirklich eine ganz außerordentliche Kraft in einem so kleinen Tierchen. Ich habe sie sicher schon früher einmal gehört!«

»Nein, das sind Kühe, welche brüllen!«, sagte das kleine Küchenmädchen. »Wir sind noch weit von der Stelle entfernt!«

Jetzt quakten Frösche im Sumpf.

»Herrlich!«, sagte der chinesische Schlossprediger. »Nun höre ich sie; es klingt gerade wie kleine Kirchenglocken!«

»Nein, das sind die Frösche!«, versetzte das kleine Küchenmädchen. »Aber nun werden wir sie, denke ich, bald hören!«

Da begann die Nachtigall zu schlagen.

»Da ist sie!«, rief das kleine Mädchen. »Hört, hört, und dort sitzt sie!« Und dabei zeigte sie auf einen kleinen grauen Vogel oben in den Zweigen.

»Ist es möglich!«, sagte der Kavalier. »So hätte ich sie mir nimmer vorgestellt! Wie einfach sie aussieht! Sie ist sicher erbleicht, weil sie so viele vornehme Leute um sich sieht!«

»Kleine Nachtigall!«, rief das kleine Küchenmädchen ganz laut. »Unser allergnädigster Kaiser wünscht, dass du vor ihm singst!«

»Mit größtem Vergnügen!«, erwiderte die Nachtigall und sang dann, dass es eine wahre Lust war.

»Es klingt gerade wie Glasglocken!«, sagte der Kavalier. »Und seht nur die kleine Kehle, wie die sich anstrengt! Es ist merkwürdig, dass wir sie früher nie gehört haben! Sie wird großen Erfolg bei Hof haben!«

»Soll ich noch einmal vor dem Kaiser singen?«, fragte die Nachtigall, welche glaubte, dass der Kaiser zugegen wäre.

»Meine vortreffliche, liebe Nachtigall!«, sagte der Kavalier. »Ich habe die große Freude, Sie zu einem Hoffest heute Abend zu befehlen, wo Sie Seine Kaiserliche Gnaden mit Ihrem reizenden Gesang bezaubern sollen!«

»Es nimmt sich im Grünen am besten aus!«, entgegnete die Nachtigall, aber sie ging doch mit, als sie hörte, dass es der Kaiser wünschte. Im Schloss war alles im festlichen Staat. Wände und Fußboden, die von Porzellan waren, erglänzten im Schein vieler tausend goldener Lampen. Die schönsten Blumen, die recht laut klingeln konnten, waren in den Gängen aufgestellt. Da war ein Laufen und machte sich ein gewaltiger Zugwind fühlbar, und alle Glocken klingelten, sodass man sein eigenes Wort nicht verstand. Mitten in dem Saale, in dem der Kaiser saß, war eine kleine goldene Säule aufgestellt, auf welcher die Nachtigall sitzen sollte. Der ganze Hof war dort versammelt, und das kleine Küchenmädchen hatte die Erlaubnis erhalten, hinter der Tür zu stehen, da ihr nun der Titel einer wirklichen Hofköchin beigelegt war. Alle hatten ihre Festgewänder angelegt, und alle sahen den kleinen grauen Vogel an, dem der Kaiser zunickte.

Die Nachtigall sang so lieblich, dass dem Kaiser Tränen in die Augen traten; die Tränen liefen ihm über die Wangen hinab, und nun sang die Nachtigall noch schöner, dass es recht zu Herzen ging. Der Kaiser war so froh und zufrieden, dass er zu bestimmen geruhte, die Nachtigall sollte einen goldenen Pantoffel um den Hals tragen. Die Nachtigall aber dankte, sie hätte schon eine hinreichende Belohnung erhalten.

»Ich habe Tränen in den Augen des Kaisers gesehen, das ist mir der reichste Schatz! Eines Kaisers Tränen haben eine wunderbare Macht! Gott weiß, ich bin belohnt genug!« Dann sang sie wieder mit ihrer süßen, bezaubernden Stimme.

»Das ist die liebenswürdigste Art, sich Gunst zu erwerben!«, sagten die Damen ringsherum, und dann nahmen sie Wasser in den Mund, um zu schluchzen, wenn jemand mit ihnen spräche. Sie hielten sich dann ebenfalls für Nachtigallen. Ja selbst die Diener und Kammermädchen ließen ihre höchste Zufriedenheit melden, und das will viel sagen, denn gerade sie erheben die größten Ansprüche. Ja, die Nachtigall hatte wirklich Erfolg.

Sie sollte nun bei Hofe bleiben, ihren eigenen Käfig haben und die Freiheit genießen, zweimal des Tages und einmal des Nachts sich im Freien zu ergehen. Zwölf Diener mussten sie begleiten, die sie alle an einem um das eine Bein geschlungenen Band festhielten. Es war gerade kein Vergnügen bei dergleichen Ausgängen. Die ganze Stadt sprach nur von dem merkwürdigen Vogel, und begegneten sich zwei, so seufzten sie und stellten sich so verzückt, als ob es mit ihnen nicht ganz richtig wäre. Ja, elf Kinder wurden nach ihr benannt, obwohl ihre Stimmen keine große Anlage zur Gesangskunst verrieten. Eines Tages wurde dem Kaiser eine große Schachtel überreicht, auf der geschrieben stand: »Nachtigall!«

»Da haben wir nun ein neues Buch über unseren berühmten Vogel!«, sagte der Kaiser; aber es war kein Buch, es war ein kleines Kunstwerk, das in einer Schachtel lag, eine künstliche Nachtigall, die der lebendigen ähneln sollte, aber überall mit Diamanten, Rubinen und Saphiren besetzt war. Sobald man den künstlichen Vogel aufzog, konnte er eins der Stücke singen, welche die wirkliche Nachtigall sang, und dabei bewegte er den Schwanz auf und nieder und glänzte von Silber und Gold. Um den Hals hing ihm ein Bändchen, auf dem geschrieben stand: »Die Nachtigall des Kaisers von Japan ist arm gegen die des Kaisers von China!«

»Das ist herrlich!«, sagten sie sämtlich, und derjenige, der den künstlichen Vogel überbracht hatte, erhielt sofort den Titel eines kaiserlichen Oberhofnachtigallenüberbringers.

»Nun müssen sie zusammen singen! Was wird das für ein Duett werden!«

So mussten sie denn zusammen singen, aber es wollte nicht recht gehen, denn die wirkliche Nachtigall sang auf ihre Art, und der Kunstvogel sang auf Walzen. »Der trägt nicht die Schuld!«, sagte der Spielmeister. »Der ist besonders taktfest und ganz aus meiner Schule!« Nun sollte der Kunstvogel allein singen. Er hatte ebenso großen Erfolg wie der wirkliche und dann bot er auch einen viel niedlicheren Anblick dar; er funkelte wie Armbänder und Brustnadeln. Dreiunddreißigmal sang er ein und dasselbe Stück und wurde doch nicht müde. Die Leute hätten ihn gern wieder von vorn gehört, doch meinte der Kaiser, dass nun auch die lebendige Nachtigall etwas vortragen sollte – aber wo war diese? Niemand hatte bemerkt, dass sie zum offenen Fenster hinausgeflogen war, fort zu ihren Wäldern.

»Aber was ist denn das?«, rief der Kaiser, und alle Hofleute schalten und meinten, die Nachtigall wäre ein höchst undankbares Tier. »Den besten Vogel haben wir doch!«, trösteten sie sich, und so musste der Kunstvogel wieder singen, und das war das vierunddreißigste Mal, dass ihnen dasselbe Stück vorgesungen wurde; aber sie kannten es immer noch nicht vollkommen, denn es war gar schwer. Der Spielmeister lobte den Vogel über alle Maßen, ja, er versicherte, er wäre besser als die wirkliche Nachtigall, nicht nur was die Kleider und die vielen strahlenden Diamanten anlangte, sondern auch in Hinsicht des Inwendigen.

»Denn sehen Sie, meine Herrschaften, und vor allem Eure Kaiserliche Gnaden, bei der wirklichen Nachtigall kann man nie berechnen, was da kommen wird, aber bei dem Kunstvogel ist alles bestimmt. So wird es und nicht anders. Man kann Rechenschaft darüber ablegen; man kann ihn öffnen, kann die menschliche Berechnung nachweisen, zeigen, wie die Walzen liegen, wie sie gehen und wie sich eins aus dem anderen ergibt ...«

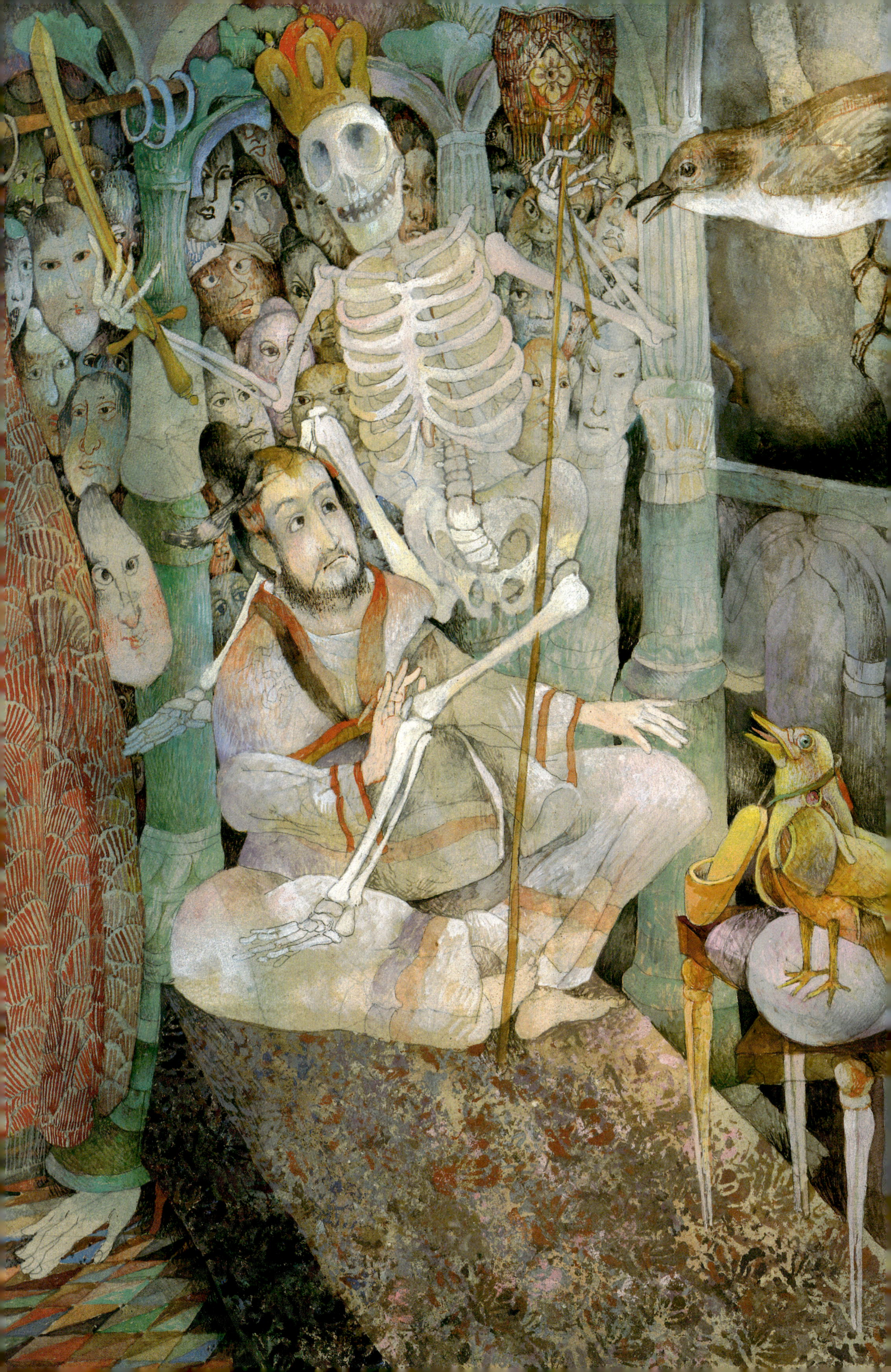

»Das sind ganz meine Gedanken!«, behaupteten alle, und der Spielmeister erhielt Erlaubnis, den Vogel am nächsten Sonntag dem Volke vorzuweisen. »Sie sollen ihn auch singen hören!«, sagte der Kaiser, und sie hörten ihn und wurden so aufgeräumt, als hätten sie sich am Tee berauscht, denn das ist echt chinesisch. Und alle riefen: »Oh!« und hielten nach ihrer Sitte einen Finger in die Höhe und nickten dabei. Aber die armen Fischer, welche die wirkliche Nachtigall gehört hatten, meinten: »Das klingt wohl ganz hübsch, es lässt sich auch eine Ähnlichkeit der Melodie nicht ableugnen, aber es fehlt etwas – etwas ... Ich weiß es nur nicht recht auszudrücken!«

Die wirkliche Nachtigall ward aus Land und Reich verwiesen.

Der Kunstvogel hatte seinen Platz auf einem seidenen Kissen, unmittelbar neben dem Bett des Kaisers. Alle Geschenke, die er erhalten hatte, Gold und Edelsteine, lagen rings um ihn her, und im Titel war er bereits bis zum »Hochkaiserlichen Nachttischsänger« mit dem Rang eines Rates erster Klasse zur linken Seite aufgestiegen. Der Kaiser hielt nämlich die Seite für die vornehmste, auf welcher das Herz säße, und das Herz sitzt auch bei einem Kaiser auf der linken. Der Spielmeister aber schrieb fünfundzwanzig dicke Bände über den Kunstvogel. Es war dies Werk so gelehrt und so lang, wimmelte so sehr von den allerschwersten chinesischen Wörtern, dass alle Leute behaupteten, sie hätten es gelesen und verstanden, denn sonst wären sie ja dumm gewesen und auf den Bauch getreten worden.

So ging es ein ganzes Jahr: Der Kaiser, der Hof und alle anderen Chinesen kannten jeden Laut in dem Gesang des Kunstvogels auswendig, aber gerade deshalb hielten sie die größten Stücke auf ihn. Sie konnten selbst mitsingen und taten es. Die Gassenbuben sangen: »Zizizi! Kluckkluckkluck!«, und der Kaiser sang es. Oh, es war himmlisch!

Aber eines Abends, als der Kunstvogel gerade am besten sang und der

Kaiser im Bett lag und zuhörte, ging es inwendig im Vogel: »Schwupp!« Da sprang etwas: »Schnurrrrr!« Alle Räder liefen herum und dann schwieg die Musik.

Der Kaiser sprang sogleich aus dem Bett und ließ seinen Leibarzt holen, aber was konnte der helfen? Dann schickte man nach dem Uhrmacher, und nach vielem Fragen und vielem Untersuchen setzte er den Vogel wenigstens einigermaßen wieder instand, erklärte aber, er müsste sehr geschont werden, denn die Zapfen wären abgenutzt, und es wäre unmöglich, neue dergestalt einzusetzen, dass die Musik sicher ginge. Da war nun große Trauer! Jährlich durfte man den Kunstvogel nur einmal singen lassen und schon das war ein großes Wagnis. Dann aber hielt der Spielmeister eine kleine Rede und versicherte, dass alles noch so gut wäre wie früher, und dann war es so gut wie früher.

Nun waren fünf Jahre verstrichen, als das ganze Land plötzlich eine wirkliche Ursache zu großer Trauer bekam. Im Grunde hielten alle viel von ihrem Kaiser, und nun war er krank und konnte, wie man sagte, nicht länger leben. Ein neuer Kaiser war schon im Voraus gewählt, und das Volk stand draußen auf der Straße und fragte den Kavalier, wie es mit ihrem Herrn stände.

»P!«, sagte er und schüttelte den Kopf.

Kalt und bleich lag der Kaiser in seinem großen, prächtigen Bett; der ganze Hof hielt ihn für tot, und jeder lief, dem neuen Kaiser seine Aufwartung zu machen; die Kammerdiener liefen hinaus, um darüber zu plaudern, und die Schlossmägde hielten große Kaffeegesellschaft. Ringsumher in allen Sälen und Gängen waren Tuchdecken gelegt, damit man keinen Tritt vernähme, und deshalb war es überall so still, so still. Aber der Kaiser war noch nicht tot. Steif und bleich lag er in dem prächtigen Bett mit den langen Samtvorhängen und den schweren Goldquasten. Hoch oben stand ein Fenster offen und der Mond schien herein auf den Kaiser und den Kunstvogel.

Der arme Kaiser konnte kaum noch atmen; es war ihm, als ob etwas auf seiner Brust läge. Er schlug die Augen auf, und da sah er, dass es der Tod war, der auf seiner Brust saß. Er hatte sich seine goldene Krone aufgesetzt und hielt in der einen Hand den goldenen Säbel des Kaisers und in der anderen dessen prächtige Fahne. Aus den Falten der großen Samtvorhänge schauten ringsumher seltsame Köpfe hervor, einige sehr hässlich, andere Frieden verheißend und mild. Es waren alle bösen und guten Taten des Kaisers, die ihn jetzt, da der Tod auf seinem Herzen saß, anblickten.

»Erinnerst du dich dessen?«, flüsterte eine nach der anderen. »Erinnerst du dich dessen?« Und dann erzählten sie ihm so viel, dass ihm der Schweiß von der Stirn lief.

»Das habe ich nie gewusst!«, seufzte der Kaiser. »Musik, Musik, die große chinesische Trommel«, rief er, »damit ich nicht das alles höre, was sie sagen!«

Aber sie verstummten nicht, und der Tod nickte wie ein Chinese zu allem, was gesagt wurde.

»Musik, Musik!«, schrie der Kaiser. »Du kleiner, lieblicher Goldvogel, singe doch, singe! Ich habe dir Gold und Kostbarkeiten gegeben; ich habe dir selbst meinen goldenen Pantoffel um den Hals gehängt, singe doch, singe!«

Aber der Vogel schwieg, es war niemand da, ihn aufzuziehen, und so sang er nicht. Aber der Tod fuhr fort, ihn mit seinen großen leeren Augenhöhlen anzuschauen, und es war so still, so schrecklich still.

Da ertönte plötzlich, dicht neben dem Fenster, herrlicher Gesang. Er rührte von der kleinen, lebenden Nachtigall her, die draußen auf einem

Zweig saß. Sie hatte von ihres Kaisers Not gehört und war deshalb gekommen, ihm Trost und Hoffnung zuzusingen. Und wie sie sang, erbleichten die Spukgestalten mehr und mehr, immer rascher pulsierte das Blut in des Kaisers schwachem Körper, und selbst der Tod lauschte und sagte: »Fahre fort, kleine Nachtigall, fahre fort!«

»Ja, wenn du mir den prächtigen goldenen Säbel geben willst; wenn du mir die reiche Fahne und des Kaisers Krone geben willst!«

Und der Tod gab jedes Kleinod für einen Gesang hin und die Nachtigall war unermüdlich in ihrem Gesang. Sie sang von dem stillen Friedhof, wo die weißen Rosen wachsen, wo der Flieder duftet und wo das frische Gras von den Tränen der Überlebenden benetzt wird. Da bekam der Tod Sehnsucht nach seinem Garten und schwebte wie ein kalter weißer Nebel zum Fenster hinaus.

»Dank, Dank«, sagte der Kaiser, »du himmlischer kleiner Vogel, ich kenne dich wohl! Dich habe ich aus meinem Land und Reich verwiesen, und doch hast du die bösen Geister von meinem Bett hinweggesungen, den Tod von meinem Herzen vertrieben! Wie soll ich dir lohnen?«

»Du hast mir gelohnt!«, sagte die Nachtigall. »Tränen haben deine Augen vergossen, als ich das erste Mal sang; das vergesse ich dir nie, das sind die Juwelen, die eines Sängers Herzen wohl tun. Aber schlafe nun, werde frisch und gesund! Ich will dich einsingen.«

Sie sang – und der Kaiser fiel in einen süßen Schlaf; sanft und wohltuend war der Schlaf!

Die Sonnenstrahlen fielen durch das Fenster auf ihn, als er gestärkt und gesund erwachte. Noch war keiner von seinen Dienern zurückgekommen, denn sie hielten ihn für tot, aber die Nachtigall saß noch da und sang.

»Immer musst du bei mir bleiben!«, sagte der Kaiser. »Du sollst nur singen, wenn du willst, und den Kunstvogel schlage ich in tausend Stücke!«

»Tue es nicht!«, sagte die Nachtigall. »Das Gute, was er vermochte, hat er ja getan; behalte ihn nach wie vor! Ich kann in einem Schloss nicht wohnen, aber lass mich kommen, wenn mich selbst die Lust dazu treibt! Dann will ich des Abends dort auf dem Zweig bei dem Fenster sitzen und dir vorsingen, damit du froh, aber auch zugleich nachdenklich wirst. Ich will singen von den Glücklichen und von denen, die leiden; ich will singen vom Bösen und Guten, was dir verhehlt wird. Der kleine Singvogel fliegt weit umher zu dem armen Fischer, zu des Landmannes Dach, zu jedem, der fern von dir und deinem Hof ist. Dein Herz liebe ich mehr als deine Krone und doch hat die Krone etwas von dem Duft des Heiligen an sich. – Ich komme, ich singe dir vor! Aber eins musst du mir versprechen!«

»Alles!«, sagte der Kaiser und stand da in seiner kaiserlichen Tracht, die er sich selbst angelegt hatte, und legte den Säbel, der von Gold schwer war, gegen sein Herz.

»Um eins bitte ich dich! Erzähle niemandem, dass du einen kleinen Vogel hast, der dir alles sagt, dann wird es noch besser gehen!«

Darauf flog die Nachtigall fort.

Die Diener kamen herein, um nach ihrem toten Kaiser zu sehen; ja, da standen sie – und der Kaiser sagte: »Guten Morgen!«

Die Brautleute

Kreisel und Ball lagen zwischen anderem Spielzeug zusammen in einem Schubfach, und da sagte der Kreisel zum Ball: »Wollen wir nicht Brautleute sein, da wir doch in einem Schubfach beieinander liegen?« Doch der Ball, der aus Saffianleder genäht war und sich ebenso viel wie ein feines Fräulein einbildete, wollte auf dergleichen gar keine Antwort erteilen.

Am nächsten Tag kam der Besitzer des Spielzeugs, ein kleiner Knabe, und bemalte den Kreisel auf der Oberfläche rot und golden und schlug einen Messingnagel mitten hinein. Das nahm sich sehr prächtig aus, wenn der Kreisel sich herumdrehte.

»Sehen Sie mich an!«, sagte er zum Ball. »Was sagen Sie nun? Wollen wir nun nicht Brautleute sein? Wir passen gar gut zueinander, Sie springen und ich tanze. Glücklicher als wir beide könnten andere niemals werden!«

»So, meinen Sie wirklich?«, entgegnete der Ball. »Sie wissen wohl nicht, dass mein Vater und meine Mutter Saffianpantoffeln gewesen sind und dass ich einen Kork im Leib habe?«

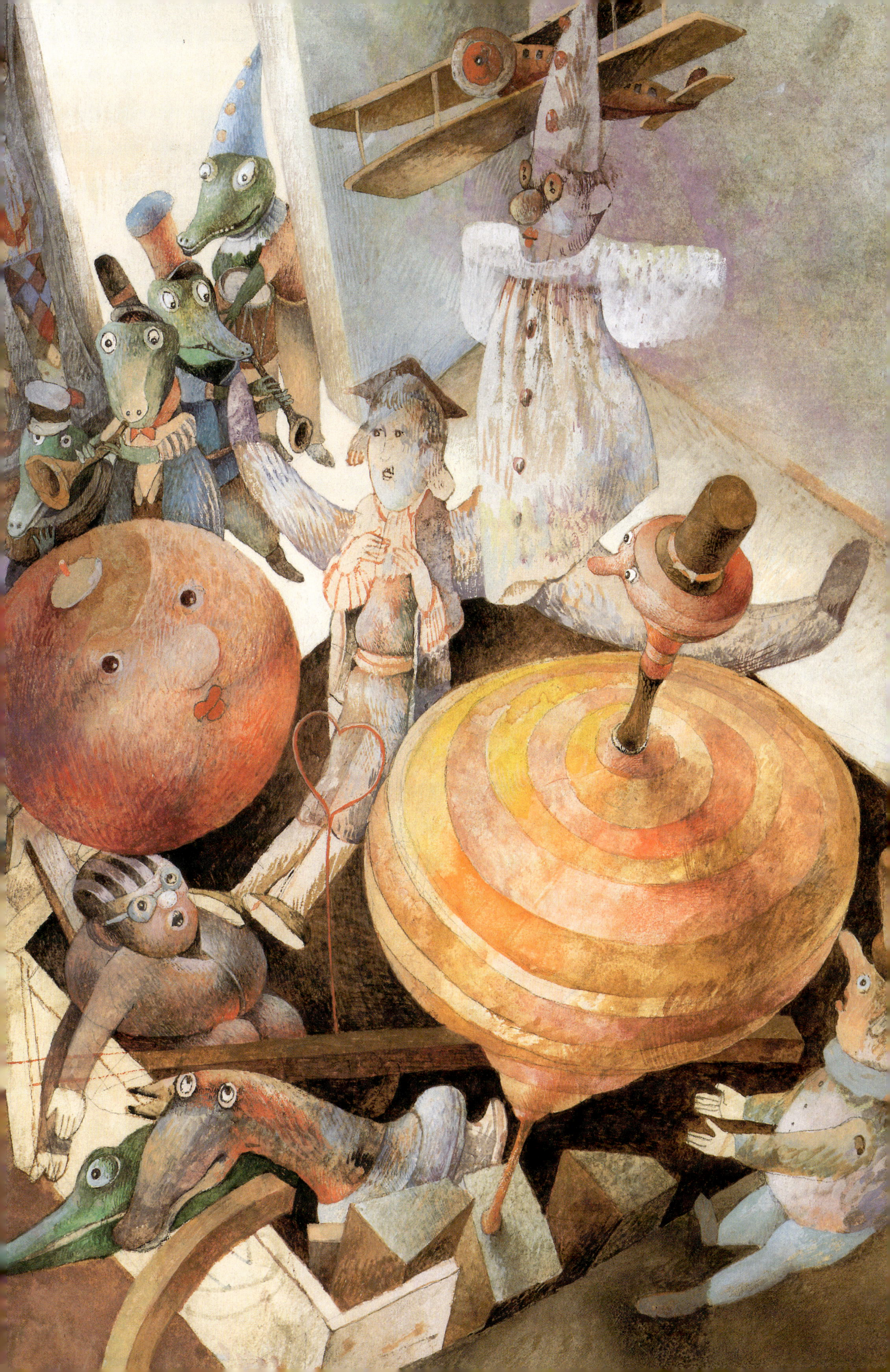

»Ja, aber ich bin von Mahagoniholz«, sagte der Kreisel, »und der Bürgermeister hat mich selbst gedreht, er besitzt eine eigene Drehbank, und es hat ihm viel Vergnügen gewährt!«

»Kann ich mich darauf verlassen?«, fragte der Ball.

»Ich will die Peitsche bekommen, wenn ich lüge!«, beteuerte der Kreisel.

»Sie verstehen, für sich zu reden«, sagte der Ball, »aber ich kann gleichwohl nicht einwilligen. Ich bin mit einer Schwalbe so gut wie halb verlobt. Sooft ich mich in die Luft erhebe, steckt sie den Kopf aus ihrem Nest und fragt: ›Wollen Sie? Wollen Sie?‹ Innerlich habe ich bereits Ja gesagt und es ist demnach so gut wie eine halbe Verlobung. Aber ich verspreche Ihnen, Sie nie zu vergessen!«

»Das wird mir großen Nutzen bringen!«, meinte der Kreisel, und dann sprachen sie nicht mehr miteinander.

Am nächsten Tag wurde der Ball hervorgeholt. Der Kreisel sah, wie er gleich einem Vogel hoch in die Luft flog, bis er zuletzt dem Auge ganz entschwand. Er kehrte jedes Mal wieder zurück, machte aber, sobald er die Erde berührte, immer von neuem einen Sprung, sei es nun, dass es aus Sehnsucht geschah oder weil er einen Kork im Leib hatte. Beim neunten Mal blieb aber der Ball ganz fort und kam nicht mehr wieder. Der Knabe suchte und suchte, aber fort war er und blieb er.

»Ich weiß wohl, wo er ist«, seufzte der Kreisel, »er ist im Schwalbennest und ist nun mit der Schwalbe verheiratet!«

Je mehr der Kreisel darüber nachdachte, desto mehr fühlte er sich zu dem Ball hingezogen. Gerade weil er ihn nicht bekommen konnte, darum wuchs seine Liebe. Dass er einen anderen vorgezogen hatte, das war das Eigentümliche dabei. Der Kreisel drehte sich fortwährend um sich selbst und schnurrte, aber immer gedachte er dabei des Balles, der in seinen Gedanken schöner und schöner wurde. Darüber verging manches Jahr – und da war es eine alte Liebe.

Der Kreisel war nicht mehr jung, aber da wurde er eines Tages über und über vergoldet. Nie hatte er so herrlich ausgesehen! Er war nun ein richtiger Goldkreisel und sprang, dass es nur so schnurrte. Ja, das lasse ich mir gefallen! Aber auf einmal sprang er zu hoch und – fort war er.

Man suchte und suchte, sogar unten im Keller, aber er war gleichwohl nicht zu finden. Wo war er?

Er war in ein Kehrichtfass gesprungen, in dem allerlei Abfälle lagen: Kohlstrünke, Kehricht, auch Moos und Schutt, die von der Dachrinne hinuntergefallen waren.

»Ein schöner Platz für mich! Hier wird meine Vergoldung bald abgehen. Welchem Lumpenpack muss ich hier Gesellschaft leisten!« Dabei schielte er nach einem Kohlstrunk, der ihm allzu nahe lag, und nach einem seltsamen runden Ding, das fast wie ein alter Apfel aussah. Aber es war kein Apfel, es war ein alter Ball, der viele Jahre oben in der Dachrinne gelegen hatte und von dem eingedrungenen Wasser halb aufgelöst war.

»Gott sei Dank, da kommt doch einer unsersgleichen, mit dem man reden kann!«, sagte der Ball und betrachtete den vergoldeten Kreisel. »Ich bin eigentlich von Saffianleder, von den Händen einer zarten Jungfrau genäht, und habe einen Korken im Leib, aber das wird mir jetzt wohl niemand mehr ansehen. Ich stand im Begriff, mich mit einer Schwalbe zu verheiraten, allein da fiel ich leider in die Dachrinne, wo ich fünf Jahre gelegen habe und vom Wasser aufgeweicht worden bin! Das ist freilich eine lange Zeit für ein junges Mädchen!«

Aber der Kreisel sagte nichts, er gedachte seiner alten Braut, und je mehr er hörte, desto klarer wurde es, dass sie es war.

Da kam das Dienstmädchen und wollte das Fass umkehren. »Heißa«, rief sie, »da ist der Goldkreisel!«

Der Kreisel kam wieder in die Stube und zu hohen Ehren, aber von dem Ball hörte man nichts weiter. Von seiner alten Liebe sprach der Kreisel nicht wieder. Die geht vorüber, wenn die Geliebte fünf Jahre in einer Dachrinne gelegen hat und aufgeweicht ist, ja, man erkennt sie nie wieder, wenn man ihr in dem Kehrichtfass begegnet.

Die roten Schuhe

Es war einmal ein kleines Mädchen, gar fein und niedlich, aber im Sommer musste es stets barfuß gehen, denn es war arm, und im Winter mit großen Holzschuhen, sodass der Spann an seinen Füßchen ganz rot wurde, was recht jämmerlich aussah.

Mitten im Dorf wohnte die alte Mutter Schuhmacherin. Sie saß und nähte, so gut sie vermochte, von roten alten Tuchlappen ein Paar kleine Schuhe. Plump genug waren sie, aber nichtsdestoweniger hatte die Alte es sehr gut gemeint, als sie die Arbeit für das kleine Mädchen unternahm.

Die Kleine hieß Karen.

Gerade am Begräbnistag ihrer Mutter erhielt sie die roten Schuhe und trug sie zum ersten Mal. Zum Trauern waren sie freilich nicht recht geeignet, aber sie hatte ja keine anderen, und darum zog sie sie über ihre nackten Füßchen und schritt so hinter dem ärmlichen Sarg her.

Da kam auf einmal ein großer, altmodischer Wagen angefahren, in dem eine hohe alte Frau saß. Sie betrachtete das kleine Mädchen und fühlte Mitleid mit ihm. Deshalb sagte sie zu dem Geistlichen: »Hört, gebt mir das kleine Mädchen, dann will ich getreulich für es sorgen!«

Karen bildete sich ein, sie hätte das alles nur den roten Schuhen zu verdanken, aber die alte Frau sagte, sie wären schrecklich, und ließ sie verbrennen. Karen selbst wurde rein und kleidsam angezogen; sie musste den Unterricht besuchen und nähen lernen, und die Leute sagten, sie wäre niedlich, aber der Spiegel sagte: »Du bist mehr als niedlich, du bist schön!«

Es reiste einmal die Königin durch das Land und hatte ihre kleine Tochter, die eine Prinzessin war, bei sich. Die Leute strömten vor das Schloss und auch Karen fand sich da ein. Die kleine Prinzessin stand weiß gekleidet an einer Balkontür und ließ sich bewundern; Schleppe oder Goldkrone hatte sie nicht, aber herrliche rote Saffianschuhe, die freilich weit zierlicher waren als die, welche Mutter Schuhmacherin der kleinen Karen genäht hatte. Nichts in der Welt kann doch den Vergleich mit roten Schuhen aufnehmen!

Jetzt war Karen so alt, dass sie eingesegnet werden sollte; sie erhielt neue Kleider und neue Schuhe sollte sie auch haben. Der reiche Schuhmacher in der Stadt nahm zu ihrem kleinen Fuß Maß. Es geschah zu Hause in seinem eigenen Zimmer, in dem große Glasschränke mit prächtigen Schuhen und glanzledernen Stiefeln standen. Schön nahm es sich aus, aber die alte Frau sah leider nicht gut und hatte darum auch kein Vergnügen daran. Mitten unter den Schuhen standen ein Paar rote, genau wie sie die Prinzessin getragen hatte; wie schön waren die! Der Schuhmacher sagte auch, sie wären für ein Grafenkind gearbeitet, hätten aber nicht gepasst.

»Das ist wohl Glanzleder?«, fragte die alte Frau. »Sie glänzen so!«

»Ja, sie glänzen!«, sagte Karen; und sie passten und wurden gekauft; aber die alte Frau wusste nicht, dass sie rot waren, denn nie würde sie sonst Karen erlaubt haben, mit roten Schuhen zur Einsegnung zu gehen, aber nun tat sie es. Alle Menschen sahen ihr nach den Füßen, und als sie über die Kirchenschwelle zur Chortür hineintrat, kam es ihr vor, als ob selbst die alten Bilder auf den Grabsteinen, die Porträts der Prediger und Predigerfrauen, mit steifen Kragen und langen schwarzen Kleidern, die Augen auf ihre roten Schuhe hefteten; und nur an diese dachte sie auch, als ihr der Prediger die Hand auf das Haupt legte und von der heiligen Taufe redete, vom Bund mit Gott, und dass sie sich nun wie eine erwachsene Christin aufführen sollte. Die Orgel spielte so feierlich, die lieblichen Kinderstimmen sangen und der alte Kantor sang, aber Karen dachte nur an die roten Schuhe.

Am Nachmittag erfuhr dann die alte Frau von allen Seiten, dass die Schuhe rot gewesen wären, und sie sagte, das wäre hässlich, es schicke sich nicht, und in Zukunft sollte Karen, sooft sie zur Kirche ginge, stets schwarze Schuhe anziehen, selbst wenn sie alt wären.

Am folgenden Sonntag war die erste Abendmahlsfeier der Konfirmanden; Karen sah erst die schwarzen Schuhe an, dann sah sie die roten an – und dann sah sie noch einmal die roten an und zog sie an. Es war herrlicher Sonnenschein; Karen und die alte Frau schlugen einen Fußweg durch das Korn ein, auf dem es etwas stäubte.

An der Kirchentür stand ein alter Soldat mit einem Krückstock und mit einem merkwürdig langen Bart, der mehr rot als weiß war; ja, rot war er sicher. Er verneigte sich bis zur Erde und fragte die alte Frau, ob er ihr vielleicht die Schuhe abstäuben sollte. Karen streckte gleichfalls ihren kleinen Fuß vor. »Sieh, welch prächtige Tanzschuhe!«, sagte der Soldat. »Sitzt fest, wenn ihr tanzt!« Und dann schlug er mit der Hand gegen die Sohlen.

Die alte Frau reichte dem Soldaten ein Geldstück und trat dann mit Karen in die Kirche ein. Alle Menschen drinnen sahen nach Karens roten Schuhen, und alle Bilder sahen nach ihnen, und als Karen vor dem Altar niederkniete und den goldenen Kelch an die Lippen setzte, dachte sie nur an die roten Schuhe. Es war, als ob sie vor ihr im Kelch schwämmen; und sie vergaß, das Lied mitzusingen, sie vergaß, ihr Vaterunser zu beten.

Alle Leute verließen jetzt die Kirche und die alte Frau stieg in ihren Wagen. Schon erhob Karen den Fuß, um hinter ihr einzusteigen, als der alte Soldat, der dicht dabeistand, sagte: »Sieh, welch herrliche Tanzschuhe!« Karen konnte sich nicht enthalten, einige Tanzschritte zu tun, sowie sie aber begann, tanzten die Beine unaufhaltsam fort. Es war, als hätten die Schuhe Macht über sie erhalten. Sie tanzte um die Kirchenecke, denn sie vermochte nicht innezuhalten. Der Kutscher musste hinterherlaufen und sie greifen; er hob sie in den Wagen, aber auch jetzt setzten die Füße ihren Tanz rastlos fort, sodass sie die gute alte Frau empfindlich traten. Erst als sie die Schuhe auszog, erhielten die Beine Ruhe.

Daheim wurden die Schuhe in einen Schrank gestellt, aber Karen wurde nicht müde, sie immer wieder zu betrachten.

Nun erkrankte die alte Frau, und wie das Gerücht sagte, lebensgefährlich. Pflege und Wartung waren unumgänglich nötig und niemand stand ihr näher als Karen. Aber in der Stadt war ein großer Ball, zu dem Karen eingeladen war. Sie sah die alte Frau an, die ja doch rettungslos verloren war, sie sah die roten Schuhe an, und es kam ihr vor, als ob keine Sünde dabei wäre.

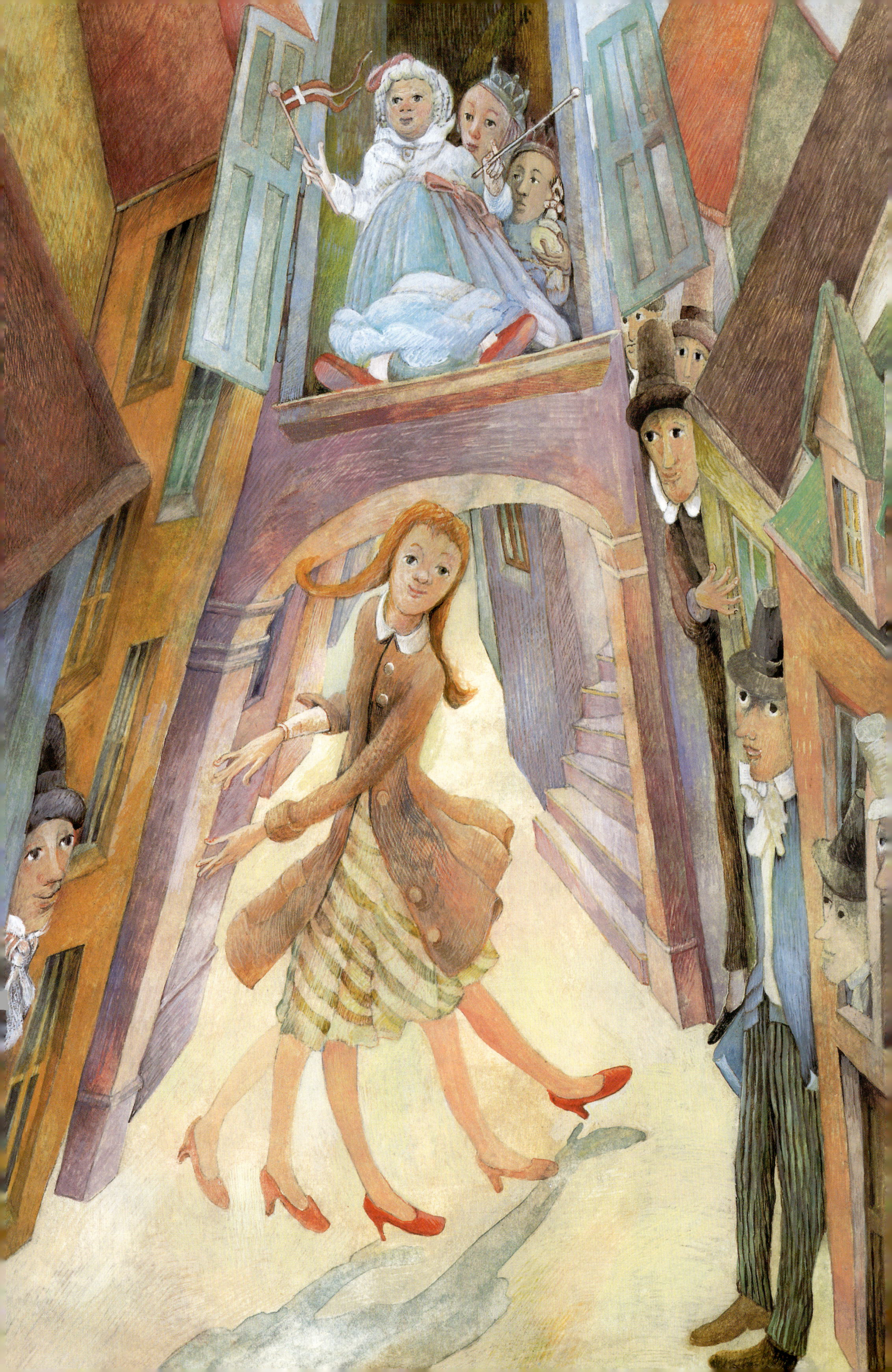

Sie zog die roten Schuhe an, und das konnte sie ja auch wohl – aber dann ging sie auf den Ball und begann zu tanzen, und das musste sie nicht tun.

Als sie aber nach rechts wollte, tanzten die Schuhe nach links, und als sie den Saal hinauf wollte, tanzten die Schuhe den Saal hinunter, die Treppe hinab, durch die Straße und zum Stadttor hinaus. Tanzen tat sie, und tanzen musste sie, gerade hinaus in den finsteren Wald.

Da leuchtete es zwischen den Bäumen, und sie glaubte, es wäre der Mond, denn es war ein Gesicht, aber es war der alte Soldat mit dem roten Bart; er saß und nickte und sagte: »Sieh, welch herrliche Tanzschuhe!«

Da erschrak sie und wollte die roten Schuhe abwerfen, aber sie hingen fest, sie schleuderte ihre Strümpfe von sich, aber die Schuhe waren an den Füßen festgewachsen, und tanzen tat sie, und tanzen musste sie über Feld und Wiese, in Regen und Sonnenschein, bei Tag und bei Nacht, aber nachts war es am entsetzlichsten.

Sie tanzte auf den offenen Kirchhof hinaus, aber die Toten, die dort ruhten, tanzten nicht, sie hatten viel Besseres zu tun als zu tanzen. Sie wollte sich auf das Grab des Armen setzen, wo das bittere Wurmkraut blühte, aber für sie war keine Ruh noch Rast, und als sie auf die offene Kirchentür zutanzte, erblickte sie neben ihr einen Engel in langen weißen Kleidern, mit Flügeln, die von den Schultern bis auf die Erde hinabreichten; sein Antlitz war streng und ernst und in der Hand hielt er ein breites und leuchtendes Schwert.

»Tanzen sollst du!«, sagte er. »Tanzen in deinen roten Schuhen, bis du bleich und kalt wirst, bis deine Haut nur noch ein Knochengerippe umgibt! Tanzen sollst du von Tür zu Tür, und wo stolze, eitle Kinder wohnen, sollst du anklopfen, dass sie dich hören und sich vor dir fürchten! Tanzen sollst du, tanzen ...«

»Gnade!«, rief Karen. Aber sie vernahm nicht, was der Engel antwortete, denn die Schuhe trugen sie durch die Pforte auf das Feld hinaus, über Weg und Steg, und immer musste sie tanzen.

Eines Morgens tanzte sie vor einer Tür vorüber, die ihr sehr wohl bekannt war. Drinnen tönte Choralgesang, man trug einen blumenbekränzten Sarg hinaus. Da wusste sie, dass die alte Frau gestorben war, und es überschlich sie das Gefühl, als ob sie von allen verlassen und von Gottes Engel verdammt wäre.

Tanzen tat sie, und tanzen musste sie, tanzen in der dunklen Nacht. Die Schuhe trugen sie über Dornen und sie ritzte sich bis aufs Blut; sie tanzte über die Heide nach einem kleinen einsamen Haus. Hier wohnte, wie sie wusste, der Scharfrichter, und sie klopfte an die Scheiben und sagte: »Kommt heraus! Kommt heraus! Ich kann nicht hineinkommen, denn ich muss tanzen!«

Der Scharfrichter entgegnete: »Du weißt wahrscheinlich nicht, wer ich bin! Ich schlage den bösen Menschen den Kopf ab, und jetzt höre ich, dass meine Axt klirrt!«

»Schlagt mir nicht den Kopf ab«, sagte Karen, »denn sonst kann ich meine Sünde nicht bereuen! Aber schlagt mir meine Füße mit den roten Schuhen ab.«

Darauf beichtete sie ihre schwere Schuld, und der Scharfrichter schlug ihr die Füße mit den roten Schuhen ab, aber die Schuhe tanzten mit den kleinen Füßen über das Feld in den tiefen Wald hinein.

Er verfertigte ihr Stelzfüße und Krücken, lehrte sie ein Sterbelied, das die armen Sünder zu singen pflegen, und sie küsste die Hand, welche die Axt geführt hatte, und schritt weiter über die Heide.

»Nun habe ich genug um der roten Schuhe willen gelitten!«, sagte sie.

»Nun will ich in die Kirche gehen, damit man mich sehen kann!« Schnell ging sie auf die Kirchentür zu, als sie sich ihr aber näherte, tanzten die roten Schuhe vor ihr her, und sie erschrak und kehrte um.

Die ganze Woche war sie traurig und weinte viele heiße Tränen, als aber der Sonntag erschien, sagte sie: »Fürwahr, nun habe ich genug gelitten und gestritten! Jetzt möchte ich glauben, dass ich ebenso gut bin wie viele von denen, die in der Kirche sitzen und hochmütig auf die anderen hinabschauen.« Mutig trat sie den Weg an; aber sie war erst bis zur Eingangstür zum Friedhof gelangt, als sie plötzlich die roten Schuhe vor sich hertanzen sah. Sie erschrak, wandte sich um und bereute von ganzem Herzen ihre Sünde.

Sie ging zur Pfarre und bot sich als Magd an, sie versprach, fleißig zu sein und alles zu tun, was in ihren Kräften stände, auf Lohn sähe sie nicht, sie wünschte nur, wieder ein Obdach zu erhalten und bei guten Menschen zu sein. Die Frau Pfarrerin fühlte Mitleid mit ihr und nahm sie in Dienst. Sie war stets fleißig und in sich gekehrt. Still saß sie da und lauschte aufmerksam, wenn der Pfarrer des Abends laut aus der Bibel vorlas. Alle Kinder gewannen sie lieb, sobald sie aber von Putz und Staat und davon sprachen, wie schön es sein müsste, eine Prinzessin zu sein, schüttelte sie den Kopf.

An einem Sonntag gingen alle zur Kirche und fragten sie, ob sie sie begleiten wollte, aber traurig und mit Tränen in den Augen sah sie auf ihre Krücken, und nun gingen die anderen hin, Gottes Wort zu hören, sie aber ging allein in ihr kleines Kämmerlein, das nur so groß war, um einem Bett und einem Stuhl Platz zu gewähren. Hier setzte sie sich mit ihrem Gesangbuch hin, und während sie frommen Sinnes darin las, trug der Wind die Orgeltöne von der Kirche zu ihr herüber, und sie erhob ihr mit Tränen benetztes Antlitz und sagte: »Gott sei mir Sünderin gnädig!«

Da schien die Sonne hell und klar, und dicht vor ihr stand der Engel Gottes in den weißen Kleidern, derselbe, den sie in jener verhängnisvollen Nacht an der Kirchentür gesehen hatte, aber er hielt nicht länger das scharfe Schwert, sondern einen herrlichen grünen Zweig voller Rosen. Er berührte mit diesem die Decke, die sich höher und höher dehnte und dort, wo sie berührt war, einen goldenen Stern hervorleuchten ließ, und er berührte die Wände, und sie erweiterten sich, bis sie die Orgel erblickte, die gespielt wurde, und die alten Bilder der früheren Pfarrer und Pfarrfrauen sah. Die Gemeinde saß in den festlich geschmückten Stühlen und sang aus dem Gesangbuch. So war die Kirche selbst zu der armen Magd in ihre kleine, enge Kammer gekommen, oder auch sie war dahin gekommen. Sie saß in dem Kirchenstuhl bei den übrigen Leuten des Pfarrers, und als sie nach Beendigung des Chorals aufblickte, nickten sie ihr zu und sagten: »Das war recht, dass du kamst, Karen!«

»Das war Gnade!«, erwiderte sie.

Und die Orgel klang und der Chor der Kinderstimmen tönte mild und lieblich. Der klare Sonnenschein strömte warm durch das Fenster in den Kirchenstuhl, in dem Karen saß, hinein. Ihr Herz ward so voller Sonnenschein, Friede und Freude, dass es brach. Auf den Sonnenstrahlen flog ihre Seele zu Gott, und vor seinem Thron war niemand, der nach den roten Schuhen fragte.

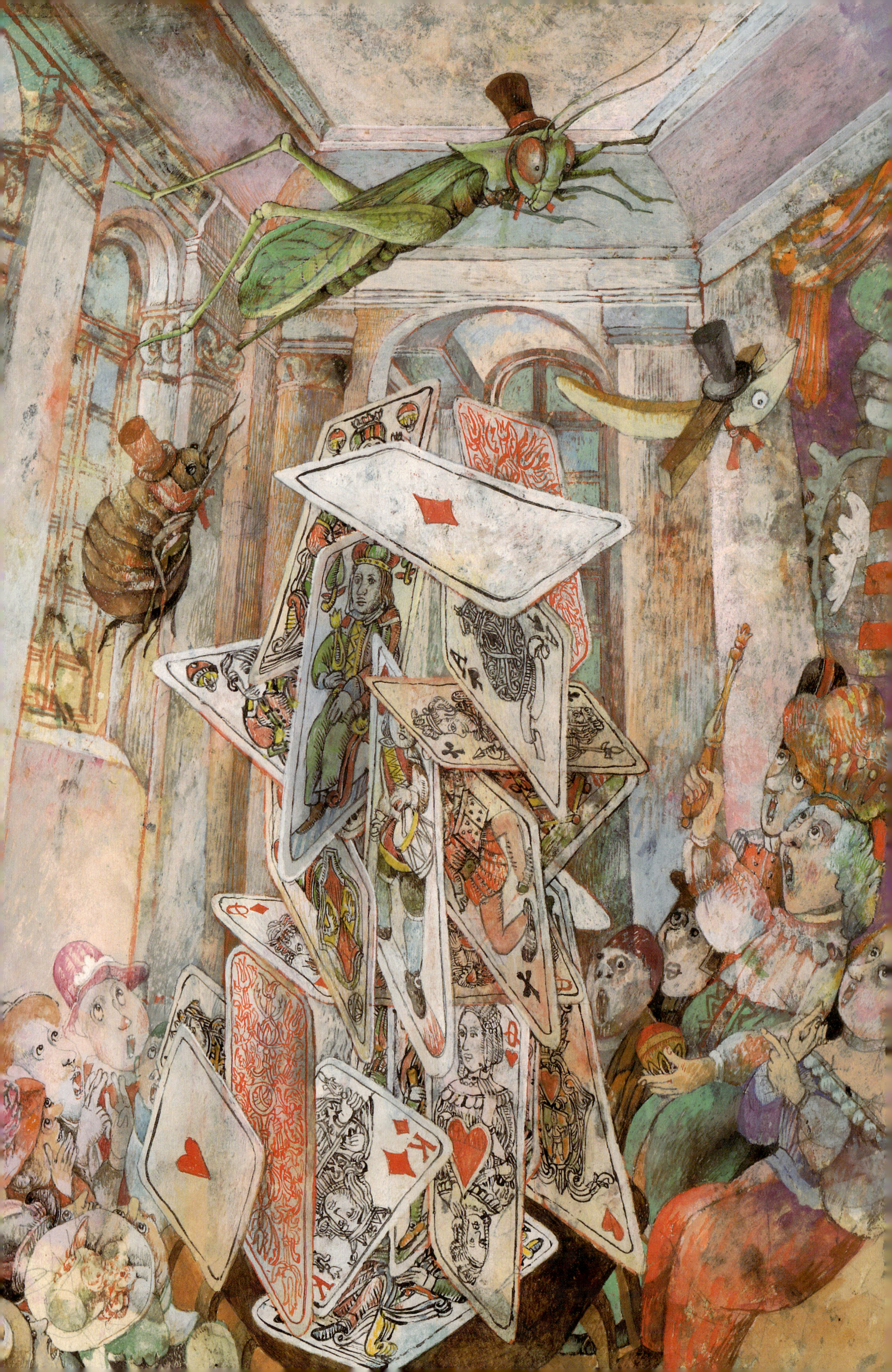

Der Springer

Der Floh, die Heuschrecke und der Hüpfauf wollten einmal sehen, wer von ihnen am höchsten springen könnte; da luden sie die ganze Welt ein und wer sonst noch kommen wollte, die Pracht mit anzusehen. Es waren drei tüchtige Springer, die sich im Zimmer versammelten.

»Ich gebe meine Tochter dem, der am höchsten springt!«, sagte der König. »Denn es wäre zu geizig, wenn diese Personen umsonst springen sollten.«

Der Floh kam zuerst vor; er hatte gar niedliche Manieren und grüßte nach allen Seiten, denn er hatte Fräuleinblut in den Adern und war gewohnt, nur mit Menschen umzugehen; und das machte sehr viel aus.

Dann kam die Heuschrecke; diese war freilich bedeutend schwerer; aber sie hatte doch eine hübsche Figur und trug eine grüne Uniform, welche ihr angeboren war. Überdies behauptete diese Person, dass sie im Lande Ägypten einer sehr alten Familie angehöre und dass sie dort hoch geschätzt werde. Sie sei vom Felde genommen und in ein Kartenhaus von drei Etagen gesetzt worden, alle aus Kartenfiguren, deren bunte Seite nach innen gekehrt zusammengeklebt waren. Da seien sowohl Türen als Fenster, und zwar im Leibe der Cœurdame ausgeschnitten. »Ich singe so«, sagte sie, »dass sechzehn eingeborene Heimchen, die von klein auf gepfiffen und doch kein Kartenhaus erhalten hatten, sich noch dünner ärgerten, als sie schon waren, da sie mich hörten!«

Alle beide, der Floh und die Heuschrecke, taten gehörig kund, wer sie waren und dass sie glaubten, eine Prinzessin heiraten zu können.

Der Hüpfauf sagte nichts; aber man erzählte von ihm, dass er desto mehr dächte; und als der Hofhund ihn bloß beschnüffelt hatte, haftete er dafür, dass der Hüpfauf von guter Familie und von dem Brustknochen einer echten Gans gemacht sei. Der alte Ratsherr, der drei Orden für das Stillschweigen erhalten hatte, versicherte, dass der Hüpfauf mit Weissagungskraft begabt wäre; man könnte an seinem Knochen erkennen, ob man einen milden oder einen strengen Winter bekäme; und das kann man nicht einmal aus dem Brustknochen desjenigen ersehen, der den Kalender schreibt.

»Ich sage nun nichts mehr!«, sagte der alte König, »ich gehe nur immer still hin und denke mir das Beste!«

Nun war es um den Sprung zu tun. Der Floh sprang so hoch, dass niemand es sehen konnte; da behaupteten sie, dass er gar nicht gesprungen wäre. Das war doch nichtswürdig!

Die Heuschrecke sprang nur halb so hoch, aber sie sprang dem Könige ins Gesicht, und dieser sagte, das wäre abscheulich.

Der Hüpfauf stand lange still und bedachte sich; am Ende glaubte man, dass er nicht springen könne.

»Wenn ihm nur nicht unwohl geworden ist!«, sagte der Hofhund, und dann beschnüffelte er ihn wieder. Rutsch! Da sprang er mit einem kleinen schiefen Sprunge hin in den Schoß der Prinzessin, welche niedrig auf einem goldenen Schemel saß.

Da sagte der König: »Der höchste Sprung ist der, zu meiner Tochter hinaufzuspringen, denn darin liegt das Feine. Aber es gehört Kopf dazu, darauf zu kommen. Und der Hüpfauf hat gezeigt, dass er Kopf hat.«

Und deshalb erhielt er die Prinzessin.

»Ich sprang doch am höchsten!«, sagte der Floh. »Aber es ist einerlei! Lass sie nur den Gänseknochen mit Stock und Pech haben. Ich sprang doch am höchsten! Allein es gehört in dieser Welt ein Körper dazu, damit man gesehen werden kann.«

Und darauf ging der Floh in fremde Kriegsdienste, wo er, wie man sagt, erschlagen worden sein soll.

Die Heuschrecke setzte sich draußen in den Graben und dachte darüber nach, wie es eigentlich in der Welt zugehe. Und sie sagte auch: »Körper gehört dazu! Körper gehört dazu!« Und dann sang sie ihr eigenes, trübseliges Lied, und daraus haben wir die Geschichte entlehnt, die trotzdem wohl erlogen sein könnte, wenn sie auch gedruckt ist.

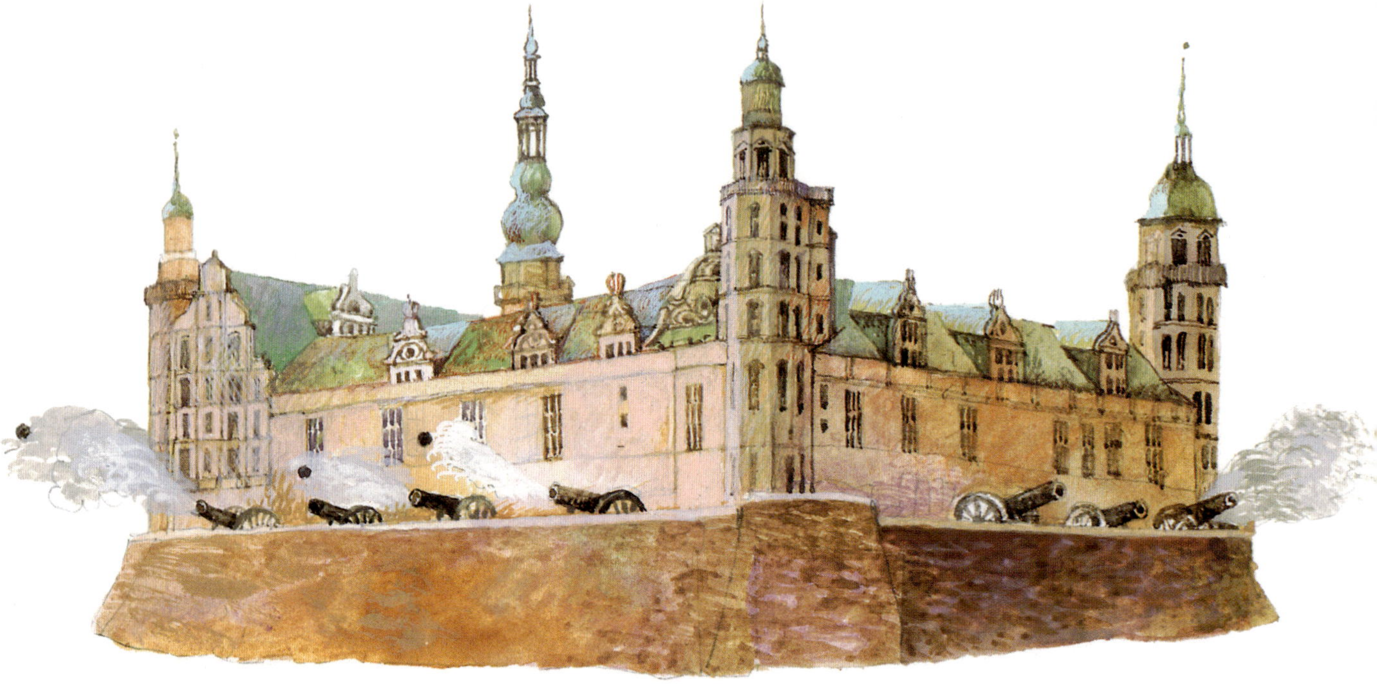

Der Däne Holger

Es ragt in Dänemark ein altes Schloss, Kronburg mit Namen, das unmittelbar am Sund liegt, wo die großen Schiffe Tag für Tag hundertweise vorübersegeln, englische sowohl wie russische und preußische. Sie begrüßen das alte Schloss mit Kanonen: »Bum!«, und das alte Schloss antwortet wieder mit Kanonen: »Bum!« Denn das ist die Sprache der Kanonen, mit denen sie »Guten Tag« und »Schönen Dank« sagen. – Im Winter segeln da keine Schiffe; alsdann ist der ganze Sund bis zur schwedischen Küste hinüber mit Eis bedeckt. Eine richtige Landstraße führt hinüber, auf der die dänische und die schwedische Flagge wehen und die Brudervölker Dänemarks und Schwedens einander begrüßen, nicht mit Kanonen, nein, mit freundschaftlichem Handschlag, und gegenseitig holen sie Weißbrot und Brezeln voneinander, denn fremde Kost schmeckt am besten. Aber das Prächtigste und das Anziehendste ist doch das alte Kronburg, unter dem im tiefen, finsteren Keller, zu dem niemand Eintritt erhält, der Däne Holger sitzt. Er ist in Eisen und Stahl gekleidet und stützt sein Haupt auf die starken Arme; sein langer Bart hängt über den Marmortisch hinaus, durch den er gewachsen ist. Er schläft und träumt, aber im Traum sieht er alles, was sich oben in Dänemark ereignet. Jeden Weihnachtsabend kommt ein Engel Gottes und sagt ihm, dass seine Träume auf Wirklichkeit beruhen und dass er ruhig weiterschlafen könne, weil sich Dänemark noch in keiner bedeutenden Gefahr befinde. Aber gerät es in eine solche, ja, dann wird sich der alte Däne Holger erheben, dass der Tisch birst, sobald er seinen Bart loslöst. Alsdann tritt er wieder an das Licht hervor und schlägt auf die Feinde los, dass das Waffengetöse sich in allen Ländern vernehmen lässt.

Alles dies über den Dänen Holger erzählte einst ein alter Großvater seinem kleinen Enkel, und der Kleine wusste, was der Großvater erzählte, war die reine Wahrheit. Während er so dasaß und erzählte, schnitzte er an einem großen Holzbild. Es sollte den Dänen Holger vorstellen und war bestimmt, den Schnabel eines Schiffes zu zieren, denn der alte Großvater war seines Zeichens ein Bildschnitzer, und das ist ein solcher Mann, der die Galionsfiguren schnitzt, nach denen jedes Schiff benannt wird. Hier hatte er nun den Dänen Holger geschnitzt, der gerade und stolz dastand und in der einen Hand das breite Schlachtschwert hielt, während sich die andere auf das dänische Wappen stützte.

Der alte Großvater erzählte so viel von berühmten dänischen Männern und Frauen, dass der kleine Enkel sich schließlich einbildete, er wüsste nun ebenso viel, wie der Däne Holger wissen könnte, der ja doch nur davon träumte. Als der Kleine zu Bett gebracht war, dachte er so viel daran, dass er ordentlich sein Kinn in die Bettdecke vergrub und es ihm vorkam, als hätte er einen langen Bart, der daran festgewachsen wäre.

Der alte Großvater blieb indes noch bei seiner Arbeit sitzen und schnitzte an deren letztem Teil, dem dänischen Wappen. Als sie beendet war, überschaute er das ganze Werk und dachte an alles, was er gelesen und gehört und was er heute Abend dem kleinen Knaben erzählt hatte. Er nickte,

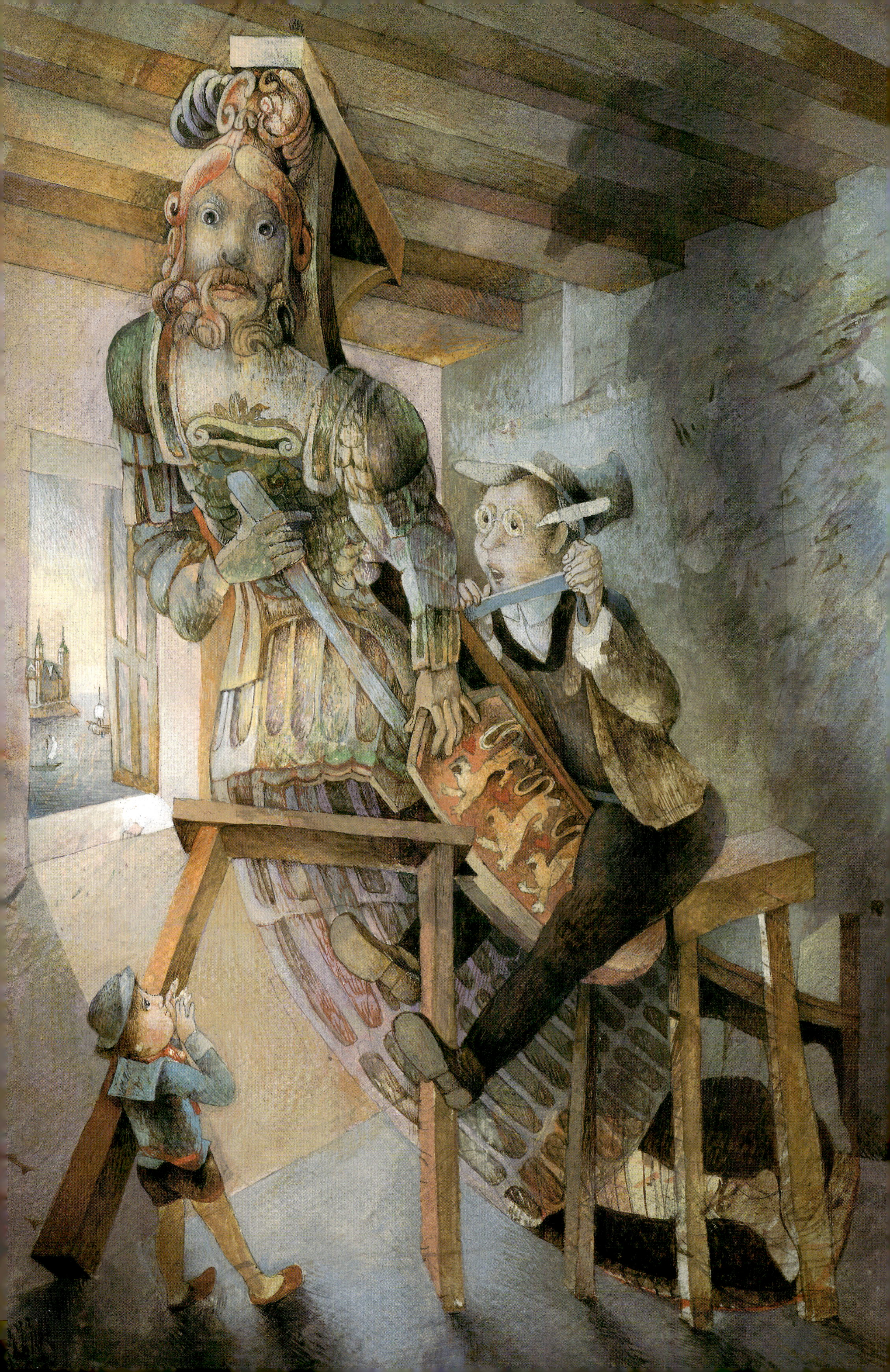

wischte seine Brille ab, setzte sie wieder auf und sagte: »In meiner Zeit kommt der Däne Holger wohl nicht wieder; aber der Knabe dort im Bett kann ihn vielleicht zu sehen bekommen und mit dabei sein, wenn es in Wahrheit gilt.« Der alte Großvater nickte abermals, und je länger er seinen Dänen Holger anschaute, desto klarer wurde es ihm, dass er ein gutes Bild vollendet hatte. Es war ihm fast, als ob ein Lebenshauch es durchströmte, als ob es Farbe bekäme und der Harnisch wie Stahl und Eisen erglänzte. Die Herzen im dänischen Wappen wurden sichtlich röter und röter und die Löwen mit den goldenen Kronen machten sich zum Sprung bereit.

»Das ist doch das schönste aller Wappen in der Welt!«, sagte der Alte. »Die Löwen bedeuten Stärke, und die Herzen Milde und Liebe!« Er betrachtete den obersten Löwen und gedachte dabei des Königs Knut, der das große England an Dänemarks Thron kettete; und er blickte den zweiten Löwen an und gedachte Waldemars, der Dänemark einte und die wendischen Lande bezwang. Er sah den dritten Löwen an und weilte mit seiner Erinnerung bei Margarete, welche die skandinavischen Reiche unter einem Zepter vereinigte. Während er jedoch die roten Herzen betrachtete, leuchteten sie noch glänzender als zuvor; sie verwandelten sich in Flammen, die sich bewegten, und im Geist folgte er jeder von ihnen.

Die erste Flamme versetzte ihn in ein enges, finsteres Gefängnis. Darin saß eine Gefangene, ein herrliches Weib, Christians des Vierten Tochter, Eleonore Ulfeldt, und die Flamme setzte sich ihr wie eine Rose auf den Busen und vermählte sich mit ihrem Herzen zu einer einzigen Liebesglut, mit dem Herzen der edelsten und besten aller dänischen Frauen.

»Oh, welch ein Herz in Dänemarks Wappen!«, sagte der alte Großvater.

Und sein Geist folgte der zweiten Flamme, die ihn hinaus auf das Meer führte, wo die Kanonen donnerten, wo die Schiffe in Pulverdampf eingehüllt lagen; und die Flamme heftete sich als Ordensband auf Hvitfeldts Brust, als er sich und sein Schiff zur Rettung der Flotte in die Luft sprengte.

Die dritte Flamme versetzte ihn nach Grönlands traurigen Hütten, wo der Missionar Hans Egede mit Liebe in Worten und Werken wirkte; die Flamme war ein Stern auf seiner Brust, ein Herz zum dänischen Wappen.

Und des alten Großvaters Erinnerung eilte der schwebenden Flamme voran, denn er wusste, nach welchem Ziel die Flamme strebte. In der ärmlichen Stube der Bäuerin stand Friedrich der Sechste und schrieb seinen Namen mit Kreide an den Balken. Die Flamme bebte auf seiner Brust, bebte in seinem Herzen; in dieser Bauernstube wurde sein Herz ein Herz in Dänemarks Wappen. Der alte Großvater trocknete seine Augen, denn er hatte König Friedrich mit dem silberweißen Haar und den ehrlichen blauen Augen gekannt und für ihn gelebt, und er faltete seine Hände und sah still vor sich hin. Da trat des alten Großvaters Schwiegertochter an ihn heran und erinnerte ihn, dass es schon spät wäre; er möchte Feierabend machen und an dem gedeckten Abendtisch Platz nehmen.

»Aber schön ist doch das Werk, das du vollendet hast, Großvater!«, sagte sie. »Der dänische Holger und unser ganzes altes Wappen! – Mir ist, als hätte ich dies Gesicht schon einmal gesehen!«

»Nein, das hast du wohl nicht gesehen!«, erwiderte der alte Großvater. »Aber ich habe es gesehen und mich bestrebt, es so in Holz zu schnitzen, wie es mir in der Erinnerung noch vor der Seele schwebt. Damals war es, als die Engländer auf der Reede lagen, an dem in den dänischen Annalen berühmten zweiten April, wo wir zeigten, dass wir noch die alten Dänen waren. Auf der Fregatte ›Dänemark‹, auf der ich in Steen Billes Flottenabteilung diente, kämpfte ein Mann mir zur Seite. Es war, als wichen ihm die Kugeln ängstlich aus! Lustig sang er alte Melodien und schoss und kämpfte, als wäre er mehr als ein Mensch. Ich erinnere mich noch deutlich seines Gesichtes, aber woher er kam, wohin er ging, weiß ich nicht, weiß niemand. Ich habe oft gedacht, das müsste am Ende der alte dänische Holger selbst gewesen sein, der von Kronburg heruntergeschwommen war, um uns in der Stunde der Gefahr zu helfen. Das war so mein Gedanke und dort steht sein Bild.«

Dieses warf einen langen Schatten die Wand hinauf, der sich teilweise sogar noch über die Decke erstreckte. Es sah aus, als ob er von dem leibhaftigen dänischen Holger herrührte, denn der Schatten bewegte sich, eine Erscheinung, die aber auch von dem unregelmäßigen Hin- und Herflackern der Lichtflamme hervorgerufen sein konnte, und die Schwiegertochter küsste den alten Großvater und führte ihn nach dem großen Lehnstuhl vor dem Tisch, und sie und ihr Mann, der ja des alten Großvaters Sohn und der Vater des kleinen Knaben war, der im Bett lag, saßen und verzehrten ihr Abendbrot. Der alte Großvater erzählte von den dänischen Löwen und den dänischen Herzen, von der Stärke und der Milde, und erklärte auf die anschaulichste Weise, dass es doch eine andere Stärke außer der, die im Schwert liege, gebe. Darauf deutete er auf das Bücherbrett hin, auf dem alte Bücher lagen, auf dem Holbergs sämtliche Lustspiele lagen, die er ihrer Ergötzlichkeit halber so oft gelesen hatte, dass er vermeinte, darin alle Personen seiner alten Tage wiederzuerkennen.

»Seht, der hat auch dreinzuschlagen verstanden!«, sagte der alte Großvater. »Er hat auf alle Torheiten und Rohheiten des Volkes, solange es ihm vergönnt war, losgeschlagen.« Und der alte Großvater nickte nach dem Spiegel hin, auf dessen Untersatz der Kalender mit dem »runden Turm«, der Sternwarte, als Titelvignette stand, und sagte: »Tycho Brahe, er war auch einer, welcher das Schwert zu brauchen verstand, nicht um in Fleisch und Bein zu hauen, sondern um einen deutlicheren Weg zwischen die Sterne des Firmaments hineinzuhauen! Und dann er vor allen, dessen Vater mein Standesgenosse war, des alten Bildschnitzers Sohn, er, den wir selbst mit dem weißen Haar und den breiten Schultern gesehen haben, er, dessen Name in aller Welt Landen widertönt! Ja, er kann hauen, ich kann nur schnitzen! O wohl, der dänische Holger kann in vielen Gestalten erscheinen, sodass das Lob der dänischen Kraft und Stärke auf dem ganzen Erdenrund vernommen wird! Lasst uns ein Glas zum Gedächtnis Bertel Thorwaldsens trinken!«

Aber der kleine Knabe im Bett sah deutlich das alte Kronburg am Sund, den leibhaftigen dänischen Holger, wie er tief unten mit im Marmortisch eingewachsenem Bart dasaß und von allem, was hier oben geschieht, träumte. Holger aber träumte auch von der kleinen ärmlichen Stube, in welcher der Bildschnitzer saß. Er hörte alles, was dort erzählt wurde, er nickte im Traum und sagte: »Ja, ihr Dänen, erinnert euch meiner nur, behaltet mich im Andenken! Ich komme in der Stunde der Not!«

Draußen vor Kronburg schien der helle, lichte Tag, und der Wind trug die Töne des Waldhorns vom Nachbarland herüber, die Schiffe segelten vorüber und grüßten: »Bum! Bum!«, und von Kronburg antwortete es: »Bum! Bum!« Aber so stark sie auch schossen, der dänische Holger erwachte doch nicht, denn es war ja nur: »Guten Tag!« – »Besten Dank!« Um ihn zu erwecken, muss anders geschossen werden; aber er erwacht sicher einmal, denn in dem dänischen Holger ist Mark.

Von einem Fenster in Vartou

Nach dem grünen Walle hinaus, der sich rings um Kopenhagen zieht, liegt ein großes rotes Haus mit vielen Fenstern, in denen Balsaminen und Ambrabäumchen wachsen; innen sieht es ärmlich aus und armes, altes Volk wohnt dort. Es ist das Vartou, das Armenhaus.

Sieh, oben lehnt sich eine alte Jungfer gegen den Fensterrahmen. Sie pflückt ein welkes Blatt von der Balsamine und sieht auf den grünen Wall hinaus, wo lustige Kinder sich tummeln. Woran denkt sie? Ein Lebensschicksal zieht an ihr vorüber.

Die ärmlichen Kleinen, die glücklich spielen! Welch rote Wangen, welch strahlende Augen haben sie, aber an den Beinchen nicht Schuhe noch Strümpfe. Sie tanzen auf dem grünen Walle, von dem die Sage erzählt, dass man vor vielen, vielen Jahren, als die Erde unter dem Wall immer wieder fortsank, ein unschuldiges Kind mit Blumen und Spielzeug in ein offenes Grab lockte, das zugemauert wurde, während die Kleine spielte und aß. Von diesem Tage an lag der Wall fest und trug bald einen üppig grünen-

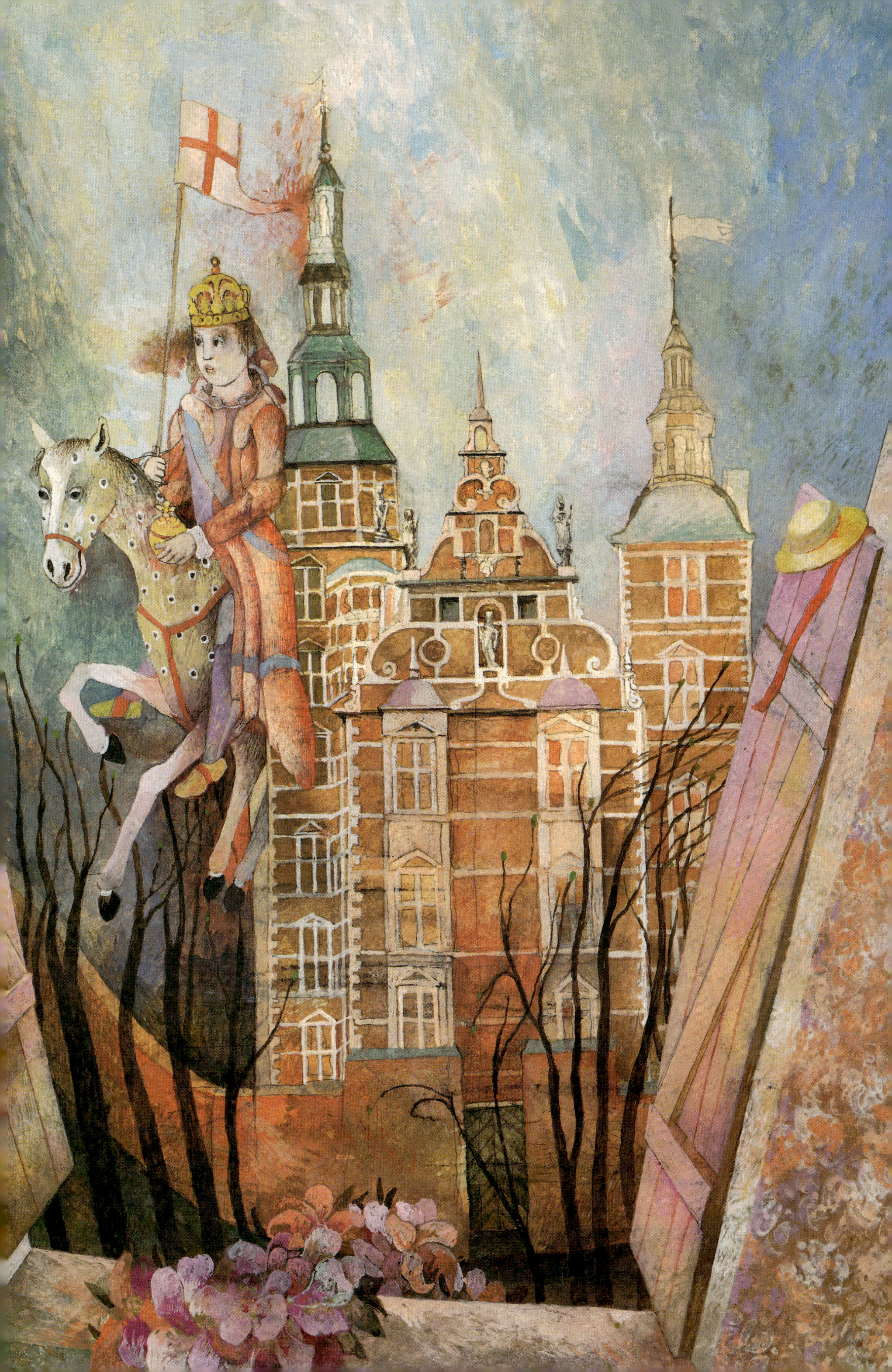

den Rasen. Die Kleinen kannten die Sage nicht, sonst würden sie das Kind noch immer weinen hören unter der Erde, und der Tau auf dem Grase würde ihnen wie brennende Tränen erscheinen. Sie kannten die Geschichte von Dänemarks König nicht, der, als der Feind draußen lag, hier vorbeiritt und schwor, er wolle eher sterben als sich ergeben. Da kamen die Männer und Frauen der Stadt und gossen kochendes Wasser über die weiß gekleideten Feinde, die im Schnee die äußere Wallseite erkletterten.

Lustig spielen die armen Kleinen.

Spiele, du kleines Mädchen. Bald kommen die Jahre, die schönen, glücklichen Jahre; die Konfirmanden spazieren Hand in Hand, du gehst im weißen Kleide. Es hat deine Mutter genug gekostet, ob es auch aus einem größeren alten zurechtgenäht wurde. Du bekommst einen roten Schal, der fast nachschleppt, so lang ist er; aber so kann man doch sehen, wie groß er ist, wie allzu groß. Du denkst an deinen Staat und an den lieben Gott. Herrlich ist so eine Wanderung auf dem Walle. Und die Jahre vergehen und manch trüber Tag, du aber hast deinen frischen Jugendsinn. Und dann bekommst du einen Freund, kaum weißt du es selbst. Ihr begegnet euch; ihr wandert auf dem Walle im zeitigen Frühjahr, wenn alle Kirchenglocken den Bußtag einläuten. Noch sind dort keine Veilchen zu finden, aber draußen vor dem Rosenburg-Schloss steht ein Baum mit den ersten grünen Knospen, da steht ihr stille. Jedes Jahr treibt der Baum neues Grün, doch nicht das Herz in der Menschenbrust! Mehr dunkle Wolken streifen darüber hin, als der Norden kennt. Armes Kind! Deines Bräutigams Brautkammer ist der Sarg und du wirst eine alte Jungfer; vom Vartou siehst du hinter Balsaminen auf die spielenden Kinder herab, siehst dein Schicksal sich wiederholen.

Dies ist das Lebensschicksal, das vor der alten Jungfer vorüberzieht, die auf den Wall hinausblickt, wo die Kinder mit roten Wangen und ohne Strümpfe und Schuhe jubeln, wie all die andern Vögel des Himmels.

Der Flachs

Der Flachs stand in der Blüte; er hatte gar niedliche blaue Blumen, zart wie die Flügel einer Motte, und noch feiner! Die Sonne schien auf den Flachs und die Regenwolken begossen ihn; und dies war ebenso gut für ihn, wie es für kleine Kinder ist, gewaschen zu werden und darauf einen Kuss von der Mutter zu bekommen; sie werden dann viel schöner, und das wurde der Flachs auch.

»Die Leute sagen, dass ich ausgezeichnet gut stehe«, sagte der Flachs, »und dass ich sehr schön lang sei, es werde ein tüchtiges Stück Leinwand aus mir werden. Nein, wie glücklich bin ich doch! Ich bin gewiss der Glücklichste von allen. Wie habe ich es gut! Und aus mir wird auch etwas werden. Wie der Sonnenschein erfreut und wie der Regen gut schmeckt und erfrischt! Ich bin grenzenlos glücklich, ich bin der Allerglücklichste!«

»Ja, ja, ja!«, sagte der Zaunpfahl. »Ihr kennt die Welt nicht, aber das tun wir, denn in uns stecken Knorren«, und dann knarrte es jämmerlich:

>*»Schnipp-Schnapp-Schnurre,*
>*Bassellurre.*
>*Aus ist das Lied!«*

»Nein! Es ist nicht aus!«, sagte der Flachs. »Morgen scheint die Sonne oder der Regen tut wohl. Ich fühle, wie ich wachse; ich fühle, dass ich in Blüte stehe! Ich bin der Glücklichste!«

Aber eines Tages kamen die Leute, die nahmen den Flachs beim Schopfe und zogen ihn mit der Wurzel aus; das tat weh; er wurde ins Wasser gelegt, als ob er ersäuft werden sollte, und dann kam er übers Feuer, als wolle man ihn braten – es war entsetzlich!

»Man kann es nicht immer gut haben!«, sagte der Flachs. »Man muss etwas durchmachen, dann weiß man etwas!«

Aber es kam allerdings schlimm; der Flachs wurde angefeuchtet und geröstet, gebrochen und gehechelt – ja, was wusste er, wie das hieß, was man alles mit ihm vornahm. Er kam auf das Spinnrad: schnurr, schnurr! – Da war es nicht möglich, die Gedanken beisammenzuhalten.

»Ich bin außerordentlich glücklich gewesen!«, dachte er bei aller seiner Pein; »man muss zufrieden sein mit dem Guten, das man genossen hat! – Zufrieden! Zufrieden! Oh!« Und das sagte er noch, als er auf den Webstuhl kam; und so wurde er zu einem schönen, großen Stück Leinwand. All der Flachs, bis auf den letzten Stängel, ging zu dem einen Stück auf.

»Aber das ist doch außerordentlich! Das hätte ich nie geglaubt! Nein, wie das Glück mir doch günstig ist! Der Zaunpfahl wusste wirklich nicht übel Bescheid mit seinem:

›Schnipp-Schnapp-Schnurre,
Bassellurre.‹

Das Lied ist keineswegs aus! Nun fängt es erst recht an! Das ist wirklich außerordentlich! Hab ich auch etwas gelitten, so ist doch auch aus mir etwas geworden! Ich bin der Glücklichste von allen! Wie bin ich stark und fein, wie weiß und lang! Das ist etwas anderes, als bloße Pflanze zu sein, wenn man auch Blumen trägt; man wird nicht gepflegt; und Wasser bekommt man nur, wenn es regnet. Jetzt werde ich gewartet und gepflegt, die Magd wendet mich jeden Morgen um, und aus der Gießkanne bekomme ich jeden Abend ein Regenbad; ja, die Frau Pastorin hat selbst eine Rede über mich gehalten und gesagt, dass ich das beste Stück in dem ganzen Kirchspiel sei. Ich kann nicht glücklicher werden!«

Nun kam die Leinwand ins Haus, dann unter die Schere; nein, wie man schnitt und riss, wie man mit Nähnadeln darauf losstach! – Das war kein Vergnügen; aber aus der Leinwand wurden zwölf Stücke Wäsche, von der Sorte, die man nicht gern nennt, die aber alle Menschen haben müssen: Ein ganzes Dutzend wurde daraus gemacht.

»Nein, seht doch! Jetzt bin ich erst was Rechtes geworden! Also das war meine Bestimmung! Das ist ja ein wahrer Segen! Nun schaffe ich Nutzen in der Welt, und das soll man ja, das ist erst das wahre Vergnügen! Wir sind zwölf Stücke geworden, aber wir sind doch alle eins und dasselbe: Wir sind gerade ein Dutzend! Was das für ein außerordentliches Glück ist!«

Jahre vergingen – und nun hielten sie nicht länger.

»Einmal muss es ja vorbei sein«, sagte jedes Stück. »Ich hätte gern etwas länger gehalten, aber man muss nichts Unmögliches verlangen!«

Jetzt wurden sie in Stücke und Fetzen zerrissen. Sie glaubten, dass es nun vorbei sei, denn sie wurden zerhackt, eingeweicht und gekocht, ja, sie wussten selbst nicht, was alles – und dann wurden sie schönes weißes Papier.

»Nein, das ist eine Überraschung, und eine herrliche Überraschung!«, sagte das Papier. »Nun bin ich feiner als vorher und nun werde ich beschrieben werden. Das ist doch ein außerordentliches Glück!«

Und es wurden wirklich die schönsten Geschichten und Verse darauf geschrieben, und nur ein einziges Mal kam ein Klecks darauf; – das war denn freilich ein besonderes Glück! Und die Leute hörten, was darauf stand: Es war klug und gut und machte die Menschen viel klüger und besser; es lag ein großer Segen in den Worten auf diesem Papiere.

»Das ist mehr, als ich mir träumen ließ, als ich noch eine kleine blaue Blume auf dem Felde war! Wie konnte es mir einfallen, dass ich dereinst Freude und Kenntnisse unter die Menschen bringen sollte! Ich kann es selbst noch nicht begreifen; aber es ist jetzt wirklich so! Unser Herrgott weiß, dass ich selbst nichts getan habe, als was ich nach schwachen Kräften für mein Dasein tun musste; und doch fördert er mich auf diese Weise von der einen Freude und Ehre zur andern. Jedes Mal wenn ich denke: ›Aus ist das Lied!‹, da geht es wieder zu einem höheren und besseren Leben über. Nun soll ich gewiss auf Reisen in der Welt umhergeschickt werden, damit alle Menschen mich lesen können. Das kann nicht anders sein! Es ist das einzig Wahrscheinliche! Ich habe köstliche Gedanken, ebenso viele, wie ich früher blaue Blumen hatte! Ich bin der Glücklichste!«

Aber das Papier kam nicht auf Reisen, es kam zum Buchdrucker; und da wurde alles, was darauf geschrieben stand, zum Drucke gesetzt zu einem Buche, ja zu vielen hundert Büchern, denn auf diese Weise konnten dann unendlich viele mehr Nutzen und Vergnügen davon haben, als wenn das einzige Papier, auf dem es geschrieben stand, in der Welt hätte umherlaufen sollen und auf halbem Wege abgenutzt worden wäre.

Ja, das ist freilich das Vernünftigste!, dachte das beschriebene Papier. Das fiel mir allerdings nicht ein! Ich bleibe zu Hause und werde in Ehren gehalten wie ein alter Großvater, und der bin ich ja auch von allen diesen neuen Büchern! Nun kann etwas ausgerichtet werden! So hätte ich nicht umherwandern können! Auf mich hat der gesehen, der das Ganze schrieb! Jedes Wort floss geraden Wegs aus der Feder in mich hinein! Ich bin der Glücklichste!

Dann wurde das Papier in ein Bündel zusammengebunden und in eine Tonne geworfen, die im Waschhause stand.

»Nach vollbrachter Tat ist gut ruhen!«, sagte das Papier. »Es ist sehr weise, dass man sich sammelt und über das, was in einem wohnt, zum Nachdenken kommt! Jetzt weiß ich erst so recht, was auf mir steht! Und sich selbst kennen, das ist der wahre Fortschritt. Was wird nun wohl mit mir geschehen? Vorwärts wird's jedenfalls wieder gehen; es geht allzeit vorwärts, das habe ich erfahren!«

Da wurde eines Tages alles Papier herausgenommen und auf den Herd gelegt; es sollte verbrannt werden; denn es dürfe nicht an den Höker verkauft und zum Einschlage von Butter und Zucker benutzt werden: so sagte man. Und alle Kinder im Hause standen rundherum, denn sie mochten gern Papier brennen sehen; das flammte gar prächtig in die Höhe, und nachher konnte man in der Asche die vielen roten Funken sehen, die hin und her fuhren. Einer nach dem andern erlosch wie der Wind! Das nannte man: »Die Kinder aus der Schule kommen sehen«, und der letzte Funke war der Schulmeister; oft glaubte man, dass dieser gegangen sei, aber dann kam in demselben Augenblick noch ein Funke: »Da ging der Schulmeister!«, sagten sie. Ei, die wussten schön Bescheid! Sie hätten nur wissen sollen, wer da ging; wir werden es zu wissen bekommen; aber sie wussten es nicht. Alles

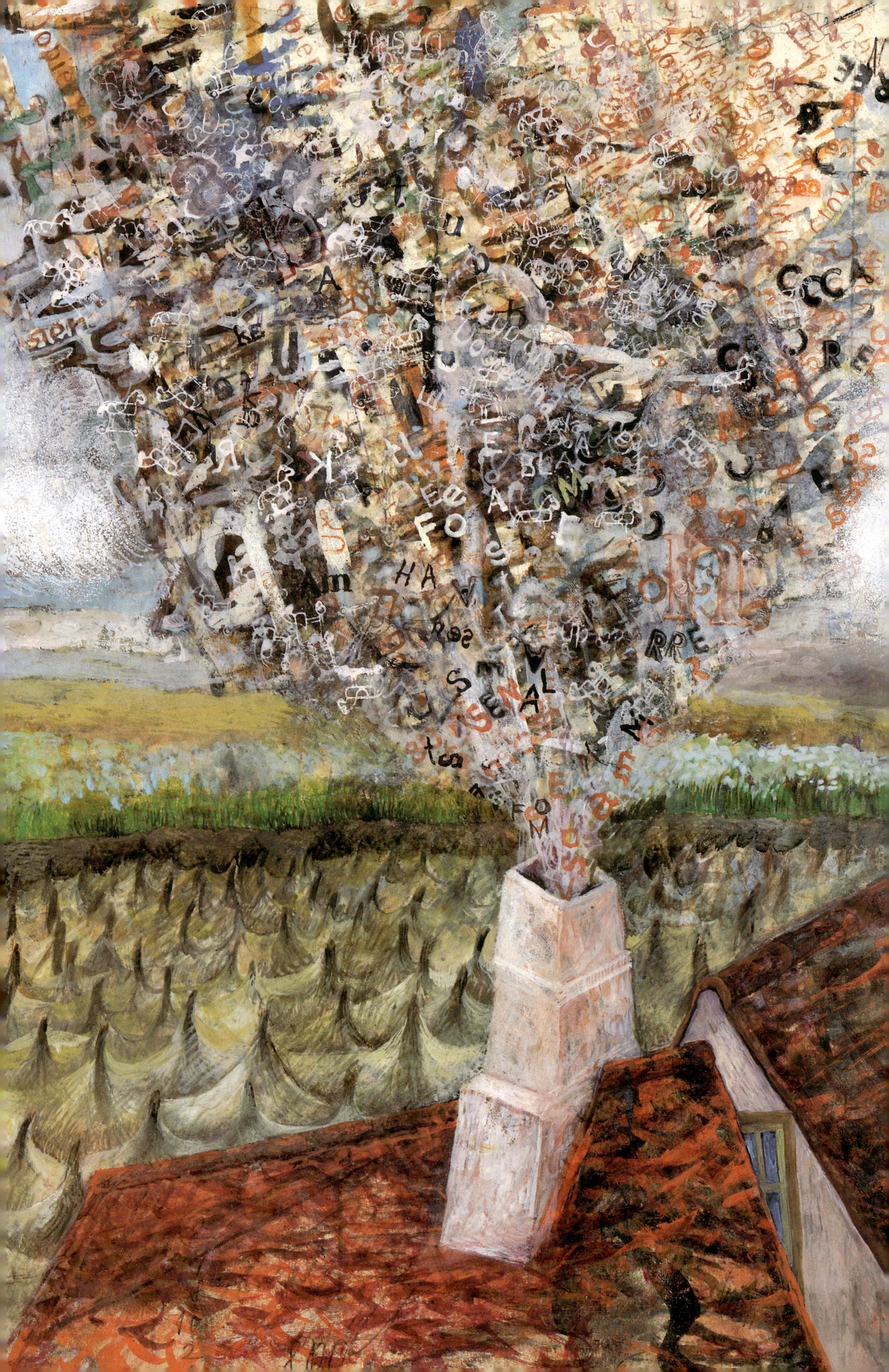

alte Papier, das ganze Bündel ward aufs Feuer gelegt und es zündete schnell. »Uh!«, sagte es und flackerte in hellen Flammen auf. Uh!, das war eben nicht sehr angenehm; als aber das Ganze in hellen Flammen stand, schlugen diese so hoch in die Höhe, wie der Flachs niemals seine kleinen blauen Blumen hätte erheben können, und glänzte, wie die weiße Leinwand niemals hätte glänzen können. Alle geschriebenen Buchstaben wurden einen Augenblick rot und alle Worte und Gedanken gingen in Flammen auf. »Nun steige ich geraden Wegs zur Sonne hinauf!«, sprach es in der Flamme, und es war, als ob tausend Stimmen dieses einstimmig sagten; und die Flammen schlugen durch den Schornstein oben hinaus. – Und feiner als die Flammen, unsichtbar für menschliche Augen, schwebten da kleine Wesen, ebenso viele, wie Blumen auf dem Flachse gewesen waren. Sie waren noch leichter als die Flamme, die sie geboren hatte; und als diese erlosch und von dem Papier nur die schwarze Asche übrig war, tanzten sie noch einmal über diese hin, und wo sie dieselbe berührten, da liefen die roten Funken. »Die Kinder kamen aus der Schule und der Schulmeister war der Letzte!« Das war eine Lust, und die Kinder sangen bei der toten Asche:

»Schnipp-Schnapp-Schnurre,
Bassellurre.
Aus ist das Lied!«

Aber die kleinen unsichtbaren Wesen sagten alle: »Das Lied ist nie aus! Das ist das Schönste von dem Ganzen. Ich weiß es und darum bin ich der Glücklichste!«

Aber das konnten die Kinder weder hören noch verstehen, und das sollten sie auch nicht, denn die Kinder dürfen nicht alles wissen.

Der kleine Tuk

Ja, das war der kleine Tuk. Er hieß eigentlich nicht Tuk, aber zu jener Zeit, als er noch nicht richtig sprechen konnte, nannte er sich selbst Tuk; das sollte Karl bedeuten, und es ist gut, wenn man das weiß. Er sollte sein Schwesterchen Gustave warten, die viel kleiner als er war, und dann sollte er auch seine Aufgaben lernen; aber diese beiden Dinge wollten sich nicht recht vereinigen lassen. Der arme Knabe saß mit seiner Schwester auf dem Schoße und sang ihr alle Lieder vor, die er wusste. Inzwischen wanderten die Augen verstohlen zu dem Geografiebuche, das aufgeschlagen vor ihm lag. Bis morgen sollte er alle Städte in Seeland auswendig wissen samt allem, was es in ihnen Bemerkenswertes gab.

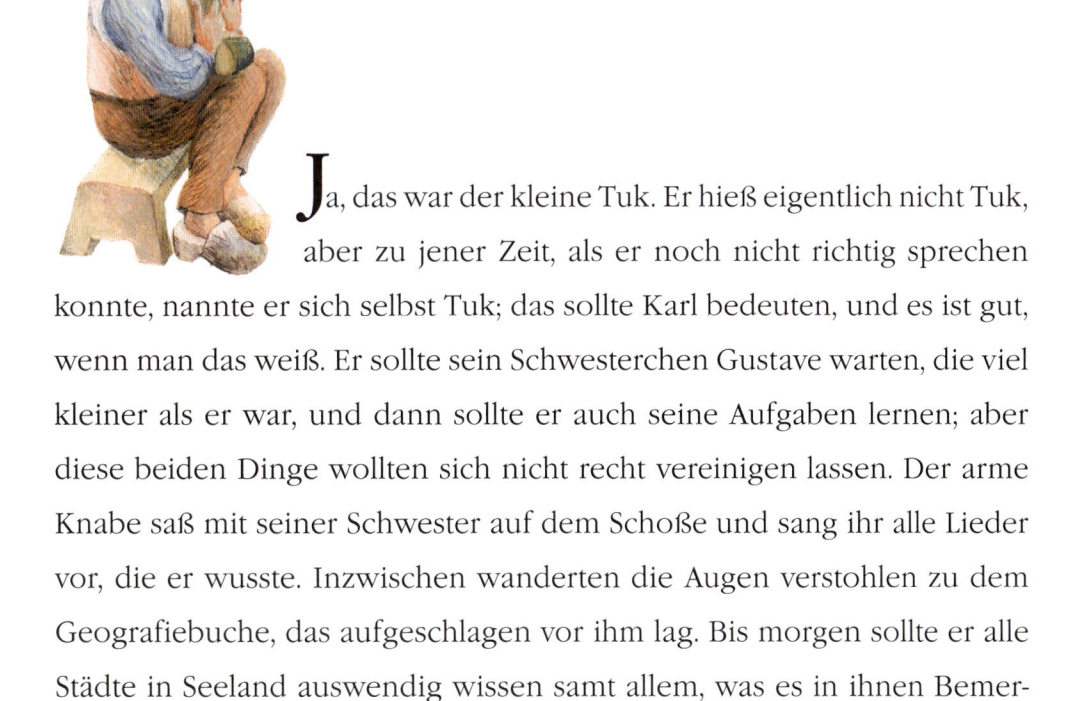

Nun kam seine Mutter, die fort gewesen war, heim und nahm ihm die kleine Gustave ab. Tuk lief ans Fenster und las, dass er sich fast die Augen ausgelesen hätte; denn es war schon am Dunkelwerden und die Nacht rückte näher und näher. Aber die Mutter hatte nicht die Mittel, Licht zu kaufen.

»Dort geht die alte Waschfrau aus der Gasse drüben«, sagte die Mutter, indem sie aus dem Fenster sah. »Sie kann sich kaum selbst schleppen und muss doch den Eimer vom Brunnen tragen. Spring du hinaus, kleiner Tuk, sei ein braver Junge und hilf der alten Frau!«

Tuk sprang gleich hinaus und half. Als er jedoch wieder nach Hause kam, war es ganz dunkel geworden; von Licht war keine Rede und er sollte ins Bett. Das war eine alte Schlafbank. Darauf lag er nun und dachte an seine Geografieaufgabe, an Seeland und an alles, was der Lehrer erzählt hatte. Er hätte es freilich lernen müssen, aber das konnte er ja nun nicht. Da steckte er das Geografiebuch unter das Kopfkissen, denn er hatte gehört, dass dies das Behalten seiner Aufgabe bedeutend erleichtern solle. Doch darauf ist kein Verlass.

Da lag er nun und dachte und dachte, und da war es ihm auf einmal, als ob jemand ihn auf Augen und Mund küsse. Er schlief und schlief doch wieder nicht. Ihm war, als sehe er der alten Waschfrau freundliche Augen auf sich niederschauen, und sie sagte: »Es wäre eine große Schande, wenn du deine Aufgabe nicht könntest. Du hast mir geholfen, nun werde ich dir helfen und der liebe Gott wird es immer tun.« Und auf einmal kribbelte und krabbelte das Buch unter dem Kopfe des kleinen Tuk.

»Kikeriki, put, put.« Das war ein Huhn, das hereinspazierte; es kam aus der Stadt Kjöge. »Ich bin ein Kjögehuhn!« Und dann nannte es die Anzahl der Einwohner und sprach von der Schlacht, die dort geschlagen worden sei, aber das wäre nichts Besonderes.

»Kribbel, krabbel, bums«, da fiel einer. Es war ein Vogel aus Holz, der nun heranmarschierte. Das war der Papagei vom Vogelschießen in Praestö. Er sagte, es wären dort so viele Einwohner, wie er Nägel im Leibe habe; und dann war er auch etwas stolz darauf, dass Thorwaldsen an der Ecke bei ihm gewohnt habe. »Bums, ich liege herrlich!«

Aber der kleine Tuk lag nicht. Er saß auf einmal zu Pferde. Im Galopp, im Galopp ging es. Ein prächtig gekleideter Ritter mit leuchtendem Helm und wehendem Federbusch hatte ihn vor sich auf dem Pferde. Sie ritten durch den Wald zu der alten Stadt Vordingborg. Das war eine große Stadt voller Leben. Hohe Türme prangten auf der Königsburg und die Lichter glänzten weit durch die Fenster hinaus. Drinnen waren Gesang und Tanz. König Waldemar schritt zum Tanze und mit ihm die geputzten jungen Hofdamen. – Es wurde Morgen, und sobald die Sonne aufging, versank die Stadt und des Königs Schloss; ein Turm nach dem anderen verschwand, zuletzt stand nur noch ein einziger auf der Höhe, wo das Schloss gestanden hatte, und die Stadt war klein und ärmlich geworden. Und es kamen Schuljungen mit ihren Büchern unter dem Arm und sagten: »Zweitausend Einwohner.« Aber das stimmte nicht, so viele waren es nicht.

Und der kleine Tuk lag in seinem Bett; ihm war, als ob er träumte und doch nicht träumte. Aber jemand stand ganz dicht bei ihm.

Gilleleje
Hundested
Roar
Roskilde
Korsør
Køge
Præstø
Vordingborg

»Kleiner Tuk! Kleiner Tuk!«, sagte es. Es war ein Seemann, eine ganz kleine Person, als sei er nur ein Kadett; aber es war kein Kadett. »Ich soll dich vielmals grüßen von Korsör; das ist eine Stadt, die im Aufblühen ist, eine lebhafte Stadt, die Dampfschiffe und Postwagen hat. Früher hatte sie den Ruf, hässlich zu sein, aber das ist eine veraltete Meinung. – Ich liege am Meere, sagt Korsör; ich habe Landstraßen und Lusthaine, und ich habe einen Dichter geboren, der lustig ist; das sind nicht alle. Ich habe ein Schiff rings um die Welt fahren lassen wollen; ich tat es dann zwar nicht, hätte es aber tun können. Und dann rieche ich so herrlich; dicht am Tore blühen die schönsten Rosen!«

Der kleine Tuk sah sie, es wurde ihm rot und grün vor Augen; aber als wieder Ruhe in das Farbengewirr kam, war es ein waldbewachsener Abhang dicht am klaren Meerbusen. Oben darüber lag eine prächtige, alte Kirche mit zwei hohen, spitzen Kirchtürmen. Von dem Abhange sprudelten Quellen in dicken Wasserstrahlen herab und plätscherten lustig. Dicht dabei saß ein alter König mit einer goldenen Krone auf dem langen Haar; das war König Hroar bei den Quellen. Es war die Stadt Roeskilde, wie man sie nun heißt. Und über den Abhang hin in die alte Kirche hinein schritten alle Könige und Königinnen Dänemarks Hand in Hand, alle mit ihren goldenen Kronen auf dem Kopfe, und die Orgel spielte und die Quellen rieselten. Der kleine Tuk sah alles und hörte alles. »Vergiss nicht die Stände!«, sagte König Hroar.

Mit einem Male war alles wieder verschwunden; ja, wo war es geblieben? Es war gerade als ob man ein Blatt im Buche umwendet. Und nun stand eine alte Frau da; das war eine Jäterin, die aus Soröe kam, wo das Gras auf dem Markte wächst. Sie hatte ihre graue Linnenschürze über Kopf und Rücken hängen, die war so nass; es musste geregnet haben. »Ja, das hat es«, sagte sie, und dann erzählte sie allerlei Lustiges aus Holbergs Komödien und wusste auch etwas über Waldemar und Absalon. Plötzlich aber schrumpfte sie zusammen, wackelte mit dem Kopfe und tat, als ob sie springen wolle: »Koax!«, sagte sie; »es ist nass, es ist nass, man schläft gut und still wie im Grabe in Soröe!« Mit einem Male war sie ein Frosch, »koax«, und dann war sie wieder die alte Frau. »Man muss sich nach dem Wetter kleiden!«, sagte sie. »Es ist nass, es ist nass. Meine Stadt ist grade wie eine Flasche; man muss beim Pfropfen hinein, und da muss man auch wieder heraus! Früher habe ich Fische im Grund meiner Flasche gehabt; jetzt habe ich rotbäckige Knaben da. Bei mir lernen sie Weisheit: Griechisch! Griechisch! Hebräisch! Koax!« Es klang gerade wie Froschgequak, oder wenn man mit großen Stiefeln in einem Sumpf geht. Es war immer derselbe Ton, so einförmig, so langweilig, so furchtbar langweilig, dass der kleine Tuk in einen tiefen Schlaf fiel, und der tat ihm not.

Aber auch in diesen Schlaf schlich sich ein Traum, oder was es sonst war. Seine kleine Schwester Gustave mit den blauen Augen und dem blonden, lockigen Haar war auf einmal ein erwachsenes, schönes Mädchen und konnte, ohne Schwingen zu haben, fliegen. Und sie flogen über das ganze Seeland, über die grünen Wälder und das blaue Wasser dahin.

Hörst du den Hahnenschrei, kleiner Tuk? Kikeriki. Die Hühner fliegen aus der Stadt Kjöge auf. Du bekommst einen Hühnerhof, so groß, so groß! Du wirst nicht Hunger, nicht Not leiden! Den Vogel sollst du abschießen, wie man so sagt. Du wirst ein reicher und glücklicher Mann. Dein Haus soll prangen wie König Waldemars Turm, und reich wird er gebaut werden, mit Statuen aus Marmor, wie die von der Ecke in Prästö, du verstehst mich wohl. Dein Name wird voller Ruhm durch die Welt fliegen, wie das Schiff, das von Korsör hätte ausgehen sollen, und in Roeskilde - »Denk an die

Stände!«, sagte König Hroar – da wirst du gut und klug reden, kleiner Tuk! Und wenn du dann einmal in dein Grab kommst, dann wirst du so stille schlafen«.

»Als läge ich in Soröe!«, sagte Tuk, und dann erwachte er. Es war heller Morgen, und er konnte sich nicht im Mindesten mehr auf seinen Traum besinnen; aber das sollte er auch nicht, denn man darf nicht wissen, was die Zukunft bringen wird.

Und er sprang aus dem Bette und las in seinem Buche, da konnte er seine Aufgabe sogleich. Und die alte Waschfrau steckte den Kopf zur Türe herein, nickte ihm zu und sagte: »Schönen Dank für deine Hilfe gestern, du gutes Kind. Der liebe Gott lasse deinen schönsten Traum in Erfüllung gehen!«

Der kleine Tuk wusste gar nicht mehr, was er geträumt hatte, aber sieh, der liebe Gott wusste es.

DAS ALTE HAUS

Es stand in einem Seitengässchen ein altes, altes Haus; es war fast dreihundert Jahre alt. Dies konnte man an dem Balkon lesen, wo die Jahreszahl geschnitzt angebracht war. Da standen ganze Verse in altertümlicher Schrift, und über jedem Fenster war in den Balken ein fratzenhaftes Gesicht eingeschnitten. Das eine Stockwerk trat weit über das andere hinaus, und dicht unter dem Dach lief eine Bleirinne, die am Ende einen Drachenkopf als Zierrat trug. Das Regenwasser sollte aus dem Rachen seinen Ausgang nehmen, fand aber seinen Weg durch den Bauch, denn es war ein Loch in der Rinne.

Alle anderen Häuser in der Straße waren neu und hübsch, mit großen Fensterscheiben und glatten Wänden, man konnte es ihnen zur Genüge ansehen, dass sie mit dem alten Haus nichts zu tun haben wollten. Sie dachten wohl: Wie lange soll das alte Gemäuer hier noch zum allgemeinen Spektakel auf der Straße stehen? Auch ist der Erker so weit vorgebaut, dass allen, die aus unseren Fenstern schauen, nach jener Seite hin die Aussicht genommen ist. Die Treppe gleicht an Breite einer Schlosstreppe und an Höhe einer Kirchturmtreppe. Das eiserne Geländer sieht aus wie die Tür eines Grabgewölbes und hat zum Überfluss noch Messingknöpfe. Das zeugt von schlechtem Geschmack!

Gerade gegenüber in der Straße standen gleichfalls neue und hübsche Häuser und dachten wie die anderen, aber am Fenster saß ein kleiner Knabe mit frischen roten Wangen, mit hellen, strahlenden Augen, dem dies alte Haus noch am besten gefiel, sowohl im Sonnenschein wie im Mondschein. Und blickte er zu der Mauer hinüber, von welcher der Kalk abgefallen war, dann konnte er dasitzen und sich mit seiner regen Einbildungskraft die seltsamsten Bilder entwerfen, wie die Straße früher ausgesehen haben musste mit ihren Treppen, Erkern und spitzen Giebeln. Er vermochte, im Geist Soldaten mit Hellebarden zu sehen und Dachrinnen, die in der Gestalt von Drachen und Lindwürmern umherliefen. – Das Haus war so recht zur Augenweide geeignet! Da drüben wohnte ein alter Mann, er ging noch immer in den altmodischen Kniehosen, trug einen Rock mit großen Messingknöpfen und eine Perücke, der man es ansehen konnte, dass es eine echte Perücke war. Jeden Morgen kam ein alter Mann zu ihm, um aufzuräumen und die Gänge zu besorgen, sonst war der alte Mann in den Kniehosen ganz allein in dem alten Haus. Bisweilen trat er an das Fenster und blickte hinaus und der kleine Knabe nickte ihm zu und der alte Mann nickte wieder. Auf diese Weise wurden sie erst miteinander bekannt und dann Freunde, obgleich sie nie miteinander gesprochen hatten, aber das war ja auch gleichgültig.

Der kleine Knabe hörte seine Eltern sagen: »Dem alten Mann da drüben geht es sehr gut, aber er lebt so einsam!«

Am nächsten Sonntag wickelte der kleine Knabe etwas in ein Stück Papier, ging hinunter vor die Tür, und als der alte Mann, welcher die Gänge besorgte, vorbeikam, sagte er zu ihm: »Höre, willst du dies dem alten Mann da drüben von mir bringen? Ich besitze zwei Zinnsoldaten, dies ist der eine; er soll ihn haben, weil ich weiß, dass er so ganz allein ist!«

Das Gesicht des alten Mannes wurde mit einem Mal ganz heiter, er nickte und trug den Zinnsoldaten in das alte Haus hinüber. Bald darauf geschah von dort die Anfrage, ob der kleine Knabe nicht Lust hätte, selbst dort drüben einen Besuch abzustatten. Dazu erhielt er auch von seinen Eltern die Erlaubnis und so kam er in das alte Haus.

Die Messingknöpfe an dem Treppengeländer glänzten weit stärker als sonst; man hätte vermuten können, dass sie zu Ehren des Besuches geputzt wären, und es war, als ob die geschnitzten Trompeter – denn an der Tür waren Trompeter angebracht, die in Tulpen standen – aus allen Kräften bliesen, die Backen sahen wenigstens weit aufgetriebener als zuvor aus. Ja, sie bliesen: »Tatterata! Der kleine Knabe kommt! Tatterata!«, und dann ging die Tür auf. Der ganze Korridor war mit alten Porträts, Rittern in Harnischen und Frauen in Seidengewändern behängt. Die Harnische rasselten und die Seidengewänder rauschten! – Dann kam eine Treppe, die viele Stufen aufwärts und einige Stufen abwärts führte, und nun stand man auf einem Altan. Er war freilich sehr baufällig, überall zeigten sich große Löcher und klafften lange Ritzen, aus denen Gras und Blätter hervorwuchsen, denn der ganze Altan und die Mauern nach der Hofseite hinaus waren mit so vielem Grün bewachsen, dass es wie ein Garten aussah, aber es war nur ein Altan. Hier standen altmodische Blumentöpfe, die Gesichter mit Eselsohren darstellten; die Blumen waren sich aber völlig selbst überlassen und wuchsen wild auf. In einem Topf senkten sich Nelken nach allen Seiten hinaus,

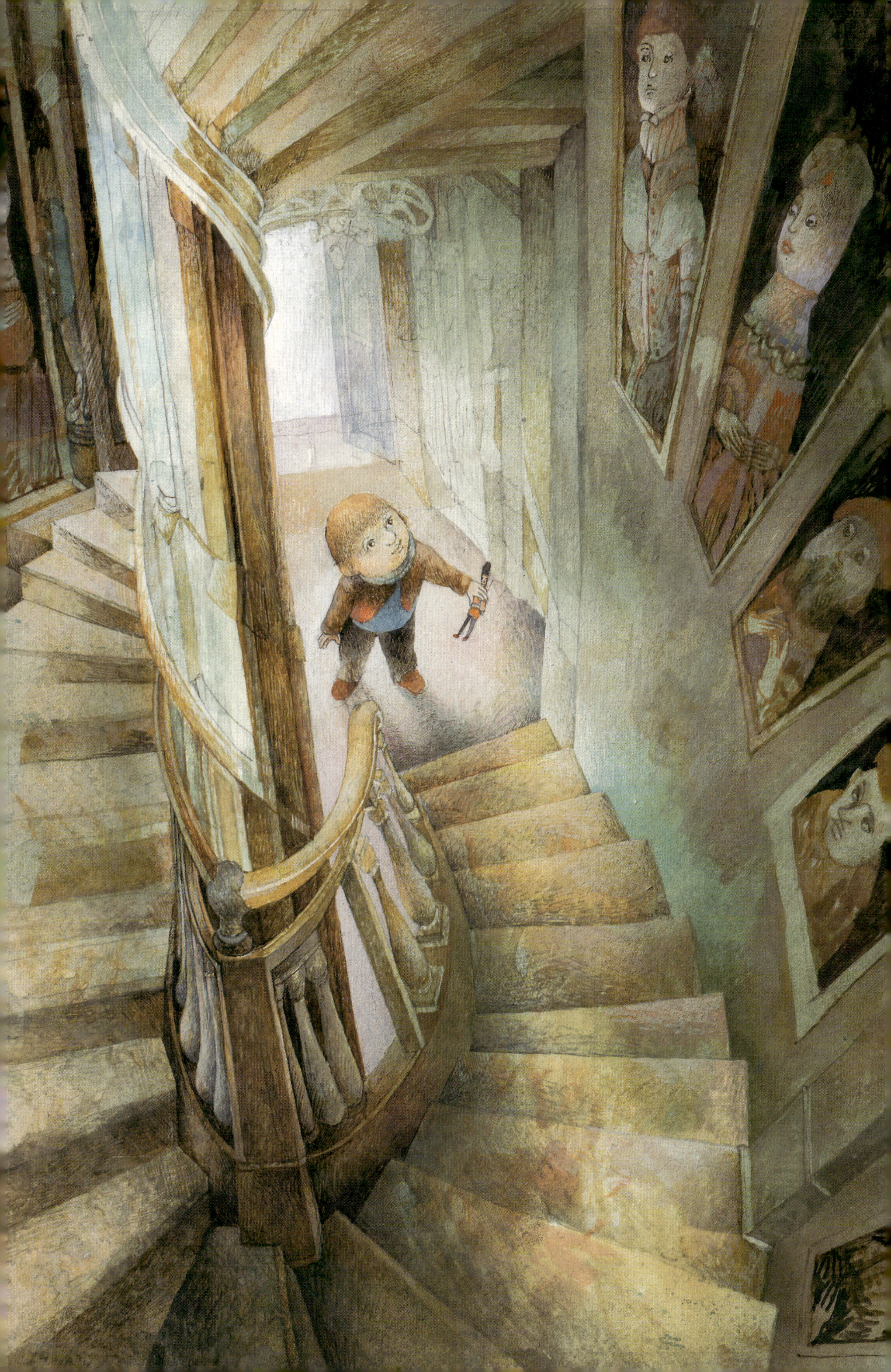

Schössling neben Schössling, und verkündeten ganz deutlich: »Die Luft hat mich geliebkost, die Sonne hat mich geküsst und mir zum Sonntag eine kleine Blüte versprochen, eine kleine Blüte zum Sonntag!«

Von hier trat man in ein Zimmer, dessen Wände mit Schweinsleder bekleidet waren. Darauf gedruckte goldne Blumen gewährten einen freundlichen Anblick.

»Vergoldung vergeht,
Aber Schweinsleder besteht!«,

sagten die Wände. In dem Zimmer standen Lehnstühle mit hohen Rücken in Schnitzarbeit und mit Armen auf beiden Seiten. »Setzen Sie sich! Setzen Sie sich!«, sagten diese. »Oh, wie es in mir knackt! Nun bekomme ich wohl auch die Gicht wie das alte Spind! Gicht im Rücken, oh!«

Darauf gelangte der kleine Knabe in das Erkerzimmer, in dem der alte Mann saß.

»Besten Dank für den Zinnsoldaten, mein kleiner Freund«, sagte der alte Mann, »und Dank, dass du zu mir herüberkommst!«

»Dank! Dank!« oder »Knack, knack!« schnarrte es in allen Möbeln; sie waren in so großer Menge vorhanden, dass sie, um sich den kleinen Knaben zu betrachten, einander fast im Weg standen.

Mitten an der Wand hing das Porträt einer schönen, jungen und lebensfrohen Frau, aber in altväterlicher Tracht, mit gepudertem Haar und steifleinenem Rock. Sie sagte weder »Dank« noch »Knack«, schaute aber mit gar sanften Augen auf den Knaben hernieder, der den alten Mann sogleich fragte: »Wo hast du diese herbekommen?«

»Vom Trödler drüben!«, sagte der alte Mann. »Dort hängen noch viele Bilder; niemand kennt sie oder kümmert sich um sie, denn die Personen, die sie vorstellen, sind sämtlich begraben, aber in alten Tagen habe ich diese gekannt, und nun ist sie gestorben und weilt schon seit einem halben Jahrhundert nicht mehr auf Erden.«

Unter dem Gemälde hing hinter Glas und Rahmen ein verwelkter Blumenstrauß; er zählte gewiss auch ein halbes Jahrhundert, so alt sah er aus. Und der Perpendikel an der großen Uhr ging hin und her, und die Zeiger drehten sich, und alles in der Stube alterte mehr und mehr, aber die Zeit floss hin, ohne dass sie es merkten.

»Bei mir zu Hause sagt man«, begann der kleine Knabe von neuem, »dass du so einsam lebst!«

»Oh«, sagte der alte Mann, »die alten Gedanken und alles, was sie in meiner Seele wachrufen, kommen und besuchen mich, und nun kommst du ja auch! – Mir geht es ganz gut!«

Darauf nahm er vom Bücherbrett ein Bilderbuch. Was war darin alles zu sehen! Lange Prozessionen, die seltsamsten Kutschen, wie sie heutigentags längst von unseren Straßen verschwunden sind, Spielkarten, auf denen die Bilder Soldaten und Bürger mit wehenden Fahnen vorstellten, die der Schneider zeigte eine Schere, die von zwei Löwen gehalten wurde, und die der Schuhmacher nicht etwa einen Stiefel, sondern einen Adler, und noch dazu einen zweiköpfigen, denn die Schuhmacher müssen alles so haben, dass sie sagen können: »Das ist ein Paar.« Oh, was war das für ein Bilderbuch! Der alte Mann ging in das Nebenzimmer, um Eingemachtes, Äpfel und Nüsse zu holen – für einen kleinen Knaben war es da oben in dem alten Haus gar nicht so übel.

»Ich kann es nicht aushalten!«, begann plötzlich der Zinnsoldat, der auf der Kommode stand. »Hier ist es so einsam und traurig; nein, wenn man an ein Familienleben gewöhnt ist, kann man sich an die unheimliche Stille in diesem Haus hier gar nicht gewöhnen! – Ich kann es nicht aushalten! Der Tag vergeht so langsam und die Nacht noch langsamer. Hier ist es gar nicht wie drüben bei dir, wo dein Vater und deine Mutter so munter plaudern und wo du mit deinen lieben Geschwistern einen so prächtigen Heidenlärm anstellst. Nein, wie einsam es bei dem alten Mann zugeht! Glaubst du wohl, dass ihm jemand einen Kuss schenkt? Glaubst du, dass er freundliche Blicke oder einen Weihnachtsbaum erhält? Seiner wartet nur noch ein kühles Grab! – Ich kann es nicht aushalten!«

»Du musst dir deine Lage auch nicht zu schwarz ausmalen!«, sagte der kleine Knabe. »Mir kommt es hier sehr hübsch vor, zumal da alle die alten Gedanken und alles, was sie in des alten Mannes Seele wachrufen, zu Besuch kommen!«

»Die sehe und kenne ich aber nicht!«, sagte der Zinnsoldat. »Ich kann es nicht aushalten!«

»Du musst es!«, erwiderte der kleine Knabe.

Der alte Mann erschien jetzt wieder mit dem heitersten Gesicht, dem herrlichsten Eingemachten, mit Äpfeln und Nüssen, und darum dachte der kleine Knabe nicht länger an den Zinnsoldaten.

Glücklich und vergnügt kam der kleine Knabe nach Hause. Tage und Wochen verstrichen seitdem und nach dem alten Haus und von dem alten Haus nickte man sich gegenseitig freundlich zu; dann kam der kleine Knabe wieder hinüber.

Die geschnitzten Trompeter bliesen: »Tatterata! Der kleine Knabe ist da! Tatterata!« Die Schwerter und Rüstungen auf den Ahnenbildern rasselten, die seidenen Gewänder rauschten, das Schweinsleder plapperte und die alten Stühle hatten die Gicht im Rücken: »Au!« Es war genauso wie beim ersten Mal, denn da drüben verstrichen ein Tag und eine Stunde wie die andere.

»Ich kann es nicht aushalten!«, sagte der Zinnsoldat. »Ich habe Zinn geweint! Hier ist es zu trübselig! Lass mich lieber in den Krieg ziehen und Arme und Beine verlieren! Das ist doch eine Veränderung. Ich kann es nicht aushalten. – Jetzt weiß ich, was es heißt, Besuch von seinen alten Gedanken zu erhalten und von allem, was sie in der Seele wachrufen können. Ich habe den Besuch der meinigen gehabt, und du kannst mir glauben, dass es auf die Länge kein Vergnügen gewährt. Ich war zuletzt nahe daran, von der Kommode hinabzuspringen. Euch alle da drüben im Haus sah ich so deutlich, als ob ihr wirklich hier wäret. Es war wieder der Sonntagmorgen, dessen du dich wohl noch entsinnst! Ihr Kinder standet alle vor dem Tisch und sanget den Choral, den ihr jeden Morgen zu singen pflegt. Ihr standet mit gefalteten Händen andächtig da, Vater und Mutter waren in gleich feierlicher Stimmung, als plötzlich die Tür aufging und die kleine Schwester Marie, die noch nicht zwei Jahre ist und immer tanzt, sobald sie nur Musik oder Gesang irgendeiner Art hört, hereingebracht wurde. Obwohl man ihr zu wehren suchte, begann sie doch zu tanzen, doch konnte sie gar nicht in den Takt kommen, da die Töne des Chorals zu lange ausgehalten wurden. So stand sie denn erst auf dem einen Beinchen und neigte den Kopf ganz vornüber und dann auf dem anderen Beinchen und neigte den Kopf wieder ganz vornüber, aber das wollte alles nicht stimmen. Ihr standet sämtlich sehr ernsthaft da, obgleich es euch sauer genug wurde, ich aber musste innerlich so lachen, dass ich vom Tisch fiel und mir eine Beule schlug, mit der ich noch einhergehe, denn es war nicht recht von mir zu lachen. Aber das Ganze zieht wieder an mir vorüber nebst allem, was ich seitdem erlebt habe. Das werden wohl die alten Gedanken sein und das, was sie in der Seele wachrufen. – Erzähle mir, ob ihr sonntags noch singt? Erzähle mir etwas von der kleinen Marie! Und wie befindet sich mein Kamerad, der andere Zinnsoldat? Ja, der ist fürwahr glücklich! – Ich kann es nicht aushalten!«

»Du bist verschenkt!«, sagte der kleine Knabe. »Du musst bleiben. Kannst du das nicht begreifen?«

Der alte Mann kam mit einem Kasten, worin viel zu sehen war, Häuschen, aus Kreide gearbeitet, und Balsambüchsen und alte Karten, so groß und so vergoldet, wie man sie heutigentags nicht mehr erblickt. Der Inhalt großer Kästen wurde besichtigt und auch das Klavier geöffnet. Die innere Seite des Deckels war mit einer Landschaft verziert, und nur heiser klangen die Töne, die der alte Mann hervorlockte; dann summte er leise ein Lied vor sich hin.

»Ja, das konnte sie singen!«, sagte er, und dabei nickte er ihrem Porträt zu, das er bei dem Trödler gekauft hatte, und hellauf leuchteten dabei die Augen des alten Mannes.

»Ich will in den Krieg! Ich will in den Krieg!«, rief der Zinnsoldat, so laut er konnte, und stürzte sich gerade auf den Fußboden hinab.

Ja, wo war er geblieben? Der alte Mann suchte, der kleine Knabe suchte, fort war er und fort blieb er. »Ich werde ihn schon noch finden!«, sagte der Alte, aber er fand ihn nie wieder, der Fußboden hatte zu viele Öffnungen und Spalten. Der Zinnsoldat war durch eine Ritze gefallen und lag nun im offenen Grab.

Der Tag verging und der kleine Knabe kam nach Hause und Wochen auf Wochen verstrichen. Die Fenster waren fest zugefroren. Der kleine Knabe musste lange dasitzen und auf die Scheiben hauchen, um ein Guckloch nach dem alten Haus hinüber zu erhalten. Dort war der Schnee in alle Schnörkel und Inschriften eingedrungen; die ganze Treppe lag ellenhoch damit bedeckt, als ob niemand dort zu Hause wäre. Es war dort auch niemand zu Hause, der alte Mann war tot.

Am Abend hielt ein Wagen vor der Tür, und auf diesem wurde er in seinem engen Sarg nach dem Land hinausgefahren, um dort in seinem Erbbegräbnis zu ruhen. Da fuhr er nun, aber niemand folgte, alle seine Freunde waren ja tot. Nur der kleine Knabe warf dem Sarg beim Vorüberfahren eine Kusshand nach.

Einige Tage darauf fand in dem alten Haus eine Versteigerung statt. Der kleine Knabe sah von seinem Fenster aus, wie man alles forttrug: die alten Ritter und die alten Damen, die Blumentöpfe mit langen Ohren, die alten Stühle und die alten Spinde, alles zerstreute sich, einiges kam in diese, anderes in jene Hände. Ihr Porträt, das er beim Trödler gefunden hatte, wanderte wieder zum Trödler, und da blieb es für immer hängen, denn niemand kannte die Frau mehr, und niemand bekümmerte sich um das alte Bild.

Im Frühling riss man das alte Haus selbst nieder, denn es war nur ein altes Gemäuer, sagten die Leute. Man konnte von der Straße aus gerade in das Zimmer mit der schweinsledernen Wandbekleidung sehen, die fetzenweise abgerissen wurde; verwildert hing das Grüne an dem alten Altan um die stürzenden Balken. – So wurde dort alles gründlich dem Erdboden gleichgemacht!

Auf dem nämlichen Platz wurde ein schönes Haus mit großen Fenstern und glatten weißen Mauern aufgeführt, aber vorn, wo eigentlich das alte Haus gestanden hatte, wurde ein kleiner Garten angelegt, und gegen die Nachbarmauern rankten sich wilde Weinreben empor. Den Garten umschloss ein eisernes Gitter mit einer stattlichen Pforte, vor der die Leute oft stehen blieben und hineinguckten. Haufenweise schaukelten sich die Sperlinge auf den Weinranken und plauderten in ihrer Sprache miteinander, so gut sie konnten, aber nicht etwa von dem alten Haus, dessen sie sich nicht mehr zu entsinnen vermochten.

Viele Jahre waren verstrichen, aus dem kleinen Knaben war ein Mann, ja ein tüchtiger Mann geworden, der seinen Eltern nur Freude machte. Er lebte mit seiner jungen Frau noch in den Flitterwochen und war mit ihr in das Haus gezogen, vor dem sich der Garten befand. Einst stand er neben ihr, während sie eine einfache Feldblume pflanzte, die ihr wohl gefiel. Sie pflanzte diese mit ihrer eigenen kleinen Hand und klopfte die Erde mit ihren Fingern fest. »Au!« Was war das? Sie hatte sich gestochen. Eine Spitze guckte aus der weichen Erde hervor. Das war – ja denkt euch nur! –, das war der Zinnsoldat, derselbe, der dort oben bei dem alten Mann abhandengekommen und allmählich durch Gebälk und Schutt hindurchgeglitten war und endlich viele Jahre in der Erde gelegen hatte. Die junge Frau wischte den Soldaten zuerst mit einem grünen Blatt und dann mit ihrem feinen Taschentuch ab, dem ein herrlicher Duft entströmte; es kam dem Zinnsoldaten vor, als erwachte er aus tiefer Ohnmacht.

»Lass mich ihn sehen!«, sagte der junge Mann, lachte und schüttelte den Kopf. »Derselbe kann es wohl schwerlich sein, aber er erinnert mich an eine Geschichte, die ich mit einem Zinnsoldaten hatte, als ich noch ein kleiner Knabe war!« Dann erzählte er seiner Frau von dem alten Haus und dem alten Mann und von dem Zinnsoldaten, den er ihm hinübergesandt, weil er so einsam war. Er erzählte dies so anschaulich, als ob es sich erst vor ihren Augen zutrüge, sodass der jungen Frau über das alte Haus und den alten Mann die Tränen in die Augen traten.

»Es ist gleichwohl möglich, dass es der nämliche Zinnsoldat ist!«, erwiderte sie. »Ich will ihn aufbewahren und alles im Gedächtnis behalten, was du mir erzählt hast. Aber das Grab des alten Mannes musst du mir zeigen!«

»Ja, das kenne ich nicht«, sagte er. »Alle seine Freunde waren tot, niemand pflegte ihn und ich war ja ein kleiner Knabe.«

»Wie entsetzlich einsam muss er doch gewesen sein!«, rief sie aus.

»Entsetzlich einsam!«, sagte der Zinnsoldat. »Aber herrlich ist es, nicht vergessen zu werden!«

»Herrlich!«, rief etwas dicht neben ihnen, aber außer dem Zinnsoldaten sah niemand, dass es ein Fetzen der schweinslederen Wandbekleidung war. Alle Vergoldung hatte er verloren, er sah wie nasse Erde aus, aber seine Ansicht hatte er sich doch bewahrt, und er sprach sie aus:

»Vergoldung vergeht,
Aber Schweinsleder besteht!«

Doch das glaubte der Zinnsoldat nicht.

Die Geschichte des Jahres

Es war in den letzten Tagen des Januars. Ein fürchterlicher Schneesturm hatte sich erhoben; Schneewirbel auf Schneewirbel jagten durch alle Straßen und Gassen; die Außenseite der Scheiben war vom Schnee völlig bedeckt und lawinengleich stürzte er von den Dächern.

Die Leute waren in förmlicher Flucht, sie liefen, sie flogen, sie stürzten einander in die Arme, hielten sich einen Augenblick aneinander fest und konnten sich wenigstens so lange im Gleichgewicht erhalten. Kutschen und Pferde waren wie überpudert, die Diener standen, um sich einigermaßen gegen den Wind zu schützen, mit dem Rücken gegen die Kutsche, und die Fußgänger suchten sich beständig hinter den Wagen zu decken, die in dem tiefen Schnee nur langsam von der Stelle kamen. Als sich endlich der Sturm legte und die Häuser entlang ein schmaler Fußpfad geschaufelt wurde, blieben die Leute stehen, sooft sie sich begegneten. Keiner von ihnen hatte Lust, den ersten Schritt in den tiefen Schnee zu wagen, um den anderen an sich vorüber zu lassen. Schweigend standen sie da, bis endlich, wie nach einem stillen Übereinkommen, jeder von ihnen ein Bein preisgab und es in dem Schneehaufen versinken ließ.

Gegen Abend trat völlige Ruhe ein, der Himmel sah aus, als wäre er gefegt und höher und durchsichtiger gemacht, die Sterne nahmen sich funkelnagelneu aus, und einige schimmerten blau und klar. Dabei fror es, dass der Schnee knirschte; leicht konnte die oberste Schneeschicht so fest werden, dass sie am nächsten Morgen die Sperlinge zu tragen vermochte; diese hüpften auf den Stellen, wo geschaufelt war, auf und nieder, doch viel Futter war dort nicht zu finden, und es war bitterkalt.

»Piep«, sagte der eine zum anderen, »das nennt man nun das neue Jahr! – Es ist ja ärger, als das alte war! Da hätten wir es ebenso gut behalten können. Ich bin verdrießlich und habe alle Ursache dazu.«

»Ja, da liefen nun die Menschen umher und machten sich Neujahrsgeschenke«, sagte ein kleiner, halb erstarrter Sperling, »sie zerschlugen Töpfe an den Türen und waren ganz außer sich vor Freude, dass nun das alte Jahr verstrichen war. Auch ich war sehr froh darüber, denn ich erwartete, dass wir nun warme Tage bekommen würden, aber es ist nichts daraus geworden. Es friert weit strenger als zuvor! Die Menschen haben sich in der Zeitrechnung geirrt.«

»Das haben sie!«, sagte ein Dritter, der alt und auf dem Kopf schon weiß war. »Sie haben da etwas, das sie Kalender nennen, ein Ding ihrer eigenen Erfindung, und danach soll alles gehen, aber das tut es nicht. Wenn der

Frühling kommt, dann beginnt das Jahr, das ist der Gang der Natur, und nach ihm rechne ich!«

»Aber wann kommt der Frühling?«, fragten die anderen.

»Der kommt, wenn der Storch kommt, aber mit ihm ist es sehr unbestimmt; hier in der Stadt befindet sich niemand, der sich darauf versteht, draußen auf dem Land wissen sie es besser. Wollen wir hinausfliegen und warten? Dort ist man dem Frühling näher.«

»Ja, das könnte gut sein!«, sagte einer von ihnen, der lange umhergehüpft war und gepiept hatte, ohne eigentlich etwas zu sagen. »Ich habe jedoch hier in der Stadt einige Annehmlichkeiten, die ich, wie ich befürchte, dort draußen entbehren müsste. Auf dieser Seite der Straße wohnt in einem Haus eine Menschenfamilie, die auf den vernünftigen Einfall gekommen ist, an der Wand drei bis vier Blumentöpfe mit der großen Öffnung nach innen und dem Boden nach außen zu befestigen. In den Letzteren ist ein so großes Loch gemacht, dass ich bequem aus- und einfliegen kann. Darin habe ich mit meinem Mann unser Nest aufgeschlagen und von dort sind alle unsere Jungen ausgeflogen. Die Menschenfamilie hat das Ganze natürlich nur eingerichtet, um das Vergnügen zu haben, uns beobachten zu können, sonst hätten sie es schwerlich getan. Sie streuen Brotkrumen hin, auch nur zu ihrem eigenen Vergnügen, und wir haben dadurch Futter; es ist, als wenn für einen gesorgt wäre; und deshalb glaube ich, dass ich bleibe, und mein Mann bleibt, obwohl wir sehr unzufrieden sind – aber wir bleiben.«

»Und wir fliegen auf das Land hinaus, um zu sehen, ob der Frühling noch nicht kommt!«, sagten die anderen und flogen.

Draußen auf dem Land herrschte die heftigste Winterkälte; es fror dort noch ein paar Grade stärker als in der Stadt. Ein scharfer Wind blies über die schneebedeckten Felder hin. Ein Bauer saß mit großen Fausthandschuhen an den Händen in seinem Schlitten und schlug mit den Armen um den Leib, um die Kälte von ihnen abzuhalten. Die Peitsche lag auf seinem Schoß, die mageren Pferde liefen, dass sie dampften, der Schnee knirschte, und die Sperlinge hüpften in den Gleisen und froren. »Piep! Wann kommt der Frühling? Es währt so lange.«

»So lange!«, klang es von der höchsten, mit Schnee bedeckten Anhöhe über die Felder dahin. Es konnte das Echo sein, welches man vernahm, konnte aber auch die Rede des sonderbaren alten Mannes sein, der in Wind und Wetter auf der Spitze eines Schneehügels saß. Er war völlig weiß, wie ein Bauer in weißem Friesrock, mit langem weißen Haar, weißem Bart, ganz blass und mit großen hellen Augen.

»Wer ist der Alte dort?«, fragten die Sperlinge.

»Das weiß ich!«, sagte ein alter Rabe, der auf einem Zaunpfahl saß und herablassend genug war anzuerkennen, dass wir vor Gott alle, selbst er nicht ausgenommen, nicht mehr als jene kleinen Vögel gelten, und sich deshalb auch mit den Sperlingen einließ und Erklärung erteilte. »Ich weiß, wer der Alte ist! Es ist der Winter, der alte Mann von dem vorigen Jahr; er ist nicht tot, wie der Kalender sagt, nein, er ist der Vormund des kleinen Prinzen Frühling, der bald kommt. Ja, der Winter führt das Regiment. Hu! Ihr Kleinen, man hört ordentlich, wie ihr vor Frost bebt.«

»Ja, ist das nicht das, was ich immer behauptete?«, sagte der Kleinste. »Der Kalender ist nur eine Menschenerfindung, die mit der Natur nicht im Einklang steht. Sie sollten es uns überlassen, uns, die wir feinere Wesen sind.«

Und es verging eine Woche, es vergingen fast zwei. Der Wald war schwarz; schwer lag der gefrorene See da und sah wie eine erstarrte Bleimasse aus. Die Wolken, ja, das waren gar keine Wolken, das war nasser, eiskalter Nebel, der über dem Land hing. In Scharen flogen die großen schwarzen Krähen, ohne Krächzen, es war, als schliefe alles. Da glitt ein Sonnenstrahl über den See und er flimmerte wie geschmolzenes Zinn. Die Schneedecke über dem Feld und auf dem Hügel schimmerte nicht mehr wie früher; aber die weiße Gestalt, der Winter selbst, saß noch immer da, den Blick fest nach Süden gerichtet. Er merkte gar nicht, dass die Schneedecke gleichsam in die Erde versank und hier und da ein grünes Fleckchen zum Vorschein kam, wo es dann von Sperlingen wimmelte.

»Quivit! Quivit! Kommt nun der Frühling?«

»Der Frühling!«, klang es über Felder und Wiesen und durch die schwarzbraunen Wälder, wo frisch grün das Moos an den Baumstämmen schimmerte. Und von Süden her kamen durch die Luft die zwei ersten Störche geflogen. Auf eines jeden Rücken saß ein kleines schönes Kind, es waren ein Knabe und ein Mädchen. Sie küssten die Erde zum Gruß, und wohin sie ihre Füße setzten, sprossen weiße Blumen unter dem Schnee hervor. Hand in Hand gingen sie zu dem alten Eismann, dem Winter, hinauf, legten sich zu neuem Gruß an seine Brust, und in demselben Augenblick waren sie alle drei und die ganze Landschaft verschwunden; ein dicker, nasser Nebel, dicht und schwer, verhüllte alles. Allmählich erhob sich ein Luftzug, der Wind fuhr daher, er kam stoßweise und jagte den Nebel fort, die Sonne schien warm; der Winter selbst war verschwunden, des Frühlings schöne Kinder saßen auf dem Thron des Jahres.

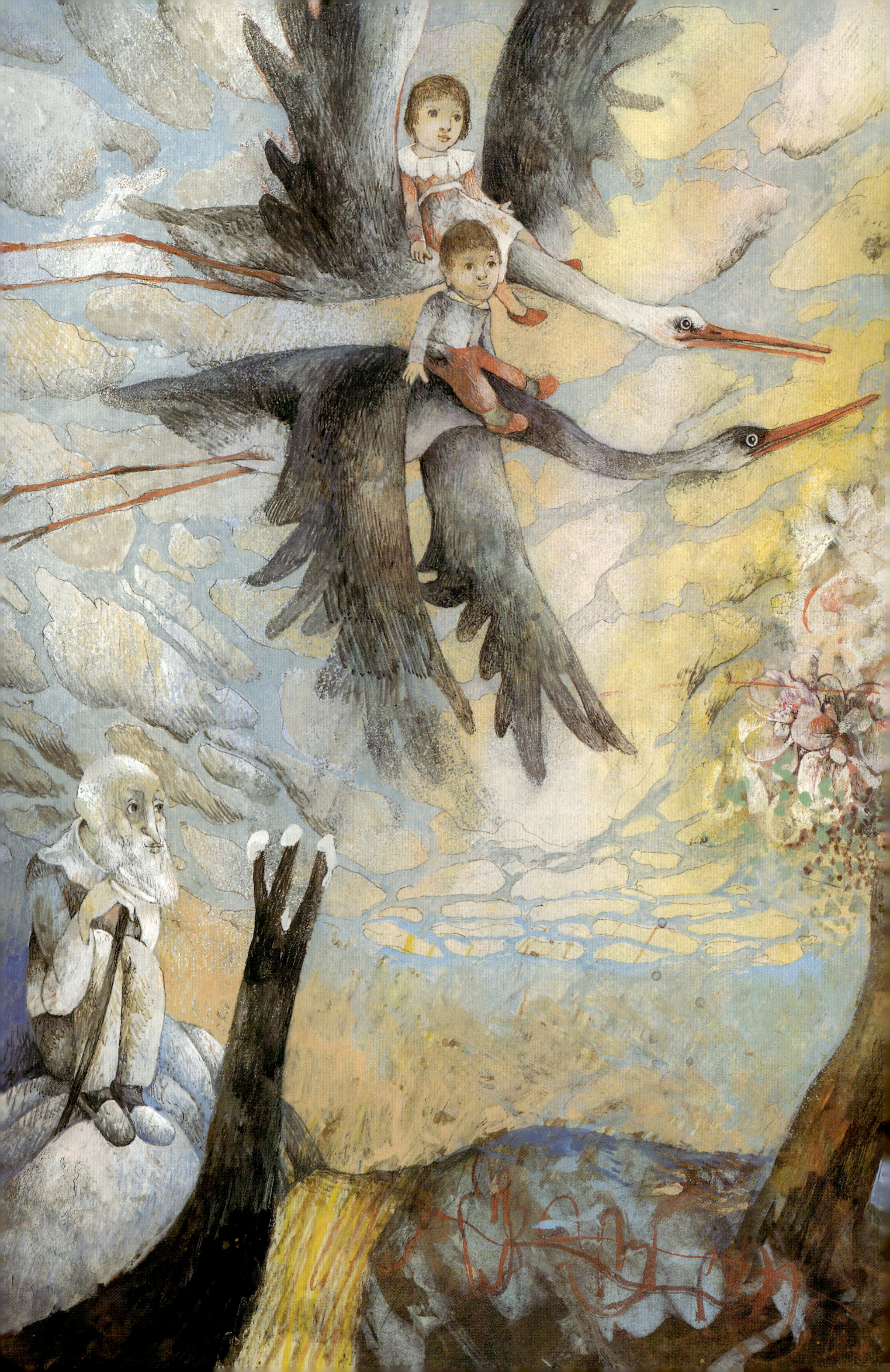

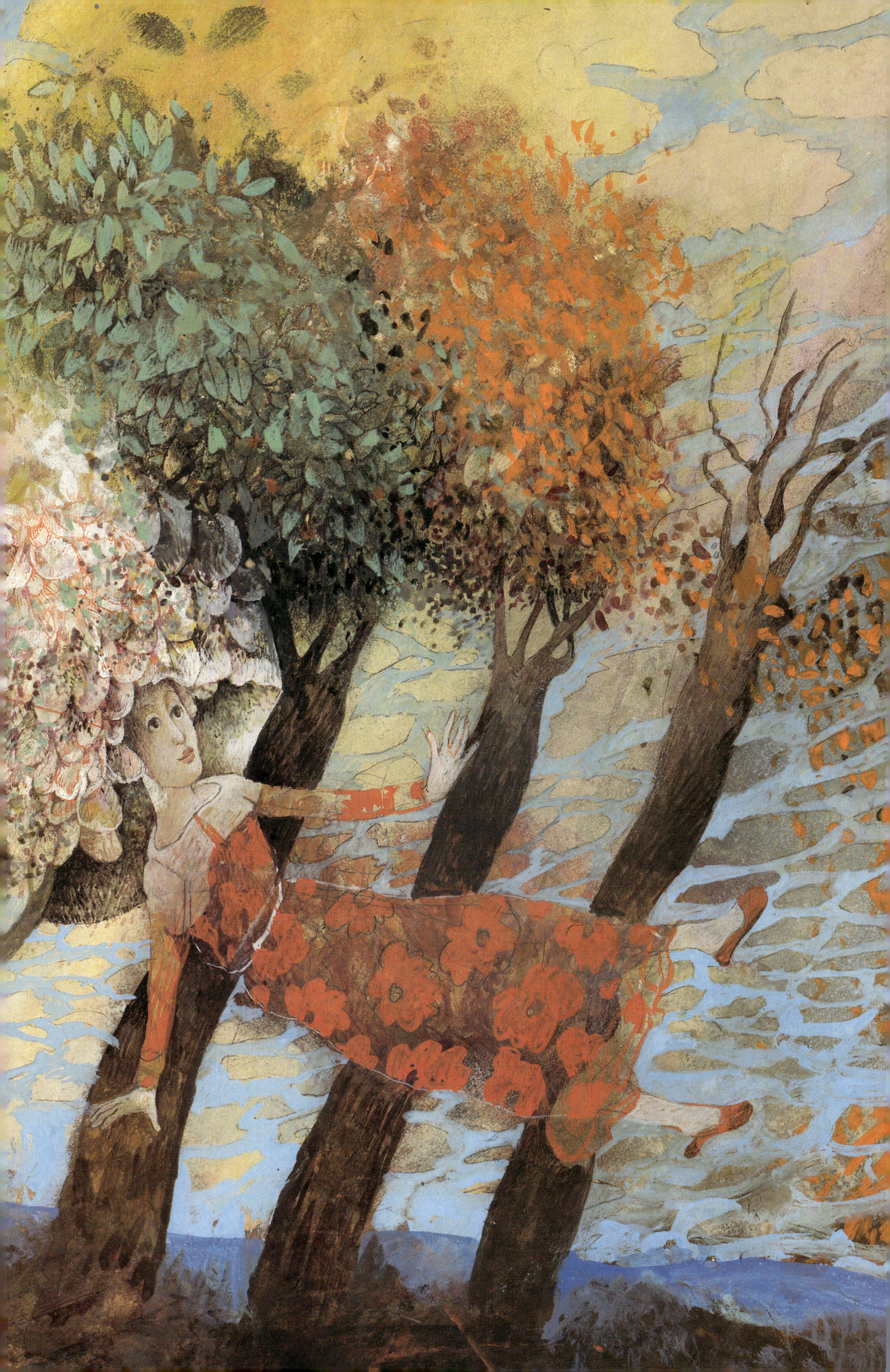

»Das nenne ich Neujahr!«, sagten die Sperlinge. »Jetzt werden wir unser Recht wohl wiederbekommen und außerdem Ersatz für den strengen Winter.«

Wohin die beiden Kinder sich wandten, da schossen an Büschen und Bäumen grüne Knospen hervor, da wurde das Gras höher, die Saaten grüner und üppiger. Und rings um sich her streute das kleine Mädchen Blumen; es hatte Überfluss von ihnen in seinem Röckchen, sie schienen darin förmlich hervorzuwimmeln, immer war es gefüllt, so eifrig es sie auch umherstreute – in seiner Eilfertigkeit schüttelte es einen wahren Blütenschnee über die Apfel- und Pfirsichbäume, sodass sie in voller Pracht dastanden, ehe sie noch grüne Blätter hatten.

Und sie klatschte in die Hände, und der Knabe klatschte, und da kamen Vögel herbei, man wusste nicht, woher, und alle zwitscherten und sangen: »Der Frühling ist gekommen.«

Es war herrlich mit anzusehen. Manch altes Mütterchen trat vor die Tür in den Sonnenschein hinaus, atmete die balsamische Luft ein und betrachtete die gelben Blumen, die alle Wiesen bedeckten, geradeso wie in seinen jungen Tagen. Die Welt ward wieder jung. »Es ist heute herrlich draußen!«, sagten alle.

Der Wald war noch dunkelgrün, Knospe an Knospe, aber der Waldmeister war schon da, frisch und duftend, die Veilchen standen in voller Blüte, Anemonen und Kuhblumen entfalteten sich, ja, in jedem Grashalm war Saft und Kraft, es war wirklich ein Prachtteppich, der zum Sitzen einlud; und auf ihm saß des Frühlings junges Paar, und sie hielten einander an den Händen und sangen und lächelten und wuchsen mehr und mehr.

Ein sanfter Regen fiel vom Himmel auf sie hernieder; sie merkten es nicht, der Regentropfen und die Freudenträne verschmolzen zu einem und demselben Tropfen. Braut und Bräutigam küssten einander und in einem Augenblick schlugen die Bäume im Wald aus. Als die Sonne aufging, waren alle Wälder grün.

Und Hand in Hand schritt das Brautpaar unter dem frischen überhängenden Laubdach einher, wo nur des Sonnenlichtes Strahlen und Schlagschatten einen Farbenwechsel in dem Grün darboten. Eine jungfräuliche Reinheit und ein erquickender Duft waren in den feinen Blättern; klar und behend rieselten Fluss und Bach zwischen den samtgrünen Binsen und über die bunten Steine dahin. »Immer und ewig ist und bleibt alles voller Leben!«, sagte die ganze Natur. Und der Kuckuck rief, und die Lerche trillerte, der herrliche Frühling war da. Doch die Weiden trugen noch alle Fausthandschuhe über ihren Blüten, sie waren schrecklich vorsichtig, und das ist langweilig.

Nun verstrichen Tage und Wochen, drückend ruhte die Wärme auf der ganzen Natur; heiße Luftwellen strichen durch das Korn, das gelber und gelber wurde. Des Nordens weiße Lotusblume breitete auf den Waldseen ihre großen grünen Blätter über den Wasserspiegel aus und die Fische suchten Schatten unter ihnen. Auf der gegen den Wind geschützten Seite des Waldes, wo die Sonne auf die Wände des Wohnhauses brannte und die aufgeblühten Rosen ordentlich durchwärmte, wo die Kirschbäume voll saftiger schwarzer, fast sonnenheißer Kirschen hingen, saß des Sommers herrliche Frau, dieselbe, die wir schon als Kind und Braut sahen. Sie schaute zu den aufsteigenden dunklen Wolken empor, die wellenförmig, Gebirgen gleich, schwarzblau und schwer, sich höher und höher erhoben. Wie ein versteinertes, umgekehrtes Meer senkten sie sich mehr und mehr gegen den Wald hinab, wo, wie auf einen Zauberschlag, alles verstummte. Jedes Lüftchen hatte sich gelegt, jeder Vogel schwieg, Ernst und Erwartung herrschten in der ganzen Natur. Aber auf Wegen und Stegen beeilten sich Fahrende wie Reiter und Fußgänger, unter Dach und Fach zu kommen.

Da leuchtete es auf einmal auf, als ob die Sonne hervorbräche, blitzend, blendend, alles verbrennend, und unter einem rollenden Krachen verhüllte sich wieder alles in Dunkel. Stromweise stürzte das Wasser hernieder; es wurde Nacht und es wurde Licht, es wechselten Schweigen und Donner. Die jungen, braun befiederten Rohrstängel im Moor wogten hin und her, die Zweige des Waldes versteckten sich unter Wassertropfen, die Finsternis kam und das Licht, Schweigen und Donner. Gras und Korn lagen wie niedergeschlagen, wie von den Wasserfluten mit fortgeschwemmt, als könnten sie sich nie wieder emporrichten.

Plötzlich ging der Regen in einzelne Tropfen über, die Sonne schien, und von Halmen und von Blättern blitzten die Wassertropfen wie Perlen, die Vögel sangen, die Fische schnellten aus dem Bach empor, die Mücken tanzten, und draußen auf dem Felsen in dem salzigen, gepeitschten Meerwasser saß der Sommer selbst, der kräftige Mann mit den vollen Gliedern und dem triefenden Haar – verjüngt durch das frische Bad saß er da im warmen Sonnenschein. Die ganze Natur ringsum war verjüngt, alles stand üppig, kräftig und schön; es war Sommer, der warme herrliche Sommer.

Lieblich und süß war der Duft, der von dem üppigen Kleefeld herüberwehte, wo die Bienen um den uralten Gerichtsplatz summten; die Brombeerranken wanden sich über den Opferaltar, der, vom Regen gewaschen, im Sonnenschein glänzte; und dorthin flog die Bienenkönigin mit ihrem Schwarm und setzte Wachs und Honig an.

Niemand sah es außer dem Sommer und seiner kräftigen Frau; für sie stand der Altar, gedeckt mit den Opfergaben der Natur. Der Abendhimmel strahlte wie Gold, keine Kirchenkuppel zierte es so reich und der Mond schien zwischen der Abend- und Morgenröte. Es war Sommerzeit. Und Tage verstrichen und Wochen verstrichen. Der Schnitter blanke Sicheln blitzten in den Kornfeldern, des Apfelbaumes Zweige beugten sich unter den rotbäckigen Früchten; der Hopfen duftete köstlich, und unter den Haselsträuchern, wo die Nüsse in schweren Büscheln hingen, weilte der Sommer mit seiner ernsten Frau.

»Was für ein Reichtum!«, sagte sie. »Ringsum nichts als Segen, Herrliches und Gutes, und doch, ich weiß selbst nicht, doch sehne ich mich nach – Ruhe! – Ruhe! Ich weiß kein anderes Wort dafür! – Jetzt pflügen sie schon wieder auf dem Feld! Mehr und immer mehr wollen die Menschen gewinnen! – Sieh, die Störche versammeln sich in Scharen und gehen in einiger Entfernung hinter dem Pflug her, Ägyptens Vogel, der uns durch die Luft trug. Entsinnst du dich noch, wie wir beide als Kinder nach diesen nordischen Ländern kamen? – Blumen brachten wir, herrlichen Sonnenschein und grüne Wälder; ihnen hat nun der Wind schon übel mitgespielt, sie werden braun und dunkel, wie die Bäume des Südens, tragen aber nicht wie diese goldene Früchte!«

»Willst du diese sehen?«, sagte der Sommer. »So werde dann wieder froh!«, und dabei erhob er seinen Arm, und die Blätter des Waldes färbten sich rot und golden; eine reiche Farbenpracht kam über alle Wälder. In den Rosensträuchern glänzten feuerrote Hagebutten, an den Holunderzweigen hingen große, schwere schwarzbraune Beeren, die wilden Kastanien fielen reif aus den dunkelgrünen Schalen und im Wald blühten die Veilchen zum zweiten Mal.

Aber die Königin des Jahres wurde immer stiller und bleicher. »Ein kalter Luftzug weht«, sagte sie, »die Nacht bringt nassen Nebel! Ich sehne mich nach dem Land meiner Kindheit.«

Sie sah die Störche fortziehen, jeden einzeln, und sie streckte die Hände hinter ihnen her. Sie blickte zu den Nestern empor, die nun leer standen, und dort wuchs in dem einen die langstänglige Kornblume und in dem anderen der gelbe Löwenzahn, als ob das Nest nur zum Schutz und Zaun um sie wäre; und auch die Sperlinge drängten sich neugierig hinein.

»Piep! Was ist denn aus den Herrschaften geworden? Sie können es wohl nicht ertragen, dass es sie kühl anweht, und haben sich deshalb aus dem Staub gemacht? Glück auf die Reise!«

Und gelber und gelber färbten sich die Blätter des Waldes, Laub fiel auf Laub, die Herbststürme brausten einher, das Jahr neigte sich seinem Ende zu. Auf der weichen Laubdecke lag die Königin des Jahres und blickte mit sanften Augen zu den funkelnden Sternen auf und ihr Mann stand neben ihr. Ein Windstoß wirbelte das Laub empor – als es wieder niederfiel, war sie verschwunden, aber ein Sommervogel, der letzte des Jahres, flog durch die kalte Luft.

Und nun kamen die feuchten Nebel, die eisigen Winde und die langen, finsteren Nächte. Des Jahres Herrscher stand da mit schneeweißem Haar, aber er wusste es selbst nicht, er glaubte, dass es die Schneeflocken wären, die aus den Wolken auf ihn gefallen waren. Eine schwere Schneedecke lagerte sich über die grünen Felder.

Und die Kirchenglocken läuteten das schöne Weihnachtsfest ein.

»Die Geburtsglocken läuten!«, sagte des Jahres König. »Bald wird das neue Herrscherpaar geboren; und ich gelange zur Ruhe wie sie, zur Ruhe auf den glänzenden Sternen.«

In dem frischen grünen Tannenwald, wo der Schnee lag, stand der Weihnachtsengel und weihte die jungen Bäumchen, die zum Fest dienen sollten.

»Freude in den Zimmern und unter den grünen Zweigen!«, sagte des Jahres alter Beherrscher, der in den letzten Wochen zum schneeweißen Greis gealtert war. »Es naht die Zeit meiner Ruhe, das junge Paar des Jahres empfängt jetzt Krone und Zepter!«

»Und doch gehört die Macht noch dir«, sagte der Weihnachtsengel, »die Macht und nicht die Ruhe! Lass den Schnee wärmend auf der jungen Saat sich lagern! Lerne es tragen, dass einem anderen gehuldigt wird, während du noch Herrscher bist, lerne vergessen, zu sein und doch zu leben! Die Stunde deiner Freiheit kommt, wenn der Frühling kommt!«

»Wann kommt der Frühling?«, fragte der Winter.

»Er kommt, wenn der Storch kommt!«

Mit weißen Locken und schneeweißem Bart saß der Winter eiskalt, alt und gebeugt, aber stark wie der Wintersturm und des Eises Macht auf dem Schneehaufen des Hügels und schaute gegen Süden, wie der vorige Winter dagesessen und geschaut hatte. Das Eis knackte, der Schnee knirschte, die Schlittschuhläufer schwenkten sich auf den blanken Seen, und Raben und Krähen nahmen sich auf dem weißen Grund gut aus, kein Windhauch rührte sich. In der stillen Luft faltete der Winter die Hände und das Eis wurde eine feste Brücke zwischen den Ländern.

Da kamen die Sperlinge wieder aus der Stadt und fragten: »Wer ist der alte Mann dort?« Und der Rabe saß wieder da oder sein Sohn, was einerlei ist, und dieser sagte zu ihnen: »Das ist der Winter! Der alte Mann vom vorigen Jahr. Er ist nicht tot, wie der Kalender sagt, sondern der Vormund des Frühlings, welcher bald kommt!«

»Wann kommt der Frühling?«, fragten die Sperlinge. »Dann bekommen wir gute Zeit und besseres Regiment. Das alte taugt nichts.«

In stillen Gedanken nickte der Winter dem blätterlosen dunklen Wald zu, wo jeder Baum die schönen Formen und Biegungen seiner Zweige zeigte; und während des Winterschlafes senkten sich die eiskalten Nebel der Wolken – der Herrscher träumte von der Zeit seiner Jugend und seines Mannesalters, und beim Grauen des Tages stand der ganze Wald schön bereift da; das war des Winters Sommertraum; der Sonnenschein erst machte dem schönen Traum ein Ende.

»Wann kommt der Frühling?«, fragten die Sperlinge.

»Der Frühling!«, tönte es wie Echo von den schneebedeckten Hügeln. Und die Sonne schien wärmer und wärmer, der Schnee schmolz, die Vögel zwitscherten: »Der Frühling kommt!«

Und hoch durch die Luft kam der erste Storch, der zweite folgte; ein schönes Kind saß auf dem Rücken eines jeden, und sie senkten sich auf das offene Feld hernieder, küssten die Erde und küssten den alten stillen Mann, und wie Moses auf dem Berg verschwand er, von einer Nebelwolke getragen.

Die Geschichte des Jahres war zu Ende.

»Das ist wohl sehr richtig«, sagten die Sperlinge, »und es ist auch sehr schön, aber es stimmt nicht mit dem Kalender, und deshalb ist es falsch.«

Es ist ganz gewiss!

»Das ist eine entsetzliche Geschichte!«, sagte eine Henne, und zwar in einem Stadtviertel, wo die Geschichte nicht passiert war. »Das ist eine entsetzliche Geschichte im Hühnerhause! Ich kann heute Nacht nicht allein schlafen! Es ist gut, dass unsrer viele auf der Steige zusammen sitzen!« – Und nun erzählte sie so, dass die Federn der andern Hühner sich aufplusterten und der Hahn den Kamm fallen ließ. Es ist ganz gewiss!

Aber wir wollen mit dem Anfange beginnen und der ist in einem Hühnerhause im andern Stadtviertel zu suchen. Die Sonne ging unter und die Hühner flogen auf ihre Steige; eine Henne, weiß gefiedert und mit kurzen Beinen, legte ihre Eier reglementsmäßig und war als Henne in jeder Art und Weise respektabel; indem sie auf die Steige flog, zupfte sie sich mit dem Schnabel, und eine kleine Feder fiel ihr aus.

»Da geht sie hin!«, sagte sie, »je mehr ich mich zupfe, umso schöner werde ich!« Sie sagte es heiter, denn sie war der Ausbund unter den Hühnern, übrigens, wie gesagt, sehr respektabel; darauf schlief sie ein.

Dunkel war es ringsumher, Henne saß bei Henne, aber die, welche der heiteren am nächsten saß, schlief nicht; sie hörte und hörte auch nicht, wie es ja in dieser Welt sein soll, um recht ruhig zu leben; aber ihrer anderen Nachbarin musste sie es doch erzählen: »Hörtest du, was hier gesagt wurde? Ich nenne keinen, aber hier ist eine Henne, welche sich rupfen will, um gut auszusehen! Wäre ich ein Hahn, ich würde sie verachten!«

Gerade über den Hühnern saß die Eule mit dem Eulenvater und ihren Eulenkindern; die Familie hat scharfe Ohren, sie alle hörten jedes Wort, welches die Nachbarhenne sagte; und sie rollten mit den Augen, und die Eulenmutter schlug mit den Flügeln und sprach: »Hört nur nicht darauf! Aber ihr hörtet es wohl, was dort gesagt wurde? Ich hörte es mit meinen eigenen Ohren, und man muss viel hören, ehe sie einem abfallen! Da ist eine unter den Hühnern, welche in solchem Grade vergessen hat, was sich für eine Henne schickt, dass sie sich alle Federn ausrupft und es den Hahn sehen lässt!«

»Prenez garde aux enfants!«, sagte der Eulenvater, »das ist nichts für die Kinder!«

»Ich will es doch der Nachbareule erzählen; das ist eine sehr achtbare Eule im Umgange!«, und darauf flog sie davon.

»Hu, hu! Uhuh!«, heulten sie beide in den Taubenschlag des Nachbars zu den Tauben hinein. »Habt ihr's gehört? Habt ihr's gehört? Uhuh! Eine Henne ist da, welche sich des Hahns wegen alle Federn ausgerupft hat; sie wird erfrieren, wenn sie nicht schon erfroren ist. Uhuh!«

»Wo? Wo?«, girrten die Tauben.

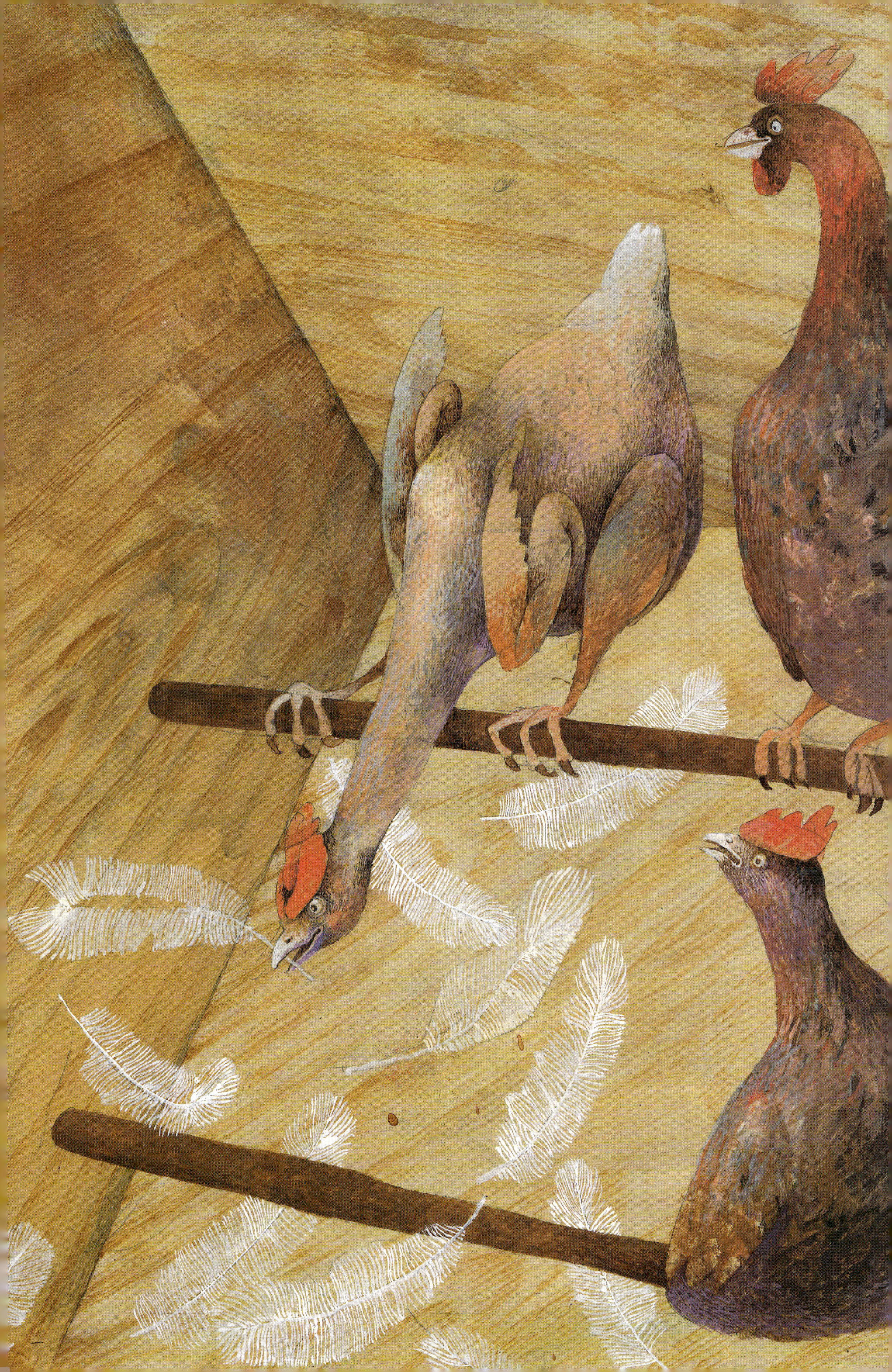

»Im Hofe des Nachbarn! Ich habe es so gut wie selbst gesehen! Es ist beinahe unpassend, die Geschichte zu erzählen. Es ist ganz gewiss!«

»Glaubt, glaubt jedes einzelne Wort!«, sagten die Tauben und girrten in ihren Hühnerhof hinunter: »Eine Henne ist da, ja, einige sagen, dass ihrer zwei da sind, welche sich alle Federn ausgerupft haben, um nicht so wie die anderen auszusehen und um die Aufmerksamkeit des Hahnes zu erwecken. Das ist ein gewagtes Spiel, man kann sich erkälten und am Fieber sterben und sie sind beide gestorben!«

»Wacht auf! Wacht auf!«, krähte der Hahn und flog auf die Planke; der Schlaf saß ihm noch in den Augen, aber er krähte dennoch: »Drei Hennen sind vor unglücklicher Liebe zu einem Hahne gestorben! Sie hatten sich alle Federn ausgerupft! Das ist eine hässliche Geschichte; ich will sie nicht für mich behalten, sie mag weitergehen!«

»Lasst sie weitergehen!«, pfiffen die Fledermäuse, und die Hühner gluckten, und die Hähne krähten: »Lasst sie weitergehen! Lasst sie weitergehen!«, und so ging die Geschichte von Hühnerhaus zu Hühnerhaus und kam zuletzt an die Stelle zurück, von welcher sie eigentlich ausgegangen war.

»Fünf Hühner«, hieß es, »haben sich alle Federn ausgerupft, um zu zeigen, welche von ihnen aus Liebesgram für den Hahn am magersten geworden sei, – und dann hackten sie sich gegenseitig blutig und stürzten tot nieder, zum Spott und zur Schande für ihre Familie, und zum großen Verluste des Besitzers!«

Die Henne, welche die lose, kleine Feder verloren hatte, kannte natürlich ihre eigene Geschichte nicht wieder, und da sie eine respektable Henne war, so sagte sie: »Ich verachte jene Hühner; aber es gibt mehrere der Art! So etwas soll man nicht verschweigen, und ich werde das meinige dazu tun, dass die Geschichte in die Zeitung kommt, dann verbreitet sie sich durch das ganze Land; das haben die Hühner verdient, und ihre Familie auch.«

Es kam in die Zeitung, es wurde gedruckt, und es ist ganz gewiss: Eine kleine Feder kann wohl zu fünf Hühnern werden!

GOLDSCHATZ

Die Frau des Trommlers ging in die Kirche, sie sah den neuen Altar mit den gemalten Bildern und den geschnitzten Engeln. Alle waren sehr schön, sowohl die auf der Leinwand in Farben und mit Glorienschein als auch die in Holz geschnitzten, die noch dazu angestrichen und vergoldet waren. Wie Gold und Sonnenschein strahlte das Haar, ein prächtiger Anblick. Aber Gottes Sonnenschein war doch noch schöner; heller, röter, goldener leuchtete es zwischen den dunklen Bäumen hindurch, wenn die Sonne unterging. Herrlich ist's, in Gottes Antlitz zu schauen! Und sie schaute in die glühende Sonne und innige Gedanken bewegten ihre Seele. Sie dachte an das Kleine, welches der Storch bald bringen sollte, und sie wurde dabei gar fröhlich; sie sah und sah und wünschte, das Kind möchte etwas von dem Glanz, der vor ihren Blicken ausgebreitet lag, erhalten, wenigstens einem der strahlenden Engel auf dem Altargemälde ähneln.

Und als sie nun wirklich in ihren Armen ihr kleines Kind trug und es dem Vater entgegenhielt, da war es in der Tat wie einer der Engel in der Kirche anzuschauen, golden das Haar, der Glanz der untergehenden Sonne hatte sich gleichsam darauf gelagert.

»Mein Goldschatz, mein Reichtum, mein Sonnenschein!«, rief die Mutter und küsste die strahlenden Locken; und es klang wie Musik und Gesang in der Trommlerstube; Freude, Leben und Bewegung herrschten darin. Der Trommler schlug einen Wirbel, einen Freudenwirbel. Die Trommel ging, die Lärmtrommel ging: »Rote Haare! Der Junge hat rote Haare! Trau dem Trommelfell und nicht dem, was deine Mutter sagt! Trum, trum, trummelum!«

Und die Stadt redete, wie die Lärmtrommel redete.

Der Knabe wurde in die Kirche gebracht; der Knabe wurde getauft. Gegen den Namen war nichts einzuwenden: Peter wurde er genannt. Die ganze Stadt, die Trommel nicht ausgenommen, nannte ihn Peter, den rotköpfigen Trommlerjungen. Aber seine Mutter küsste ihn auf sein rotes Haar und nannte ihn ihren Goldschatz.

An der Lehmwand im Hohlweg hatte mancher zur Erinnerung seinen Namen eingeritzt.

»Ruhm«, sagte der Trommler, »ist doch immer etwas«, und deshalb ritzte er auch seinen und seines Sohnes Namen hinein.

Und die Schwalben kamen; sie hatten auf ihren langen Reisen dauerhaftere Schrift, in Hindustans Felsenwände und Tempelmauern eingehauen, gesehen: große Taten mächtiger Könige, unsterbliche Namen, so alt, dass sie niemand mehr lesen oder nennen konnte.

Im Hohlweg bauten die Erdschwalben; sie bohrten sich Löcher in die Lehmwand, Wind und Regen zerbröckelten die Namen und spülten sie fort, auch die des Trommlers und seines kleinen Sohnes.

»Peters Name blieb doch anderthalb Jahre stehen!«, sagte der Vater.

Narr!, dachte die Lärmtrommel, aber sie sagte nur: »Trumm, trum, trummelum!«

Es war ein Knabe voll Lust und Leben, der rotköpfige Trommlerjunge. Eine schöne Stimme hatte er; singen konnte er und singen tat er wie der Vogel im Wald. Es war Melodie und doch wieder keine Melodie.

»Er muss Chorknabe werden«, sagte die Mutter, »in der Kirche singen, unter den schönen vergoldeten Engeln stehen, denen er so ähnelt!«

»Feuerkater!«, sagten die Witzbolde in der Stadt. Die Trommel hörte es von den Nachbarsfrauen.

»Geh nicht nach Hause, Peter!«, riefen die Straßenjungen. »Schläfst du in der Dachstube, dann bricht Feuer im obersten Stockwerk aus, und die Lärmtrommel geht!«

»Nehmt euch vor den Trommelstöcken in Acht!«, erwiderte Peter, und so klein er war, ging er doch kühn auf sie los und stieß den Nächsten mit der Faust vor den Magen, dass er hinstürzte und mit den Beinen in die Luft schlug, während die anderen die Beine in die Hand nahmen, ihre eigenen Beine.

Der Stadtmusikant war ein vornehmer und feiner Mann, er war der Sohn eines königlichen Silberkämmerers. Ihm gefiel

Peter, er nahm ihn hin und wieder mit nach Hause, schenkte ihm eine Violine und lehrte ihn sie spielen. Es war, als ob es dem Knaben in den Fingern läge, er wollte mehr als Trommelschläger, er wollte Stadtmusikant werden.

»Soldat will ich werden!«, sagte Peter. Er war noch ein ganz junges Bürschchen und hielt es deshalb noch für das Reizendste in der Welt, ein Gewehr zu tragen, nach dem Takt »eins, zwei, eins, zwei!« marschieren zu können und Uniform und Säbel zu tragen.

»Du sollst dem Trommelfell gehorchen lernen! Trummelom, komm, komm!«, sagte die Trommel.

»Ja, wenn er sich zum General empordienen könnte!«, meinte der Vater. »Aber dann muss es Krieg geben!«

»Gott behüte uns davor!«, erwiderte die Mutter.

»Wir haben nichts zu verlieren!«, entgegnete der Vater.

»Doch, wir haben da meinen Jungen!«, versetzte sie.

»Aber wenn er nun als General wieder nach Hause kommt!«, sagte der Vater.

»Ohne Arme und Beine!«, antwortete die Mutter. »Nein, ich muss meinen Goldschatz ganz behalten!«

»Trum, trum, trum!« Die Lärmtrommel ging, alle Trommeln gingen. Es war Krieg. Die Soldaten zogen aus und der Trommlerjunge zog mit. »Rotkopf! Goldschatz!« Die Mutter weinte; der Vater sah ihn in Gedanken »berühmt«, der Stadtmusikant meinte, er sollte nicht in den Krieg ziehen, sondern bei der Stadtmusik bleiben.

»Rotkopf!«, sagten die Soldaten, und Peter lachte; sagte aber einer oder der andere: »Fuchspelz!«, dann biss er die Zähne zusammen und sah zornig vor sich hin. Dieses Schimpfwort kümmerte ihn.

Flink war der junge Bursche, keck sein Sinn, heiter seine Laune, und das, sagten die alten Kameraden, ist die beste Feldflasche.

In Regen und Unwetter, bis auf die Haut durchnässt, musste er manche Nacht draußen unter freiem Himmel liegen, aber seine gute Laune verlor er nicht, die Trommelstöcke schlugen: Trum, trum, trum! Alle Mann auf! Er war wahrlich ein geborener Trommelschläger.

Eine Schlacht wurde geliefert; die Sonne war noch nicht aufgegangen, aber Morgen war es, die Luft kalt, der Kampf heiß. Die Luft war voller Nebel, aber noch mehr voller Pulverdampf. Die Kugeln und Granaten flogen über die Köpfe und in die Köpfe, schlugen in Körper und Glieder, aber vorwärts ging es. Einer und der andere sank in die Knie, blutig um die Schläfe, kreideweiß im Antlitz. Der kleine Tambour hatte noch seine gesunde Farbe, er war noch ohne allen Schaden davongekommen. Er schaute mit immer gleich fröhlichem Gesicht den Regimentshund an, der lustig vor ihm hersprang, als ob alles nur Spaß wäre, als schlugen die Kugeln nur ein, um mit ihnen zu spielen.

»Vorwärts, marsch!«, lautete der Kommandoruf, wirbelten die Trommeln; der Befehl war nicht gegeben, um ihn zurückzunehmen, aber er kann zurückgenommen werden, und oft liegt großer Verstand darin. Und nun hieß es: »Zurück!« Aber der kleine Tambour schlug: »Vorwärts, marsch, marsch!« Einen anderen Befehl konnte er sich nicht denken und die Soldaten gehorchten dem Kalbfell. Es waren gute Trommelschläge, sie wurden denen, die schon im Begriff standen zu weichen, zu Siegesschlägen.

Viele Opfer hatte die Schlacht gekostet. Die Granate zerreißt das Fleisch in blutige Stücke, die Granate entzündet den Strohhaufen, zu dem sich der Verwundete hingeschleppt hat, um stundenlang verlassen dazuliegen, verlassen vielleicht in diesem Leben. Es hilft nichts, daran zu denken, und doch denkt man daran, selbst weit davon entfernt in dem friedlichen Städtchen. Dort dachten der Trommler und seine Frau daran; Peter war ja im Krieg.

»Nun habe ich das Gewinsel satt!«, sagte die Lärmtrommel.

Eine neue Schlacht wurde geschlagen; die Sonne war noch nicht aufgegangen, aber der Morgen war angebrochen. Der Tambour und seine Frau schliefen; fast die ganze Nacht hatten sie schlaflos zugebracht. Vom Sohn hatten sie geredet, er war ja draußen – »unter Gottes Hand«. Und der Vater träumte, der Krieg wäre zu Ende, die Soldaten kehrten heim, und Peter trüge das Eiserne Kreuz auf der Brust. Die Mutter dagegen träumte, sie träte in die Kirche hinein, betrachtete die Gemälde und geschnitzten Engel mit den vergoldeten Haaren, und ihr eigener lieber Junge, ihres Herzens Goldschatz, stünde in weißen Kleidern mitten unter den Engeln und sänge so lieblich, wie nur Engel singen können, und mit ihnen erhöbe er sich in lichtem Sonnenschein und nickte seiner Mutter so freundlich zu.

»Mein Goldschatz!«, rief sie und erwachte in demselben Augenblick. »Nun hat ihn Gott zu sich genommen!«, sagte sie, faltete ihre Hände, vergrub ihr Haupt in dem kattunenen Bettvorhang und weinte. »Wo ruht er nun unter der großen Menge in dem weiten Grab, das sie für die Toten graben? Vielleicht in tiefem Sumpfwasser! Niemand weiß sein Grab, keine Leichenrede wurde ihm gehalten!« Ein Vaterunser ging lautlos über ihre Lippen, ihr Haupt neigte sich, sie war so müde, sie entschlummerte.

Die Tage fahren dahin im Leben und in den Träumen!

Es war gegen Abend; ein Regenbogen wölbte sich über der Walstatt, die von einem Wald und einem tiefen Sumpf begrenzt wurde.

Im Volksglauben gilt es als unumstößliche Wahrheit: Wo der Regenbogen die Erde berührt, liegt ein Schatz vergraben, ein Goldschatz. Auch hier lag einer; niemand dachte an den kleinen Tambour außer seiner Mutter und deshalb träumte sie von ihm.

Und die Tage fahren dahin im Leben und in den Träumen!

Nicht ein Haar auf seinem Haupt war gekrümmt, nicht ein einziges Goldhaar. »Trammeram, trammeram, er ist's, er ist's!«, hätte die Trommel sagen können, hätte sie ihn gesehen oder von ihm geträumt!

Unter Gesang und Hurrarufen, mit dem Grün des Sieges ging es heimwärts, als der Krieg beendet, als der Friede geschlossen war. In großen Kreisen sprang der Regimentshund voran, als wollte er sich den Weg dreimal so lang machen, als er war.

Und Wochen vergingen und Tage und Peter trat in die Stube seiner Eltern. Er war braun wie ein Zigeuner, seine Augen blitzten, sein Antlitz strahlte wie Sonnenschein. Und die Mutter hielt ihn in ihren Armen und küsste ihn auf den Mund, auf die Augen, auf sein rotes Haar; sie hatte ihren Knaben wieder; er trug nicht das Eiserne Kreuz auf der Brust, wie der Vater geträumt hatte, aber er hatte seine ganzen Glieder, wie die Mutter nicht geträumt hatte. Was war das für eine Freude! Sie lachten und sie weinten und Peter umarmte die alte Lärmtrommel. »Da steht das alte Gerümpel ja noch immer!«, sagte er, und der Vater schlug einen Wirbel auf ihr.

»Es ist gerade, als ob hier großes Feuer ausgebrochen wäre!«, sagte die Lärmtrommel. »Feuer im Dach, Feuer in den Herzen, Goldschatz! Schnarr, schnarr, schnarr!«

Ja, was nun? Frage nur den Stadtmusikanten!

»Peter wird noch wahrhaftig der Trommel entwachsen«, sagte er; »Peter wird größer als ich!« Und er war doch der Sohn eines königlichen Silber-

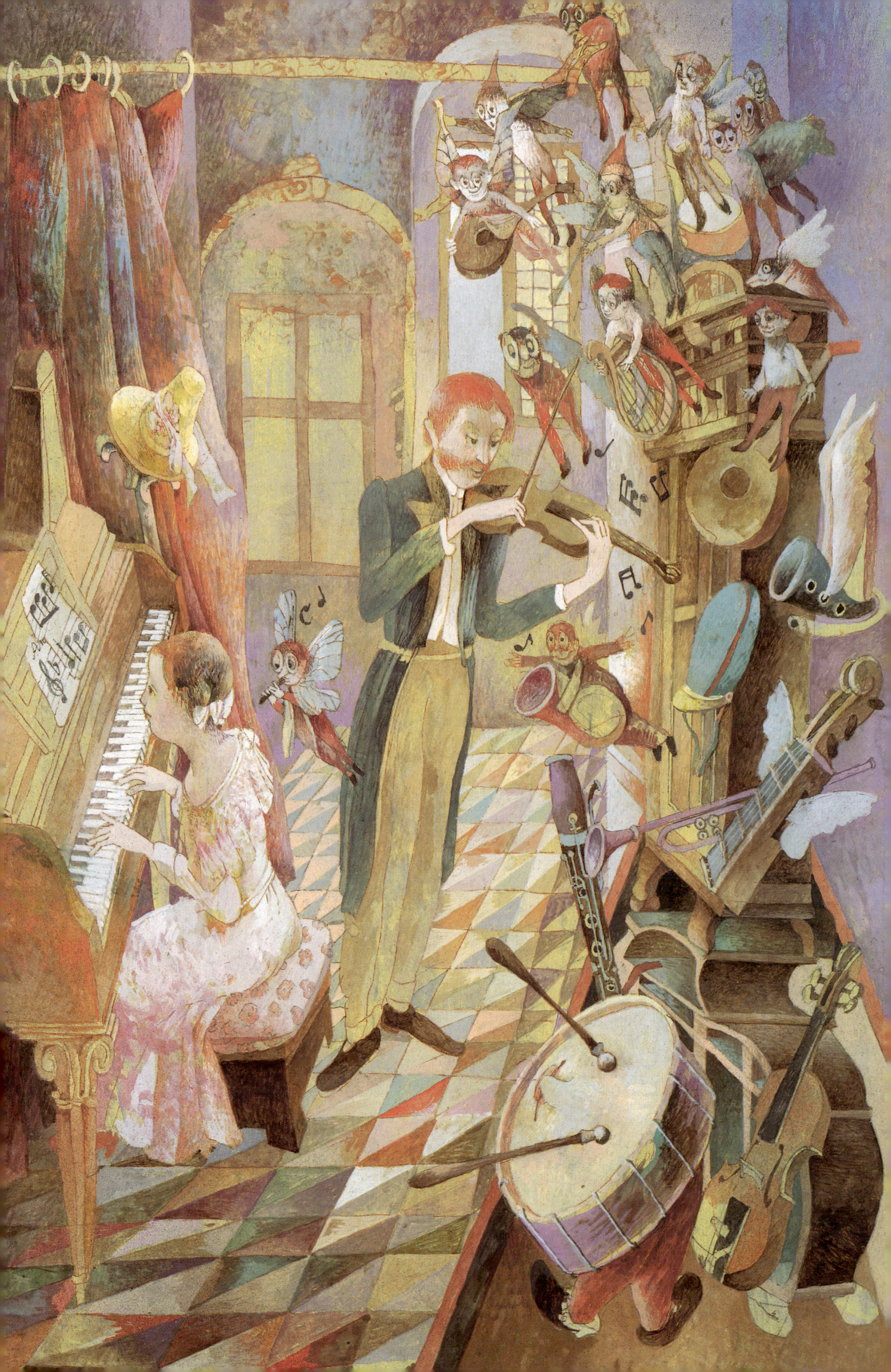

kämmerers; aber alles, was er in einem ganzen Leben gelernt hatte, lernte Peter in einem halben Jahr.

Es lag etwas Kühnes, etwas wahrhaft Gutes in ihm. Seine Augen leuchteten und sein Haar leuchtete – das lässt sich nicht leugnen.

»Er sollte sich das Haar färben lassen!«, sagte die Nachbarin. »Bei der Tochter des Polizeidieners glückte es vollkommen und sie verlobte sich.«

»Aber ihr Haar wurde bald darauf grün wie Entengrün und muss immer wieder von neuem gefärbt werden!«

»Das erlauben ihr ihre Mittel«, sagte die Nachbarin, »und die hat Peter ebenfalls. Er kommt in die vornehmsten Häuser, sogar zu Bürgermeisters, und gibt Fräulein Lottchen Unterricht auf dem Klavier!«

Ja, Klavier spielen konnte er, spielen, so recht aus dem innersten Herzen heraus, das schönste Stück, das noch auf keinem Notenblatt aufgeschrieben stand. Er spielte in den hellen Nächten und nicht weniger in den dunklen. Es war nicht zum Aushalten, wie die Nachbarn und die Lärmtrommel behaupteten.

Er spielte, bis seine Gedanken einen höheren Flug nahmen und große Zukunftspläne aufwirbelten.

Und Bürgermeisters Lottchen saß am Klavier; ihre feinen Finger tanzten über die Tasten hin, dass die Töne Peter zu Herzen drangen. Es war ihm, als ob es zu groß würde, und das ereignete sich nicht einmal, sondern mehrere Male. Deshalb ergriff er eines Tages ihre feinen Finger und die schön geformte Hand, und er küsste diese und schaute ihr in ihre großen braunen Augen. Gott mag wissen, was er sagte; wir anderen dürfen es erraten. Lottchen wurde bis über Hals und Schulter rot. Nicht ein einziges Wort antwortete sie – es trat gerade ein Fremder in die Stube, der Sohn des Etatsrats; er hatte eine hohe, reine Stirn und trug den Kopf stolz im Nacken. Peter saß lange bei ihnen und Lottchens sanfte Augen ruhten auf ihm.

Am Abend redete er zu Hause von der weiten Welt und von dem goldenen Schatz, der für ihn in der Violine läge. Berühmtheit!

»Tumelum, tumelum, tumelum, bum, bum!«, sagte die Lärmtrommel. »Nun ist es rein zum Tollwerden mit dem Peter! Es brennt bei ihm im Oberstübchen, glaube ich.«

Die Mutter ging am nächsten Tag auf den Markt. »Weißt du schon das Neueste, Peter?«, sagte sie, als sie zurückkam; »einmal wieder etwas Neues, was auch dir aufrichtige Freude bereiten wird. Bürgermeisters Lottchen hat sich mit dem Sohn des Etatsrats verlobt; gestern Abend fand die Verlobung statt!«

»Nein!«, sagte Peter und sprang vom Stuhl auf. Aber die Mutter sagte, sie hätte es von der Frau des Barbiers, und ihr Mann wüsste es aus des Bürgermeisters eigenem Mund.

Und Peter wurde leichenblass und setzte sich wieder.

»Herrgott, was ist dir denn?«, rief die Mutter.

»Schon gut, schon gut! Lass mich nur!«, versetzte er, und die Tränen liefen ihm über die Wangen hinab.

»Mein süßes Kind, mein Goldschatz!«, rief die Mutter und weinte; aber die Lärmtrommel sang vor sich hin: »Lott ist tot, Lott ist tot! Ja nun ist das Liedchen aus!«

Das Lied war nicht aus, es blieben noch viele Verse, lange Verse übrig, die allerschönsten, ein Goldschatz für das ganze Leben.

»Sie ist wie närrisch und bläst sich gewaltig auf!«, sagte die Nachbarin. »Alle Welt muss die Briefe lesen, die sie von ihrem Goldschatz erhält, hören, was die Zeitungen von ihm und seiner Violine erzählen. Viel Geld sendet er ihr, und das kann sie gebrauchen, seit sie Witwe ist.«

»Er spielt vor Kaisern und Königen!«, sagte der Stadtmusikant. »Dieses Los war mir nicht beschieden; aber er ist mein Schüler und vergisst seinen alten Lehrer nicht.«

»Vater träumte es ja«, meinte die Mutter, »dass Peter aus dem Krieg mit einem Kreuz auf der Brust heimkehren würde. Im Krieg erhielt er es freilich nicht, da ist es gewiss schwerer zu bekommen; jetzt trägt er gleichwohl ein Ritterkreuz. Hätte das doch Vater erleben können!«

»Berühmt!«, brummte die Lärmtrommel, und die ganze Geburtsstadt sprach es nach! Der Trommlerssohn, Peter mit dem roten Haar, Peter, den sie als Kind in Holzschuhen, den sie als Mann hatten die Trommel schlagen und zum Tanz spielen sehen, Peter berühmt!

»Er spielte vor uns, ehe er vor Königen spielte!«, sagte die Frau Bürgermeisterin. »Damals war er in Lottchen rein vernarrt. Er schaute immer hoch hinauf! Damals war es naseweis und wahrhaft unerhört. Mein eigener Mann lachte, als er von diesem Unsinn hörte! Nun ist Lottchen Etatsrätin!«

Ein Goldschatz war in Herz und Seele des armen Kindes gelegt, welches als kleiner Tambour das Signal »Vorwärts, marsch, marsch!« schlug und die schon Weichenden zum Sieg führte. In seiner Brust lag ein Goldschatz, eine Quelle herrlicher Töne; aus seiner Violine brauste es hervor, als ob eine ganze Orgel darin verborgen läge, als tanzten alle Elfen einer Sommernacht über die Saiten hin. Man hörte der Drossel Schlag und des Menschen helle Stimme; deshalb riss es alle Herzen zum Entzücken fort und trug seinen Namen durch die Lande. Ein großes Feuer loderte, das Feuer der Begeisterung.

»Und dann ist er so schön!«, sagten die jungen Damen, und die alten stimmten mit ein; ja, die Älteste schaffte sich ein Album für berühmte Haarlocken an, nur um sich eine Locke aus dem reichen und schönen Haar des jungen Violinspielers, einen Schatz, einen Goldschatz, ausbitten zu dürfen.

Und in die ärmliche Trommlerstube trat der Sohn, fein wie ein Prinz, glücklicher als ein König. Seine Augen waren so hell, sein Antlitz wie Sonnenschein. Und er hielt seine Mutter in seinen Armen, und sie küsste ihn auf seinen warmen Mund und weinte so glückselig, wie man nur in Freude weint. Jedem alten Möbel in der Stube nickte er zu, der Kommode mit den Tassen und der Blumenvase, dem Sofa nickte er einen Gruß zu, worauf er als Kind geschlafen hatte, die alte Lärmtrommel aber zog er mitten in die Stube und sagte zur Mutter und zur Trommel: »Vater würde heute einen Wirbel geschlagen haben! Nun muss ich es tun!« Und er schlug auf der Trommel ein ganzes Donnerwetter, und sie fühlte sich dadurch so geehrt, dass das Trommelfell platzte.

»Er schlägt eine vortreffliche Faust!«, sagte die Trommel. »Nun habe ich doch für immer eine Erinnerung an ihn. Ich denke, die Mutter wird auch aus Freude über ihren Goldschatz platzen.«

Das ist die Geschichte vom Goldschatz.

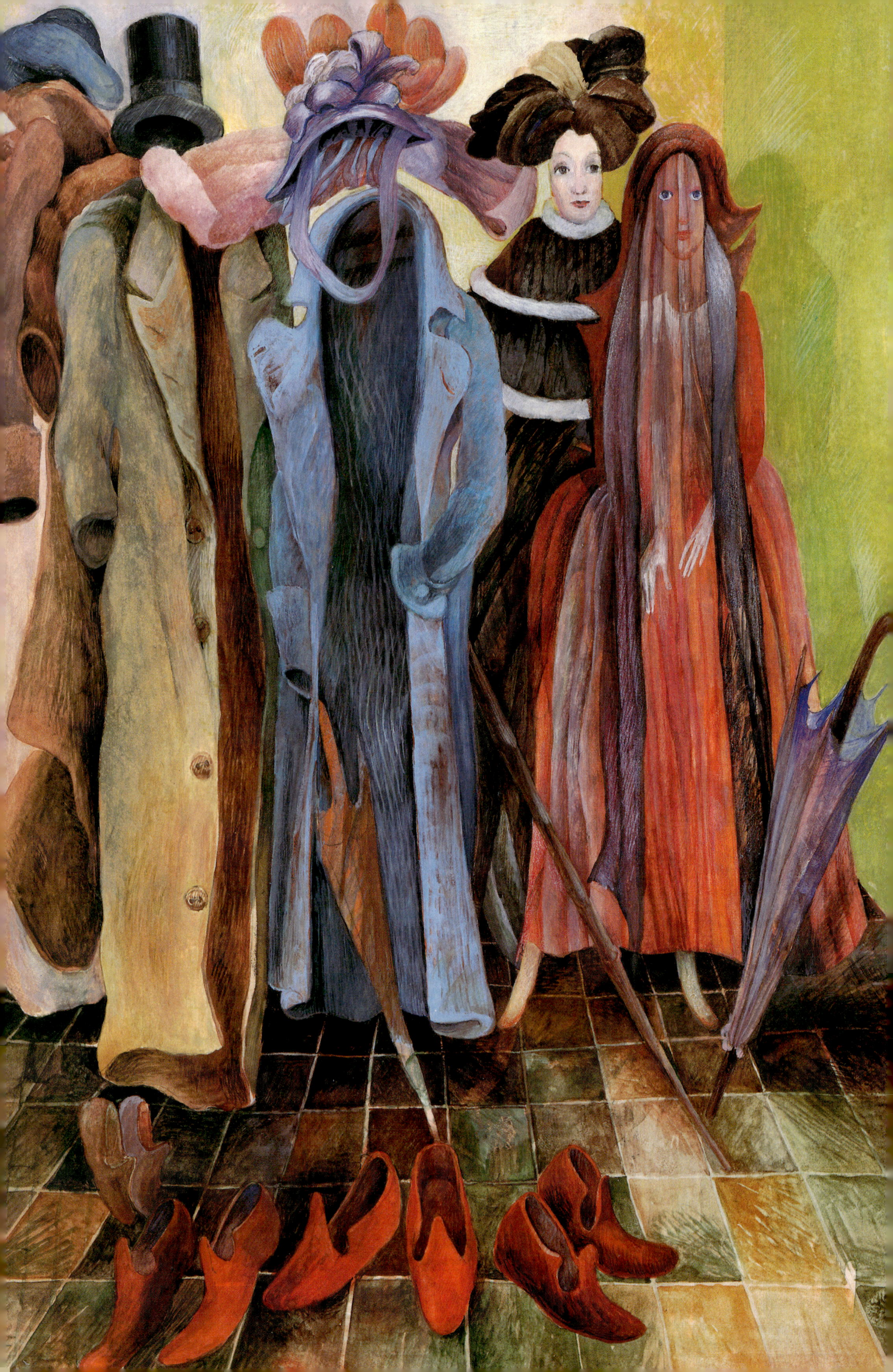

Die Galoschen des Glücks

1. Ein Anfang

In einem der Häuser der Oststraße zu Kopenhagen, unweit des Königsneumarktes, war einmal eine große Gesellschaft, wie es der gegenseitige Umgang mit sich bringt. Geschehen musste es doch einmal; nun war es getan und gewährte die angenehme Aussicht, wieder Einladungen zu erhalten. Die eine Hälfte der Gesellschaft saß bereits an den Spieltischen, und die andere Hälfte wartete darauf, was aus der Aufforderung der Wirtin: »Nun schlagen Sie gefälligst vor, was wir beginnen wollen!« herauskommen würde. So weit war man und das Gespräch war ziemlich lebhaft. Unter anderem kam auch die Rede auf das Mittelalter. Einige hielten es für ungleich besser als unsere Zeit; ja, der Justizrat Knap verteidigte diese Meinung so eifrig, dass die Hausfrau ihm sogleich beistimmte und beide dann gegen Oersteds Artikel über alte und neue Zeiten, in dem unserem Zeitalter im Wesentlichen der Vorrang erteilt wird, heftig zu Felde zogen. Der Justizrat hielt die Zeit des dänischen Königs Hans für die schönste und glücklichste.

Während all diesem Hin- und Herreden, das nur einen Augenblick durch die Ankunft der Zeitung unterbrochen wurde, die aber auch nichts Lesenswertes enthielt, wollen wir uns einmal im Vorzimmer umsehen, wo die

Überzieher, Stöcke, Regenschirme und Überschuhe ihr Unterkommen gefunden hatten. Hier saßen zwei Mädchen, ein junges und ein altes; man konnte glauben, dass sie gekommen waren, ihre Herrschaften, das eine oder das andere alte Fräulein oder eine Witwe, abzuholen. Sah man jedoch genauer zu, so merkte man bald, dass sie keine gewöhnlichen Dienstmädchen sein konnten, dazu waren ihre Hände zu zart, ihre Haltung und ganze Bewegung zu königlich und ihre Kleider von zu eigentümlichem Schnitt. Es waren zwei Feen. Die jüngste war nicht die Glücksgöttin selbst, aber eins der Kammermädchen ihrer Kammerfrauen, welche die geringeren Glücksgaben austeilen; die andere sah unendlich ernst aus, es war die Trauer; sie betreibt ihre Geschäfte immer selbst in höchsteigener Person, dann weiß sie, dass sie wohl ausgeführt werden.

Sie erzählten einander, wo sie diesen Tag gewesen wären; die, welche das Kammermädchen der Kammerfrau der Glücksgöttin war, hatte nur unbedeutende Aufträge ausgeführt; sie hatte, wie sie berichtete, einen neuen Hut gegen einen Regenschauer geschützt, einem ehrlichen Mann einen Gruß von einer vornehmen Null verschafft und mehr dergleichen; was ihr jedoch noch zu tun übrig blieb, war etwas völlig Ungewöhnliches.

»Ich muss dir nun erzählen, dass heute mein Geburtstag ist, und dem zu Ehren sind mir ein Paar Galoschen anvertraut, die ich der Menschheit überbringen soll. Die Galoschen haben die Eigenschaft, dass jeder, der sie trägt, augenblicklich sich an die Stelle oder in die Zeit versetzt sieht, wo er am liebsten sein will. Jeglicher Wunsch in Hinsicht auf Zeit oder Ort wird sofort erfüllt und der Mensch also endlich einmal glücklich hienieden.«

»Magst du das glauben!«, sagte die Trauer. »Ich nicht, nein, er wird unendlich unglücklich und segnet den Augenblick, wo er von den Galoschen wieder erlöst sein wird!«

»Was für Gedanken!«, erwiderte die andere. »Jetzt stelle ich sie hier an die Tür, einer vergreift sich und wird der Glückliche.«

2. Wie es dem Justizrat ging

Es war spät. Der Justizrat Knap, ganz in die Zeit des Königs Hans vertieft, wollte nach Hause aufbrechen, und der Zufall lenkte es so, dass er statt seiner Galoschen die des Glücks erhielt und mit ihnen auf die Oststraße hinaustrat; aber durch die Zauberkraft der Galoschen war er in die Zeit des Königs Hans zurückversetzt, und deshalb fand sein Fuß auf der Straße nichts als Schlamm und Morast, da es in jenen Zeiten noch kein Steinpflaster gab.

»Das ist ja entsetzlich, wie schmutzig es hier ist!«, sagte der Justizrat. »Das ganze Trottoir ist verschwunden und alle Laternen sind erloschen!«

Der Mond war noch nicht hoch genug gestiegen, ein leichter Nebel hatte sich außerdem niedergesenkt, sodass bei der herrschenden Finsternis wenig zu unterscheiden war. An der nächsten Ecke hing indes eine Laterne vor einem Bild der Heiligen Jungfrau; aber die Beleuchtung war so gut wie keine, sodass er sie erst bemerkte, als er gerade darunter stand und seine Augen ganz erstaunt auf das gemalte Bild mit der Mutter und dem Kind fielen.

Hier muss gewiss, dachte er, ein Kunstkabinett sein, wo sie vergessen haben, das Schild herabzunehmen!

Ein paar Leute, in der Tracht der damaligen Zeit, gingen an ihm vorüber.

»Wie sahen die denn aus? Sie kommen wohl vom Maskenball?«

Plötzlich ließen sich Trommelschlag und Pfeifenklang vernehmen, Fackelglanz kam näher und näher. Der Justizrat stutzte und sah nun einen seltsamen Zug vorüberziehen. Voraus marschierte ein ganzer Trupp Trommelschläger, die einen ordentlichen Wirbel zu schlagen verstanden; ihnen folgten Trabanten mit Bogen und Armbrüsten. Der Vornehmste im Zug war ein hoher Geistlicher. Erstaunt fragte der Justizrat, was dieses zu bedeuten hätte und wer dieser Mann wäre?

»Das ist der Bischof von Seeland!«, antwortete man.

»Herrgott, was ist dem Bischof nur in den Sinn gekommen?«, seufzte der Justizrat und schüttelte den Kopf. Der Bischof konnte es doch unmöglich sein. In tiefem Grübeln darüber und ohne nach rechts oder links zu sehen, ging der Justizrat durch die Oststraße und über den Hohenbrückenplatz. Die Brücke, die auf den Schlossplatz führt, war nicht zu finden. In schwachen Umrissen zeigte sich ihm nur ein flaches Ufer, und er stieß endlich auf zwei Männer, die in einem Boot saßen.

»Will der Herr nach dem Holm übergesetzt werden?«, fragten sie.

»Nach dem Holm hinüber?«, erwiderte der Justizrat, der ja nicht wusste, in welchem Zeitalter er seinen abendlichen Spaziergang machte. »Ich will nach Christianshafen hinaus in die kleine Torfgasse.«

Die Männer sahen ihn verwundert an.

»Sagt mir nur, wo die Brücke ist!«, hob er von neuem an. »Es ist schändlich, dass hier keine Laterne brennt, und dann ist hier ein Kot und Schlamm, als ginge man in einem Sumpf!«

Je länger er mit den Bootsleuten sprach, desto unverständlicher wurden sie ihm.

»Ich verstehe euer Bornholmisch nicht!«, versetzte er endlich ärgerlich und wandte ihnen den Rücken. Die Brücke konnte er nicht finden, ein Geländer war auch nicht da. »Pfui, es ist eine Sünde und Schande, wie es hier aussieht!«, sagte er. Nie hatte er sein Zeitalter erbärmlicher gefunden als an diesem Abend. Am besten ist, ich nehme mir eine Droschke!, dachte er; aber wo mögen die Droschken halten? Keine war zu sehen. Ich muss mich entschließen, bis nach dem Königsneumarkt zurückzugehen, dort werden wohl Wagen halten, sonst komme ich wohl nie nach Christianshafen hinaus!

Nun ging er wieder nach der Oststraße und hatte sie fast schon der Länge nach durchschritten, als der Mond hervorbrach.

»Mein Gott, was ist denn das für ein merkwürdiges Gestell, das man dort aufgerichtet hat!«, rief er beim Anblick des Osttores aus, das zu jener Zeit den Platz am Ende der Oststraße einnahm.

Endlich entdeckte er doch ein offenes Pförtchen und gelangte durch es nach unserem Neumarkt, der aber damals noch ein großer Wiesengrund war. Einzelnes Buschwerk ragte hervor und quer durch die Wiese ging ein breiter Kanal oder Strom. Einige elende Holzbuden für holländische Schiffer, nach denen der Ort »Hollandsau« benannt wurde, lagen auf dem jenseitigen Ufer.

»Entweder sehe ich eine wirkliche Fata Morgana, wie man es nennt, oder ich bin betrunken!«, jammerte der Justizrat. »Was ist doch das? Was ist doch das?«

Er wandte sich wieder um, in dem festen Glauben, dass er krank wäre. Während er wieder in die Straße einbog, betrachtete er sich die Häuser genauer; die meisten waren von Fachwerk und viele hatten nur ein Strohdach.

»Nein, mir ist entsetzlich unwohl!«, seufzte er. »Und ich trank doch nur ein einziges Glas Punsch; aber ich kann ihn nicht vertragen! Es war auch in der Tat ein sonderbarer Gedanke, uns Punsch und warmen Lachs vorzusetzen. Ich werde es unserer Frau Wirtin auch sagen.

Ob ich wohl zurückkehre und erzähle, wie ich mich befinde? Aber das würde doch einigermaßen abgeschmackt aussehen, und wer weiß auch, ob sie noch auf sind!«

Er sah sich jedoch trotzdem nach dem Haus um, konnte es aber nirgends entdecken.

»Es ist doch entsetzlich! Ich kann die Oststraße nicht wiedererkennen! Nicht ein Laden ist da! Alte, elende, baufällige Hütten erblicke ich, als ob ich mich in einer Landstadt befände. Aber wo in aller Welt ist meines Wirtes Haus geblieben? Es ist nicht mehr dasselbe. Aber drinnen sind wenigstens noch Leute wach. Ach, ich bin sicherlich krank!«

Endlich stieß er auf eine angelehnte Tür, wo das Licht durch eine Ritze fiel. Es war eine der in jener Zeit üblichen Herbergen, eine Art Bierhaus. Das Zimmer hatte das Ansehen der holsteinschen Dielen. Ziemlich viele den besseren Ständen angehörige Leute, Seeleute, Kopenhagener Bürger und auch einige Gelehrte saßen in lebhaftem Gespräch bei ihren Krügen und gaben auf den Eintretenden nur wenig Acht.

»Verzeihen Sie!«, sagte der Justizrat zu der Wirtin, die ihm entgegenkam. »Es ist mir plötzlich sehr unwohl geworden. Wollen Sie nicht die Güte haben, mir eine Droschke nach Christianshafen hinaus zu besorgen?«

Die Frau maß ihn vom Kopf bis zu den Füßen und zuckte mit den Achseln. Darauf redete er sie in deutscher Sprache an. Der Justizrat nahm an, dass sie nicht Dänisch verstände, und wiederholte seinen Wunsch deshalb auf Deutsch. Dies sowie seine Kleider bestärkten die Frau darin, dass er ein Ausländer wäre. Dass er sich unwohl befände, merkte sie bald und brachte ihm deshalb einen Krug Wasser, das freilich einen eigentümlichen Beigeschmack, fast wie nach Seewasser, hatte, obgleich es erst draußen aus dem Brunnen geholt worden war.

Der Justizrat stützte den Kopf auf seine Hand, holte tief Atem und grübelte über all das Seltsame um sich her nach.

»Ist das die heutige Abendzeitung?«, fragte er, um doch etwas zu sagen, als er sah, dass die Frau ein großes Stück Papier fortlegte.

Sie verstand nicht, was er meinte, reichte ihm aber das Blatt hinüber. Es war ein Holzschnitt, der eine Lufterscheinung, die sich in der Stadt Köln gezeigt hatte, darstellte.

»Der ist sehr alt!«, sagte der Justizrat und gewann seine gute Laune darüber wieder, dass er durch Zufall ein so altes Exemplar entdeckt hatte. »Wie sind Sie nur zu diesem seltenen Blatt gekommen? Es ist sehr interessant, obgleich es nur eine Fabel ist. Man erklärt dergleichen Lufterscheinungen heutigentags durch Nordlichter, die man gesehen hat; wahrscheinlich entstehen sie durch die Elektrizität.«

Diejenigen, die ihm zunächst saßen und seine Rede gehört hatten, sahen ihn erstaunt an, und einer von ihnen erhob sich, nahm ehrfurchtsvoll den Hut ab und sagte mit der allerernsthaftesten Miene: »Ihr seid gewiss ein höchst gelehrter Mann, mein Herr!«

»O nein!«, antwortete der Justizrat. »Ich kann nur von dem einen und dem anderen mitreden, was man gerade verstehen muss!«

»Bescheidenheit ist eine schöne Tugend!«, sagte der Mann. »Übrigens muss ich hinsichtlich Eurer Rede bekennen, dass ich über jenen Punkt anders denke, doch will ich mich mit meinem Urteil nicht vordrängen!«

»Darf ich wohl fragen, mit wem ich das Vergnügen zu reden habe?«, fragte der Justizrat.

»Ich bin Bakkalaureus der Heiligen Schrift!«, antwortete der Mann.

Diese Antwort genügte dem Justizrat vollkommen, Titel und Tracht entsprachen einander. Es ist vermutlich, dachte er, ein alter Dorfschulmeister, eine ganz besondere Menschenklasse, wie man sie hier und da noch in Jütland antreffen kann!

»Hier ist wohl eigentlich nicht der Ort zur Behandlung gelehrter Streitfragen, doch bitte ich, Ihr wollt geneigtest das Wort ergreifen. Ihr seid in den Alten gewiss sehr bewandert!«

»Oh, allerdings!«, antwortete der Justizrat. »Ich lese alte, nützliche Schriften sehr gern, aber ich bin auch ein Freund der neueren, nur nicht der ›Alltagsgeschichten‹, von denen wir in der Wirklichkeit gerade genug haben!«

»Alltagsgeschichten?«, fragte der Bakkalaureus.

»Ja, ich meine diese vor kurzem erschienenen neuen Romane.«

»Oh«, lächelte der Mann, »es leuchtet doch viel Geist aus ihnen hervor, auch werden sie bei Hofe eifrig gelesen. Der König liebt besonders den Roman von Herrn Tvent und Herrn Gaudian, der vom König Artus und den Helden seiner Tafelrunde handelt. Er hat selbst mit seinen hohen Herren darüber gescherzt!«

»Ja, den habe ich noch nicht gelesen!«, sagte der Justizrat. »Es muss ein ganz neuer sein, den Heiberg verlegt hat!«

»O nein«, antwortete der Mann, »er ist nicht bei Heiberg, sondern bei Gottfried von Ghemen erschienen!«

»Also der ist der Verfasser!«, sagte der Justizrat, »das ist ein sehr alter Name; er ist ja der erste dänische Buchdrucker!«

»Ja, es ist unser erster Buchdrucker!«, sagte der Mann.

Bis dahin ging es ganz gut. Nun begann einer der guten Bürgersleute, von der furchtbaren Pest zu reden, die vor einigen Jahren gewütet hatte, und meinte die im Jahr 1484. Der Justizrat nahm an, es wäre von der Cholera die Rede, und so ging die Unterredung ganz gut. Der Seeräuberkrieg 1490 lag so nahe, dass er berührt werden musste. Die englischen Seeräuber, hieß es, hätten Schiffe auf der Reede genommen. Der Justizrat, der sich so recht in die Begebenheiten von 1801 hineingelebt hatte, stimmte gegen die Engländer ein.

Die übrige Unterhaltung ging dagegen nicht so gut, alle Augenblicke verfiel man gegenseitig in den Schulmeisterton; der gute Bakkalaureus war doch gar zu unwissend, und die einfachsten Äußerungen des Justizrats klangen ihm wieder zu gewagt und zu gottlos. Sie maßen einander mit den Blicken, und konnten sie sich gar nicht verständigen, dann sprach der Bakkalaureus Lateinisch, um besser begriffen zu werden, aber es half doch nicht.

»Wie ist Ihnen zumute?«, fragte die Wirtin und zupfte den Justizrat am Ärmel. Jetzt kam er wieder zur Besinnung, denn in der Hitze des Gesprächs hatte er alles Vorausgegangene vergessen.

»Herrgott, wo bin ich?«, sagte er, und ihm schwindelte, wenn er daran dachte.

»Claret wollen wir trinken! Met und Bremer Bier!«, rief jetzt einer der Gäste. »Und Ihr müsst mittrinken!«

Zwei Mädchen, von denen die eine eine auffallende Haube trug, traten herein; sie schenkten ein und verneigten sich. Dem Justizrat lief es eiskalt über den Rücken.

»Was ist das doch, was ist das doch?«, sagte er, aber er musste mit ihnen trinken, er mochte wollen oder nicht. Er war ganz verzweifelt, und als einer von ihnen sagte, er wäre betrunken, zweifelte er durchaus nicht an dem Wort des Mannes. Wenn er sie aber dann bat, ihm doch eine Droschke zu verschaffen, so glaubten sie, er spräche Russisch.

Nie war er in einer so rohen und gemeinen Gesellschaft gewesen; man sollte fast glauben, meinte er, dass das Land ins Heidentum zurückgesunken wäre. »Es ist der schrecklichste Augenblick in meinem Leben!« Aber in diesem Augenblick kam er auf den Gedanken, sich unter den Tisch hinabzubücken, nach der Tür zu kriechen und so zu entrinnen. Als er sich aber eben schon beim Ausgang befand, bemerkten die anderen sein Vorhaben, ergriffen ihn bei den Füßen, und zu seinem Glück gingen dabei die Galoschen ab und – mit diesen die ganze Verzauberung.

Der Justizrat erblickte ganz deutlich vor sich eine brennende Laterne und hinter dieser ragte ein stattliches Gebäude empor; er erkannte es ebenso wie die Nachbarhäuser – es war die Oststraße, so wie sie jetzt dasteht; er lag mit den Beinen gegen die Haustür und gerade gegenüber saß der Wächter und schlief.

»Du mein Schöpfer, habe ich hier auf der Straße gelegen und geträumt!«, sagte er. »Ja, es ist die Oststraße! Wie köstlich hell und belebt! Es ist doch schrecklich, wie das Glas Punsch auf mich gewirkt haben muss!«

Zwei Minuten später saß er in einer Droschke, die ihn nach Christianshafen hinausfuhr; er dachte an die ausgestandene Angst und Not und pries von Herzen die glückliche Gegenwart, unsere Zeit, die mit allen ihren Mängeln doch weit besser wäre als die, in der er sich vor kurzem befunden hatte, und seht, das war vernünftig vom Justizrat.

3. Das Abenteuer des Wächters

»Potztausend, da liegen ja ein Paar Galoschen!«, sagte der Wächter. »Die gehören gewiss dem Leutnant, der dort oben wohnt!« Sie lagen gerade neben der Haustür.

Gern hätte der ehrliche Mann die Glocke gezogen und sie ihm eingehändigt, denn es brannte noch Licht, aber er wollte die anderen Leute im Haus nicht wecken, und deshalb unterließ er es.

»Das muss einem recht warm und behaglich vorkommen, ein Paar solcher Dinge anzuhaben. Sie haben so weiches Leder! Sie passen mir wirklich wie angegossen. Wie närrisch es doch in dieser Welt zugeht! Der da oben könnte sich nun in sein warmes Bett legen, aber ob er es wohl tut? Nein, er rennt auf den Dielen auf und ab. Was ist das doch für ein glücklicher Mensch! Er hat weder Frau noch Schreihälse! Jeden Abend ist er in Gesellschaft. Ach, wäre ich doch an seiner Stelle, dann wäre ich ein glücklicher Mann!«

Indem er den Wunsch aussprach, wirkten die Galoschen, die er inzwischen angezogen hatte; der Wächter ging vollständig in die Person und Denkweise des Leutnants über. Da stand er oben im Zimmer und hielt zwischen den Fingern ein kleines rosenfarbenes Papier, worauf ein Gedicht geschrieben stand, ein Gedicht von dem Herrn Leutnant selbst. Denn wer wäre in seinem Leben nicht schon dichterisch gestimmt gewesen, und schreibt man dann seine Gedanken nieder, so geht's ohne Verse nicht ab. Auf dem Papier stand geschrieben:

O wär ich reich!

»O wär ich reich!« So hab ich oft gefleht,

So war als Knabe schon mein heiß Gebet.
O wär ich reich, dann würd ich Offizier,
Trüg Degen, Federhut und Ordenszier.
Die Zeit erschien, ich ward ein Offizier,
Doch Reichtum kehrt nicht ein. Sei mir, o Vater,
Schutz und Berater!

Jung, frisch und froh saß ich an einem Abend,
An eines jungen Mädchens Kuss mich labend,
Denn ich war reich an Märchenduft und Sang,
Zwar hört ich leider nie des Goldes Klang,
Doch nur nach Märchen war dem Kinde bang;
An ihnen war ich reich, du weißt's, o Vater,
Du mein Berater!

»O wär ich reich!« hab inn'ger ich gefleht,
Seit jenes Kind als Jungfrau vor mir steht.
Sie ist so schön, so seelengut, so rein,
o dass ihr Blick wie lichter Sonnenschein
Das Märchen mir verriete: »Ich bin dein!«
Doch ich bin arm, still drum; du willst's, o Vater,
Du mein Berater!

O wär ich reich an Trost und Herzensruh,
o winkt Erhörung mir dein Auge zu!
Du, die ich liebe, kennest du mein Herz?
Lies dies Gedicht, der Jugend Lust und Schmerz,

Doch besser ist's, du kennest nicht mein Herz,
Nacht ist's, was vor mir liegt: Tröst sie, o Vater,
Du mein Berater!

Ja, solche Verse schreibt man, wenn man verliebt ist, aber ein besonnener Mann lässt sie nicht drucken. Leutnant, Liebe und Not, das ist ein Dreieck oder ebenso gut die Hälfte des zerbrochenen Würfels des Glücks. Das fühlte auch der Leutnant und deshalb lehnte er das Haupt gegen den Fensterrahmen und seufzte tief auf.

»Der arme Nachtwächter da draußen auf der Straße ist weit glücklicher als ich. Er fühlt nicht, was ich Mangel nenne. Er hat einen geordneten Hausstand, hat Weib und Kinder, die mit ihm weinen, wenn er weint, sich mit ihm freuen, wenn er fröhlich ist. Oh, ich wäre glücklicher, als ich bin, könnte ich mich an seine Stelle versetzen, denn er ist glücklicher, als ich bin!«

Im selben Augenblick war der Wächter wieder Wächter, denn durch die Galoschen des Glücks war er Leutnant geworden, aber wie wir sahen, fühlte er sich da noch weit weniger zufrieden und gab seinem eigentlichen Wesen den Vorzug. So war denn der Wächter wieder Wächter.

»Das war ein hässlicher Traum«, sagte er, »aber seltsam genug. Es schien mir, als wäre ich der Leutnant da oben, was mir aber gar kein Vergnügen machte. Mir fehlten meine Frau und die kleinen Schreihälse, die gar nicht müde werden können, mich immer von neuem abzuküssen.«

Er setzte sich wieder und nickte; der Traum wollte ihm nicht aus den Gedanken kommen, die Galoschen hatte er immer noch an den Füßen. Eine Sternschnuppe zog in glänzendem Streifen den Himmel entlang.

»Dort ging sie hin!«, sagte er. »Nun, es gibt noch genug! Ich hätte wohl

Lust, mir die Dinger einmal etwas näher anzusehen, besonders den Mond, denn dann könnte er einem nicht unter den Händen fortkommen. Wenn wir sterben, fliegen wir, wie der Student sagt, dem meine Frau die Wäsche besorgt, von einem Stern zum anderen. Es ist eine Lüge, müsste aber gewiss hübsch sein. Könnte ich nur einen kleinen Satz hinauf machen, dann könnte der Körper meinetwegen auf der Treppe liegen bleiben!«

Seht, man darf nun den Teufel nicht an die Wand malen, aber ganz besondere Vorsicht ist nötig, wenn man die Galoschen des Glücks an den Füßen hat. Hört nur, wie es dem Wächter ging!

Was uns Menschen anlangt, so kennen wir ja fast alle die Geschwindigkeit der Dampfreisen, wir haben sie entweder auf den Eisenbahnen oder auf einem Schiff über das Meer hin erprobt. Allein dieser Flug ist wie die Wanderung des Faultiers oder der Gang der Schnecke gegen die Geschwindigkeit des Lichtstrahls. Er fliegt neunzehnmillionenmal schneller als der beste Wettrenner und doch ist die Elektrizität noch schneller. Der Tod ist ein elektrischer Stoß, den wir ins Herz erhalten; auf den Schwingen der Elektrizität erhebt sich die freigewordene Seele. Acht Minuten und einige Sekunden bedarf das Sonnenlicht zu einer Reise von mehr als zwanzig Millionen Meilen; mit der Schnellpost der Elektrizität bedarf die Seele noch weniger Minuten, um denselben Flug auszuführen. Der Raum zwischen den Weltkörpern ist für sie nicht größer als für uns die Entfernung von unseren Freunden in den Häusern derselben Stadt, selbst wenn diese ganz nahe beieinander liegen. Indessen raubt uns dieser elektrische Herzstoß den Gebrauch des Körpers hienieden, falls wir nicht, wie hier der Wächter, die Galoschen des Glücks anhaben.

In einigen Sekunden hatte der Wächter die 52 000 Meilen bis zum Mond zurückgelegt, der, wie bekannt, aus einem leichteren Stoff als unsere Erde

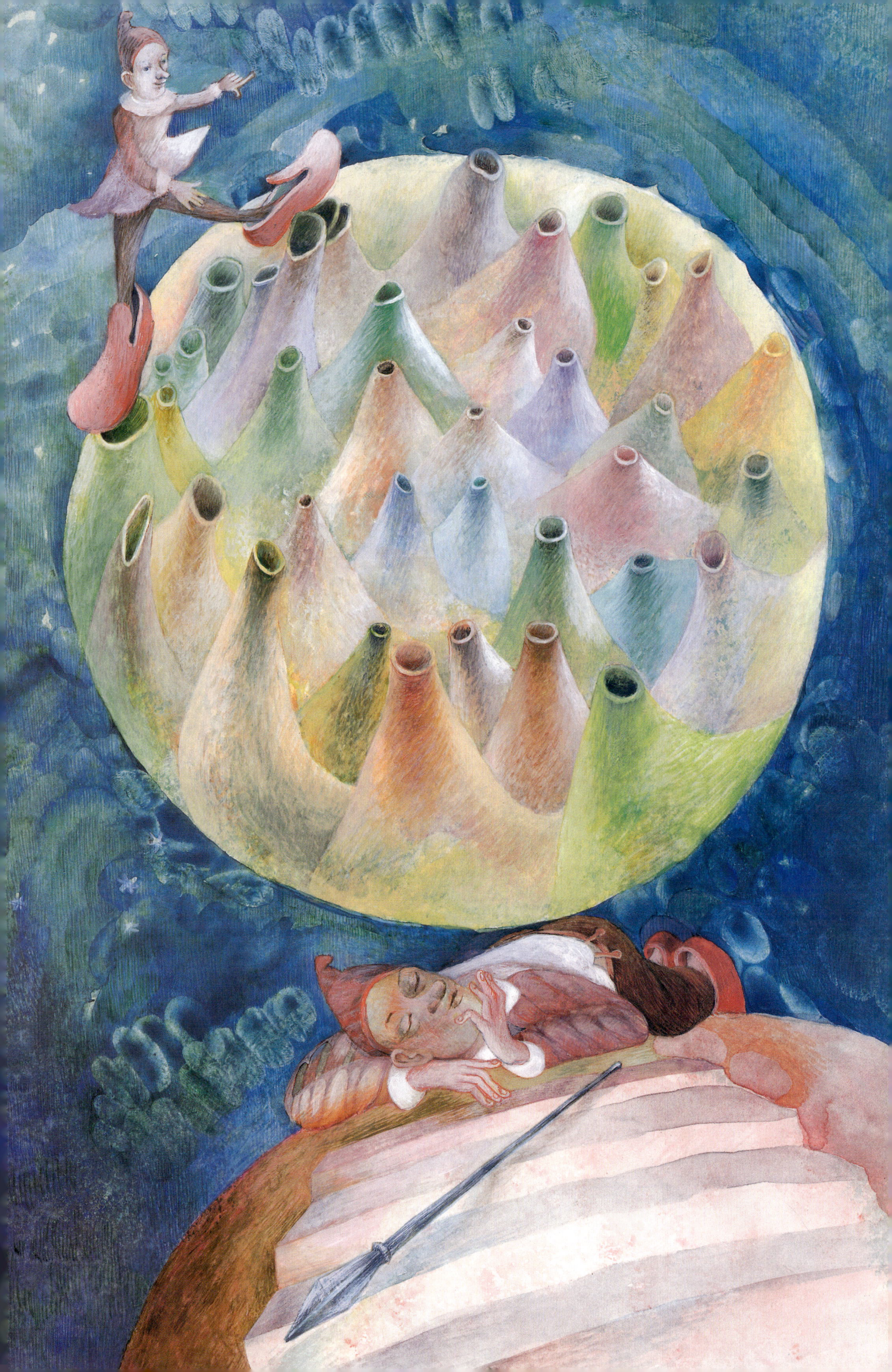

geschaffen und weich wie frisch gefallener Schnee ist. Er befand sich auf einem der unzählig vielen Ringgebirge, die wir aus Dr. Mädlers großer Mondkarte kennen; denn die kennt ihr doch? Nach innen zu fiel das Ringgebirge ganz steil ab und bildete einen meilenweiten Kessel. Darin lag eine Stadt von eigentümlichem Aussehen. Denkt euch ein Glas Wasser, in welches Eiweiß geschlagen ist. Ebenso weich war die Stadt, und ähnliche Gebilde zeigten sich darin mit Türmen und Kuppeln und segelförmigen Altanen, durchsichtig und in der dünnen Luft schwebend. Unsere Erde schwebte wie eine große feuerrote Kugel über seinem Haupt.

Da gab es gar viele Geschöpfe, und sicherlich auch solche, die wir Menschen nennen, aber sie sahen ganz anders aus als wir. Sie hatten auch eine Sprache, aber niemand kann verlangen, dass die Seele des Wächters sie verstehen sollte; gleichwohl konnte sie es.

Die Seele des Wächters verstand sehr wohl die Sprache der Mondbewohner. Sie unterhielten sich über unsere Erde und bezweifelten, dass sie bewohnt sein könnte, die Luft müsste daselbst viel zu dicht sein, als dass ein vernünftiges Mondgeschöpf darauf leben könnte. Nur den Mond hielten sie für fähig, als Wohnplatz lebendiger Wesen zu dienen; er wäre der eigentliche Weltkörper, wo die alten Weltbürger wohnten.

Aber wir dürfen die Oststraße nicht vergessen und wollen nachsehen, wie es dem Körper des Wächters erging.

Leblos saß dieser auf der Treppe, der Wächterspieß war seiner Hand entfallen, und seine Augen schauten zum Mond empor, wo sich jetzt gerade seine ehrliche Seele erging.

»Wie viel Uhr ist es, Wächter?«, fragte ein Vorübergehender. Aber wer nicht antwortete, war der Wächter; deshalb zupfte ihn jener ganz sacht an der Nase; aber nun war es vorbei mit dem Gleichgewicht. Der Körper lag, solang er war, da; der Mensch war tot. Da überfiel den Zupfenden ein großer Schrecken; der Wächter war tot und tot blieb er. Man machte Meldung davon und besprach den Vorfall und am Morgen trug man den Körper nach dem Krankenhaus hinaus.

Das hätte nun ein schöner Spaß für die Seele werden können, falls sie zurückgekommen und ihren Körper in der Oststraße gesucht, aber nicht gefunden hätte. Vermutlich wäre sie nun zuerst auf das Polizeiamt gelaufen und hätte dann in der Abteilung für verlorene Gegenstände nachgefragt, bis sie endlich nach dem Hospital hinausgelangt wäre. Wir können uns indes damit trösten, dass die Seele am klügsten ist, wenn sie auf eigene Hand verfährt; ihre Torheiten werden nur durch den Körper herbeigeführt.

Wie gesagt, der Körper des Wächters kam nach dem Krankenhaus, wurde in das Reinigungszimmer gebracht, und das Erste, was man tat, war natürlich, die Galoschen auszuziehen, und nun musste die Seele zurückkehren.

Sie nahm sofort die Richtung nach dem Körper und im Augenblick kam Leben in den Mann. Er versicherte, es wäre die schrecklichste Nacht seines Lebens gewesen; nicht für viel Geld möchte er noch einmal solche Empfindungen haben. Allein nun sei es ja glücklich überstanden.

Noch am nämlichen Tag durfte er das Krankenhaus verlassen, aber die Galoschen blieben dort zurück.

4. Ein Hauptmoment.
Ein Stück, gut zum Vortragen geeignet

Ein jeder Kopenhagener weiß, wie der Eingang zum Friedrichs-Hospital in Kopenhagen aussieht; da aber diese Geschichte vermutlich auch einige

Nicht-Kopenhagener lesen werden, müssen wir eine kurze Beschreibung davon geben.

Das Hospital ist von der Straße durch ein ziemlich hohes Gitter getrennt, in dem die dicken Eisenstäbe so weit voneinander entfernt stehen, dass, was ein offenes Geheimnis ist, sich viele dünne Bewohner dieser Anstalt hindurchgedrückt und dann außerhalb ihre kleinen Besuche abgestattet haben. Der Körperteil, der am schwierigsten hindurchzupraktizieren war, blieb der Kopf. Hier, wie oft in der Welt, waren also die kleinen Köpfe die glücklichsten. Dies muss als Einleitung genügen.

Einer der jungen Beamten, von dem nur in körperlicher Hinsicht gesagt werden kann, dass er einen dicken Kopf hatte, musste gerade an diesem Abend die Wache übernehmen. Der Regen goss in Strömen hernieder, aber dieser beiden Hindernisse ungeachtet, musste er hinaus, nur ein Viertelstündchen. Es schien durchaus nicht wert, es erst dem Pförtner anzuvertrauen, sobald man sich durch die Eisenstangen hindurchschmiegen konnte. Dort lagen nun die Galoschen, die der Wächter vergessen hatte. Nicht im Geringsten kam es ihm in den Sinn, dass es die des Glücks wären; sie konnten ihm in diesem Wetter vortreffliche Dienste leisten. Er zog sie an. Nun galt es den Versuch, ob er sich würde hindurchdrängen können; er hatte nie zuvor eine Probe gemacht. Da stand er nun.

»Gott gebe, dass ich erst den Kopf hinausgezwängt habe!«, sagte er, und sogleich glitt er, obwohl er sehr groß und dick war, leicht und glücklich hindurch, das mussten die Galoschen bewirken. Aber nun musste der Körper auch hinaus; hier stand er.

»Ach, ich bin zu dick!«, sagte er. »Meiner Ansicht nach war der Kopf das Schlimmste! Ich komme nicht hindurch.«

Nun wollte er schnell den Kopf zurückziehen, aber es ging nicht. Den Hals konnte er bequem bewegen, aber das war auch alles. Die erste Empfindung war, dass er ärgerlich wurde, die zweite, dass seine Laune unter Null sank. Die Galoschen des Glücks hatten ihn in diese schreckliche Lage gebracht, und unglücklicherweise kam er nicht auf den Gedanken, sich frei zu wünschen, nein, er handelte, und so kam er nicht von der Stelle. Stromweise stürzte der Regen hernieder, nicht ein einziger Mensch war auf der Straße zu sehen. Die Türklingel konnte er nicht erreichen, wie sollte er sich nun befreien? Er sah voraus, dass er hier bis zur Morgenstunde stehen könnte, dann müsste man erst einen Schmied holen lassen, um die Eisenstäbe zu zerfeilen, aber das ging nicht so schnell; die ganze Knabenschule gerade gegenüber würde auf die Beine kommen, alle Insassen der Anstalt würden sich versammeln, um ihn am Pranger zu sehen, es würde ein unerhörter Auflauf entstehen. »Oh, das Blut steigt mir in den Kopf, dass ich wahnsinnig werden könnte. Ja, ich werde wahnsinnig. Oh, wäre ich doch wieder los, dann ginge es wohl vorüber!«

Seht, das hätte er früher sagen sollen; augenblicklich, sowie der Gedanke ausgesprochen war, hatte er den Kopf frei und stürzte nun hinein, ganz betäubt von dem Schrecken, den ihm die Galoschen des Glücks bereitet hatten.

Denkt nicht etwa, dass das Ganze hiermit vorbei war, o nein, es wird noch schlimmer.

Die Nacht verging und auch der folgende Tag, ohne dass Nachfrage nach den Galoschen geschehen wäre.

Des Abends fand eine Vorstellung auf einem bekannten Liebhabertheater statt. Das Haus war bis auf den letzten Platz besetzt. Unter den Vorträgen befand sich auch ein neues Gedicht, »Die Brille der Tante« betitelt. Schaute man durch diese, so erschienen einem die Menschen wie Kartenblätter, und man konnte aus ihnen die Ereignisse des kommenden Jahres prophezeien.

Das Gedicht wurde vortrefflich hergesagt und der Deklamator erntete reichlichen Beifall. Unter den Zuschauern befand sich auch unser junger Hospitalbeamter, der sein gestriges nächtliches Abenteuer rein vergessen zu haben schien. Die Galoschen hatte er angezogen, denn sie waren nicht abgeholt worden, und da es auf der Straße sehr schmutzig war, so konnten sie ihm gute Dienste tun.

Das Gedicht gefiel ihm. Er beschäftigte sich lebhaft mit dem Gedanken, welche Vorteile es böte, eine solche Brille zu besitzen. Vielleicht könnte man, wenn man sie richtig gebrauchte, den Leuten in das Herz hineinschauen. Das, meinte er, wäre noch ungleich fesselnder, als nur zu sehen, was im nächsten Jahr geschehen würde, denn das erführe man doch, das andere dagegen nie. »Ich stelle mir so die ganze Reihe von Herren und Damen auf der ersten Bank vor; wollte man ihnen gerade in die Brust hineinsehen, ja, dann müsste da eine Öffnung, eine Art Laden sein! Bei jener Dame dort würde ich gewiss einen großen Modehandel entdecken, bei dieser nur eine leere Halle, doch wäre deren Reinigung sicherlich gut angewandt! Würden sich denn aber auch gute Läden vorfinden? Ach ja!«, seufzte er. »Ich kenne einen, in dem ist alles vorzüglich, aber darin herrscht schon ein Ladendiener, das ist allein das Böse im ganzen Laden! Aus dem einen und dem anderen würde man den Ruf vernehmen: ›Haben Sie die Güte einzutreten!‹ Ja, ich möchte schon eintreten, möchte wie ein niedlicher kleiner Gedanke durch die Herzen hindurchwandern.«

Seht, das genügte für die Galoschen; der ganze junge Beamte schrumpfte zusammen und trat eine höchst ungewöhnliche Reise mitten durch die Herzen der ersten Zuschauerreihe an. Das erste Herz, das er durchwanderte, gehörte einer Dame an; aber augenblicklich glaubte er, in einem orthopädischen Institut zu sein, wie man das Haus nennt, in dem die Ärzte die Menschen von ihren Auswüchsen befreien und sie wieder gerade machen; er glaubte, sich in dem Zimmer zu befinden, wo die Gipsabgüsse der verwachsenen Glieder an den Wänden hängen, doch bestand der Unterschied darin, dass sie im Institut beim Eintritt genommen werden, aber hier im Herzen waren sie nach dem Austritt der guten Leutchen abgenommen und aufbewahrt worden. Es waren Abgüsse von Freundinnen, Abgüsse ihrer körperlichen und geistigen Gebrechen, die hier aufbewahrt wurden.

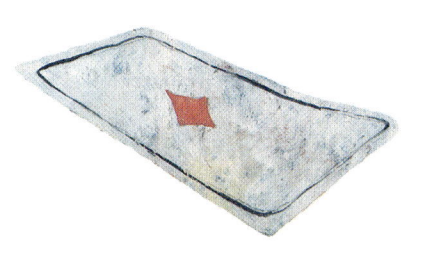

Schnell war er in einem anderen weiblichen Herzen, aber dies erschien ihm wie eine große, heilige Kirche. Der Unschuld weiße Taube flatterte über dem Hochaltar. Wie gern wäre er nicht auf die Knie gesunken, aber weiter musste er, in das nächste Herz hinein, doch hörte er noch die Orgeltöne, und er selbst schien ein neuer, besserer Mensch geworden zu sein, er selbst fühlte sich nicht unwürdig, das nächste Heiligtum zu betreten, das ihm eine dürftige Giebelstube mit einer kranken Mutter zeigte. Aber durch das offene Fenster schien Gottes warme Sonne, prächtige Rosen nickten aus dem kleinen Holzkästchen auf dem Dach, und zwei himmelblaue Vögel sangen von kindlicher Freude, während die kranke Mutter Gottes Segen auf ihre Tochter herabflehte.

Nun kroch er auf Händen und Füßen durch einen überfüllten Schlächterladen, er stieß nur auf Fleisch und immer wieder Fleisch, es war das Herz eines reichen, angesehenen Mannes, dessen Name in jedermanns Mund war.

Nun war er im Herzen seiner Gemahlin, das einen alten, verfallenen Taubenschlag vorstellte. Das Bild des Mannes diente nur als Wetterhahn; dieser stand mit den Türen in Verbindung, und so gingen diese auf und zu, sobald der Mann sich drehte.

Darauf gelangte er in ein Spiegelzimmer, wie es manche Schlösser aufzuweisen haben, aber die Spiegel vergrößerten in unglaublichem Maßstab. Mitten auf dem Fußboden saß, wie ein Dalai-Lama, das unbedeutende Ich der Person, erstaunt, seine eigene Größe zu bewundern.

Hierauf bildete er sich ein, in einer engen Nadelbüchse voll spitzer Nadeln zu stecken. Das ist bestimmt das Herz einer alten unverheirateten Jungfer, dachte er. Aber das war nicht der Fall, es war im Gegenteil ein ganz junger Soldat mit mehreren Orden, kurzum, wie man zu sagen pflegt: ein Mann von Geist und Herz.

Ganz betäubt kam der junge Beamte aus dem letzten Herzen in der Reihe heraus; er vermochte seine Gedanken nicht zu ordnen, sondern glaubte, dass ihm seine erregte Einbildungskraft einen Streich gespielt hätte.

»Herrgott«, seufzte er, »ich habe bestimmt Anlage, verrückt zu werden! Es ist aber auch unverzeihlich heiß hier drinnen! Das Blut steigt mir zu Kopfe!« Und nun erinnerte er sich der großen Begebenheit des vorhergehenden Abends, wie er seinen Kopf nicht aus dem Eisengitter vor dem Hospital hatte zurückziehen können. »Dabei habe ich es mir gewiss zugezogen!«,

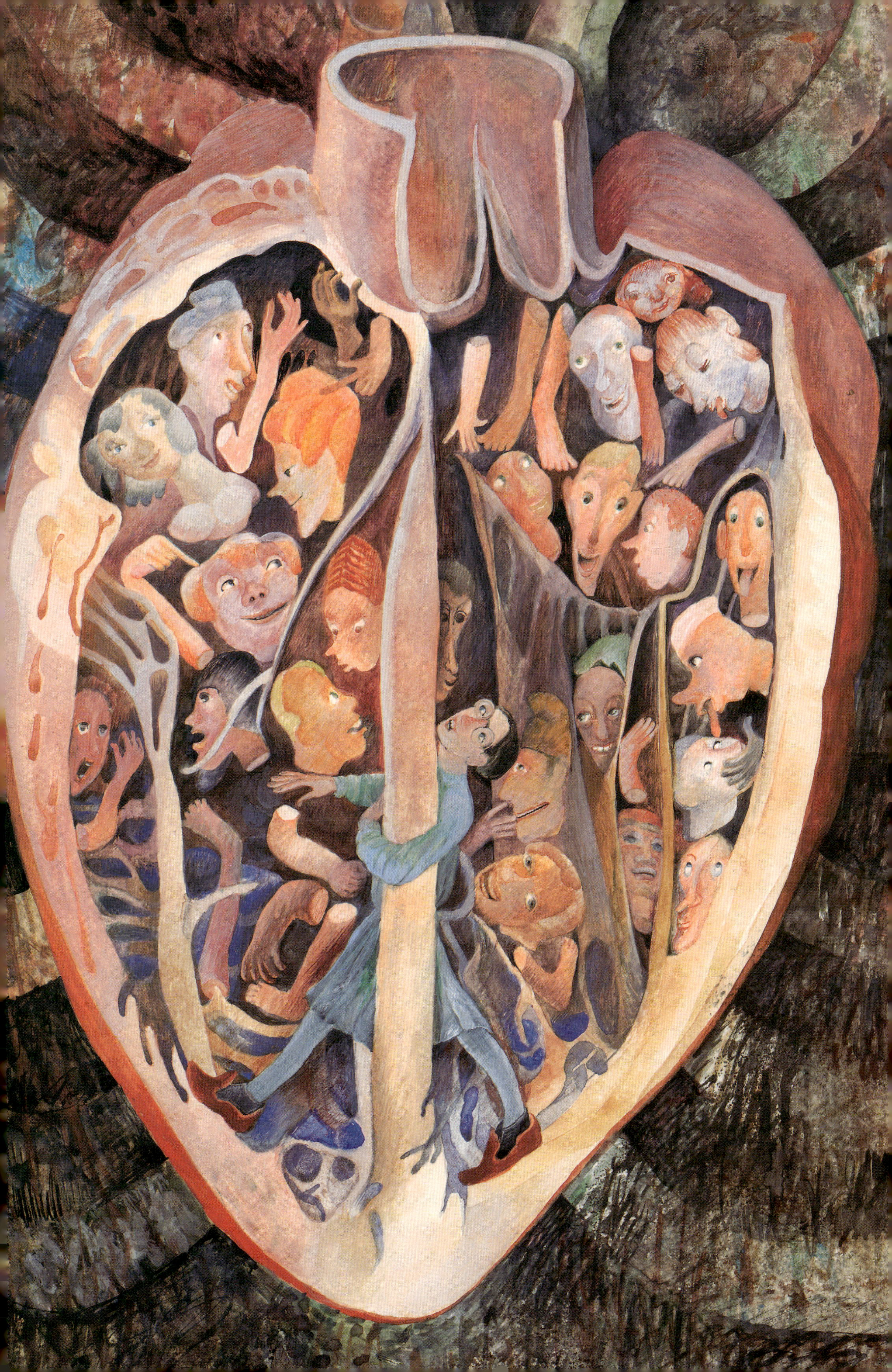

meinte er. »Ich darf das nicht vernachlässigen. Ein russisches Bad würde mir gut tun. Läge ich nur schon auf dem obersten Brett.«

Und da lag er auf dem obersten Brett im Dampfbad, aber er lag mit allen Kleidern, mit Stiefeln und Galoschen da. Die heißen Wassertropfen träufelten ihm gerade ins Gesicht.

»Hu!«, schrie er auf und fuhr hinunter, um ein Sturzbad zu erhalten. Der Aufwärter stieß ebenfalls einen lauten Schrei beim Anblick des angekleideten Menschen aus.

Der junge Beamte gewann indes schnell so viel Fassung, um jenem zuzuflüstern: »Es gilt eine Wette!« Aber das Erste, was er nach seiner Heimkunft tat, war, sich ein großes spanisches Fliegenpflaster in den Nacken und eins auf den Rücken zu legen, damit die Verrücktheit hinausziehen könnte.

Am nächsten Morgen hatte er einen blutigen Rücken; das war sein Gewinst von den Galoschen des Glücks.

5. Die Verwandlung des Schreibers

Der Wächter, dessen wir uns gewiss noch erinnern werden, gedachte mittlerweile der Galoschen, die er gefunden und mit nach dem Hospital gebracht hatte. Er holte sie ab; da sich aber weder der Leutnant noch irgendein anderer Bewohner der Straße dazu bekennen wollte, wurden sie auf der Polizei abgeliefert.

»Sie sehen wie meine eigenen Galoschen aus!«, sagte einer der Herren Schreiber, während er den Fund betrachtete und sie an die Seite der seinigen stellte. »Dazu gehört mehr als ein Schuhmacherauge, sie zu unterscheiden!«

»Herr Schreiber!«, rief ein Diener, der mit einigen Papieren hereintrat.

Der Schreiber wandte sich um, sprach mit dem Mann, und als die Unterredung beendet war und er wieder die Galoschen betrachtete, war er in großer Ungewissheit, ob ihm die zur Linken oder die zur Rechten gehörten.

Es müssen die sein, die nass sind!, dachte er; aber er hatte falsch gedacht, denn es waren die des Glücks. Aber warum sollte nicht auch die Polizei irren können? Er zog sie an, steckte einige Papiere in die Tasche und nahm andere unter den Arm, die zu Hause durchgelesen und abgeschrieben werden sollten. Allein es war gerade Sonntagvormittag und das Wetter schön. Ein Spaziergang nach Friedrichsberg, dachte er, würde mir gewiss gut tun, und so machte er sich denn auf den Weg.

Niemand konnte stiller und fleißiger als dieser junge Mann sein und wir wollen ihm deshalb seine Lustpartie von Herzen gönnen; nach dem vielen Sitzen war sie eine wahre Wohltat für ihn. Anfangs schlenderte er nur gedankenlos einher, und deshalb hatten die Galoschen keine Gelegenheit, ihre Zauberkraft zu beweisen.

In dem großen Baumweg, der nach dem Schloss führte, begegnete er einem Bekannten, einem jungen Dichter, der ihm erzählte, dass er am nächsten Tag seine Sommerreise antreten werde.

»Also soll es schon wieder fortgehen!«, sagte der Schreiber. »Sie sind doch ein glücklicher, freier Mensch. Sie können hinausfliegen, wohin Sie wollen, wir anderen haben eine Kette am Fuß!«

»Wohl wahr! Sie sind angekettet, aber an einen Brotbaum!«, sagte der

Dichter. »Sie brauchen nicht für den morgenden Tag zu sorgen, und werden Sie alt, so erhalten Sie ein reichliches Ruhegeld.«

»Sie haben es doch am besten!«, sagte der Schreiber. »Dazusitzen und zu dichten muss doch ein Vergnügen sein! Die ganze Welt sagt Ihnen Angenehmes und dann sind Sie Ihr eigener Herr! Sie sollten nur einmal den Versuch machen, im Gericht bei den langweiligen Sachen zu sitzen!«

Der Dichter schüttelte den Kopf, der Schreiber schüttelte auch den Kopf, ein jeder behielt seine Meinung, und darauf trennten sie sich.

»Es ist doch ein eigenes Völkchen, diese Dichter!«, sagte der Schreiber. »Ich wünschte wohl, in eine solche Natur mich einmal versetzen zu können und selbst ein Dichter zu werden. Ich bin dessen sicher, dass ich nicht ein solches Gewinsel von Versen wie die anderen schreiben würde. Heute ist ein rechter Frühlingstag für einen Dichter; die Luft ist so ungewöhnlich klar, die Wolken so schön, und hier ist ein Duft im Grünen, mir ist so wohl und glücklich, wie ich mich seit Jahren nicht gefühlt habe!«

Wir können schon merken, dass er ein Dichter geworden ist; in die Augen fallend war es freilich nicht, denn es wäre eine törichte Vorstellung, sich einen Dichter anders als die gewöhnlichen Menschenkinder zu denken, unter denen sich oft weit dichterischere Naturen befinden mögen, als es selbst manche gefeierte Dichter sind. Der Unterschied besteht nur darin, dass der Dichter ein besseres geistiges Gedächtnis besitzt, er weiß die Ideen und Gefühle festzuhalten, bis sie sich klar und deutlich zum Wort gestaltet haben, und das vermögen die anderen nicht. Aber aus einer Alltagsnatur sich in eine begabte hineinzuversetzen ist und bleibt ein schwerer Übergang, und den hatte der Schreiber gemacht.

»Der köstliche Duft«, sagte er, »wie lebhaft er mich an die Veilchen der guten Tante erinnert! Ja, damals war ich noch ein kleiner Knabe. Mein

Gott, wie lange ich daran nicht gedacht habe! Das gute, alte Mädchen, es wohnte dort herum hinter der Börse. Immer hatte die gute Tante eine Pflanze oder ein paar junge Triebe im Wasser, mochte der Winter so streng sein wie er wollte. Die Veilchen dufteten, während ich die erwärmten Kupferdreier gegen die gefrorene Fensterscheibe hielt und Gucklöcher machte. Sie gewährten einen hübschen Durchblick. Draußen im Kanal lagen die Schiffe eingefroren, verlassen von der ganzen Mannschaft, eine schreiende Krähe bildete die ganze Besatzung. Wenn aber die milden Frühlingslüfte zu wehen begannen, dann regte sich neues Leben. Unter Gesang und Hurraruf zersägte man das Eis, die Schiffe wurden geteert und aufgetakelt und segelten dann nach fremden Ländern. Ich bin hier geblieben und muss immer da bleiben, muss immer in der dumpfen Polizeistube sitzen und mit ansehen, wie sich die anderen Pässe nach dem Ausland nehmen; das ist mein Los. Ach ja!«, seufzte er, aber dann stockte er plötzlich. »Mein Gott, was geht denn in mir vor? So habe ich ja früher nie gedacht oder gefühlt! Das muss die Frühlingsluft machen! Es ist beängstigend und doch so angenehm!« Er griff nach seinen Papieren in die Tasche. »Diese werden mich auf andere Gedanken bringen!«, sagte er und ließ die Augen über die erste Seite hingleiten. »Frau Sigbrith, Trauerspiel in fünf Akten«, las er. »Was ist denn das? Und das ist ja meine eigene Handschrift! Habe ich denn das Trauerspiel verfasst? ›Die List auf dem Walle oder Der Buß- und Bettag, ein Lustspiel.‹ – Aber wie bin ich dazu gekommen? Man muss mir es in die Tasche gesteckt haben. Hier ist ja auch ein Brief.« Nun, der war von einem Schauspieldirektor, die Stücke waren verworfen und der Brief durchaus nicht höflich gehalten. »Hm, hm!«, sagte der Schreiber und ließ sich auf eine Bank nieder; viele Gedanken stürmten auf ihn ein, sein Herz war weich gestimmt, unwillkürlich pflückte er eine der nächsten Blumen.

Es war ein einfaches Gänseblümchen; was uns die Naturforscher nur in vielen Vorlesungen sagen können, verkündete es in einer einzigen Minute – es erzählte die Geschichte seiner Geburt, es erzählte von der belebenden Kraft der Sonnenstrahlen, die seine feinen Blätter ausbreiteten und sie zu duften zwangen; da gedachte er der Lebenskämpfe, die ebenfalls die Gefühle in unserer Brust erwecken. Luft und Licht brächten liebkosend die Blume zur Blüte, aber das Licht wäre der Günstling unter diesen Nebenbuhlern, ihm neigte sie sich zu; verschwände es, dann rollte sie ihre Blätter zusammen und entschlummerte sanft unter den Umarmungen der Luft. »Es ist das Licht, das mir den Schmuck verleiht!«, sagte die Blume. »Aber die Luft lässt dich atmen!«, flüsterte die Dichterstimme.

Dicht daneben stand ein Knabe und schlug mit seinem Stock in einen sumpfigen Graben, dass die Wassertropfen bis zu den grünen Zweigen hinaufspritzten. Da gedachte der Schreiber der Millionen von unsichtbaren Tierchen, die in jedem Tropfen in eine Höhe geschleudert wurden, die ihnen im Verhältnis zu ihrer Größe wolkenhoch erscheinen musste. Während der Schreiber sich mit diesen Gedanken trug und über die Veränderung, die mit ihm vorgegangen war, nachdachte, lächelte er: »Ich schlafe und träume; gleichwohl ist es merkwürdig, wie lebhaft man träumen und sich doch dessen bewusst sein kann, dass es nur ein Traum ist! Möchte ich mich nur morgen beim Erwachen seiner noch erinnern. Ich scheine ganz ungewöhnlich aufgelegt zu sein! Alles steht klar und deutlich vor meiner Seele, ich fühle mich so aufgeweckt, und doch bin ich davon überzeugt, dass ich mich morgen meines Traumbildes nur dunkel und verworren entsinnen kann, wie mir das früher schon oft begegnet ist! Es geht einem mit all dem Klugen und Prächtigen, das man im Traum hört und sieht, wie mit dem Gold der unterirdischen Zwerge: Wenn man es empfängt, ist es reich und herrlich, besieht man es aber beim Tageslicht, so sind es nur Steine und welke Blätter. Ach«, seufzte er recht wehmütig und betrachtete die zwitschernden Vögel, die munter und lustig von Zweig zu Zweig hüpften. »Die haben es viel besser als ich! Fliegen ist eine herrliche Kunst, und glücklich, wem sie angeboren ist! Ja, vermöchte ich mich in irgendetwas zu verwandeln, dann möchte ich so eine niedliche Lerche sein!«

In demselben Augenblick breiteten sich seine Rockschöße und Ärmel als Flügel aus, die Kleider wurden zu Federn und die Galoschen zu Krallen. Er bemerkte es sehr wohl und lachte innerlich. »So, nun kann ich wenigstens sehen, dass ich träume, aber so närrisches Zeug ist mir nie zuvor im Traum vorgekommen!« Er flog in die grünen Zweige hinauf und sang, aber seinem Gesang fehlte der hohe Gedankenflug, denn die Dichternatur war fort. Die Galoschen konnten, wie jeder, der seine Sache versteht, nur ein Ding auf einmal verrichten; er wollte Dichter werden und wurde es, jetzt wollte er wieder ein kleiner Vogel sein, aber während er dessen Natur annahm, hörte die vorige Eigentümlichkeit auf.

»Das ist doch lustig«, sagte er, »am Tag sitze ich auf der Polizei unter den langweiligsten Verhandlungen, und nachts träume ich, als Lerche im Friedrichsburger Park umherzufliegen. Es ließe sich fürwahr ein ganzes Lustspiel darüber schreiben!« Darauf flog er in das Gras hinab, drehte den Kopf nach allen Seiten und pickte mit dem Schnabel nach den schwankenden Grashalmen, die ihm im Verhältnis zu seiner gegenwärtigen Größe so hoch wie die Palmenzweige Nordafrikas vorkamen.

Das währte nur einen kurzen Augenblick und dann wurde es plötzlich kohlschwarze Nacht um ihn her. Ein seinem Dünken nach ungeheurer Gegenstand wurde über ihn geworfen, es war eine große Mütze, die ein

Knabe aus der Nachbarschaft über ihn geworfen hatte. Eine Hand fasste darunter und ergriff den Schreiber am Rücken und den Flügeln, sodass er piepte. Im ersten Schrecken rief er laut: »Du unverschämter Bengel! Ich bin Polizeibeamter!« Allein dem Knaben klang es nur wie piepiepiep! Er schlug den Vogel auf den Schnabel und wanderte weiter.

Auf dem Rückweg traf er mit zwei Schulkameraden aus einer höheren Klasse zusammen, die ihm den Vogel für wenige Groschen abkauften. Auf diese Weise kam der Schreiber nach Kopenhagen zu einer Familie in der Gotenstraße.

»Es ist gut, dass ich träume«, sagte der Schreiber, »sonst würde ich jetzt wirklich böse werden! Erst war ich ein Dichter, jetzt wieder eine Lerche. Nur durch meine dichterische Begabung kann meine Verwandlung in dies Tierchen vor sich gegangen sein. Es ist doch ein elend jämmerlich Ding, zumal wenn man einigen Jungen in die Hände fällt. Ich bin doch neugierig, wie das ablaufen wird!«

Die Knaben trugen ihn in ein sehr reich ausgestattetes Zimmer. Eine dicke, lächelnde Frau empfing sie, war aber gar nicht zufrieden damit, dass sie den einfachen Feldvogel, wie sie die Lerche nannte, mit hereinbrachten. Für heute wollte sie es jedoch erlauben, und sie mussten ihn in einen leeren Vogelbauer, der am Fenster stand, setzen. »Darüber wird Papchen vielleicht seine Freude haben!«, fügte sie hinzu und schaute lächelnd zu einem großen grünen Papagei hinüber, der sich in seinem prächtigen Messingbauer vornehm in dem Ring schaukelte. »Heute ist Papchens Geburtstag«, sagte sie scherzend, »deshalb will ihm der kleine Feldvogel Glück wünschen!«

Papchen antwortete nicht ein einziges Wort, sondern schaukelte sich nur vornehm hin und her, dagegen begann ein hübscher Kanarienvogel, der im letzten Sommer aus seinem warmen, duftenden Vaterland herübergebracht worden war, laut zu schlagen.

»Schreihals!«, sagte die Frau und warf ein weißes Taschentuch über den Käfig.

»Piep, piep«, seufzte er, »das muss ein schreckliches Schneewetter sein!«, und mit diesem Seufzer verstummte er.

Der Schreiber, oder wie die Frau sagte, der Feldvogel kam in einen kleinen Käfig dicht neben dem Kanarienvogel, unweit des Papageis. Die einzige Redensart, welche Papchen plaudern konnte und die oft recht drollig herauskam, war: »Nein, lasst uns nun Menschen sein!« Sein übriges Geschrei war ebenso unverständlich wie das Gezwitscher des Kanarienvogels, nur nicht für den Schreiber, der jetzt selbst ein Vogel war und seine Kameraden sehr gut verstand.

»Ich flog unter der grünen Palme und dem blühenden Mandelbaum!«, sang der Kanarienvogel. »Ich flog mit meinen Brüdern und Schwestern hin über die prächtigen Blumen und den spiegelhellen See, wo sich die Pflanzen auf dem Grund wiegten. Ich sah auch viele herrliche Papageien, welche die lustigsten Geschichten erzählten, so lange und so viele!«

»Das waren wilde Vögel«, versetzte der Papagei, »ihnen fehlte Bildung. Nein, lasst uns Menschen sein. – Weshalb lachst du nicht? Wenn unsere Herrin und alle Fremden darüber lachen können, so kannst du es auch. Es ist ein großer Mangel, wenn einem der Sinn für das Lustige fehlt. Nein, lasst uns nun Menschen sein!«

»Oh, gedenkst du noch der schönen Mädchen, die unter dem ausgespannten Zelt neben den blühenden Bäumen tanzten? Gedenkst du noch der süßen Früchte und des kühlenden Saftes in den wild wachsenden Kräutern?«

»O ja!«, sagte der Papagei. »Aber hier habe ich es weit besser! Ich habe mein gutes Essen und vortreffliche Behandlung; ich weiß, ich bin ein guter Kopf, und mehr verlange ich nicht. Lasst uns nun Menschen sein! Du bist eine Dichterseele, wie sie es nennen, ich habe gründliche Kenntnisse und Witz, dir fehlt es nicht an Geist, aber an Besonnenheit, versteigst dich bis zu den höchsten Naturlauten, und deshalb bedecken sie dich. Das wagt man nicht mir zu bieten, o nein, denn ich habe sie etwas mehr gekostet. Ich flöße ihnen mit meinem Schnabel Achtung und Zurückhaltung ein und kann einen Witz reißen. Nein, lasst uns nun Menschen sein!«

»O mein warmes, blühendes Vaterland!«, sang der Kanarienvogel. »Singen will ich von deinen dunkelgrünen Bäumen, von deinen stillen Meeresbuchten, wo die Zweige den klaren Wasserspiegel küssen, singen von dem Jubel aller meiner schimmernden Brüder und Schwestern, wo der Wüsten Pflanzenquellen wachsen!«

»Höre doch nur endlich mit deinen Klagetönen auf!«, sagte der Papagei. »Sage etwas, worüber man lachen kann! Gelächter ist das Kennzeichen des höchsten geistigen Standpunktes. Sage selbst, ob ein Hund oder ein Pferd lachen kann. Nein, weinen können sie, aber lachen, das ist allein dem Menschen gegeben. Ho, ho, ho!«, lachte er und fügte seinen Witz hinzu: »Lasst uns nun Menschen sein!«

»Du kleiner, grauer einheimischer Vogel!«, sagte der Kanarienvogel. »Du bist also auch ein Gefangener geworden! In deinen Wäldern ist es sicher kalt, aber dort wohnt die Freiheit; fliege hinaus! Man hat deinen Bauer zu schließen vergessen; das oberste Fenster steht offen. Fliege, fliege!«

Und das tat der Schreiber. Husch!, war er aus dem Bauer. In demselben Augenblick knarrte die angelehnte Tür, die in das Nebenzimmer führte, und geschmeidig, mit grünen, funkelnden Augen, schlich sich die Hauskatze herein und machte auf ihn Jagd. Der Kanarienvogel flatterte im Bauer, der Papagei schlug mit den Flügeln und rief: »Lasst uns nun Menschen sein!« Der Schreiber fühlte den tödlichsten Schreck und flog zum Fenster hinaus, über Häuser und Straßen; endlich musste er ein wenig ausruhen. Das gegenüberliegende Haus hatte etwas Heimisches für ihn, ein Fenster stand offen, er flog hinein – es war sein eigenes Zimmer; er setzte sich auf den Tisch.

»Lasst uns nun Menschen sein!«, sprach er gedankenlos dem Papagei nach, und in demselben Augenblick war er wieder der Schreiber, saß aber auf dem Tisch.

»Behüte Gott!«, sagte er. »Wie bin ich hier draufgekommen und dann in Schlaf gefallen? Das war ein unruhiger Traum, den ich hatte. Nichts als dummes Zeug war die ganze Geschichte!«

6. Das Beste, das die Galoschen brachten

Früh am folgenden Tag klopfte es, als der Schreiber noch im Bett lag, an seine Tür. Es war ein Nachbar in demselben Stockwerk, ein Student der Theologie, der hereintrat. »Leihe mir deine Galoschen!«, sagte er. »Es ist im Garten sehr nass, dabei scheint aber die Sonne so herrlich, dass ich unten eine Pfeife rauchen möchte.«

Er zog die Galoschen an und war bald unten im Garten, der einen Pflaumen- und einen Birnbaum enthielt. Selbst so ein kleines Gärtchen wie dieses gilt in Kopenhagen für eine große Herrlichkeit.

Der Student spazierte im Gang auf und nieder; die Uhr war erst sechs; draußen von der Straße tönte ein Posthorn herüber.

»O reisen, reisen!«, sprach er endlich laut. »Das ist doch das Glücklichste, was die Welt bieten kann, das ist das höchste Ziel meiner Wünsche! Da würde sich die Unruhe legen, die ich in mir fühle. Aber weit fort müsste es sein! Ich möchte die herrliche Schweiz sehen, Italien durchreisen und ...«

Ja, gut war es, dass die Galoschen im Augenblick wirkten, sonst wäre er sowohl für sich als auch für andere doch gar zu weit umhergekommen. Er reiste. Er war mitten in der Schweiz, allein er war mit acht anderen in das Innere einer Postkutsche eingepackt; er hatte Kopfweh, fühlte sich im Nacken ganz steif, und das Blut war ihm in die Füße gesunken, die angeschwollen waren und ihn in den zu engen Stiefeln heftig schmerzten. Er befand sich in einem halb wachen Zustand. In seiner rechten Tasche trug er das Papiergeld, in seiner linken steckte sein Pass, und in einem Lederbeutelchen auf der Brust hatte er etliche festgenähte Goldstücke. In jedem Traum hatte er die beängstigende Vorstellung, dass eine oder die andere dieser Kostbarkeiten verloren wäre, und deshalb fuhr er alle Augenblicke fieberartig in die Höhe, und die erste Bewegung, die seine Hand machte, war ein Dreieck von der Rechten zur Linken und gegen die Brust hinauf, um zu fühlen, ob er seine Sachen noch hätte oder nicht. Regenschirme, Stöcke und Hüte schaukelten im Netz oben an der Wagendecke und benahmen die Aussicht, die wahrhaft entzückend war, fast ganz. Trotzdem gelang es ihm hin und wieder, einige verstohlene Blicke danach zu werfen, und in seinem Herzen regten sich dichterische Gedanken.

Groß, ernst und finster war die ganze Natur ringsumher. Wie Heidekraut erschienen die Tannenwälder auf den hohen Felsen, deren Gipfel sich im Wolkenschleier verloren. Jetzt begann es zu schneien; ein schneidender Wind erhob sich.

»Ach«, seufzte er, »wären wir doch schon auf der anderen Seite der Alpen, dann herrschte Sommer um uns, und ich könnte meine Wertpapiere umsetzen. Die Angst, die ich um ihretwillen ausstehe, bewirkt, dass ich die Schweiz nicht zu genießen vermag. O möchte ich doch erst auf der anderen Seite sein!«

Und da war er auf der anderen Seite, mitten im Herzen Italiens war er, zwischen Florenz und Rom. Der Trasimenische See lag in Abendbeleuchtung wie flammendes Gold zwischen den dunkelblauen Bergen. Hier, wo Hannibal den Flaminius schlug, reichten nun die Weinranken einander friedlich ihre grünen Finger. Anmutige, halb nackte Kinder hüteten eine Schar kohlschwarzer Schweine unter einer Gruppe duftender Lorbeerbäume am Weg. Verständen wir nur, dies Gemälde in voller Farbenpracht wiederzugeben, alle würden dann jubeln: »Herrliches Italien!« Aber das sagte weder der Theologe noch ein Einziger seiner Reisegefährten im Wagen des Vetturinos. Myriadenweise schwärmten giftige Fliegen und Mücken zu ihnen herein, vergebens schlugen sie mit einem Myrtenzweig um sich, die Fliegen stachen nach wie vor. Alle schauten sich mit durch die Bisse aufgeschwollenen und blutigen Gesichtern an. Die armen Pferde konnte man fast nicht wiedererkennen, klumpenweise saßen die Fliegen auf ihnen, und nur einen Augenblick half es, dass der Kutscher abstieg und die Tiere abschabte. Jetzt ging die Sonne unter, eine kurze, aber eisige Kälte ging durch die Natur, es war nichts weniger als behaglich; aber ringsumher nahmen die Berge einen herrlichen grünen Ton an, so klar, so schimmernd – ja, geh nur selbst hin und schau es dir an, das ist besser, als die Beschreibung davon zu lesen! Es war ein Anblick ohnegleichen, aber – der Magen war leer, der Körper müde, alle Sehnsucht des Herzens drehte sich nur um ein Nachtquartier, aber, aber – was stand davon wieder zu erwarten? Man schaute weit sehnlicher danach aus als nach der schönen Natur.

Der Weg führte durch einen Olivenwald, es war fast, als führe man in der Heimat zwischen knorrigen Weiden, und hier lag das einsame Wirtshaus. Ein halbes Dutzend bettelnder Krüppel hielt dessen Tür belagert. Der gesündeste von ihnen sah aus »wie des Hungers ältester Sohn, der das Alter seiner Mündigkeit erreicht hat«, die anderen waren entweder blind, hatten vertrocknete Beine und krochen auf den Händen, oder ihre Arme waren abgezehrt und ihre Hände verstümmelt. Da schaute das Elend ungeschminkt aus seinen Lumpen hervor. »Erbarmen, gnädige Herren, Erbarmen!«, seufzten sie und zeigten auf ihre kranken Glieder. Die Wirtin selbst, mit bloßen Füßen, ungekämmtem Haar und nur mit einer schmutzigen Bluse bekleidet, empfing die Gäste. Die Türen waren mit Bindfaden zusammengebunden; den Fußboden in den Zimmern stellte ein halb aufgerissenes Pflaster von Ziegelsteinen vor. Fledermäuse flogen unter der Decke hin, und der Geruch in den Stuben –

»Deckt nur lieber unten im Stall!«, sagte einer der Reisenden. »Da weiß man wenigstens, was man einatmet!«

Die Fenster wurden geöffnet, um etwas frische Luft hereinzulassen, aber schneller als diese drangen die vertrockneten Arme und das ewige Gejammer: »Erbarmen, gnädige Herren!« in die Zimmer. Auf den Wänden standen viele Inschriften, von denen die Hälfte gegen das schöne Italien gerichtet war.

Das Essen wurde aufgetragen. Es gab Wassersuppe, mit Pfeffer und ranzigem Öl gewürzt. Auch der Salat hatte einen reichlichen Teil desselben Öles erhalten. Faule Eier und gebratene Hahnenkämme waren die Hauptgerichte. Selbst der Wein musste seinen Beigeschmack haben, es war eine richtige Arznei.

Zur Nacht wurden die Koffer gegen die Tür aufgestellt; einer der Reisenden hatte die Wache, während die anderen schliefen. Der Theologe war der Wachthabende. Oh, wie stickig war es nicht hier drinnen. Die Hitze drückte nieder, die Mücken summten und stachen, die Krüppel draußen jammerten sogar noch im Schlaf.

»Ja, Reisen wäre schon gut«, seufzte der Student, »hätte man nur keinen Körper! Könnte dieser ruhen und der Geist dagegen fliegen! Überall, wohin ich komme, findet sich ein Mangel, der das Herz bedrückt. Nach etwas Besserem als dem Augenblicklichen steht mein Begehr; ja, nach etwas Besserem, nach dem Besten – aber wo und was ist es? Ich weiß im Grunde wohl, was ich will; ich will zu einem glücklichen Ziel, dem glücklichsten von allen!«

Und wie das Wort ausgesprochen war, sah er sich in die Heimat versetzt; die langen weißen Vorhänge hingen vor dem Fenster herab und mitten auf dem Fußboden stand der schwarze Sarg. In diesem lag er in seinem stillen Todesschlaf, sein Wunsch war erfüllt, der Körper ruhte, der Geist reiste. »Niemand ist vor seinem Tode glücklich zu preisen«, war Solons Sprichwort, und hier wurde es bekräftigt.

Jede Leiche ist die Sphinx der Unsterblichkeit, auch die Sphinx hier vor uns in dem schwarzen Sarg gibt uns Antwort auf das, was der Lebende zwei Tage vorher niedergeschrieben hatte:

Du starker Tod, nur Graun ist dein Begleiter!
Durch Gräber führt nur deine finstre Spur!
Nimmst du dem Geist auch seine Jakobsleiter?
Soll ich wie Gras vergehn auf deiner Spur?

Oft sieht die Welt nicht unsre größte Angst!
Du, der hienieden keinen Freund bekommen,
Viel leichter als die Not, vor der du bangst,
Wird dir die Erde, die dich aufgenommen!

Zwei Gestalten bewegten sich im Zimmer; wir kennen sie beide: Es war die Fee der Trauer und die Botin des Glücks; sie beugten sich über den Toten hin.

»Siehst du«, sagte die Trauer, »was für ein Glück brachten deine Galoschen wohl der Menschheit?«

»Sie brachten wenigstens dem, der hier schläft, ein bleibendes Gut!«, versetzte die Freude.

»O nein«, sagte die Trauer; »selbst ging er fort, er wurde nicht abberufen! Seiner geistigen Kraft wurde hier nicht Stärke genug gegeben, um die Schätze zu heben, die er seiner Bestimmung nach heben muss. Ich will ihm eine Wohltat erzeigen!«

Und damit zog sie ihm die Galoschen von den Füßen; da war der Todesschlaf zu Ende und der Wiederbelebte richtete sich empor. Die Trauer verschwand, aber zugleich auch die Galoschen; sie hat sie gewiss als ihr Eigentum betrachtet.

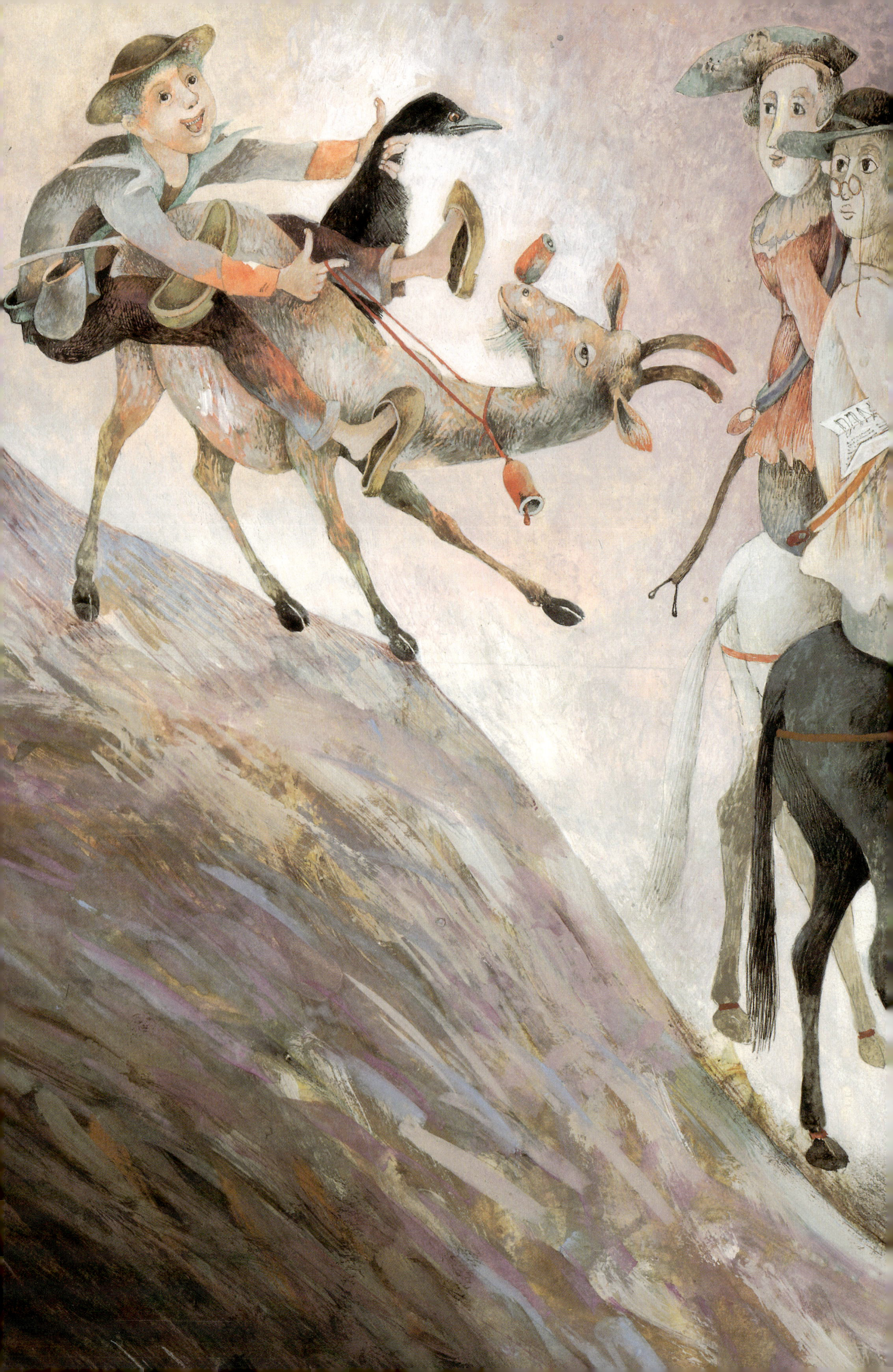

Tölpelhans

Draußen auf dem Land lag ein alter Herrensitz, und auf ihm lebte ein Gutsbesitzer, der hatte zwei Söhne, die so witzig waren, dass es an der Hälfte genug war. Sie wollten um die Tochter des Königs freien, und das durften sie, denn diese hatte bekannt machen lassen, dass sie denjenigen zum Gemahl nehmen wollte, der sich am gewandtesten und klügsten mit ihr unterhalten könnte. – Die beiden bereiteten sich nun acht Tage lang vor, das war die längste Zeit, die ihnen dazu gewährt wurde, sie war aber auch hinreichend, denn sie hatten Vorkenntnisse, und die sind immer nützlich. Der eine wusste das ganze lateinische Lexikon und drei Jahrgänge der städtischen Zeitung auswendig, und zwar rückwärts wie vorwärts. Der andere hatte sich mit sämtlichen Paragraphen aller Zunftgesetze und mit dem, was jeder Zunftmeister wissen musste, bekannt gemacht. Auf diese Weise, meinte er, könnte er über Staats- und gelehrte Sachen mitsprechen. Außerdem verstand er, Tragbänder zu sticken, denn er war fein und fingerfertig.

»Ich bekomme die Königstochter!«, sagten sie alle beide, und deshalb gab ihr Vater jedem von ihnen ein schönes Pferd; der, welcher das Lexikon und die Zeitungen auswendig wusste, bekam ein kohlschwarzes, und der, welcher sich zunftmeisterlich gebaren und sticken konnte, erhielt ein milchweißes, und darauf schmierten sie sich die Mundwinkel mit Lebertran ein, damit sie geschmeidiger würden. Alle Dienstleute waren unten im Hof, um zuzusehen, wie sie zu Pferde stiegen. In demselben Augenblick erschien der dritte Bruder, denn es waren ihrer drei, aber niemand zählte ihn als Bruder mit, weil er nicht die gleiche erstaunliche Gelehrsamkeit besaß wie die beiden anderen, und alle Welt nannte ihn nur Tölpelhans. »Wo wollt ihr hin, dass ihr euch in den Bratenrock geworfen habt?«, fragte er.

»An den Hof, um mit der Königstochter zu plaudern! Hast du nicht gehört, was im ganzen Land ausgetrommelt wird?« Und darauf erzählten sie es ihm.

»Potztausend, da muss ich mit dabei sein!«, sagte Tölpelhans, und die Brüder lachten ihn aus und ritten von dannen.

»Vater, gib mir ein Pferd!«, rief Tölpelhans. »Ich bekomme solche Lust, mich zu verheiraten. Nimmt sie mich, so nimmt sie mich, und nimmt sie mich nicht, so nehme ich sie doch!«

»Was ist das für ein Geschwätz!«, sagte der Vater. »Dir gebe ich kein Pferd. Du kannst ja nicht sprechen! Deine Brüder, das ist etwas anderes, das sind Prachtjungen!«

»Soll ich kein Pferd bekommen«, sagte Tölpelhans, »so nehme ich den Ziegenbock, der gehört mir und ist imstande, mich zu tragen!« Damit setzte er sich rittlings auf den Ziegenbock, stieß ihm die Hacken in die Seite und sprengte die Landstraße entlang. Hui, wie das ging! »Hier komme ich!«, rief Tölpelhans, und darauf sang er, dass es widerhallte.

Die Brüder ritten aber ganz still voran; sie mussten alle die guten Einfälle, die sie vorbringen wollten, noch einmal überlegen.

»Hallo! Hallo!«, rief Tölpelhans. »Hier komme ich! Seht, was ich auf der Landstraße fand!« Mit diesen Worten zeigte er ihnen eine tote Krähe, die er gefunden hatte.

»Tölpel!«, fuhren sie ihn an. »Was willst du mit ihr?«

»Ich will sie der Königstochter schenken!«

»Ja, tue es!«, sagten sie, lachten und ritten weiter.

»Hallo! Hallo! Hier komme ich! Seht, was ich jetzt gefunden habe! Das findet man nicht alle Tage auf der Landstraße!«

Die Brüder wandten sich wieder um, sich den seltenen Schatz anzusehen. »Tölpel!«, sagten sie. »Das ist ja ein alter Holzschuh, von dem der obere Teil abgegangen ist! Soll die Königstochter den etwa auch haben?«

»Das soll sie!«, sagte Tölpelhans, und die Brüder lachten, ritten weiter und kamen ihm eine große Strecke voraus.

»Hallo! Hallo! Hier bin ich!«, rief Tölpelhans. »Nein, nun wird es immer ärger! Hallo! Hallo! Das ist unvergleichlich!«

»Was hast du jetzt wieder gefunden?«, fragten die Brüder.

»Oh«, sagte Tölpelhans, »es ist eigentlich kein Gesprächsgegenstand! Wie sie sich aber freuen wird, die Königstochter!«

»Pfui«, sagten die Brüder, »das ist ja Schlamm, der aus dem Straßengraben geholt ist.«

»Das stimmt«, sagte Tölpelhans, »und er ist von der allerfeinsten Art, dass man ihn gar nicht festhalten kann!« Und er füllte sich die Tasche damit an.

Aber die Brüder ritten, was das Zeug halten wollte, und überholten ihn eine ganze Stunde. Sie hielten an dem Stadttor, an dem die Freier je nach ihrer Ankunft nummeriert und in Reihen aufgestellt wurden, je sechs in jedem Glied und so dicht, dass sie die Arme nicht rühren konnten. Das war nun sehr gut, denn sonst hätten sie sich gegenseitig das Zeug vom Leib reißen müssen.

Alle übrigen Bewohner des Landes standen rings um das Schloss, bis zu den Fenstern hinauf, um mit anzusehen, wie die Königstochter die Freier empfing. Merkwürdig! Sobald einer von ihnen die Schwelle ihres Zimmers überschritt, verließ ihn sein Rednertalent.

»Taugt nichts!«, sagte die Königstochter. »Weg!«

Jetzt kam derjenige der Brüder, der das Lexikon auswendig wusste, aber bei dem langen Stehen in Reihe und Glied hatte er es völlig vergessen. Dazu knarrte der Fußboden, und die Decke war von Spiegelglas, sodass er sich selbst auf dem Kopf sah, und nun standen sogar an jedem Fenster drei Schreiber und ein Stadtältester, die alles, was gesprochen wurde, aufschrieben, damit es sofort in die Zeitung kommen und an jeder Ecke für zwei Dreier verkauft werden konnte. Es war entsetzlich, es war furchtbar! Und zum Überfluss war im Ofen eingefeuert worden, dass er rot glühend war.

»Hier herrscht eine drückende Hitze!«, begann der Freier das Gespräch.

»Das kommt daher, weil mein Vater heute junge Hähne brät!«, sagte die Königstochter.

Bäh – da stand er, die Erwiderung hatte er nicht erwartet; nicht ein Wort wusste er zu sagen, denn er glaubte, eine äußerst tiefsinnige Ansich geäußert zu haben. Bäh.

»Taugt nichts!«, sagte die Königstochter. »Weg!« Und so musste er seiner Wege ziehen. Nun kam der zweite Bruder.

»Hier ist eine entsetzliche Hitze!«, sagte er.

»Ja, wir braten heute junge Hähne!«, versetzte die Königstochter.

»Wie belie... ?«, fragte er, und alle Schreiber schrieben: »Wie belie...?«

»Taugt nichts!«, sagte die Königstochter. »Weg!«

Nun kam Tölpelhans, er ritt auf seinem Ziegenbock gerade in das Zimmer hinein. »Das ist denn doch eine glühende Hitze!«, sagte er.

»Das rührt davon her, dass ich junge Hähne brate!«, entgegnete die Königstochter.

»Das wäre ja herrlich«, sagte Tölpelhans, »dann kann ich wohl auch eine Krähe gebraten bekommen?«

»Den Gefallen will ich Ihnen gern erweisen«, erwiderte die Königstochter, »aber haben Sie auch etwas, worin sie gebraten werden kann, denn ich habe hier weder Topf noch Pfanne!«

»Aber mir fehlt es nicht daran!«, rief fröhlich Tölpelhans. »Hier ist ein vortreffliches Kochgeschirr!« Und dabei zog er den alten Holzschuh hervor und legte die Krähe mitten hinein.

»Das reicht zu einer ganzen Mahlzeit!«, meinte die Königstochter. »Aber wo bekommen wir die Soße her?«

»Die habe ich in der Tasche!«, sagte Tölpelhans neckisch. »Ich habe so viel, dass ich verschwenderisch damit umgehen kann!« Und darauf schüttete er etwas Schlamm aus der Tasche.

»Das gefällt mir«, sagte die Königstochter, »du kannst doch antworten, und du kannst reden, und dich will ich zu meinem Gemahl erheben! Aber weißt du wohl, dass jedes Wort, das wir sagen und gesagt haben, aufgeschrieben wird und morgen in die Zeitung kommt? An jedem Fenster siehst du drei Schreiber und einen Stadtältesten stehen, und der Stadtälteste ist der Schlimmste, denn er kann nicht gut hören!« Das sagte sie nur, um ihm Furcht einzujagen. Und alle Schreiber lachten und machten einen Tintenklecks auf den Fußboden.

»Das sind wohl die Herrschaften da!«, versetzte Tölpelhans. »Dann muss ich dem Stadtältesten schon mein Bestes schenken!«

Zugleich wandte er seine Taschen um und warf ihm den ganzen Schlamm gerade ins Gesicht.

»Da hast du dir gut zu helfen gewusst!«, sagte die Königstochter. »Das hätte ich nicht zu tun vermocht! Aber ich werde es wohl noch lernen!«

Und so wurde Tölpelhans denn König, bekam eine Frau und eine Krone und saß auf einem Thron, und das alles haben wir der Zeitung des Stadtältesten entnommen – auf die freilich auch kein rechter Verlass ist.

Die Schnellläufer

Ein Preis war ausgesetzt, ja, zwei waren ausgesetzt, der kleine und der große, für die größte Schnelligkeit, nicht etwa bei einem einmaligen Lauf, sondern für eine gleichmäßige Geschwindigkeit während eines ganzen Jahres.

»Ich erhielt den ersten Preis!«, sagte der Hase. »Gerechtigkeit muss doch sein, wenn Mitglieder der eigenen Familie und gute Freunde im Rat sitzen; dass aber die Schnecke den zweiten Preis erhielt, finde ich fast beleidigend für mich!«

»Nein!«, versicherte der Zaunpfahl, der bei der Preisverteilung Zeuge gewesen war. »Fleiß und guter Wille müssen ebenfalls berücksichtigt werden, das wurde von mehreren achtbaren Personen gesagt, und das habe ich auch sehr wohl eingesehen. Die Schnecke hat freilich ein halbes Jahr gebraucht, um über die Torschwelle zu gelangen, aber bei dieser überstürzten Arbeit, die es doch immer für sie war, hat sie den Schenkel gebrochen. Sie hat einzig und allein für ihren Lauf gelebt und sie lief noch dazu mit ihrem Haus! Alles dies ist achtungswert – und deshalb erhielt sie den zweiten Preis!«

»Ich hätte doch ebenfalls in Betracht gezogen werden können!«, sagte die Schwalbe. »Schneller als ich hat sich, sollte ich meinen, keiner im Flug gezeigt, und wo bin ich nicht überall gewesen: weit, weit, weit!«

»Das ist eben Ihr Unglück«, versetzte der Zaunpfahl. »Sie streiften zu viel umher! Sie wollen, wenn es zu frieren beginnt, immer vorwärts, weiter, zum Land hinaus. Sie haben keine Vaterlandsliebe! Sie können nicht in Betracht kommen!«

»Aber wenn ich nun den ganzen Winter über im Moor lag«, sagte die Schwalbe, »die ganze Zeit verschlief, komme ich dann in Betracht?«

»Verschaffen Sie sich ein Attest vom Fuchs, dass Sie die halbe Zeit im Vaterland verschlafen haben, dann wird man auch auf Sie Rücksicht nehmen!«

»Ich hätte eigentlich den ersten Preis verdient und nicht den zweiten!«, sagte die Schnecke. »Ich weiß genau, dass der Hase nur aus Feigheit gelaufen ist, sobald er glaubte, dass Gefahr im Verzug wäre; ich dagegen habe mein Laufen mir zur Lebensaufgabe gemacht und bin im Dienst ein Krüppel geworden. Sollte jemand den ersten Preis erhalten, dann war sicher ich es. Aber ich will deswegen keinen Streit erregen, dergleichen verachte ich!«

Und dabei spuckte sie aus.

»Ich kann mit Wort und Rede dafür einstehen, dass jeder Preis, wenigstens meine Stimme dabei, nur nach vollkommen gerechten Rücksichten erteilt ist!«, sagte die alte Feldmesserstange im Wald, die Mitglied des entscheidenden Richterkollegiums war. »Ich gehe stets mit Ordnung, Überlegung und Berechnung zu Werke. Siebenmal habe ich schon vorher die Ehre genossen, zur Preisverteilung hinzugezogen zu werden. Aber erst heute habe ich meinen Willen durchsetzen können. Ich bin bei jeder Verteilung von etwas Bestimmtem ausgegangen. Beim ersten Preis bin ich hinsichtlich der Buchstaben stets von vorn ausgegangen und beim zweiten Preis von hinten.

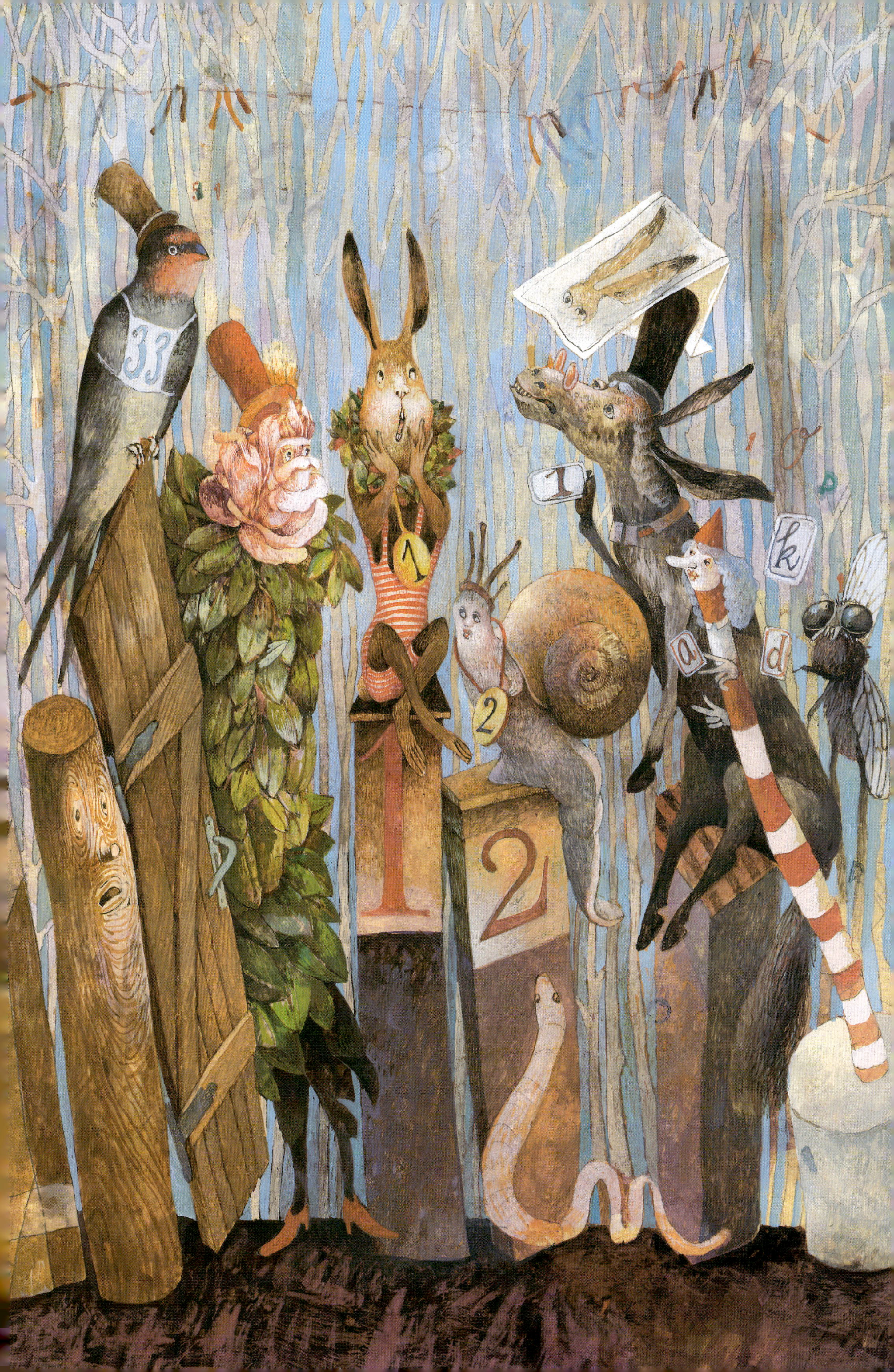
33
1
1
k
a
d
2
1
2

Wollen Sie nun gefälligst bemerken, dass, wenn man von vorn rechnet, der achte Buchstabe nach dem A das H ist, da haben wir den Hasen, und deshalb stimmte ich beim ersten Preis für den Hasen; der achte Buchstabe von hinten ist dagegen das S; deshalb stimmte ich bei dem zweiten Preis für die Schnecke. Das nächste Mal verleiht das I den ersten und das R den zweiten Preis. Stets muss in jedem Ding Ordnung sein! Man muss etwas haben, woran man sich halten kann.«

»Wäre ich nicht einer der Richter gewesen, so hätte ich mir selbst die Stimme gegeben«, sagte der Maulesel, der ebenfalls zu den Beisitzern gehörte. »Man muss nicht nur berücksichtigen, wie schnell man vorwärts kommt, sondern man muss sein Augenmerk auch auf andere Dinge richten, zum Beispiel auf den Umstand, wie viel man zu ziehen vermag. Doch würde ich es diesmal nicht hervorgehoben haben, auch nicht die Klugheit des Hasen, auf seiner Flucht plötzlich einen Seitensprung zu machen und dadurch die Leute auf eine falsche Fährte zu leiten. Nein, es gibt noch etwas, worauf viele ein wesentliches Gewicht legen und was man keineswegs unbeachtet lassen darf, das ist das, was man das Schöne nennt. Darauf habe ich gesehen; ich betrachtete die schönen, wohlgewachsenen Ohren des Hasen; es ist ein Vergnügen, ihre Länge zu bewundern! Ich glaubte, mich selbst zu sehen, als ich noch klein war, und deshalb gab ich ihm meine Stimme.«

»Still, still!«, sagte die Fliege. »Ich will keine lange Rede halten, ich will nur eine kurze Bemerkung machen. Das weiß ich, dass ich mehr als einen Hasen eingeholt habe. Vor kurzem zerbrach ich einem der Jüngsten die Hinterbeine. Ich saß auf der Lokomotive vor einem Eisenbahnzug: Das tue ich oft, denn man kann dort seine eigene Geschwindigkeit am besten beobachten. Ein junger Hase lief weit voraus; er ahnte nicht, dass ich da war. Endlich musste er von der Bahn ablenken, aber dabei wurden ihm von der Lokomotive die Hinterfüße abgefahren, denn ich saß darauf. Der Hase blieb liegen, ich fuhr weiter. Das ist doch wohl hinreichend, um den Sieg über ihn davonzutragen? Aber ich erhebe keinen Anspruch auf den Preis!«

Ich halte dafür, dachte die wilde Rose, sagte es aber nicht – es lag nicht in ihrer Natur, sich auszusprechen, obschon es hätte ganz gut sein können, wenn sie es getan hätte –, ich halte dafür, dass der Sonnenstrahl den ersten Ehrenpreis bekommen müsste und den zweiten dazu. Er fliegt in einem Augenblick den unermesslichen Weg von der Sonne bis zu uns hernieder und kommt mit einer Stärke, dass die ganze Natur dadurch erwacht. Er ist von einer Schönheit, dass wir Rosen alle erröten und zu duften beginnen. Die hohe Behörde, die den Urteilsspruch fällte, scheint ihn gar nicht beobachtet zu haben. Wäre ich der Sonnenstrahl, dann versetzte ich jedem einen Sonnenstich – aber das machte sie erst recht närrisch, und das werden sie sowieso werden. Ich sage nichts!, dachte die wilde Rose. Friede im Wald! Schön ist es zu blühen, zu duften und zu erquicken, zu leben in Sage und Gesang! Der Sonnenstrahl überlebt uns doch sämtlich!

»Worin besteht der erste Preis?«, fragte der Regenwurm, der verschlafen hatte und jetzt erst ankam.

»Im freien Zutritt zu einem Kohlgarten!«, sagte der Maulesel. »Ich schlug den Preis vor! Der Hase musste und sollte ihn erhalten, und deshalb nahm ich als denkendes und tätiges Mitglied des Kollegiums vernünftigerweise Rücksicht auf den Nutzen desjenigen, der ihn bekommen sollte; nun ist der Hase versorgt. Die Schnecke hat Erlaubnis, auf der den Kohlgarten umgebenden Mauer zu sitzen und sich zu sonnen und ist außerdem zu einem der ersten Preisrichter für den Schnelllauf ernannt. Es ist gut, einen Fachmann mit in dem Kollegium zu haben! Ich muss gestehen, ich erwarte viel von der Zukunft, da wir schon einen so guten Anfang gemacht haben.«

DER FLASCHENHALS

In der engen, winkeligen Gasse zwischen anderen Häusern der Armut stand ein besonders schmales und hohes Haus von Fachwerk, welchem die Zeit dermaßen mitgespielt hatte, dass es fast nach allen Seiten hin aus den Fugen gegangen war. Das Haus wurde von armen Leuten bewohnt, und am ärmlichsten sah es in der Dachkammerwohnung im Giebel aus, wo vor dem einzigen kleinen Fenster ein altes, verbogenes Vogelbauer im Sonnenscheine hing, welches nicht einmal ein Wassernäpfchen, sondern nur einen umgekehrten, mit Wasser gefüllten Flaschenhals mit einem Pfropfen unten hatte. Eine alte Jungfer stand am Fenster, sie hatte das Bauer mit grünem Vogelkraut behangen, und ein kleiner Hänfling hüpfte von einer Sprosse zur andern hin und her und sang und zwitscherte, dass es eine Lust war.

»Ja, du hast gut singen!«, sagte der Flaschenhals, – das heißt, er sprach es freilich nicht in der Weise aus, wie wir es tun können, denn sprechen kann ein Flaschenhals nicht, sondern er dachte es so bei sich, in seinem stillen Sinne, wie wenn wir Menschen in uns selbst hineinreden. »Ja, du hast gut singen, du, der du deine Glieder alle unversehrt hast. Du solltest mal versuchen, was das heißt, sein Unterteil verloren, nur Hals und Mund und obendrein einen Pfropfen drinzuhaben, wie ich es habe, und du würdest gewiss nicht singen. Aber es ist immerhin gut, dass doch jemand da ist, der vergnügt ist! Ich habe keinen Grund zu singen und ich kann auch nicht singen! Ja, als ich eine ganze Flasche war, tat ich es wohl, wenn man mich mit dem Pfropfen rieb; man nannte mich damals die rechte Lerche, die große Lerche! – Als ich mit der Kürschnerfamilie auf einer Waldpartie war und die Tochter verlobt wurde – ja, das weiß ich noch, als wär's erst gestern gewesen! Ich habe vieles erlebt, wenn ich mich recht darauf besinne! Ich bin im Feuer und im Wasser, bin tief in der schwarzen Erde und höher hinauf gewesen, als die meisten andern gekommen, und jetzt schwebe ich hier an der äußersten Seite des Vogelbauers in Luft und Sonnenschein! Oh, es dürfte wohl der Mühe wert sein, meine Geschichte zu hören, aber ich rede nicht laut davon, weil ich es nicht kann!«

Nun erzählte der Flaschenhals seine Geschichte, die merkwürdig genug war; erzählte sie in sich hinein oder dachte sie so in seinem stillen Sinn; und der kleine Vogel sang vergnügt sein Lied, und unten auf der Straße war ein Gefahre und Gelaufe, jedermann dachte an das seine, oder dachte gar nichts – nur der Flaschenhals dachte. Er gedachte des flammenden Schmelzofens in der Fabrik, in welcher er ins Leben geblasen worden; erinnerte sich noch, dass er warm gewesen sei, dass er in den zischenden Ofen, die Heimat seines Ursprungs, hineingeschaut und gar große Lust empfunden habe, direkt wieder in dieselbe hineinzuspringen; dass er aber allmählich, indem er immer kühler wurde, sich dort recht wohl befunden, wohin er gekommen sei. Er habe in Reih und Glied gestanden mit einem ganzen Regimente Brüder und Schwestern, alle aus demselben Ofen, von welchen allerdings einige als Champagnerflaschen, andere als Bierflaschen geblasen waren, und das macht einen Unterschied! Später, draußen in der Welt, kann es wohl kommen, dass eine Bierflasche die köstlichsten Lacrimae Christi enthält und eine Champagnerflasche mit Schuhwichse gefüllt wird, aber an der Schablone ist es doch immerhin zu sehen, wozu man geboren ist – Adel bleibt Adel, selbst mit Wichse im Leibe.

Sämtliche Flaschen wurden verpackt und unsere Flasche auch. Damals dachte sie nicht daran, als Flaschenhals ihre Laufbahn zu enden, sich zum Vogelnapf emporzuarbeiten, was doch immerhin ein ehrenwertes Dasein ist – weil man alsdann doch etwas ist! Die Flasche erblickte erst das Tageslicht wieder, als sie mit den übrigen Kameraden im Keller des Weinhändlers ausgepackt und zum ersten Male ausgespült wurde – das war ein kurioses Gefühl. Da lag sie nun, leer und ohne Pfropfen, ihr war sonderbar zumute, es fehlte ihr etwas, allein sie wusste selbst nicht, was. – Endlich wurde sie mit einem guten, herrlichen Weine angefüllt, bekam auch einen Pfropfen und wurde zugelackt; »Prima Sorte« wurde ihr angeklebt, es war ihr, als habe sie die erste Zensur beim Examen davongetragen, aber der Wein war dafür auch gut, und die Flasche war gut. Wenn man jung ist, ist man Lyriker! Es sang und klang in ihr von Dingen, die sie gar nicht kannte: von den grünen, sonnigen Bergen, wo der Wein wächst, wo fröhliche Winzer und Winzerinnen singen und kosen und sich küssen

– wohl ist das Leben schön! Von alledem sang und klang es in der Flasche wie in den jungen Poeten, die auch gar oft das nicht begreifen, wovon es in ihnen klingt.

Eines Morgens wurde sie angekauft – der Kürschnerlehrling sollte eine Flasche Wein »vom Besten« bringen. Und nun wurde sie in den Esskorb nebst Schinken, Käse und Wurst gesteckt; die feinste Butter, das feinste Brot wurde mit hineingelegt; die Kürschnertochter packte selbst den Korb; sie war jung und schön; um die braunen Augen und um ihre Lippen spielte ein Lächeln. Sie hatte feine, weiche Hände, die schön weiß waren, und doch waren Hals und Busen noch viel weißer, man sah es ihr sogleich an, dass sie eines der schönsten Mädchen der Stadt war – und doch noch nicht verlobt!

Der Vorratskorb stand auf dem Schoße des jungen Mädchens, als die Familie in den Wald hinausfuhr; der Flaschenhals blickte hervor zwischen den Zipfeln der weißen Serviette; an dem Pfropfen war roter Lack; die Flasche blickte dem Mädchen gerade ins Gesicht; sie blickte auch den jungen Seemann an, der neben dem Mädchen saß; derselbe war ein Jugendfreund, der Sohn des Porträtmalers. Vor kurzem hatte er das Examen als Steuermann mit Ehren bestanden, und morgen sollte er mit einem Schiffe abgehen, weithin nach fernen Küsten. Hiervon war während des Packens viel gesprochen, und währenddessen sprach freilich nicht gerade der Frohsinn aus den Augen und dem Munde der schönen Kürschnerstochter.

Die jungen Leute lustwandelten im grünen Walde, sie sprachen miteinander – was sprachen sie? Ja, das vernahm die Flasche nicht, stand sie doch im Vorratskorbe. Es währte gar lange, bis sie hervorgezogen wurde, als das aber endlich geschah, waren auch fröhliche Dinge passiert; alle lachten, auch die Tochter des Kürschners lachte, aber sie sprach weniger als vorher, ihre Wangen glühten wie zwei rote Rosen.

Väterchen nahm die volle Flasche und den Korkenzieher zur Hand. – Ja, es ist sonderbar, so zum ersten Male aufgezogen zu werden! Der Flaschenhals hatte später diesen feierlichen Augenblick nie vergessen können, hatte es doch »Schwapp« in seinem Innern gesagt, als der Pfropfen herausfuhr, und wie gluckste es erst, als der Wein in die Gläser hineinfloss.

»Die Verlobten sollen leben!«, sprach der alte Papa, und jedes Glas wurde bis auf die Neige geleert, und der junge Steuermann küsste seine schöne Braut.

»Glück und Segen!«, sagten die beiden Alten; Vater und Mutter und der junge Mann füllten noch einmal die Gläser: »Rückkehr und Hochzeit heute übers Jahr!«, rief er, und als die Gläser geleert waren, nahm er die Flasche, hob sie empor und sprach: »Du bist dabei gewesen an dem schönsten Tage meines Lebens, du sollst nimmermehr einem andern dienen!«

Und er schleuderte sie hoch in die Luft.

Die Kürschnertochter dachte damals nicht daran, dass sie die Flasche öfter sollte fliegen sehen, und doch sollte es so der Fall sein. – Sie fiel damals in das dichte Röhricht am Ufer eines kleinen Waldsees nieder – der Flaschenhals entsann sich noch lebhaft, wie er dort eine Zeit lang gelegen. »Ich gab ihnen Wein und sie gaben mir Sumpfwasser – allein so ist es auch gut gemeint!« Er sah nicht länger die Verlobten und die vergnügten Alten, aber er vernahm noch lange, wie sie jubilierten und sangen. Dann kamen endlich zwei Bauernknaben, guckten in das Röhricht hinein, erblickten die Flasche und hoben sie auf; nun war sie versorgt.

Daheim, im Waldhause, war gestern der älteste Bruder dieser Knaben, ein Seemann, der eine längere Fahrt antreten sollte, gewesen, um Abschied zu nehmen; die Mutter war eben damit beschäftigt, noch dieses und jenes einzupacken, das er mit auf die Reise bekommen sollte und der Vater abends in die Stadt tragen wollte, um noch einmal den Sohn zu sehen und ihm seinen und der Mutter Gruß zu bringen. Eine kleine Flasche mit Kräuterbranntwein war schon eingewickelt und ein Paket beigelegt, da traten die Knaben mit einer größeren, stärkeren Flasche, die sie gefunden hatten, zur Tür herein. In diese ginge mehr als in das kleine Fläschchen, und »der Schnaps sei gar zu gut für einen schlechten Magen, sei mit Kräutern versetzt«. Es war nicht wie früher der rote Wein, den man jetzt in die Flasche einschenkte, es waren bittere Tropfen, aber auch die sind gut – für den Magen. Die neue große und nicht die kleine Flasche sollte mit – und so ging die Flasche wieder auf die Wanderung. Sie kam an Bord bei Peter Jensen, und zwar an Bord desselben Schiffes, mit welchem der junge Steuermann fuhr. Doch er sah die Flasche nicht, und er hätte sie auch nicht wiedererkannt oder gar gedacht: Das ist dieselbe, bei der wir die Verlobung gefeiert und schon ein Hoch auf die Rückkehr ausgebracht haben.

Freilich, Wein spendete sie nicht mehr, aber sie beherbergte doch etwas in ihrem Innern, was ebenso gut war; sie wurde auch stets, wenn Peter Jensen sie hervorholte, von den Kameraden »der Apotheker« geheißen; sie schenkte die beste Medizin, die, welche den Magen kurierte, und sie spendete treu ihre Hilfe, solange sie einen Tropfen hatte. Das war eine vergnügte Zeit, und die Flasche sang, wenn man sie mit dem Pfropfen streichelte, sie hieß die große Lerche, »Peter Jensens Lerche«.

Lange Tage und Monate verstrichen, sie stand bereits geleert in einem Winkel; da geschah es – ja, ob auf der Ausfahrt oder Rückfahrt, das wusste die Flasche nicht genau anzugeben, war sie doch gar nicht ans Land gekommen – dass ein Sturm sich erhob; große Wogen wälzten sich finster und schwer einher und hoben und warfen das Fahrzeug. Der Hauptmast zersplitterte, eine Woge schlug eine der Schiffsplanken ein, die Pumpen brachten keine Hilfe mehr; es war stockfinstere Nacht; das Schiff sank – aber in der letzten Minute schrieb der junge Steuermann auf ein Blatt Papier: »In Christi Namen! Wir gehen unter!« Er schrieb den Namen seiner Braut, schrieb seinen und des Schiffes Namen, steckte das Blatt in eine leere Flasche, die ihm in die Hand fiel, presste den Pfropfen fest ein und warf die Flasche in die tobende See hinaus. Er wusste es nicht, dass es dieselbe war, aus welcher ihm und ihr der Becher der Freude und der Hoffnung einst gefüllt worden – sie wiegt sich nun auf der Woge mit Gruß und Todesbotschaft.

Das Schiff sank, die Mannschaft sank; die Flasche flog dahin gleich einem Vogel – trug sie doch ein Herz, einen Liebesbrief in sich! Und die Sonne ging auf und sie ging unter – der Flasche war es wie zur Zeit ihrer Entstehung in dem roten, glühenden Ofen, sie empfand eine Sehnsucht, wieder hineinzufliegen. –

Sie durchlebte die Meeresstille und auch neue Stürme – sie stieß aber gegen keine Klippe, wurde von keinem Hai verschlungen und trieb sich über Jahr und Tag umher, bald gen Norden, bald gen Süden, wie die Strömungen sie eben führten. Sie war im Übrigen ihr eigener Herr, aber dessen kann man denn auch überdrüssig werden.

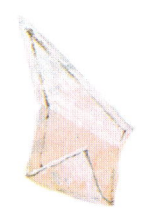

Das beschriebene Blatt, das letzte Lebewohl von dem Bräutigam an die Braut, würde nur Trauer bringen, wenn es einmal in die rechten Hände käme; allein, wo waren die Hände so weiß und weich, die damals das Tischtuch auf dem frischen Rasen, in dem grünen Walde am Tage der Verlobung ausbreiteten? – Wo war die Tochter des Kürschners? Ja, wo war das Land und welches Land läge ihr wohl am nächsten? Die Flasche wusste es nicht; sie trieb und trieb und wurde endlich auch des Herumtreibens überdrüssig, weil das jedenfalls nicht ihre Aufgabe war; allein sie trieb sich doch umher, bis sie endlich Land, fremdes Land erreichte. Sie verstand kein Wort von dem, was hier gesprochen wurde, es war nicht die Sprache, die sie früher hatte reden hören, und es geht einem viel verloren, wenn man die Sprache nicht versteht.

Die Flasche wurde herausgefischt und von allen Seiten betrachtet; der Zettel, der in ihr steckte, wurde gesehen, herausgenommen, gedreht und gewendet, aber die Leute verstanden nicht das, was dort geschrieben stand. Zwar begriffen sie, dass die Flasche über Bord geworfen sein müsse und dass hiervon auf dem Papiere stehe, allein was stand geschrieben? Das war das Wunderbare – und der Zettel wurde wieder in die Flasche gesteckt und diese in einen großen Schrank, in einer großen Stube, in einem großen Hause aufgestellt.

Jedes Mal wenn Fremde kamen, wurde der Zettel hervorgenommen, gewendet und gedreht, sodass die Schrift, die nur mit Bleistift geschrieben war, allmählich immer unleserlicher wurde; zuletzt sah niemand mehr, dass es Buchstaben waren. – Und noch ein ganzes Jahr blieb die Flasche im Schranke stehen, dann stellte man sie auf den Boden und Staub und Spinnengewebe lagerten sich auf ihr. Wie dachte sie nun zurück an bessere Tage, an die Zeiten, wo sie in dem frischen grünen Walde den roten Wein gespendet, wo sie auf den Meereswellen schaukelte, ein Geheimnis, einen Brief, einen Abschiedsseufzer in sich getragen hatte.

Volle zwanzig Jahre stand sie auf dem Boden; sie hätte noch länger dort stehen können, hätte das Haus nicht umgebaut werden sollen. Das Dach wurde aber abgetragen, man bemerkte die Flasche und sprach von ihr, allein sie verstand die Sprache nicht; die lernt man nicht dadurch, dass man auf dem Boden steht, selbst in zwanzig Jahren nicht. »Wäre ich unten in der Stube geblieben«, meinte sie zwar, »hätte ich sie doch wohl gelernt!«

Sie wurde nun gewaschen und ausgespült, es tat ihr Not; sie fühlte sich klar und durchsichtig, sie war wieder verjüngt auf ihre alten Tage, aber der

Zettel, den sie treu getragen, – der war in der Wäsche darauf gegangen. Man füllte die Flasche mit Sämereien, sie wusste viel, was das eigentlich war; man pfropfte sie zu und wickelte sie gut ein; sie bekam weder Licht noch Laterne, geschweige denn Sonne und Mond zu sehen, und etwas muss man doch sehen, wenn man auf Reisen geht, meinte sie; aber sie sah nichts, doch das Wichtigste tat sie – sie reiste und gelangte an den Ort ihrer Bestimmung und wurde dort ausgepackt.

»Was sie sich dort im Auslande mit der Flasche für Mühe gegeben haben!«, hörte sie sagen – »und sie wird doch wohl zerbrochen sein!« – aber sie war nicht zerbrochen. Die Flasche verstand jedes Wort, welches gesprochen wurde, es war die Sprache, die sie am Schmelzofen und beim Weinhändler und im Walde und auf dem Schiffe vernommen, die einzige gute, alte Sprache, die man verstehen könne; sie war zurückgekommen in ihre Heimat, und die Sprache war ihr ein Gruß des Willkommens. Vor Freude wäre sie beinahe den Leuten aus den Händen gesprungen; sie bemerkte es kaum, dass ihr der Pfropfen ausgezogen, dass sie selbst ausgeschüttet und in den Keller getragen wurde, um dort aufgehoben und vergessen zu werden. Die Heimat ist doch der beste Ort, selbst im Keller! Es fiel ihr nie ein, darüber nachzudenken, wie lange sie wohl dort liege; sie lag gut und lag jahrelang; endlich kamen Leute herab, die alle Flaschen aus dem Keller und auch die unsere holten.

Draußen im Garten war ein großes Fest; flammende Lampen hingen dort als Girlanden, papierne Laternen strahlten wie große Tulipanen in Transparenten. Es war ein herrlicher Abend, das Wetter still und klar; die Sterne flimmerten, und es war Neumond, eigentlich erblickte man den ganzen runden Mond als eine blaugraue Kugel mit goldenem Halbrand, was schön zu sehen war – mit guten Augen.

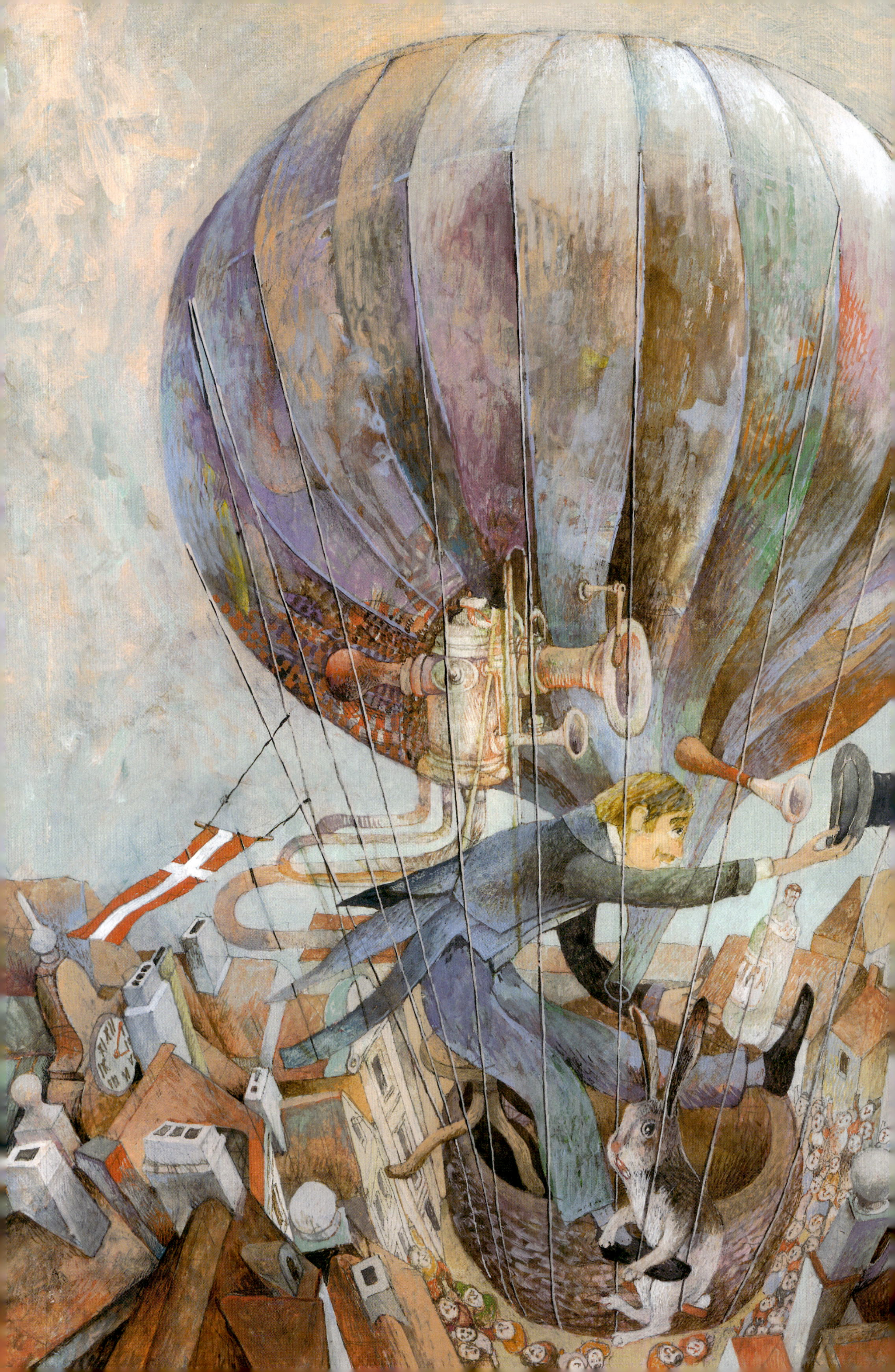

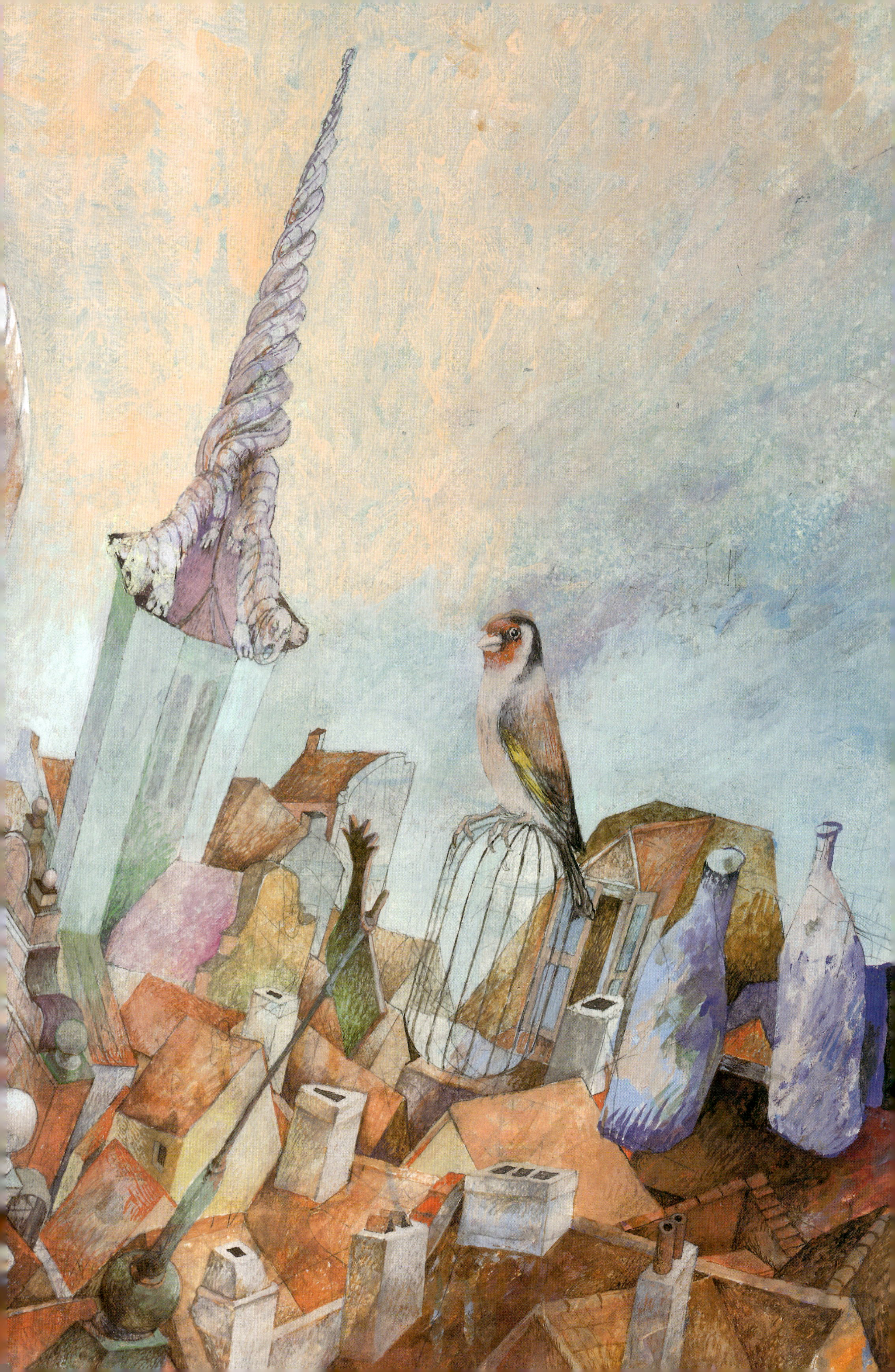

Auch bis in die entlegenen Gartengänge erstreckte sich die Illumination, wenigstens so viel, dass man bei ihrem Scheine sich dort zurechtfinden konnte. In dem Gezweige der Hecken standen Flaschen, in jeder ein brennendes Licht, hier befand sich auch die Flasche, die wir kennen, die, welche einst als Flaschenhals, als Vogelnapf endigen sollte; ihr kam alles hier wunderschön vor, war sie doch wieder im Grünen, wieder inmitten der Freude und beim Feste, vernahm Gesang und Musik und das Toben und Gemurmel der vielen Menschen, namentlich aus dem Teile des Gartens, wo die Lampen flammten und die papiernen Laternen ihre Farbenpracht zur Schau trugen. So stand sie zwar in einem entlegenen Gange, allein gerade das hatte etwas Beschauliches, sie trug ihr Licht, stand hier zum Nutzen und Vergnügen, und so ist es recht; in einer solchen Stunde vergisst man zwanzig Jahre auf dem Boden – und gut ist es zu vergessen.

Dicht an ihr vorüber schritt ein einzelnes Paar, wie das Brautpaar damals im Walde, wie der Steuermann und die Kürschnertochter; es war der Flasche, als erlebe sie das alles wieder aufs Neue! Im Garten gingen nicht allein die Gäste, sondern auch Leute, die sich diese und das festliche Gepränge ansehen durften, und unter den Letzteren schritt ein altes Mädchen einher, das allein, ohne alle Verwandtschaft in der Welt stand. Es dachte wie die Flasche, dachte an den grünen Wald und an ein junges Brautpaar, welches ihm sehr nahe lag, an dem es teilhatte, ja dessen einer Teil es war – damals in der glücklichsten Stunde seines Lebens, und die Stunde vergisst man nie und nimmer, und würde man eine noch so alte Jungfer. – Allein sie kannte die Flasche nicht, und diese bemerkte auch die alte Jungfer nicht; so geht man aneinander vorüber in dieser Welt – bis man sich wieder begegnet, und das taten die beiden, waren sie doch jetzt beide wieder in derselben Stadt.

Die Flasche kam vom Garten noch einmal wieder zum Weinhändler, wurde wieder mit Wein gefüllt und an den Luftschiffer verkauft, der am folgenden Sonntage mit dem Ballon aufsteigen wollte. – Eine große Menschenmenge hatte sich zusammengefunden, um sich »das anzusehen«, es war Militärmusik engagiert, und viele andere Vorbereitungen waren getroffen. Die Flasche sah alles von einem Korbe aus, in welchem sie neben einem lebenden Kaninchen lag, das ganz verblüfft war, weil es wohl wusste, dass es mit hinaufsolle, um mittelst Fallschirm wieder hinabzugehen; die Flasche aber wusste nichts, weder vom »hinauf« noch »hinab«, sie sah nur, dass der Ballon sich groß aufblies, immer größer, und sich, als er nicht größer werden konnte, zu heben, immer unruhiger zu werden begann; die Taue, die ihn festhielten, wurden durchschnitten, und er schwebte mit dem Luftschiffer, dem Korbe, der Flasche und dem Kaninchen hinauf, die Musik erklang, und alle Menschen schrien Hurrah!

»Das ist eine wunderliche Fahrt, so in die Luft hinauf!«, dachte die Flasche, »das ist eine neue Segelfahrt; hier oben wird man aber ebenfalls an nichts anrennen können!«

Tausende von Menschen schauten dem Ballon nach und die alte Jungfer blickte auch nach ihm aus; sie stand in ihrem offenen Dachkammerfenster, unter welchem der Käfig mit dem kleinen Hänfling hing, der damals noch kein Wassernäpfchen hatte, sondern sich mit einer Obertasse begnügen musste. Im Fenster selbst stand eine Myrte im Topfe, und dieser war ein wenig beiseite geschoben, damit er nicht hinausfalle, denn die alte Jungfer bog sich aus dem Fenster, um es auch zu sehen; sie sah auch deutlich den Luftschiffer im Ballon, und dass er das Kaninchen mit Fallschirm herabließ, dann auf das Wohl aller Menschen trank und endlich die Flasche hoch in die Luft emporschleuderte – nicht dachte sie daran, dass sie eben dieselbe

Flasche, ihr und ihrem Freunde zu Ehren am Tage der Freude im grünen Walde, in ihrer Jugend hatte hoch emporfliegen sehen.

Der Flasche blieb keine Zeit übrig, um nachzudenken, kam es ihr doch gar zu unerwartet und plötzlich, so auf dem Höhepunkte ihres Lebens zu sein. Türme und Dächer lagen weit, weit unten, die Menschen nahmen sich vollends recht klein aus.

Nun sank sie aber, und das mit einer ganz andern Fahrt als das Kaninchen; die Flasche machte Purzelbäume in der Luft, sie fühlte sich so jung, außer Rand und Band, sie war noch halb voll von Wein, aber das blieb sie nicht lange. Welche Reise! Die Sonne beschien die Flasche, alle Menschen sahen ihr nach, der Ballon war schon weit weg, und bald war auch die Flasche weg, sie fiel auf eines der Dächer herab, und damit war sie entzwei, aber die Stücke hatten noch einen solchen Flug, dass sie nicht liegen bleiben konnten, sie sprangen und rollten weiter, bis sie in den Hofraum hinabgelangten und dort in noch kleineren Stücken liegen blieben, nur der Flaschenhals erhielt sich, und der war wie mit einem Diamant abgeschnitten.

»Der wäre prächtig als Vogelnapf!«, sagten die Kellerleute, allein sie hatten weder einen Vogel noch einen Käfig, und sich solche anzuschaffen, weil sie jetzt den Flaschenhals hatten, der als Napf zu gebrauchen wäre, sei doch zu viel verlangt – aber die alte Jungfer auf dem Dache, ja, sie hatte vielleicht Gebrauch dafür – und nun gelangte der Flaschenhals zu ihr hinauf, bekam einen Pfropfen eingesetzt, und was früher oben war, wurde jetzt nach unten gekehrt, wie es gar oft bei Veränderungen geschieht, frisches Wasser wurde eingegossen, man hing ihn an den Käfig des kleinen Vogels, welcher sang und zwitscherte, dass es eine Lust war.

»Ja, du hast gut singen!«, sagte der Flaschenhals, und der war ja merkwürdig genug, der war ja im Ballon gewesen – mehr wusste man von seiner Geschichte nicht. Jetzt hing er da als Vogelnapf, hörte die Leute unten auf der Straße murmeln und wirtschaften, hörte die Rede der alten Jungfer drinnen in der Kammer; sie hatte Besuch von einer alten Freundin, sie sprachen – nicht aber von dem Flaschenhalse, sondern von der Myrte im Fenster.

»Nein, du darfst wahrlich keinen Taler ausgeben für einen Brautkranz für deine Tochter!«, sagte die alte Jungfer, »du sollst von mir ein allerliebstes Sträußchen voller Blüten haben! Siehst du, wie prächtig der Baum steht. Ja, der stammt auch von einem Senker der Myrte ab, die du mir am Tage nach meiner Verlobung schenktest, von der ich mir selbst, wenn das Jahr um wäre, meinen Brautkranz hätte nehmen sollen – allein der Tag kam nie! Die Augen schlossen sich, die mir in diesem Leben zur Freude und zum Segen hätten leuchten sollen. Auf dem Meeresgrunde schlummert er süß, der treue Freund! – Die Myrte wurde ein alter Baum, allein ich wurde noch älter, und als der Baum endlich einging, nahm ich den letzten grünen Zweig, steckte ihn in die Erde, und aus dem ist ein großer Baum geworden, und die Myrte kommt nun endlich doch noch zum Hochzeitsfeste – als Brautkranz für deine Tochter.«

Und Tränen perlten in den Augen der alten Jungfer; sie sprach von dem Freunde ihrer Jugend, von der Verlobung im Walde; gar viele Gedanken kamen ihr, aber daran dachte sie doch nicht, dass sich ganz in ihrer Nähe, vor dem Fenster, noch eine Erinnerung an jene Zeit befand; der Hals der Flasche, welche laut aufjauchzte, als der Pfropfen mit einem Knall bei der Verlobung aufsprang. Doch der Flaschenhals erkannte auch sie nicht wieder, denn er hörte nicht auf das, was sie sprach und erzählte – weil er nur an sie dachte.

Suppe auf einem Wurstspeiler

I

»Das war gestern ein ausgezeichneter Mittag!«, sagte eine alte Maus weiblichen Geschlechts zu einer, die nicht bei der Festmahlzeit gewesen war. »Ich saß Nummer einundzwanzig von dem alten Mäusekönig abwärts; das war eben nicht schlecht platziert! – Wollen Sie jetzt die Anrichtung hören, die Gänge waren sehr gut geordnet: schimmeliges Brot, Speckschwarte, Talglicht und Wurst – und dann wiederum dasselbe von vorn an; es war so gut, als hätten wir zwei Festmahlzeiten gehabt. Angenehme Stimmung und gemütlicher Unsinn wie in einem Familienkreise; nicht das Allergeringste außer den Wurstspeilern blieb übrig; auf diese kam dann das Gespräch, und es wurde schließlich auch die Redensart: »Suppe auf Wurstschalen«, oder wie es im Nachbarlande sprichwörtlich heißt: »Suppe auf einem Wurstspeiler« erwähnt; gehört hiervon hatte nun jedermann, aber niemand hatte die Suppe gekostet, geschweige sie jemals zubereitet. Es wurde ein allerliebster Toast dem Erfinder dafür ausgebracht. Derselbe verdiene, Armendirektor zu sein! Nicht wahr, das war witzig? – Und der alte Mausekönig erhob sich und versprach derjenigen der jungen Mäuse, welche die mehr erwähnte Suppe am wohlschmeckendsten zubereiten könne, sie solle seine Königin sein; Jahr und Tag gäbe er ihr Frist dazu.«

»Das war nicht übel!«, sagte die andere Maus, »aber wie bereitet man denn die Suppe zu?«

»Ja, wie bereitet man sie zu?« – das fragen auch die anderen weiblichen jungen und alten Mäuse. Alle möchten sie gar gern Königin sein, aber ungern wollen sie die Mühe haben, sich in die weite Welt hinauszubegeben, um die Suppe zubereiten zu lernen, und das würde denn doch notwendig geschehen müssen! Aber es ist auch nicht jedem gegeben, die Familie und die alten Winkel zu verlassen; draußen geht es nicht alle Tage an Käserinde und nicht alle Tage riecht man Speckschwarte; nein, Hunger muss man leiden, ja vielleicht wird man gar von einer Katze lebendig aufgefressen!

Solche Gedanken waren es wohl auch, durch welche die Mehrzahl sich abschrecken ließ, nicht in die weite Welt zu gehen und Kenntnisse zu sammeln. Es stellten sich nur vier Mäuse ein, die zur Abreise bereit waren; sie waren jung und flink, aber arm; jede von ihnen wollte sich nach einer der vier Weltgegenden begeben, es würde sich dann herausstellen, welcher von ihnen das Glück günstig sei. Jede von ihnen nahm einen Wurstspeiler mit, damit sie eingedenk sei, weshalb sie reise; der Wurstspeiler sei ihr Wanderstab.

Anfang Mai zogen sie aus, und erst im Mai des folgenden Jahres kamen sie zurück, jedoch nur drei, die vierte meldete sich nicht, ließ gar nichts von sich hören, trotzdem der Tag der Entscheidung da war.

»Ja, dem besten Vergnügen hängt sich stets irgendein Kummer an«, sagte der Mausekönig; allein er gab Befehl, sämtliche Mäuse im Umkreise vieler Meilen einzuladen; sie sollten sich in der Küche versammeln; die drei Reisemäuse standen in einer Reihe für sich; für die vierte, die fehlte, war ein Wurstspeiler, mit schwarzem Trauerflor behangen, ausgerichtet. Niemand durfte seine Ansicht äußern, bevor nicht der Mausekönig gesagt hatte, was weiter gesagt werden solle. Wir werden hören.

II

Was die erste kleine Maus auf Reisen gesehen und gelernt hatte

»Als ich in die weite Welt hinauszog« – sagte die kleine Maus – »wähnte ich, wie es in meinem Alter gar viele tun, ich hätte schon alles Wissen verschlungen; allein das hat man nicht, es vergeht Jahr und Tag, bis man so weit gelangt. – Ich ging sogleich zur See; ich ging mit einem Schiffe, welches gen Norden steuerte, ich hatte mir sagen lassen, dass der Schiffskoch sich auf dem Meere zu helfen wissen müsse, allein es ist ein Leichtes, sich zu helfen wissen, wenn man vollauf hat von Speckseiten, von großen Tonnen mit Pökelfleisch und milbigem Mehl; man lebt delikat, aber man lernt nicht, wie man eine Suppe auf einem Wurstspeiler kochen kann. – Wir segelten viele Nächte und Tage hindurch, das Schiff schaukelte entsetzlich, und ohne Nässe lief es auch nicht ab. Als wir endlich dorthin gelangten, wohin wir sollten, verließ ich das Fahrzeug, es war oben im hohen Norden.

Es ist gar wunderlich, aus seinem eigenen Winkel zu Hause herauszukommen, mit einem Schiffe zu gehen, das gewissermaßen auch so eine Art Winkel ist, und dann plötzlich über hundert Meilen weit zu sein und in einem fremden Lande zu stehen. Ich sah große, unwegsame Wälder mit Tannen und Birken, sie dufteten gar stark, ich nieste, ich dachte an Wurst. Es waren auch große Seen dort; die Gewässer waren aus der Nähe gesehen ganz klar, aber von der Ferne sahen sie wie schwarze Tinte aus; weiße Schwäne lagen da, ich glaubte, es sei Schaum, so still lagen sie, aber ich sah sie fliegen, sah sie gehen, und nun erkannte ich sie; sie gehören dem Geschlechte der Gänse an, das sieht man wohl am Gange, niemand vermag, seine Abstammung abzuleugnen! – Ich hielt mich an meine Art, ich schloss mich den Wald- und Feldmäusen an, die übrigens sehr wenig wissen, besonders was Traktament anbetrifft, und das war es ja gerade, weshalb ich ins Ausland reiste. Der Gedanke, dass eine Suppe auf einem Wurstspeiler gekocht werden könne, war ihnen ein so außerordentlicher Gedanke, dass er sofort durch den ganzen Wald von Munde zu Munde ging; dass die Aufgabe gelöst werden könne, sei ein Ding der Unmöglichkeit, und am wenigsten dachte ich, dass ich dort, und zwar in der ersten Nacht, in die Zubereitung eingeweiht werden sollte. Es war im Hochsommer, und deshalb, sagten die Mäuse, dufte auch der Wald so stark, seien die Kräuter so würzig, die Seen so klar und doch so dunkel mit ihren weißen, schwimmenden Schwänen.

Am Saume des Waldes, zwischen drei oder vier Häusern, war eine Stange, so hoch wie der Großmast eines Schiffes errichtet, und an der obersten Spitze derselben hingen Kränze und flatternde Bänder, es war der Maibaum. Knechte und Mägde tanzten um den Baum herum und sangen dazu um die

Wette nach der Violine des Spielmannes. Es ging lustig her bei Sonnenuntergang und im Mondenscheine, aber ich nahm keinen Anteil – was soll eine kleine Maus beim Maitanze! Ich saß in dem weichen Moose und hielt meinen Wurstspeiler fest. Der Mond warf seine Strahlen namentlich auf einen Fleck, wo ein Baum mit einem so außerordentlich feinen Moose stand, ja, ich darf fast sagen, so fein und weich wie das Fell des Mausekönigs, aber es war von grüner Farbe, und die ist eine Wohltat für die Augen.

Auf einmal marschierten nun die wunderlieblichsten kleinen Leute auf, nicht größer, als dass sie mir bis ans Knie reichten; sie sahen aus wie die Menschen, aber sie waren besser proportioniert, sie nannten sich Elfen und hatten feine Kleider an von Blumenblättern mit Fliegen- und Mücken-Flügel-Besatz; was nicht übel aussah. Es war gleich bei ihrem Erscheinen, als wenn sie etwas suchten, ich wusste nicht, was, aber endlich kamen einige auf mich zu, der Vornehmste deutete auf meinen Wurstspeiler und sagte: ›So einer ist es gerade, wie wir ihn gebrauchen! Der ist zugespitzt, der ist ausgezeichnet!‹ Und je länger er meinen Wanderstab betrachtete, desto entzückter ward er.

›Leihen, ja, aber nicht behalten!‹, sagte ich.

›Nicht behalten!‹, riefen sie alle, erfassten nun den Wurstspeiler, den ich fahren ließ, und tanzten mit ihm nach dem Flecke mit dem feinen Moose, wo sie den Wurstspeiler inmitten des Grünen aufrichteten. Sie wollten auch einen Maibaum haben, und der, welchen sie nun hatten, war denn auch, als sei er für sie zugeschnitten. Nun wurde er ausgeschmückt; ja, das war erst ein Anblick!

Kleine Spinnen bespannen ihn mit Golddraht, behingen ihn mit flatternden Schleiern und Fahnen, so fein gewebt, so schneeweiß im Mondenscheine gebleicht, dass es mir die Augen blendete; sie nahmen Farben von den Flügeln des Schmetterlings und streuten diese über das weiße Linnen, und Blumen und Diamanten flimmerten darauf. Ich kannte meinen Wurstspeiler nicht wieder; einen solchen Maibaum, wie der geworden, gab es gewiss in der ganzen Welt nicht mehr. Und jetzt erst kam die richtige große Elfengesellschaft, die war ohne alle Bekleidung, feiner konnte es nicht sein; und mich lud man ein, das Fest mit anzusehen, doch nur von einer gewissen Entfernung, denn ich war ihnen zu groß.

Nun begann aber eine Musik! Es war, als klängen tausende von Glasglocken, so voll, so stark, dass ich glaubte, es seien die Schwäne, die da sängen, ja, es schien mir, als vernähme ich auch die Stimme des Kuckucks und der Amsel, es war zuletzt, als klinge der ganze Wald mit; da waren Kinderstimmen, Glockenklang und Vogelgesang; die wunderherrlichsten Melodien, und all die Herrlichkeit klang aus dem Maibaume der Elfen, der war ein ganzes Glockenspiel und war mein Wurstspeiler. Dass so viel aus ihm hätte herauskommen können, hatte ich nie geglaubt, aber das hängt denn wohl davon ab, in welche Hände er kommt. Ich war gerührt; ich weinte, wie eine kleine Maus weinen kann, vor lauter Vergnügen.

Die Nacht war zu kurz, allein sie ist nun einmal um die Zeit nicht länger dort oben. In der Morgendämmerung kamen die wehenden Lüfte, der Wasserspiegel des Waldsees kräuselte sich, alle die feinen schwebenden Schleier und Fahnen flatterten dahin in der Luft; die schaukelnden Girlanden von Spinnengeweben, die hängenden Brücken und Balustraden, wie sie nun alle heißen, flatterten davon, als seien sie nichts; sechs Elfen trugen mir wieder meinen Wurstspeiler zu, indem sie mich zugleich fragten, ob ich irgendeinen Wunsch hege, den sie zu erfüllen vermöchten; da bat ich sie, mir sagen zu wollen, wie man Suppe auf einem Wurstspeiler koche.

›Wie wir es tun?‹, fragte der vornehmste unter den Elfen und lächelte, ›das hast du ja soeben gesehen! Du kanntest ja kaum deinen Wurstspeiler wieder!‹

Sie meinen es nun so in der Weise!, dachte ich und erzählte ihnen einfach, weshalb ich mich auf der Reise befände und was man sich in der Heimat von dieser Küche verspräche. ›Welcher Nutzen‹, fragte ich, ›erwächst dem Mausekönig und unserem ganzen mächtigen Reiche dadurch, dass ich diese Herrlichkeit mit angesehen habe? Ich vermag es doch nicht, sie aus dem Wurstspeiler zu schütteln und zu sagen: Seht, hier ist der Wurstspeiler, jetzt kommt die Suppe! Das wäre höchstens eine Art Anrichtung – wenn man satt wäre!‹

Da senkte der Elf seinen kleinen Finger in den Kelch eines blauen Veilchens und sprach zu mir: ›Gib Acht! Hier bestreiche ich deinen Wanderstab, und wenn du in deiner Heimat in das Schloss des Mausekönigs trittst, dann berühre mit dem Stäbchen die warme Brust deines Königs, und es werden Veilchen sprießen, die den ganzen Stab bedecken, selbst zur kältesten Winterzeit. Und damit habe ich dir denn doch wohl etwas mit nach Hause gegeben und noch ein wenig mehr!« – Allein bevor die kleine Maus sagte, was dieses »ein wenig mehr« sei, richtete sie ihren Stab auf die Brust des Königs, und in der Tat, das schönste Veilchensträußchen spross hervor und duftete so stark, dass der Mausekönig den Mäusen, welche dem Schornsteine am nächsten standen, befahl, ihre Schwänze sofort ins Feuer zu stecken, damit man einen brandigen Geruch verspüre, denn der Veilchenduft sei nicht auszuhalten, der sei nicht die Sorte, die man liebe.

»Aber was war das ›mehr‹, von dem du sprachst?«, fragte der Mausekönig.

»Ja«, sagte die kleine Maus, »das ist, glaube ich, das, was man den Effekt nennt!« Und darauf kehrte sie den Wurstspeiler um, und siehe, keine einzige Blume war mehr an demselben zu erblicken, sie hielt nur den nackten Speiler, und diesen hob sie, wie man den Taktstock hebt.

»Veilchen«, sagte mir der Elf, »sind für den Anblick, für den Geruch und das Gefühl, es bleibt demnach noch übrig, auch auf das Gehör und den Geschmack Bedacht zu nehmen!« - Nun schlug das Mäuschen den Takt; das war eine Musik, nicht wie sie im Walde beim Feste der Elfen erklang, nein, wie sie in der Küche zu vernehmen ist. Das war ein Gekoche und Gebrate! Es kam plötzlich, als wenn der Wind durch alle Essen brause, als wenn Kessel und Töpfe überkochten. Die Feuerschaufel hämmerte auf den messingenen Kessel, und dann - plötzlich wurde es wieder still: Man vernahm das leise, gedämpfte Gesinge des Teekessels, und wunderlich war das anzuhören, man konnte nicht recht unterscheiden, ob der Kessel zu kochen beginne oder aufhöre; der kleine Topf brodelte und der große Topf brodelte, einer kümmerte sich nicht um den andern, es war, als sei keine Vernunft im Topfe. Und die kleine Maus schwang ihren Taktstock immer wilder - die Töpfe schäumten, warfen große Blasen, kochten über, der Wind brauste und pfiff durch den Schornstein - huha! Es ward dermaßen entsetzlich, dass die kleine Maus selbst den Stock verlor.

»Das war eine schwere Suppe!«, sagte der Mausekönig; »kommt nun nicht bald die Anrichtung?«

»Das war das Ganze!«, erwiderte die kleine Maus und verneigte sich.

»Das Ganze! - Nun dann möchten wir vernehmen, was die Nächste zu berichten hat!«, sprach der König.

III
Was die zweite kleine Maus zu erzählen wusste

»Ich bin in der Schlossbibliothek geboren«, sagte die andere Maus; »ich und mehrere unserer Familienglieder haben nie das Glück gekannt, in den

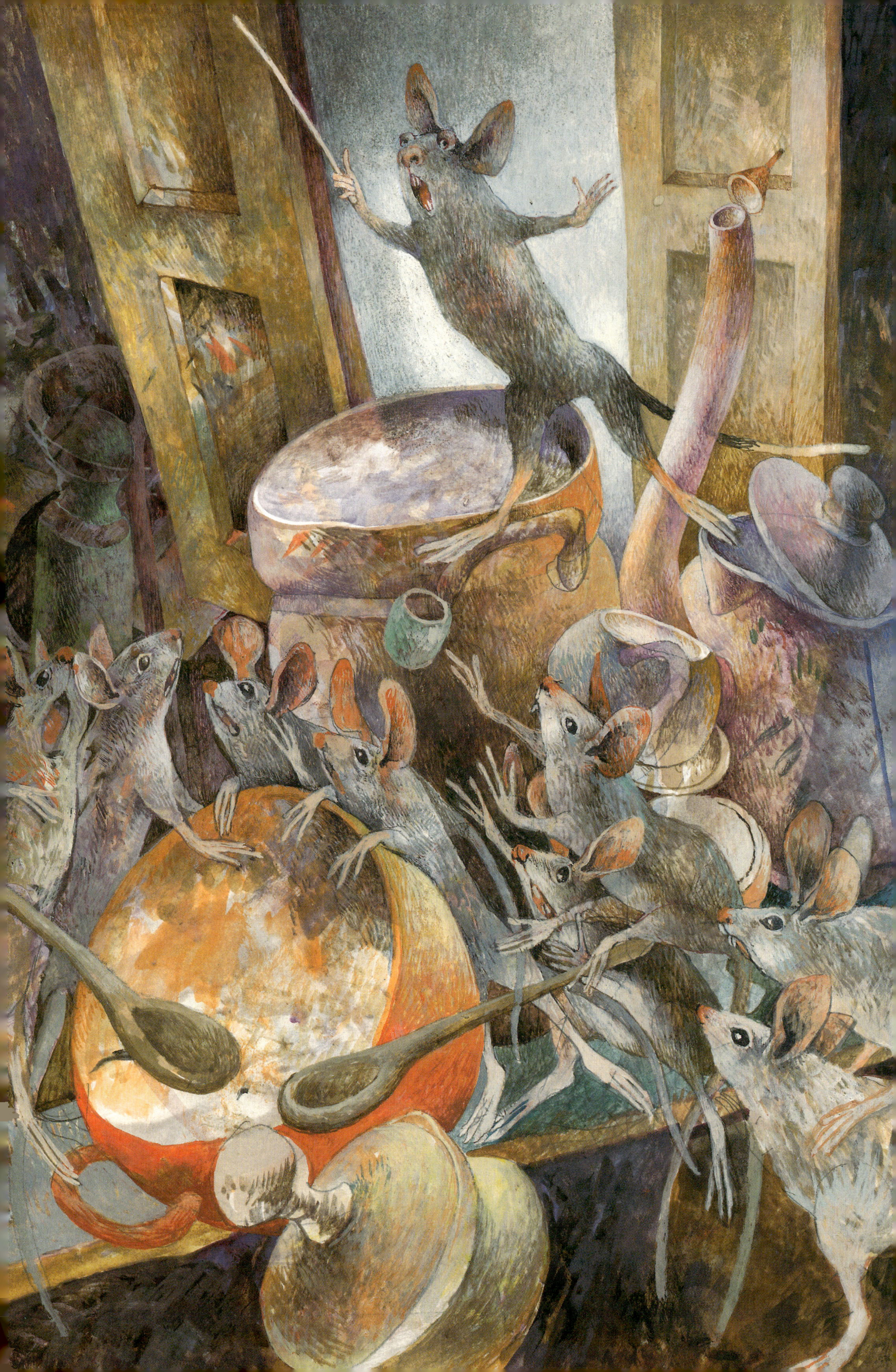

Speisesaal, geschweige in die Speisekammer zu gelangen; erst auf meiner Reise und heut hier erblickte ich eine Küche. Wir mussten in der Tat oft Hunger leiden in der Bibliothek, aber wir bekamen viele Kenntnisse. Zu uns hinauf gelangte das Gerücht von dem königlichen Preise, ausgesetzt für denjenigen, der Suppe auf einem Wurstspeiler zu kochen verstehe, und da war es denn meine alte Großmutter, die ein Manuskript hervorsuchte, das sie zwar nicht lesen konnte, das sie jedoch hatte vorlesen hören und in welchem geschrieben stand: ›Ist man ein Dichter, so kann man Suppe auf einem Wurstspeiler kochen.‹ Sie fragte mich, ob ich Dichter sei. Ich fühlte mich in der Beziehung unschuldig, und sie sagte, alsdann müsse ich hinaus und machen, dass ich es werde; ich fragte wiederum, was wohl dazu erforderlich sei, denn es hatte für mich gerade so viel Schwierigkeit, das herauszufinden, als die Suppe zuzubereiten; doch die Großmutter hatte vieles vorlesen hören, sie sagte, es seien drei Hauptteile erforderlich; ›Verstand, Fantasie, Gefühl – kannst du machen, dass du diese drei für dich kriegst, so bist du Dichter, und dann wird es dir schon ein Leichtes mit dem Wurstspeiler sein.‹

Ich ging ab und schritt gegen Westen in die weite Welt hinaus, damit ich Dichter werde. Verstand ist in jedem Dinge das Wichtigste, das wusste ich, die beiden anderen Teile genießen lang nicht die Achtung, und ich ging demnach zuerst nach dem Verstande aus. Ja, wo wohnt der wohl? Geh zur Ameise und lerne Weisheit, hat ein großer König der Juden gesagt, das wusste ich von der Bibliothek her, und ich hielt nicht an, bis ich an den ersten großen Ameisenhaufen gelangte; dort legte ich mich auf die Lauer, um weise zu werden.

Die Ameisen sind ein sehr respektables Völkchen, sie sind lauter Verstand. Alles bei ihnen ist wie ein richtiges Rechenexempel, welches aufgeht. Arbeiten und Eier legen, sagen sie, heißt, in der Zeit leben und für die Nachwelt sorgen, und das tun sie denn auch. Sie teilten sich in die reinen Ameisen und die schmutzigen; der Rang wird durch eine Nummer bezeichnet; die Ameisenkönigin ist Nummer eins und ihre Ansicht die allein richtige, sie hat aller Welt Weisheit inne, und das war für mich zu wissen von Wichtigkeit! Sie sprach so vieles, und es war so klug, dass es mir wie dumm vorkam. Sie sagte, ihr Ameisenhaufen sei das Höchste in der Welt, aber dicht neben dem Haufen stand nichtsdestoweniger ein Baum, welcher höher, viel höher war, das konnte nicht abgeleugnet werden – und so sprach man nicht davon. Eines Abends hatte sich eine Ameise auf den Baum verirrt, war den Stamm hinangekrochen, nicht einmal bis zur Krone, aber doch höher, als irgendeine Ameise bis dahin gelangt war, und als sie umkehrte und wieder nach Hause kam, erzählte sie nun von etwas weit Höherem, welches sie draußen gefunden habe, aber das fanden alle Ameisen beleidigend gegen die Gesellschaft, und die Ameise wurde deshalb zum Maulkorbe und zu immerwährender Einsamkeit verurteilt. Allein kurze Zeit darauf gelangte eine andere Ameise an den Baum und machte dieselbe Reise und dieselbe Entdeckung; sie sprach davon mit Bedacht und Undeutlichkeit, wie es hieß, und da sie außerdem eine geachtete Ameise und eine der reinen war, so glaubte man ihr, und als sie starb, errichtete man ihr eine Eierschale als Denkmal, denn man hegte große Achtung vor den Wissenschaften. Ich sah«, sagte die kleine Maus, »dass die Ameisen immer mit ihren Eiern auf dem Rücken umherliefen; eine verlor einmal ihr Ei, sie gab sich viele Mühe, es wieder aufzuheben, allein es wollte ihr nicht gelingen, da kamen zwei andere hinzu, die halfen ihr aus Leibeskräften, sodass sie beinahe ihre eigenen Eier dabei verloren hätten; alsdann ließen sie aber auch augenblicklich in ihrer Hilfe nach, denn man ist sich selbst am nächsten, und die Ameisenkönigin sagte hiervon, es seien so Herz und Verstand an den Tag gelegt worden.

›Diese beiden stellen uns Ameisen auf die höchste Stufe unter allen Vernunftwesen; der Verstand muss durchaus in hervorragender Weise in uns zugegen sein und ich habe den größten Verstand!‹ Und dabei richtete sie sich auf den Hinterbeinen empor, sie war nicht zu verkennen – ich konnte mich nicht irren: ich verschlang sie. Geht zu den Ameisen, um Weisheit zu lernen: Ich hatte jetzt die Königin!

Ich begab mich nun näher an den schon mehr erwähnten großen Baum heran; derselbe war eine Eiche, hatte einen hohen Stamm, eine volle, weit ausgebreitete Krone und war sehr alt; ich wusste, dass hier ein lebendes Geschöpf wohne, ein Weib, Dryade wird es genannt, wird mit dem Baume geboren und stirbt auch mit demselben; ich hatte davon auf der Bibliothek gehört; nun sah ich einen solchen Baum, ein solches Eichenmädchen. Es stieß einen entsetzlichen Schrei aus, als es mich so in der Nähe erblickte; es fürchtete sich wie alle Frauen sehr vor Mäusen; und es hatte denn auch mehr Grund dazu als alle andern, denn ich hätte den Baum durchnagen können, an welchem ja sein Leben hing. Ich sprach dem Mädchen freundlich und innig zu, flößte ihm Mut ein, und es nahm mich in seine zarte Hand, und als ich ihm erzählte, weshalb ich in die weite Welt gegangen sei, versprach es mir, ich sollte vielleicht noch an demselben Abende einen der zwei Schätze haben, die ich noch suchte. Es erzählte mir, dass Phantasus, sein sehr guter Freund, dass er so schön wie der Liebesgott sei, und dass er manche Stunde unter den belaubten Zweigen des Baumes ruhe, die dann noch kräftiger über die beiden rauschten. Er nenne es seine Dryade, sagte es, den Baum seinen Baum, die knorrige, schöne Eiche sei gerade nach seinem Sinne, die Wurzel breite sich tief und fest in der Erde aus, der Stamm und die Krone höben sich hoch empor in die frische Luft und kennten den stöbernden Schnee, die scharfen Winde und den warmen Sonnenschein, wie diese gekannt sein müssen. ›Ja‹, fuhr die Dryade fort und sagte, ›die Vögel singen dort oben in der Krone und erzählen von fremden Gefilden, die sie besuchten, und auf dem einzigen dürren Zweige hat der Storch sein Nest gebaut, das putzt schön aus, und man bekommt auch ein wenig aus dem Lande der Pyramiden zu hören. Das alles gefällt dem Phantasus, es genügt ihm aber doch nicht, ich selbst muss ihm erzählen von dem Leben im Walde und muss zurückgreifen in meine Kindheit, als ich klein und der Baum zart war, so zart, dass eine Brennnessel ihn überschattete, und alles erzählen bis jetzt, wo der Baum nun groß und stark geworden ist. Setze du dich nun dort unter den grünen Waldmeister und gib wohl Acht, ich werde, wenn Phantasus kommt, schon Gelegenheit finden, ihn in den Flügel zu kneifen und eine kleine Feder auszurupfen; nimm die Feder – eine bessere wird keinem Dichter gegeben –, dann hast du genug!‹

Und Phantasus kam, die Feder wurde ausgerupft und ›ich begriff sie«, sagte die kleine Maus, »ich steckte sie in Wasser und hielt sie darin, bis sie erweichte – sie war noch sehr schwer verdaulich, aber ich habe sie doch endlich aufgenagt! Es ist sehr leicht, sich zum Dichter heranzunagen, es gibt gar vieles, das man innehaben muss. Nun hatte ich denn die zwei, den Verstand und die Fantasie, und durch dies wusste ich nun, dass das Dritte in der Bibliothek zu finden sei, denn ein großer Mann hat gesagt und geschrieben, dass es Romane gibt, die einzig und allein dazu da sind, um die Menschen von ihrem Überflusse an Tränen zu befreien, demnach eine Art Schwämme sind, um die Gefühle aufzufangen. Ich erinnerte mich an einige dieser Bücher, die immer besonders appetitlich ausgesehen hatten, recht abgelesen und fettig waren; sie müssen einen unendlichen Schwall in sich aufgenommen haben. Ich begab mich zurück in die Bibliothek, fraß gleichsam einen ganzen Roman, das heißt das Weiche, das Eigentliche; die Kruste dagegen, den Einband, ließ ich liegen. Als ich ihn verdaut hatte, und noch einen dazu, vernahm ich schon, wie es sich in meinem Innern regte, ich fraß noch ein Stückchen von einem dritten Roman, und alsdann war ich Dichter, das sagte ich mir selbst und sagte es auch den andern! Ich hatte Kopfschmerzen und Leibschmerzen und – ich weiß nicht, was ich alles für Schmerzen hatte; ich dachte nun darüber nach, welche Geschichten wohl in Beziehung zu einem Wurstspeiler gebracht werden könnten, und gar viele Speiler und Stecken und Stäbe und Hölzchen kamen mir in den Gedanken, die Ameisenkönigin hatte einen außergewöhnlichen Verstand gehabt; ich erinnerte mich des Mannes, der einen weißen Stecken in den Mund nahm, wodurch er sowohl sich wie den Stecken unsichtbar machen konnte; ich dachte an Steckenpferde, an Stabreime, an ›den Stab über einen brechen‹ und Gott weiß wie viele Redensarten der Art von Stäben, Stecken und Speilern. Alle meine Gedanken gingen in Speilern, Hölzchen und Stäben auf! Und von diesen müsse, wenn man ein Dichter ist, und der bin ich, ich habe mich abgeäschert, dass ich es endlich geworden bin, auch gedichtet werden können. Ich werde somit an jedem Tage der Woche Ihnen mit einem Speiler, einer Historie aufwarten können – ja, das ist meine Suppe!«

»Hören wir, was die Dritte zu sagen hat!«, befahl der Mausekönig.

»Pi, pi!«, sagte es in der Küchentüre, und eine kleine Maus – es war die vierte von den Mäusen, die sich um den Preis bewarben, die, welche die andern schon tot wähnten, schoss herein wie ein Pfeil. Sie rannte den Wurstspeiler mit dem Trauerflor um und um, sie war Tag und Nacht gelaufen, war auf der Eisenbahn mit dem Güterzuge gefahren, wozu sie die Gelegenheit erspäht hatte, und doch war sie fast zu spät gekommen; sie drängte sich hervor, sah gar zerzaust aus, hatte ihren Wurstspeiler verloren, aber nicht die Sprache, sie nahm sofort das Wort, als wenn man nur ihrer harre, nur sie anhören wolle, als wenn alles andere in der Welt die Welt nichts anginge; sie sprach sofort, sprach sich aus; sie trat so unerwartet auf, dass niemand Zeit gewann, sich über sie und über ihre Rede aufzuhalten, während sie redete. Hören wir zu, was sie sprach:

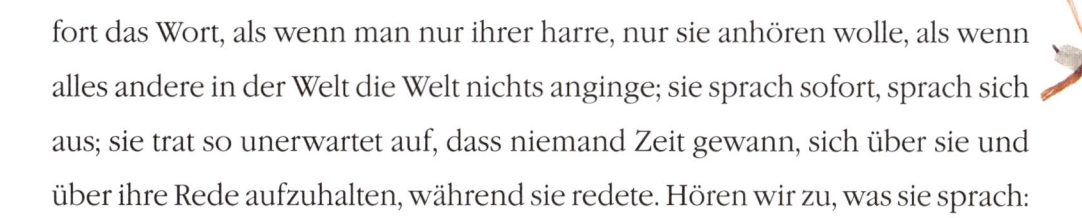

IV
Was die vierte Maus, bevor die dritte gesprochen hatte, zu erzählen wusste

»Ich begab mich sogleich nach der größten Stadt«, sagte sie, »der Name ist mir entfallen, ich habe ein schlechtes Gedächtnis für Namen. Von der Eisenbahn kam ich mit konfiszierten Gütern aufs Rathaus, und dort angekommen lief ich in die Wohnung des Schließers. Der Schließer sprach von seinen Gefangenen, namentlich von einem derselben, der unüberlegte Worte gesprochen hatte; von diesen Worten waren wieder und wieder Worte gesprochen und diese wieder niedergeschrieben und einregistriert worden; ›das Ganze sei Suppe auf einem Wurstspeiler!‹, sagte der Schließer, ›allein die Suppe kann ihm seinen Hals kosten!‹ Das flößte mir nun Interesse für den Gefangenen ein«, sagte die kleine Maus, »ich benutzte die Gelegenheit und huschte zu ihm hinein; ein Mauseloch findet sich hinter jeder verschlossenen Tür! Der Gefangene sah blass aus, hatte einen großen Bart und große, funkelnde Augen. Die Lampe flackerte und dampfte und die Wände waren das so gewohnt, sie wurden deshalb nicht schwärzer. Der Gefangene ritzte Bilder und Verse mit weiß auf schwarz, ich las sie nicht. Ich glaube, er hatte Langeweile; ich war ein willkommener Gast. Er lockte mich mit Brotkrümelchen, mit Pfeifen und mit milden Worten, er freute sich meiner sehr; ich fasste allmählich Vertrauen zu ihm und wir wurden Freunde. Er teilte Brot und

Wasser mit mir, gab mir Käse und Wurst, ich lebte flott; allein es war doch, das muss ich sagen, namentlich der gute Umgang, der mich hielt. Er ließ mich auf seiner Hand, auf seinem Arm, ganz in den Ärmel hinauflaufen; er ließ mich in seinem Barte herumkriechen, nannte mich seinen kleinen Freund; ich gewann ihn in der Tat lieb; so etwas ist wohl gegenseitig! Ich vergaß, was ich in der weiten Welt wollte, vergaß meinen Wurstspeiler in einer Ritze im Fußboden; dort liegt er noch. Ich wollte bleiben, wo ich war, ging ich erst fort, dann hätte ja der arme Gefangene gar niemand, und das ist zu wenig in dieser Welt! – Ich blieb, er blieb nicht! Er redete recht traurig zu mir das letzte Mal, gab mir doppelt so viel Brot und Käse wie sonst und warf mir darauf Kusshände zu; er ging und kehrte nicht wieder. Ich kenne seine Geschichte nicht. ›Suppe auf einem Wurstspeiler!‹, sagte der Schließer, und zu diesem ging ich nun hinein; doch ihm hätte ich nicht trauen sollen; er nahm mich zwar auf seine Hand, aber er steckte mich in einen Käfig ein, in eine Tretmühle; das ist entsetzlich! Man läuft und läuft und kommt doch nicht weiter und ist nur zu Gelächter!

Die Enkelin des Schließers war eine allerliebste Kleine, ein Lockenkopf, wie das schönste Gold, Augen, wie freudig!, und einen Mund, wie lächelnd! ›Du arme kleine Maus!‹, sagte sie, guckte in meinen hässlichen Käfig hinein, zog den eisernen Stecken herab – ich sprang aufs Fensterbrett herab, von dort hinaus auf die Dachrinne. Frei! Frei! Nur das allein dachte ich, nicht an das Ziel der Reise! Es war finster, die Nacht zog herauf; ich logierte mich in einem alten Turme ein, dort wohnten ein Wächter und eine Eule; ich traute keinem von beiden, am wenigsten der Eule; sie gleicht einer Katze und hat den großen Fehler, dass sie Mäuse frisst; allein man kann sich irren und das tat ich; sie war eine respektable, außerordentlich gebildete alte Eule; sie wusste mehr als der Wächter und ebenso viel wie ich; die Eulenkinder machten Aufhebens von allen Dingen; ›kocht nur keine Suppe auf einem Wurstspeiler!‹, sagte die Alte; das waren die härtesten Worte, die sie übers Herz bringen konnte, sie hegte eine zu innige Liebe zu ihrer eigenen Familie. Mir flößte ihr Betragen ein solches Vertrauen ein, dass ich aus der Ritze, wo ich saß, ihr ein »Pi« zurief; dieses Vertrauen gefiel ihr sehr, und sie versicherte mir, dass ich unter ihrem Schutze stehen solle, keinem Tiere sollte es erlaubt sein, mir Böses anzutun, das wolle sie selbst zum Winter tun, wenn es schmale Bissen setze.

Sie war in allem eine kluge Frau; sie bewies mir, dass der Wächter nur mit dem Horn, welches lose an seiner Seite hing, heulen könne; ›er bildet sich entsetzlich viel darauf ein, glaubt, er sei eine Eule im Turme. Groß hinaus will es, aber gar winzig ist es! Suppe auf einem Wurstspeiler!‹ – Ich bat die Eule, mir das Rezept zu der Suppe zu geben, und nun erklärte sie es mir:

›Suppe auf einem Wurstspeiler‹ – sagte sie, ›ist nur eine menschliche Redensart und ist in verschiedener Weise zu verstehen, ein jeder glaubt, seine Weise ist die richtigste; allein das Ganze ist eigentlich nichts!‹

›Nichts!‹, rief ich aus. Das schlug mich. Die Wahrheit ist nicht immer angenehm, aber die Wahrheit geht über alles!, und das sagte auch die alte Eule. Ich dachte nun darüber nach und sah wohl ein, dass ich, wenn ich das brächte, was über alles geht, so brächte ich weit mehr als Suppe auf einem Wurstspeiler. Und darauf beeilte ich mich, weiterzukommen, damit ich noch zu rechter Zeit nach Hause käme und das Höchste und Beste, das, was über alles geht – die Wahrheit – bringen könnte. Die Mäuse sind ein aufgeklärtes Völkchen und der Mausekönig ist über sie alle insgesamt. Er ist capable, mich zur Königin zu machen – um der Wahrheit willen!«

»Deine Wahrheit ist eine Lüge!«, sagte die Maus, der das Wort noch nicht gegeben war; »ich kann die Suppe zubereiten, und ich werde sie auch zubereiten.«

V
Wie sie zubereitet wurde

»Ich bin nicht gereist«, sagte die dritte Maus, »ich blieb im Lande, das ist das Richtige! Man braucht nicht zu reisen, man kann hier alles ebenso gut bekommen. Ich blieb; ich habe meins nicht von übernatürlichen Wesen gelernt, habe es mir nicht erfressen oder gar mit Eulen erredet. Ich habe das meinige durch selbsteigenes Denken. Wollt ihr nun machen, dass ihr den Kessel über das Feuer setzt! – So! – Nun Wasser hineingegossen! – ganz voll – bis an den Rand herauf, so! – jetzt mehr gefeuert! – immer brennen lassen, damit das Wasser kocht, – es muss über und über kochen! – So! – Jetzt werft den Speiler hinein! – Wolle nun der König geruhen, seinen Schwanz in das sprudelnde Kochende hineinzutauchen und mit diesem Schwanz umzurühren; je länger der König umrührt, umso kräftiger wird die Suppe werden; es kostet nichts! Zutaten sind nicht erforderlich – nur umrühren!«

»Kann das ein andrer nicht tun?«, fragte der König.

»Nein«, sagte die Maus, »nur in des Königs Schwanz ist die Kraft enthalten!«

Und das Wasser kochte und sprudelte, und der Mausekönig stellte sich dicht neben den Kessel – es war fast mit Gefahr verknüpft –, er streckte den Schwanz aus, so wie es die Mäuse in der Milchkammer tun, wenn sie einen Napf Milch abrahmen und sich den rahmigen Schwanz hinterher ablecken, aber er kam mit seinem Schwanz nur bis in die heißen Wasserdämpfe hinein, dann sprang er sofort vom Herde herunter.

»Das versteht sich, natürlicherweise, du bist meine Königin!«, rief er, »mit der Suppe wollen wir es bewenden lassen bis zu unserer goldenen Hochzeit, denn so haben die Armen meines Reiches, die da gespeist werden sollen, etwas, worauf sie sich freuen können, und haben eine lange Freude!«

Darauf machten sie Hochzeit; aber mehrere der Mäuse sagten, als sie nach Hause zurückkamen: »Suppe auf einem Wurstspeiler sei das eigentlich doch nicht zu nennen, es sei eher Suppe auf einem Mauseschwanze!« – Dieses und jenes von dem, was erzählt war, fanden sie gut gegeben; das Ganze aber hätte anders sein können! »Ich würde es nun so erzählt haben, und so – und so –!« Das war die Kritik, und die ist immer so klug – hinterdrein.

Diese Geschichte ging in die weite Welt überall hinaus, die Meinungen von ihr waren geteilt, allein die Historie selbst blieb, wie sie war; das ist das Richtigste, im Großen wie im Kleinen, so auch in Betreff der Suppe auf einem Wurstspeiler, man erwartet nur keinen Dank dafür.

Der letzte Traum der alten Eiche
Ein Weihnachtsmärchen

Auf hohem Abhang, unmittelbar neben dem offenen Meeresufer, stand ein wirklich alter Eichbaum, der gerade dreihundertfünfundsechzig Jahre zählte. Aber diese lange Zeit hatte für den Baum nicht mehr zu bedeuten als ebenso viele Tage für uns Menschen. Wir wachen am Tag, schlafen des Nachts und haben dann unsere Träume, aber mit dem Baum ist es anders, der Baum wacht drei Jahreszeiten hindurch, erst gegen den Winter versinkt er in Schlaf, der Winter ist seine Schlafzeit, er ist seine Nacht nach dem langen Tag, der Frühling, Sommer und Herbst heißt.

Manchen warmen Sommertag hatte die Eintagsfliege um seine Krone getanzt, gelebt, geschwebt und sich glücklich gefühlt, und ruhte dann das kleine Geschöpf einen Augenblick in stiller Glückseligkeit auf einem der großen frischen Eichenblätter, dann sagte der Baum immer: »Du armes kleines Wesen! Nur einen Augenblick währt dein ganzes Leben! Wie kurz doch! Es ist traurig!«

»Traurig?«, antwortete dann immer die Eintagsfliege. »Was meinst du damit? Alles ist ja so unvergleichlich licht und klar, so warm und herrlich, und ich bin so froh.«

»Aber nur einen Tag und dann ist alles vorbei!«

»Vorbei?«, sagte die Eintagsfliege. »Was ist vorbei? Bist du auch vorbei?«

»Nein, ich lebe viele tausende von deinen Tagen und mein Tag umfasst ganze Jahreszeiten. Das ist etwas so Langes, dass du es gar nicht auszurechnen vermagst!«

»Nein, denn ich verstehe dich nicht! Du hast tausende von meinen Tagen, aber ich habe tausende von Augenblicken, um darin froh und glücklich zu sein! Hört alle Herrlichkeit dieser Welt auf, wenn du stirbst?«

»Nein«, sagte der Baum, »sie besteht sicher länger, unendlich länger, als ich denken kann!«

»Aber dann haben wir ja gleichviel Lebenszeiten, nur dass wir verschieden rechnen.«

Und die Eintagsfliege tanzte und schwang sich in die Luft empor, freute sich ihrer feinen künstlichen Flügel, freute sich in der warmen Luft, die mit dem Duft aus den Kleefeldern und von den wilden Rosen und Kaprifolien, um gar nicht von dem süßen Geruch des Waldmeisters und der wilden Krauseminze zu reden, durchwürzt war. Der Duft war so stark, dass die Eintagsfliege glaubte, davon einen kleinen Rausch bekommen zu haben. Der

Tag war lang und herrlich, voller Freude und süßen Gefühls, und sobald die Sonne sank, fühlte sich die kleine Fliege plötzlich so behaglich müde von all der Lust und Glückseligkeit. Die Flügel wollten sie nicht länger tragen, und ganz leise glitt sie auf den weichen, schaukelnden Grashalm hinab, nickte, wie nur sie nicken kann, und schlief dann fröhlich ein. Das war ihr Tod.

»Arme kleine Eintagsfliege!«, sagte der Eichbaum, »es war doch ein allzu kurzes Leben!«

Und jeden Tag wiederholte sich derselbe Tanz, dasselbe Gespräch, dieselbe Antwort und das gleiche Hinüberschlummern; es wiederholte sich in allen Geschlechtern der Eintagsfliegen, und alle waren sie gleich glücklich, gleich froh. Der Eichbaum durchwachte seinen Frühlingsmorgen, Sommermittag und Herbstabend, jetzt aber nahte seine Schlafzeit, seine Nacht. Der Winter rückte heran. Schon sangen die Stürme: »Gute Nacht, gute Nacht! Hier fiel ein Blatt, da fiel ein Blatt! Wir pflücken, wir pflücken! Sieh zu, dass du schlafen kannst! Wir singen dich in Schlaf, wir schütteln dich in Schlaf; aber nicht wahr, das tut den alten Zweigen gut? Sie krachen dabei aus lauter Vergnügen! Schlafe süß, schlafe süß! Es ist deine dreihundertfünfundsechzigste Nacht; eigentlich bist du nur ein Jahreskind! Schlafe süß! Die Schneewolke wird dich weich betten, sie breitet ein ganzes Laken, eine weiche Bettdecke um deine Füße! Schlaf in süßer Ruh und habe angenehme Träume!«

Allen Laubes entkleidet, stand der Eichbaum da, um den ganzen Winter der Ruhe zu pflegen und sich währenddessen von manch schönem Traum umgaukeln zu lassen. Aber wie die Träume der Menschen führten ihm auch die seinigen immer nur etwas Erlebtes vor.

Er war auch einmal klein gewesen, ja eine Eichel war seine Wiege gewesen; nach menschlicher Rechnung stand er jetzt schon in seinem vierten Jahrhundert. Er war der größte und schönste Baum im Wald, mit seiner Krone ragte er hoch über allen andern Bäumen hervor und wurde von der See aus schon in weiter Ferne erblickt, er diente den Schiffen als Wahrzeichen. Er dachte gar nicht daran, wie viele Augen ihn suchten. Hoch oben in seiner grünen Krone bauten die wilden Tauben und rief der Kuckuck seinen Namen, und im Herbst, wenn die Blätter wie gehämmerte Kupferplatten aussahen, erschienen die Zugvögel und rasteten in ihr, ehe sie über das Meer flogen. Aber jetzt war Winter, blätterlos stand der Baum da, und man konnte recht deutlich sehen, in welchen Bogen und Krümmungen sich seine Zweige ausdehnten. Krähen und Dohlen kamen und ließen sich scharenweise auf ihm nieder und plauderten von den strengen Zeiten, die jetzt begannen, und wie schwer es wäre, im Winter sein Futter zu finden.

Es war gerade die heilige Weihnachtszeit, als der Baum seinen schönsten Traum träumte; den wollen wir hören.

Der Baum empfand ganz deutlich, dass es eine festliche Zeit war; er glaubte, ringsumher alle Kirchenglocken läuten zu hören, und dabei war es ihm wie an einem herrlichen Sonntag zumute, mild und warm. Frisch und grün breitete er seine mächtige Krone aus, die Sonnenstrahlen spielten zwischen seinen Blättern und Zweigen, die Luft war mit dem Duft von Kräutern und Büschen erfüllt; bunte Schmetterlinge spielten Haschen miteinander, und die Eintagsfliegen tanzten, als ob alles nur dazu da wäre, dass sie tanzen und sich freuen sollten. Alles, was der Baum Jahre hindurch erlebt und um sich gesehen hatte, zog wie in einem Festzug an ihm vorüber. Er sah aus alter Zeit, wie Ritter und Frauen zu Pferde, mit Federn auf dem Hut und mit Falken auf der Hand, durch den Wald ritten. Das Jagdhorn tönte und die Hunde schlugen an. Er sah feindliche Soldaten mit blanken Waffen und in bunten Uniformen, mit Spießen und Hellebarden, ihre Zelte aufschlagen und wieder abbrechen; Wachtfeuer loderten und unter des Baumes weit ausgebreiteten Zweigen wurde gesungen und geschlafen. Er sah, wie sich Liebespärchen hier im Mondschein trafen und ihre Namen, den ersten Buchstaben, in die graugrüne Rinde einschnitten. Zither und Äolsharfe waren einmal, ja da lagen Jahre dazwischen, von munteren, reisenden jungen Männern in die Zweige der Eiche gehängt worden; nun hingen sie wieder da, nun klangen sie wieder so lieblich. Die wilden Tauben gurrten, als ob sie erzählen wollten, was der Baum dabei fühlte, und der Kuckuck rief seinen Namen, wie viele Sommertage er noch leben sollte.

Da war es, als ob ihn ein neuer Lebensstrom von den kleinsten Wurzelfasern bis hinauf zu den höchsten Zweigen, ja bis in die Blätter hinaus, durchrieselte. Der Baum fühlte, dass ihm der Lebensstrom Kraft verlieh, sich auszudehnen, er empfand mit den Wurzeln, dass auch unten in der Erde Leben und Wärme waren; er fühlte seine Stärke zunehmen, er wuchs höher und höher. Der Stamm schoss empor, da war kein Stillstand, er wuchs mehr und immer mehr, die Krone wurde voller, breitete sich aus, richtete sich in die Höhe – und mit dem Wachstum des Baumes wuchs auch sein Wohlbefinden, seine ihn mit unaussprechlichem Glück erfüllende Sehnsucht, immer höhere Ziele zu erreichen, aufzuschießen bis zu der glänzenden, warmen Sonne.

Schon war er bis hoch über die Wolken gewachsen, wo dunkle Scharen von Zugvögeln oder große weiße Züge von Schwänen unter ihm hinzogen.

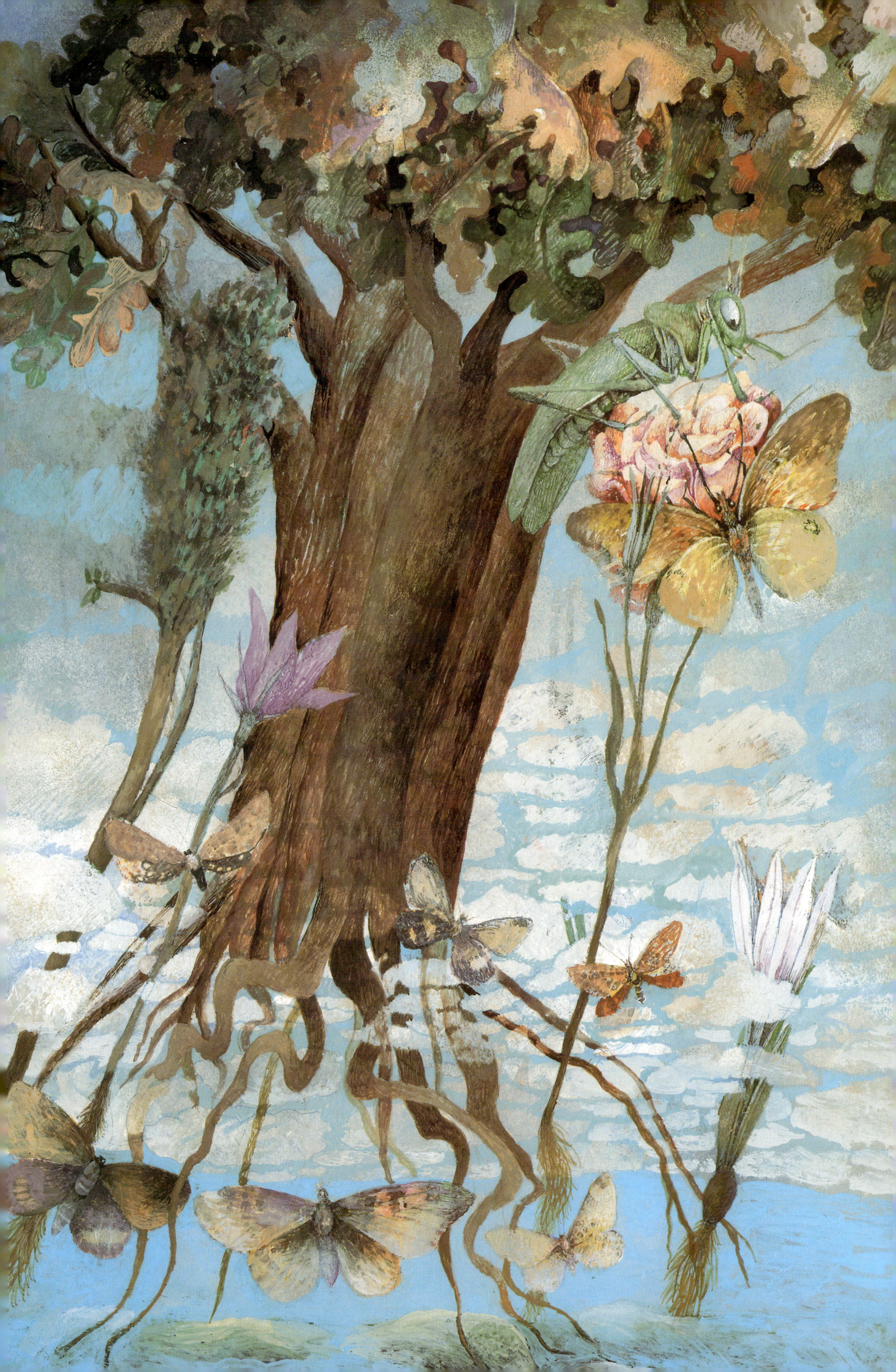

Und jedes von den Blättern des Baumes konnte sehen, als ob es ein besonderes Auge hätte, alles mit anzuschauen. Die Sterne wurden am Tag sichtbar, so groß und blitzend waren sie; jeder von ihnen leuchtete wie ein Paar Augen, so mild und so klar. Sie erinnerten an bekannte liebe Augen, an Kinderaugen, an die Augen der Liebespaare, wenn sie unter dem Baum zusammentrafen.

Es war ein unendlich beglückender Augenblick, so freudevoll, und doch, in all der Wonne empfand er eine Sehnsucht danach, dass alle anderen Bäume des Waldes dort unten, alle Büsche, Kräuter und Blumen sich mit ihm erheben könnten, um auch diesen Glanz und diese Freude zu empfinden. Der mächtige Eichbaum war in dem Traum von all dieser Herrlichkeit doch nicht vollkommen glücklich, wenn er sein Glück nicht mit allen, Groß und Klein, teilen konnte, und dies Gefühl durchbebte die Zweige und Blätter ebenso stark, wie es in einer Menschenbrust zittern kann.

Die Krone des Baumes bewegte sich, als ob er etwas suchte und vermisste, er schaute zurück, und da drang der Duft des Waldmeisters und bald noch stärker der der Kaprifolien und der Veilchen zu ihm empor. Er glaubte, vernehmen zu können, dass der Kuckuck ihm antwortete.

Ja, durch die Wolken guckten die grünen Waldesgipfel hervor, er sah die anderen Bäume unter sich wachsen und sich gleich ihm erheben. Büsche und Kräuter wuchsen hoch in die Luft, einzelne rissen sich mit den Wurzeln los und flogen schneller. Die Birke langte am ehesten an; wie ein weißer Blitzstrahl schlängelte sich ihr schlanker Stamm aufwärts, ihre Zweige wallten wie grüner Flor und Fahnen. Die ganze Waldnatur, selbst das braun befiederte Rohr, wuchs mit, und die Vögel folgten nach und sangen, und auf dem Halm, der wie ein langes grünes Seidenband lose flatterte und flog, saß die Heuschrecke und spielte mit dem Flügel auf ihrem Schienbein. Die Maikäfer brummten und die Bienen summten, jeder Vogel sang, wie ihm der Schnabel gewachsen war, alles war Gesang und Freude, gerade wie im Himmel.

»Aber die kleine rote Blume am Wasser, die sollte auch mit!«, sagte die Eiche, »und die blaue Glockenblume und das kleine Gänseblümchen!« – Ja, die Eiche wollte, dass sie sämtlich teilnehmen sollten.

»Wir sind auch dabei, wir sind auch dabei!«, sang und klang es.

»Aber der schöne Waldmeister vom vorigen Sommer – und das Jahr vorher war ein wahrer Flor von Maiblümchen – und der wilde Apfelbaum, wie stand er doch so herrlich! – Und all die Waldespracht seit Jahren, seit vielen Jahren – wäre sie doch bis jetzt am Leben geblieben, dann hätte sie auch können mit dabei sein!«

»Wir sind mit dabei! Wir sind mit dabei!«, sang und klang es noch höher oben, es schien, als ob sie vorausgeflogen wären.

»Nein, das ist zu unglaublich schön!«, jubelte die alte Eiche. »Ich habe sie alle, Klein und Groß, nicht eines ist vergessen! Wie ist doch all diese Glückseligkeit nur möglich und denkbar!«

»In Gottes Himmel ist es möglich und denkbar!«, klang es.

Und der Baum, der immer wuchs, fühlte, dass sich seine Wurzeln aus der Erde lösten.

»Das ist nun das Allerbeste!«, sagte der Baum. »Nun hält mich kein Band mehr! Ich kann mich zu dem Allerhöchsten in seinem Licht und Glanz emporschwingen! Und alle Lieben habe ich bei mir, Klein und Groß, alle bei mir!«

»Alle!«

Das war der Traum des Eichbaums, und während er träumte, blies ein heftiger Sturm über Meer und Land in der heiligen Weihnacht. Die See wälzte schwere Wogen gegen den Strand, der Baum krachte, brach und wurde mit der Wurzel ausgerissen, gerade während er träumte, dass sich seine Wurzeln lösten. Er fiel. Seine dreihundertfünfundsechzig Jahre waren nun auch nichts anderes als der Tag einer Eintagsfliege.

Am Weihnachtsmorgen, als die Sonne wieder zum Vorschein kam, hatte sich der Sturm gelegt. Alle Kirchenglocken läuteten festlich, und aus jedem Schornstein, selbst aus dem kleinsten auf dem Dach eines kleinen Bauern, erhob sich in bläulicher Wolke der Rauch wie vom Altar beim Fest der Druiden, ein Opferrauch des Dankes. Die See wurde ruhiger und ruhiger, und auf einem großen Schiff draußen auf dem Meer, das während der Nacht das harte Wetter wohl überstanden hatte, wurden jetzt alle Flaggen zur festlichen Weihnachtsfeier gehisst.

»Der Baum ist fort! Der alte Eichbaum, unser Wahrzeichen auf dem Land!«, sagten die Seeleute. »Er ist gefallen in dieser Sturmnacht! Wer wird ihn uns ersetzen können! Das kann niemand!«

Eine solche Leichenrede, kurz, aber wohl gemeint, erhielt der Baum, der auf der Schneedecke am Ufer ausgestreckt lag. Und hin über ihn erklang ein feierlicher Choral vom Schiff, ein Lied von der Weihnachtsfreude und der Erlösung der Menschenseele in Christo und vom ewigen Leben:

> *»Jauchzet, ihr Himmel, frohlocket, ihr Enden der Erden!*
> *Gott und der Sünder, die sollen zu Freunden nun werden!*
> *Friede und Freud*
> *Wird uns verkündiget heut,*
> *Freuet euch, Hirten und Herden!«*

So lautete das alte Lied, und jeder draußen auf dem Schiff fühlte sich dadurch und durch das Gebet so erhoben, wie sich der alte Baum in seinem letzten, seinem schönsten Traum erhoben fühlte.

Vogel Phönix

Im Garten des Paradieses, unter dem Baume der Erkenntnis, blühte ein Rosenstrauch. Hier in der ersten Rose wurde ein Vogel geboren; sein Flug war wie des Lichtes Strahlen, seine Farbe herrlich, bezaubernd sein Gesang!

Aber als Eva die Frucht der Erkenntnis brach, als sie und Adam aus dem Paradiese verjagt wurden, da fiel vom Flammenschwerte des strafenden Cherubs ein Funken in des Vogels Nest und zündete. Der Vogel kam in den Flammen um, aber aus dem roten Ei schwang sich ein neuer, der einzige, der immer einzige Vogel Phönix empor. Die Sage berichtet, dass er in Arabien nistet, wo er sich selbst alle hundert Jahre in seinem Neste den Flammentod gibt, doch fliegt ein neuer Phönix, der einzige der Welt, aus dem roten Ei hervor.

Uns umflattert der Vogel, schnell wie das Licht, herrlich an Farbe, bezaubernd im Gesange. Wenn die Mutter an der Wiege ihres Kindes sitzt, ruht er am Kopfkissen und schlägt mit seinen Flügeln eine Glorie um des Kindes Haupt. Er durchfliegt die Kammer der Genügsamkeit und es ist Sonnenglanz darin; auf dem ärmlichen Schranke duften die Veilchen. Der Vogel Phönix ist nicht allein Arabiens Vogel; er flattert im Nordlichtschimmer über Lapplands Eisfelder, er hüpft zwischen den gelben Blumen in Grönlands kurzem Sommer. Unter Faluns Kupferfelsen, in Englands Kohlengruben fliegt er, eine staubige Motte, über das Gesangbuch dahin, das in den Händen des frommen Arbeiters ruht. Auf dem Lotusblatte gleitet er an des Ganges heiligen Gewässern hinab und das Auge des Hindumädchens leuchtet bei seinem Anblick.

Vogel Phönix! – Kennst du ihn nicht? Des Paradieses Vogel, den heiligen Schwan des Gesanges! Auf der Thespiskarre saß er als ein plaudernder Rabe und schlug mit den schwarzen, mit Hefen bestrichenen Flügeln; über Islands tönende Harfe strich der rote Schnabel des Schwanes; auf Shakespeares Schulter saß er als Odins Rabe und flüsterte ihm ins Ohr: Unsterblichkeit! Er flatterte durch Wartburgs Rittersaal am Sängerfeste.

Vogel Phönix! – Kennst du ihn nicht? Er sang dir die Marseillaise, und du küsstest die Feder, die seinem Flügel entfiel; er kam in Paradieses Glanze, und du wandtest dich vielleicht ab, dem Sperling zu, der dasaß mit Goldschaum an den Flügeln.

Der Vogel des Paradieses! – Jedes Jahrhundert, verjüngt, geboren in Flammen, gestorben in Flammen. Dein Bild, in Gold gefasst, hängt in den Hallen der Reichen; selbst fliegst du oft irrend und einsam umher – eine Sage nur: »Vogel Phönix in Arabien«. Im Paradiese, als du geboren wurdest unter dem Baume der Erkenntnis in der ersten Rose, küsste dich der Herr und gab dir deinen rechten Namen: Poesie!

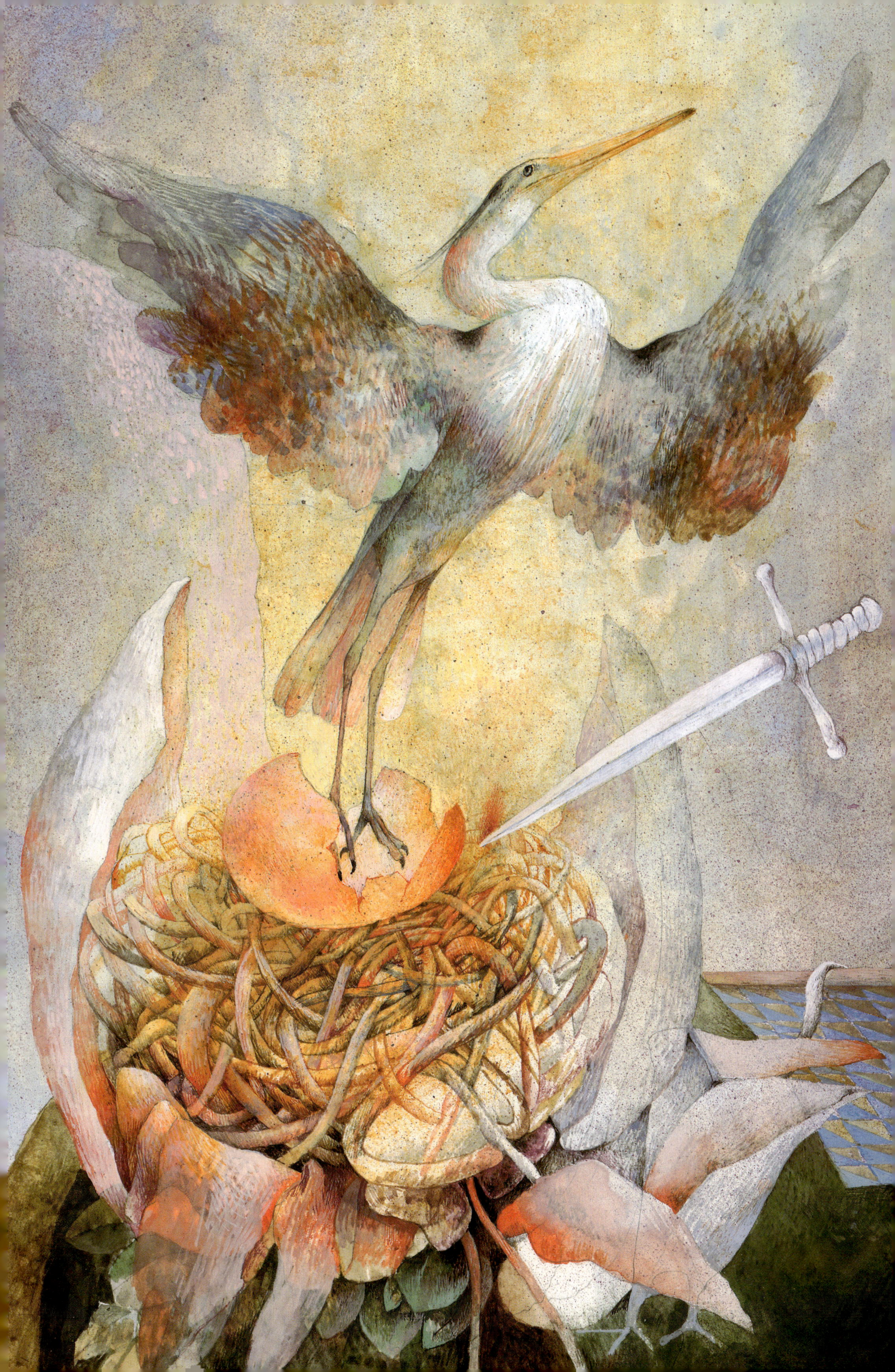

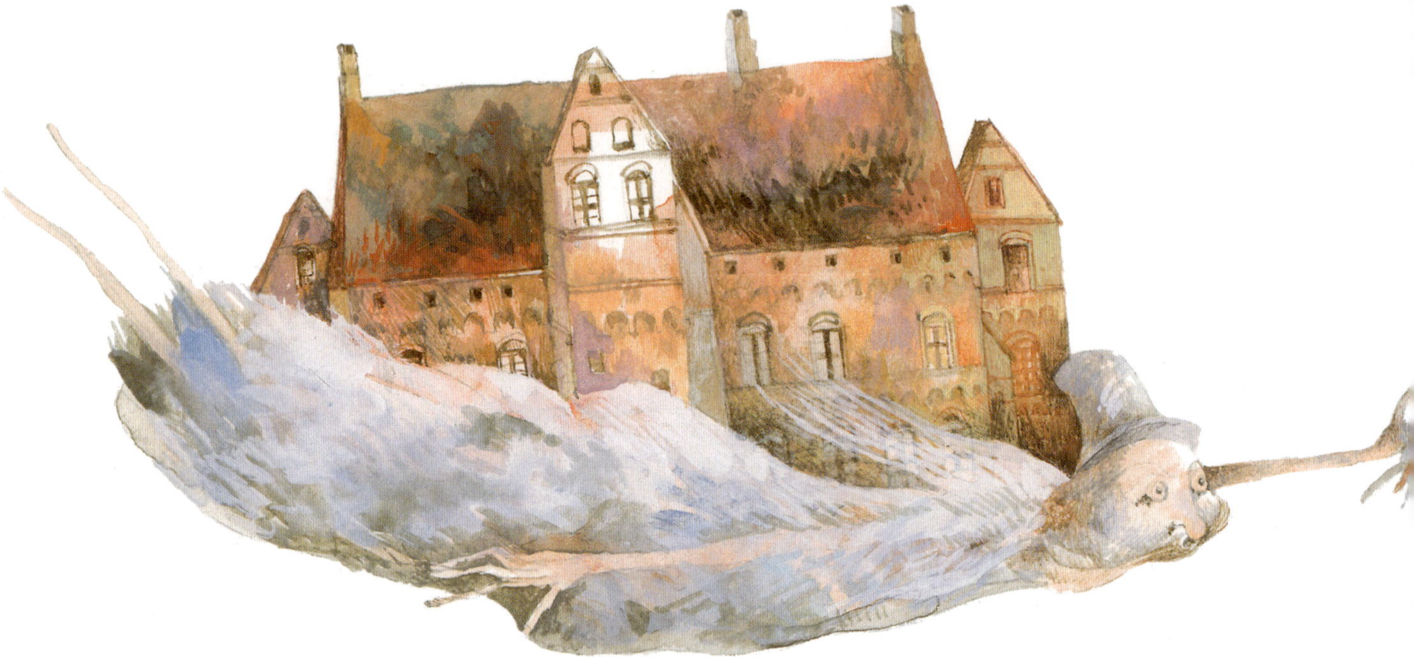

Der Wind erzählt von Waldemaar Daae und seinen Töchtern

Wenn der Wind über das Gras dahinläuft, kräuselt es sich wie ein Gewässer, läuft er über die Saaten hin, dann wogen und wallen sie wie die hohe See; dies ist des Windes Tanz; doch der Wind tanzt nicht nur, er erzählt auch, und wie singt er dann alles so recht aus voller Brust heraus, und wie klingt es gar verschieden in des Waldes Wipfeln, durch die Schalllöcher und Ritzen und Sprünge der Mauer! Siehst du, wie der Wind dort oben die Wolken jagt, als seien sie eine verängstigte Lämmerherde! Hörst du, wie der Wind hier unten durch das offene Tor heult, als sei er ein Wächter und blase in sein Horn! Mit wunderlichen Tönen saust und pfeift er die Esse herab, in den Kamin hinein; das Feuer flammt und knistert dabei und leuchtet weit in das Zimmer, und warm und gemütlich ist das Stübchen, gar schön sitzt sichs dort, dem Spuk lauschend.

Lasset den Wind nur erzählen, weiß er doch in Hülle und Fülle Märchen und Geschichten, viel mehr als wir alle insgesamt. Hört einmal zu, wie der Wind erzählt: Huh-uh-usch! Dahingebraust! Das ist der Refrain des Liedes.

»An den Ufern des Großen Belts, einer der großen Wasserstraßen, die das Kattegat mit der Ostsee verbinden, liegt ein alter Herrensitz mit dicken roten Mauern«, sagt der Wind; »ich kenne jeden Stein darin, ich habe sie schon damals gesehen, als sie noch zu der Burg des Marsk Stig auf der Landzunge gehörten; aber dort musste der herunter! Die Steine kamen wieder hinaus und wurden zu einer neuen Mauer, einem neuen Herrensitz an einem anderen Ort, sie wurden zum Herrensitz Borreby, wie er jetzt noch steht an der Küste.

Ich habe sie gekannt, die hochadeligen Herren und Frauen, die wechselnden Geschlechter, die darinnen gehaust haben; jetzt erzähle ich von Waldemaar Daae und seinen Töchtern. Wie stolz trug er die Stirn, war er doch von königlichem Geblüt! Er konnte mehr als bloß den Hirsch jagen und den Humpen leeren; ›das wird sich schon machen‹, pflegte er zu sagen.

Seine Gemahlin schritt stolz in goldgewirkten Gewändern über den blanken, getäfelten Fußboden dahin; die Tapeten waren prächtig, die Möbel teuer gekauft, sie waren kunstvoll geschnitzt. Gold- und Silberzeug hatte sie ins Haus gebracht, deutsches Bier lagerte im Keller; schwarze, mutige Hengste wieherten im Stall; reich sah es drinnen im Herrenhause von Borreby aus, damals als der Reichtum noch herrschte.

Und Kinder waren auch dort: drei feine Jungfräulein, Ida, Johanna und Anna Dorothea; die Namen sind mir noch immer geblieben. Reiche Leute waren es, vornehme Leute, in Herrlichkeit geboren, in Herrlichkeit erzogen! – Huh-uh-usch! Dahingebraust!‹, sang der Wind, und dann erzählte er weiter:

»Hier sah ich nicht, wie auf anderen alten Herrensitzen, die hochgeborene Frau unter ihren Mägden im Saale und mit ihnen den Spinnrocken drehen; die schlug die klingenden Saiten der Zither und sang dazu, aber nicht immer die alten dänischen Weisen, sondern Lieder in fremder Sprache. Hier war ein Leben und Lebenlassen, fremde Gäste kamen, herangezogen von nah und fern, die Musik klang, die Becher klangen, ich vermochte nicht, diese Klänge zu übertönen!«, sprach der Wind. »Hochmut und Hoffart mit Prunk und Pracht, Herrschaft war da, aber der Herrgott war nicht da!

Es war gerade am Abend des ersten Maientages«, sprach der Wind, »ich kam aus dem Westen, hatte gesehen, wie die Schiffe mit Mann und Maus von den Meereswellen zermalmt und an die Westküste Jütlands geworfen wurden, ich war über die Heide und über Jütlands waldumsäumte östliche Küste, über die Insel Fünen dahingejagt und fuhr nun über den Großen Belt, ächzend und pustend.

Da legte ich mich zur Ruh auf den Strand von Seeland, in der Nähe vom Herrensitz Borreby, wo damals noch der herrliche Eichenwald prangte.

Die jungen Knechte aus der Gegend lasen Reisig und Äste unter den Eichen auf; die größten und dürrsten, die sie fanden, trugen sie in das Dorf, türmten sie zu einem Haufen auf, zündeten diesen an, und Knechte und Mägde tanzten singend im Kreise um den flammenden Scheiterhaufen.

Ich lag ganz ruhig«, sagte der Wind, »allein ich berührte leise einen Ast, der von dem schönsten Knecht hinzugetragen worden war, und sein Holz flammte am höchsten, er war der Auserkorene und trug von Stund an den Ehrennamen ›Der Maienbock‹; er als Erster wählte unter den Mägden sein ›Maienlämmchen‹ aus, es war eine Freude, ein Jubel, größer als je da drinnen in den Sälen des reichen Herrensitzes.

Und auf den Herrensitz zu fuhren die hohe Frau und ihre drei Töchter, sechsspännig in vergoldeter Karosse; und die Töchter waren zart und jung, drei reizende Blumen: Rose, Lilie und die blasse Hyazinthe. Die Mutter war eine prahlende Tulpe, sie dankte nicht einem aus der ganzen Schar der Knechte und Mägde, die im Spiel innehielten und nickend grüßten; man hätte glauben können, die gnädige Frau sei etwas steif im Stängel.

Rose, Lilie und blasse Hyazinthe, ja, ich sah sie alle drei! Wessen Maienlämmchen würden sie wohl einst werden, dachte ich; ihr Maienbock wird ein stattlicher Ritter sein, ein Prinz vielleicht! – Huh-uh-usch! Dahingebraust! Hingebraust!

Ja, die Karosse brauste dahin mit ihnen und die Bauersleute brausten im Tanze dahin. Sie ritten den Sommer ein in alle Dörfer der Gegend.

Aber nachts, als ich mich erhob«, sprach der Wind, »legte die hochfürnehme Frau sich nieder, um sich nimmermehr zu erheben, es überkam sie das, was alle Menschen überkommt, das ist nichts Neues.

Waldemaar Daae stand ernst und gedankenschwer eine Weile; der stolzeste Baum kann gebeugt, aber nicht geknickt werden, sprach es in seinem Innern; die Töchter weinten, und alle Leute auf dem Herrensitz trockneten sich die Augen, aber die Frau Daae war dahingefahren – und ich fuhr auch dahin, brauste dahin! Huh-uh-usch!«, sprach der Wind.

»Ich kehrte wieder, ich kehrte oft wieder über Fünenland und des Beltes Strand, ließ mich nieder bei Borreby an dem prächtigen Eichenwald; dort nisteten die Fischreiher, die Waldtauben, die blauen Raben und gar der schwarze Storch. Es war Frühjahr, einige hatten noch Eier und brüteten, andere hatten schon die Jungen ausgebrütet. Nein, wie sie aufflogen, wie sie schrien! Die Axt erklang Schlag auf Schlag, der Wald sollte gefällt werden, Waldemaar Daae wollte ein prächtiges Schiff, ein Kriegsschiff, einen Dreidecker bauen, welchen der König sicher kaufen würde, deshalb fiel der Wald, das Wahrzeichen der Seefahrt, der Vögel Obdach. Der Habicht schreckte auf und flog davon, sein Nest wurde zerstört; der Fischreiher und alle Vögel des Waldes wurden heimatlos, sie flogen irrend umher in Ängsten und Zorn, ich verstand es wohl, wie ihnen zumute war. Krähen und Dohlen schrien laut wie zu Spott: Krach! Krach! Das Nest kracht! Krah, Krah!

Weit drinnen im Walde, wo die Schar der Arbeiter tobte, standen Waldemaar Daae und seine Töchter; und alle lachten sie bei dem wilden Geschrei der Vögel; nur einer, der jüngsten der Töchter, Anna Dorothea, tat es im Herzen weh, und als man darangehen wollte, auch einen schon fast eingegangenen Baum zu fällen, auf dessen nacktem Gezweig der schwarze Storch sein Nest gebaut hatte, aus dem die kleinen jungen Störche die Köpfe hervorstreckten, bat sie um Schonung für die Kleinen und tat es mit nassem Auge, und deshalb ließ man den Baum mit dem Nest des schwarzen Storches stehen. Der Baum war nicht der Rede wert.

Es wurde gehauen und gesägt, ein Schiff mit drei Verdecken wurde gebaut. Der Baumeister selber war von geringem Holz, aber von bestem Stolz; Augen und Stirn sprachen davon, wie klug er sei, und Waldemaar Daae hörte ihn gern erzählen, und auch sein Töchterlein Ida, die älteste, fünfzehnjährige, hörte ihm gern zu, und während er dem Vater ein Schiff baute, baute er sich selber ein Luftschloss, in das er und Ida als Mann und Frau einzögen, was auch geschehen wäre, wenn das Schloss nur aus steinernen Mauern mit Wällen und Gräben und Wald und Park gewesen wäre. Aber seines klugen Kopfes ungeachtet, blieb der Meister doch nur ein armer Vogel, und was will überhaupt ein Spatz beim Pfauentanz? Huh-uh-usch! – Ich fuhr davon und er auch, denn bleiben durfte er doch nicht, und Idalein verschmerzte es, weil sie es verschmerzen musste!

Im Stalle wieherten die stolzen Rappen, sie waren das Anschauen wert, und sie wurden auch angeschaut.

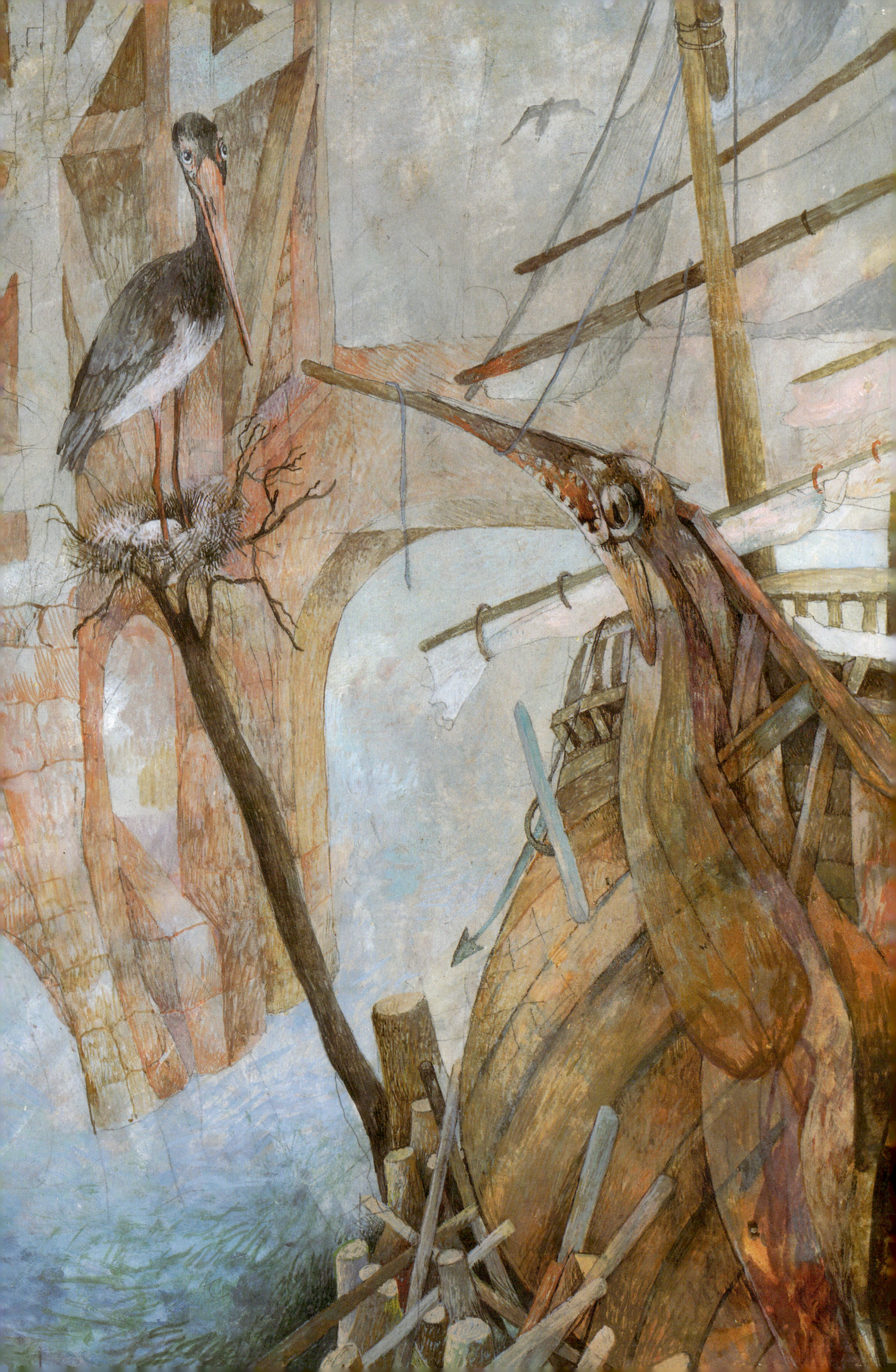

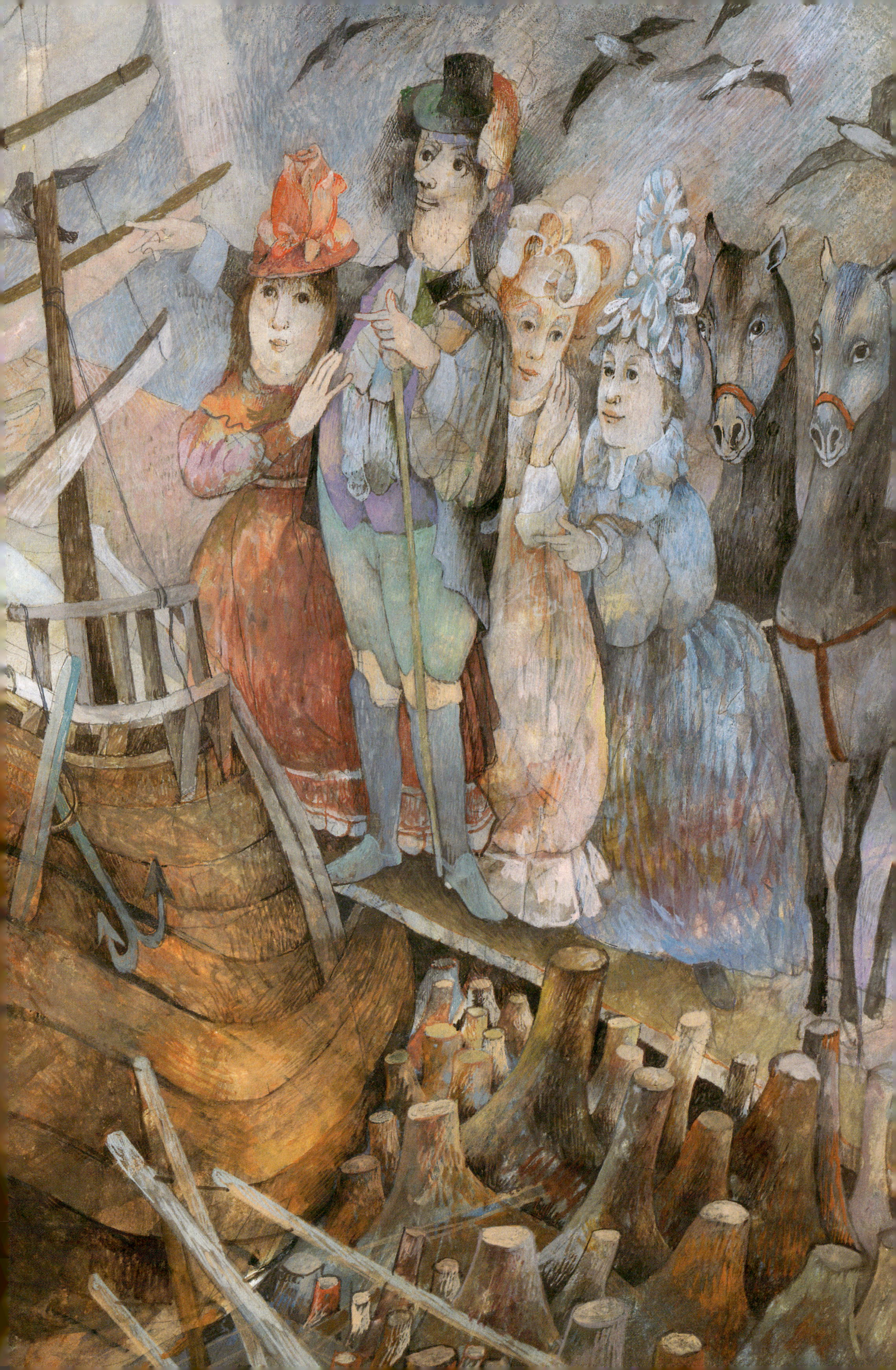

Der Admiral, der vom König selber gesandt war, um das neue Kriegsschiff zu besichtigen und dessen Kauf einzuleiten, sprach in lauter Bewunderung von den schönen Pferden; ich hörte das alles!«, sagte der Wind, »ich begleitete die Herren durch die offene Tür und streute Strohhalme gleich Goldbarren vor ihre Füße. Gold wollte Waldemar Daae, der Admiral wollte die stolzen Rappen, deshalb lobte er sie auch so sehr; allein das wurde nicht verstanden und darum wurde das Schiff auch nicht gekauft; es blieb auf dem Strande liegen, überdeckt mit Brettern, eine Arche Noah, die nie ins Wasser gelangte. Huh-uh-usch, dahingebraust! Hin! Und das war kläglich!

Zur Winterzeit, wenn die Felder mit Schnee bedeckt und die Gewässer voll Treibeis waren, das ich auf die Küste hinaufschob«, sprach der Wind, »kamen Krähen und Raben, einer schwärzer als der andere, große Scharen, und sie ließen sich auf das öde, tote, vereinsamte Schiff am Strand nieder und schrien in heiseren Tönen vom Wald, der dahin war, von den vielen prächtigen Vogelnestern, den heimatlosen Kleinen und alles, alles um des großen Gerümpels, des stolzen Fahrzeugs willen, das nie hinaussegelte.

Ich machte das Schneegestöber wirbeln, und der Schnee lag wie große Brecher hoch um das Schiff herum, über das Schiff hin! Ich ließ es meine Stimme vernehmen, damit er lerne, was ein Sturm zu sagen hat; gewiss, ich tat das meinige, dass es Schiffskenntnisse bekam. Huh-uh-usch! Fahr dahin!

Und der Winter fuhr dahin; Winter und Sommer, sie fuhren und fahren, wie ich dahinfahre, wie der Schnee stiebt, die Apfelblüten stieben, das Laub fällt! Dahin, dahin, dahin fahren auch die Menschen!

Doch die Töchter waren noch jung. Idalein eine Rose, schön zu schauen wie damals, als der Schiffsbaumeister sie sah. Oft fasste ich in ihr langes braunes Haar, wenn sie im Garten am Apfelbaum stand, sinnend und nicht achtend, dass ich ihr Blüten übers Haar streute und es löste, während sie die rote Sonne und den goldenen Himmelsgrund durch das dunkle Gebüsch und die Bäume des Gartens hindurch anblickte.

Ihre Schwester war wie die Lilie, glänzend und schlank, Johanna hatte Haltung und Gestalt wie die Mutter, etwas steif im Stängel. Gar gern durchwandelte sie den großen Saal, wo die Ahnenbilder hingen; die Frauen waren in Sammet und Seide gemalt, ein kleines, perlengesticktes, winziges Hütchen auf die Haarflechten gedrückt; da waren schöne Frauen! Die Herren erblickte man dort in Stahl oder in kostbaren Mänteln, die mit Eichhörnchenfell gefüttert waren, sie trugen kleine Halskrausen, und das Schwert war ihnen um die Lende, nicht um die Hüfte geschnallt. Wo würde wohl einst das Bild Johannas dort an der Wand hängen, und wie würde wohl er, der adelige Herr und Gemahl aussehen? Ja, daran dachte sie, davon sprach sie leise in sich hinein, ich hörte es, wenn ich durch den langen Gang in den Saal hineinfuhr und drinnen wieder umkehrte!

Anna Dorothea, die blasse Hyazinthe, ein vierzehnjähriges Kind nur, war still und versonnen, die großen wasserblauen Augen schauten gedankenschwer drein, aber das Lächeln eines Kindes umspielte noch ihre Lippen, ich konnte es nicht hinwegblasen, und ich wollte es auch nicht.

Wir begegneten uns im Garten, im Hohlweg, auf Feld und Flur; sie sammelte Kräuter und Blumen, von denen sie wusste, dass ihr Vater sie zu den Getränken und Tropfen gebrauchte, die er zu destillieren wusste; Waldemaar Daae war hochmütig und stolz, aber auch kenntnisreich, und er wusste gar viel; das war kein Geheimnis, es wurde auch viel davon gemunkelt; das Feuer brannte selbst zur Sommerzeit in seinem Kamin; er schloss die Kammertür ab, während das Feuer tage- und nächtelang geschürt wurde, aber davon sprach er nicht viel; die Naturkräfte muss man schweigend bannen, er würde schon bald das Beste ausfindig machen – das rote Gold.

Deshalb rauchte es aus dem Kamin, deshalb knisterte und flammte es! Ja, ich war dabei!«, erzählte der Wind, »Lass fahren! Lass fahren! Sang ich durch den Schornstein hinab; es wird zu Rauch, Schmauch, Kohle und Asche! Du wirst dich selbst verbrennen! Huh-uh-usch, fahr dahin, fahr dahin! Aber Waldemaar Daae ließ es nicht fahren.

Die prächtigen Rappen im Stall – wo blieben die? Die alten silbernen und goldenen Gefäße in Schränken und Kisten, die Kühe auf dem Feld, Haus und Hof? Ja, die können schmelzen, in dem goldenen Tiegel schmelzen und geben doch kein Gold.

Es wurde leer in der Scheune und in der Vorratskammer, im Keller und auf dem Boden. Die Leute nahmen ab, die Mäuse nahmen zu. Eine Fensterscheibe zersprang, eine andere barst, ich brauchte nicht durch die Tür hineinzugehen!«, sagte der Wind. »Wo der Schornstein raucht, wird die Mahlzeit gebraten, der Schornstein rauchte, er, der alle Mahlzeiten verschlang, um des roten Goldes willen.

Ich blies durch das Hoftor, als sei es ein Wächter, der ins Horn blase, aber kein Wächter war da!«, sprach der Wind, »ich drehte den Wetterhahn an der Turmspitze, er schnarrte, als wenn der Turmwächter schnarche, aber es war kein Wächter da, Ratten und Mäuse waren da; Armut deckte den Tisch, Armut saß dort im Kleiderschrank und im Küchenschrank; die Tür ging aus den Angeln, Risse und Sprünge kamen zum Vorschein, ich ging dort aus, ich ging dort ein«, sprach der Wind, »deshalb weiß ich auch Bescheid über alles!

In Rauch und Asche, in Kummer und in schlafloser Nacht ergraute das Haar im Bart und um die Schläfen, die Haut erblasste und vergilbte, die Augen schauten gierig nach Gold, nach dem ersehnten Gold.

Ich blies ihm Rauch und Asche in Gesicht und Bart, Schulden statt Gulden kamen heraus. Ich sang durch die zersprungenen Fensterscheiben und die klaffenden Mauerritzen hindurch, ich blies hinein in die Truhen der Töchter, in welchen die Kleider verblasst, fadenscheinig dalagen, weil sie immer und immer wieder getragen werden mussten. Dies Lied war den Kindern nicht an der Wiege gesungen! Aus dem Herrenleben wurde ein Kummerleben! Ich allein jubelte laut im Schloss«, sprach der Wind. »Ich schneite sie ein, das macht warm, sagt man; Holz hatten sie nicht, der Wald war umgehauen, aus dem sie es hätten herbeiholen können. Es war schneidender Frost; ich schwang mich durch Schalllöcher und Gänge, über Giebel und Mauern, damit ich flink bliebe. Drinnen lagen sie im Bett, der Kälte wegen, die adeligen Töchter, der Papa kroch unter das lederne Deckbett. Nichts zu beißen, nichts zu brechen, kein Feuer im Kamin, das ist ein Herrenleben! Huh-uh-usch! Lass fahren! Doch das konnte Herr Daae nicht, er konnte es nicht lassen!

Nach dem Winter kommt der Frühling!«, sagte er, »nach der Not kommen die guten Zeiten, man muss nur nicht die Geduld verlieren, man muss sie erwarten können! Jetzt sind Haus und Hof verpfändet, jetzt ist es die äußerste Zeit – und alsdann wird das Gold schon kommen! Zu Ostern!«

Ich hörte, wie er in das Gewebe der Spinne hineinsprach: »Du flinker kleiner Weber! Du lehrst mich ausharren! Zerreißt man dein Gespinst, so beginnst du wieder von neuem und vollendest es! Wieder zerrissen – und unverdrossen gehst du wieder an die Arbeit, von neuem! Von neuem! Das ist es, was wir tun müssen, und das wird belohnt.

Es war am Ostermorgen, die Glocken klangen herüber von der nahen Kirche, die Sonne tanzte am Himmel. In Fieberwallung hatte er die Nacht durchwacht, hatte geschmolzen und abgekühlt, gemischt und destilliert. Ich hörte ihn seufzen wie eine verzweifelte Seele, ich hörte ihn beten, ich vernahm, wie er seinen Atem anhielt. Die Lampe war ausgebrannt, er bemerkte es nicht; ich blies das Kohlenfeuer an, es warf den roten Schein in sein kreideweißes Antlitz, das dadurch Farbe bekam, die Augen starrten zusammengekniffen aus ihren tiefen Höhlen heraus – doch nun wurden sie größer und größer, als wollten sie zerspringen.

›Seht das alchemistische Glas! Es glänzt in dem Glas, glühend, pur und schwer!‹ Er hob es mit zitternder Hand, er rief mit zitternder Zunge: ›Gold! Gold!‹

Ihm schwindelte dabei, ich hätte ihn umblasen können«, erzählte der Wind, »allein ich fachte nur die glühenden Kohlen an, begleitete ihn durch die Tür hinein, wo die Töchter saßen und froren. Sein Rock war mit Asche bestreut, Asche hing in seinem Bart, in seinem verworrenen Haar. Er richtete sich hoch auf, hob seinen reichen Schatz in dem zerbrechlichen Glas empor: ›Gefunden! Gewonnen! – Gold!‹, rief er und hielt das Glas hoch in die Höhe, dass es in den Sonnenstrahlen blitzte; und seine Hand zitterte, und das alchemistische Glas fiel klingend zu Boden und zersprang in tausend Stücke, zerplatzt war die letzte Blase seines Glückes. Huh-uh-usch! Dahingefahren! Und ich fuhr davon vom Herrenhof des Goldmachers. Im Spätherbst, in den kurzen Tagen, wenn der Nebel kommt und nasse Tropfen auf die roten Beeren und die entblätterten Zweige setzt, kehrte ich zurück in frischer Stimmung, jagte durch die Luft, fegte den Himmel rein und knickte die dürren Zweige, was freilich keine große Arbeit ist, aber es muss getan werden. Da wurde auch in anderer Weise rein gefegt auf dem Herrensitz Borreby bei Waldemaar Daae. Sein Feind, Owe Ramel von Basnäs war dort, in der Tasche den Schuldbrief über Haus und Hof und alles, was sich im Hause befand. Ich trommelte an die zersprungenen Fensterscheiben, schlug mit den alten, morschen Türen, pfiff durch Ritzen und Spalten: Huh-ih – Herr Owe sollte nicht gerade Lust verspüren, dazubleiben. Ida und Anna Dorothea weinten bitterlich; Johanna stand stolz und blass da, biss sich in den Daumen, dass er blutete, das sollte was helfen! Owe Ramel gestattete Herrn Daae, bis ans Ende seines Lebens auf dem Herrenhof zu bleiben, aber man dankte ihm nicht für sein Anerbieten; ich lauschte genau darauf; ich sah den obdachlosen Herrn seinen Kopf stolzer erheben und emporwerfen, und ich warf mich dermaßen gegen das Haus und die alten Linden, dass einer der dicksten Zweige brach, der nicht verdorrt war; der Zweig blieb an der Einfahrt liegen, ein Reisigbesen, wenn jemand auskehren wollte, und ausgekehrt wurde dort; ich dachte es mir wohl.

Es war ein harter Tag, um Haltung zu bewahren, aber der Sinn war hart. Nichts konnten sie ihr Eigentum nennen, außer was sie an Kleidern am Leib trugen; und doch etwas; das alchemistische Glas, ein neues, das kürzlich gekauft und mit dem angefüllt worden war, was man als verschüttet vom Boden wieder aufgelesen hatte, dem Schatz, der viel versprach, aber sein Versprechen nicht hielt. Waldemaar Daae verbarg das Glas an seiner Brust, nahm darauf seinen Stock zur Hand, und der einst so reiche Herr wanderte mit seinen drei Töchtern aus dem Herrensitz Borreby. Ich blies kalt auf seine heißen Wangen, ich strich seinen grauen Bart, sein langes weißes Haar, ich sang, wie ich es eben verstand: Huh-uh-usch! Dahingefahren! Dahingefahren! Fahren! Das war das Ende der reichen Herrlichkeit.

Ida schritt an der einen Seite, Anna Dorothea an der anderen Seite des alten Mannes dahin: Johanna wandte sich an der Einfahrt um – wozu? Das Glück wollte sich doch nicht wenden. Sie blickte auf das rote Gemäuer der alten Burg des Marsk Stig, dachte sie vielleicht an dessen Töchter?

Die Älteste reichte der Jüngsten die Hand und weit fuhren sie ins fremde Land.

Dachte sie an dieses alte Lied? Hier waren sie ihrer drei und auch der Vater war dabei. Sie schritten den Weg entlang, wo sie einst dahingefahren waren in der reichen Karosse; sie gingen den Bettlergang mit dem Vater, wanderten hinaus auf das offene Feld, auf die Heide, in die Lehmhütte, die sie für anderthalb Taler jährlich Mietzins erstanden hatten, in den neuen Herrensitz mit leeren Wänden und leeren Gefäßen, Krähen und Dohlen flogen über sie dahin und schrien wie zum Spott: ›Krah krah, aus dem Nest! Krah, krah!‹, wie sie es geschrien im Wald bei Borreby, als die Bäume gefällt wurden.

Herr Daae und seine Töchter hörten es schon; ich strich ihnen um die Ohren, was sollten sie auch viel noch horchen!

Und sie zogen hinein in die Lehmhütte auf dem offenen Feld, und ich fuhr dahin über Moor und Feld, durch nacktes Gebüsch und entblätterte Wälder, den offenen Gewässern zu, freien Stranden, anderen Landen, huh-uh-usch! Dahingefahren! Fahren! Jahraus, jahrein!«

Wie erging es Waldemaar Daae? Wie erging es seinen Töchtern? Der Wind erzählt es:

»Die, welche ich zuletzt sah, ja, zum letzten Mal, war Anna Dorothea, die blasse Hyanzinthe, damals war sie alt und gebeugt, es war ein halbes Jahrhundert später. Sie blieb länger am Leben als die anderen, sie wusste alles.

Drüben auf der Heide, bei der alten jütländischen Kreisstadt Wiborg, lag das neue schöne Haus des Dompropstes, aus roten Mauersteinen mit gezacktem Giebel; der Rauch quoll dicht aus dem Schornstein heraus. Die sanfte Frau Propstin und die holden Töchter saßen im Erker und schauten über das hängende Hagedorngebüsch des Gartens hinaus in die braune Heide. Wonach schauten sie? Ihre Blicke blieben an dem Storchennest draußen auf der baufälligen Hütte haften; das Dach bestand aus Moos und Laub, soweit überhaupt ein Dach da war, am meisten deckte das Nest des Storches, und das allein wurde auch instand gehalten, der Storch hielt es instand. Das war ein Haus zum Anschauen, nicht zum Anfassen, ich musste behutsam damit umgehen!«, sagte der Wind. »Um des Storchennestes willen ließ man das Häuschen noch stehen, es verunstaltete sonst die Heidelandschaft. Den Storch wollte man nicht wegjagen, deshalb ließ man die Hütte stehen, und die Arme, die darin wohnte, konnte denn auch da wohnen bleiben; das hatte sie dem ägyptischen Vogel zu verdanken, oder war es vielleicht Vergeltung, weil sie einst Fürbitte für das Nest seines schwarzen Bruders im Wald bei Borreby getan hatte? Damals war sie, die Arme, ein junges Kind, eine zarte, blasse Hyazinthe in dem adeligen Garten. Sie erinnerte sich all dessen, Anna Dorothea.

›Oh! Oh!‹ – Ja, die Menschen können seufzen, wie es der Wind tut im Schilf und im Röhricht. Oh! – Keine Glocken läuteten bei deinem Begräbnis, Waldemaar Daae! Die armen Schulknaben sangen nicht, als der ehemalige Herr zu Borreby in die Erde gebettet ward! – Oh! Alles hat doch ein Ende, auch das Elend! – Schwester Ida wurde das Weib eines Bauern! Das war unserem Vater die härteste Prüfung! Der Mann der Tochter ein elender Leibeigener, der vom Gutsherrn aufs hölzerne Pferd gebracht werden konnte! Jetzt ist er wohl unter der Erde? Und auch du, Ida? – ›O ja! O ja! Es ist doch noch nicht zu Ende, ich Arme! Vergönne mir zu sterben, reicher Christ!‹

Das war Anna Dorotheas Gebet in der elenden Hütte, die man noch des Storches wegen stehen ließ. Der flinksten der Schwestern nahm ich mich an!«, sprach der Wind, »mannhaft war ihr Sinn, und in Manneskleidern, als Knecht, verdingte sie sich an Bord eines Schiffes; sie war karg mit Worten, finster von Gesicht, aber willig bei ihrer Arbeit; doch das Klettern verstand sie nicht – so blies ich sie denn über Bord, ehe noch jemand erfuhr, dass sie ein Weib war, und das war meiner Ansicht nach gut gemacht!«, sagte der Wind.

»An einem Ostermorgen wie damals, als Waldemaar Daae wähnte, er habe das rote Gold gefunden, vernahm ich Psalmenklänge unter dem Storchennest, zwischen den morschen Wänden, es war Anna Dorotheas letztes Lied. Ein Fenster war nicht da, nur ein Loch in der Wand. Die Sonne kam herauf, einem Goldklumpen gleich, und setzte sich hinein. Das war ein Glanz! Ihre Augen brachen, ihr Herz brach! Das hätten sie auch getan, wenn die Sonne an jenem Morgen nicht auf Anna Dorothea geschienen hätte.

Der Storch deckte ihre Hütte bis zu ihrem Tod! Ich sang an ihrem Grab!«, sprach der Wind, »ich sang am Grab ihres Vaters, ich weiß, wo sein Grab und auch wo das ihrige ist, das weiß sonst niemand.

Neue Zeiten, andere Zeiten! Die alte Heerstraße führt in das umzäunte Feld; wo die gehegten Gräber lagen, schlängelt sich die Landstraße, und bald kommt der Dampf mit seiner Wagenreihe und braust über die Gräber hin, die vergessen sind wie die Namen, huh-uh-usch! Dahingefahren!

Das ist die Geschichte von Waldemaar Daae und seinen Töchtern. Erzählt sie besser, ihr anderen, wenn ihr könnt!«, sprach der Wind und drehte sich. Dahin war er.

KINDERGEPLAUDER

Bei Großhändlers war große Kindergesellschaft, reicher Leute Kinder und vornehmer Leute Kinder. Der Großhändler stand sich gut und war ein kenntnisreicher Mann. Er hatte die Universität besucht, wozu ihn sein braver Vater angehalten hatte, der anfänglich nur Viehhändler gewesen war, aber ehrlich und tätig. Das hatte Geld gegeben und diesem verdankte der Großhändler seinen Aufschwung. Verstand hatte er und sogar Herz, doch wurde davon weniger gesprochen als von seinem vielen Geld.

Aus und ein gingen bei ihm vornehme Leute, vornehme durch Geburtsadel und vornehme durch Geistesadel, solche, denen beide Adelstitel zukamen und die sich keines zu rühmen hatten. Dort war nun Kindergesellschaft, Kinderunterhaltung und Kinder reden frisch von der Leber weg. Unter dem kleinen Volk befand sich ein allerliebstes Mädchen, aber entsetzlich stolz. Das hatten die Dienstboten mit ihren Küssen und Zärtlichkeiten zuwege gebracht, nicht etwa ihre Eltern, dazu waren sie viel zu vernünftig. Ihr Vater war Kammerjunker, und das war, wie sie wusste, erschrecklich viel.

»Ich bin ein Kammerkind!«, sagte sie. Sie hätte ebenso gut ein Kellerkind sein können, denn weder zu dem einen noch zu dem anderen kann man selber etwas tun. Darauf erzählte sie den anderen Kindern, sie wäre eine »Geborene« und fügte hinzu, dass, wenn man nicht geboren wäre, man nichts werden könnte. Lernen und noch so fleißig sein, hülfe alles nichts, wäre man nicht geboren, dann könnte man nichts werden.

»Und aus denen, deren Namen auf ›e‹ oder ›er‹ oder ›en‹ endet, wie Schulze, Müller und Petersen«, sagte sie, »aus denen kann nie in der Welt etwas werden! Man muss die Arme in die Seite stemmen und sie weit von sich entfernt halten, diese ›e‹ und ›er‹ und ›en‹!« Und dabei stemmte sie ihre Ärmchen mit spitzen Ellbogen in die Seite, um zu zeigen, wie man sich dabei benehmen müsste; und die Ärmchen waren so niedlich. Süß war sie.

Aber des Großhändlers kleine Tochter wurde gar böse. Ihres Vaters Name endete mit »e«, und deshalb sagte sie, so stolz sie konnte: »Aber mein Vater kann mir nichts dir nichts für hundert Taler Bonbons kaufen! Kann dein Vater das?«

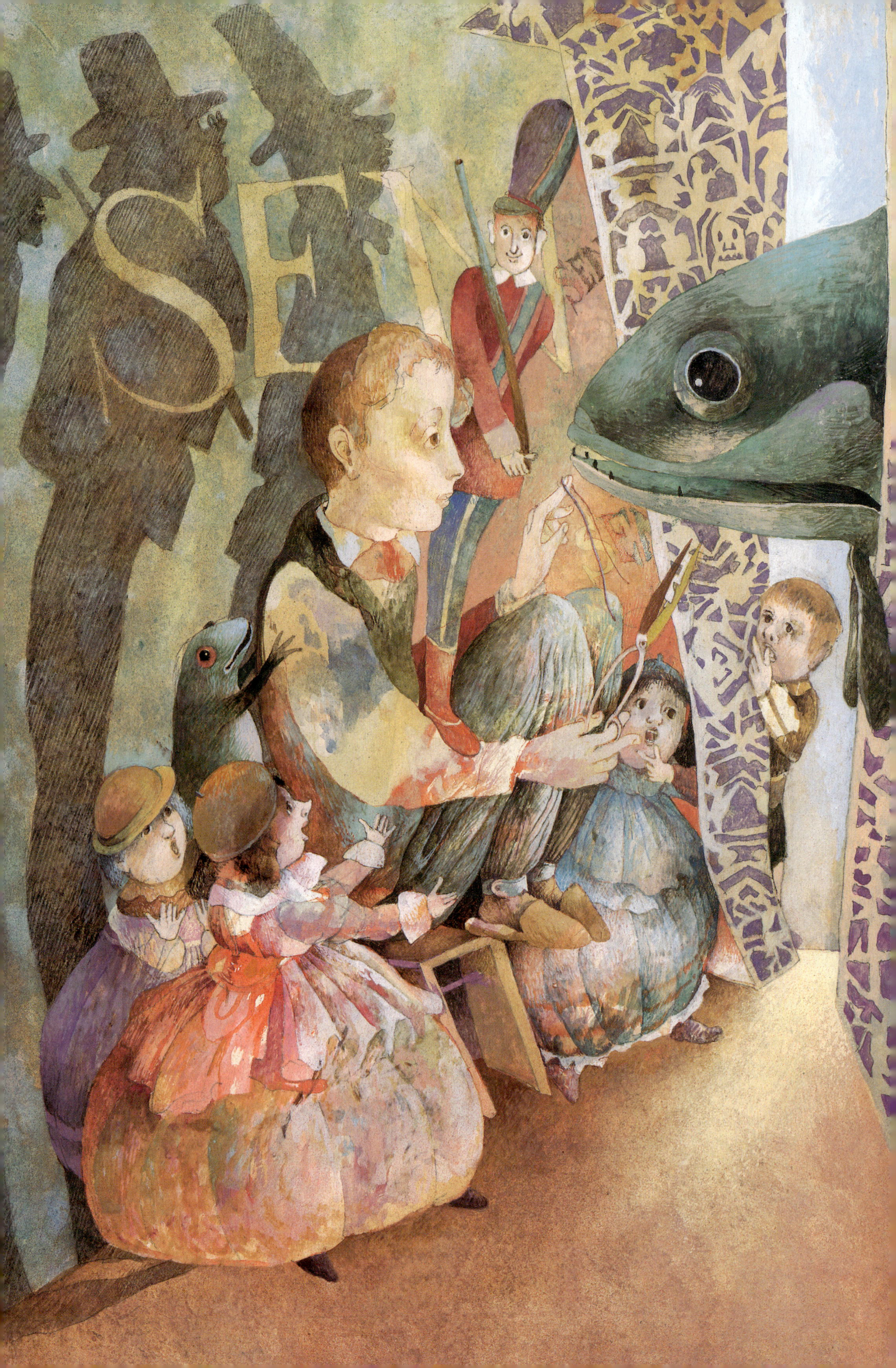
SEN

»Ja, aber mein Vater«, unterbrach sie die kleine Tochter eines Schriftstellers, »kann sowohl deinen Vater als auch alle Väter in die Zeitung setzen. Alle Menschen sind vor ihm bange, sagt Mama, denn mein Vater ist es, der in der Zeitung regiert.«

Und die Kleine warf dabei den Kopf in die Höhe, als wäre sie eine wirkliche Prinzessin, die sich in die Brust werfen muss.

Aber draußen vor der halb geöffneten Tür stand ein armer Knabe und guckte durch die Ritze hinein. Der Kleine durfte nicht einmal in die Stube hineinkommen, so gering war er. Den Spieß hatte er für die Köchin gedreht und nun die Erlaubnis erhalten, hinter der Tür zu stehen und zu den geputzten Kindern hineinzusehen, die dort lustig spielten, und das war für ihn überaus viel.

Wer doch auch eins von ihnen wäre!, dachte er, und darauf hörte er, was dort geplaudert wurde, und das gab wohl Ursache genug, darüber betrübt zu werden. Nicht einen Dreier hatten seine Eltern daheim auf dem Boden ihres Koffers liegen, hatten keine Mittel, eine Zeitung zu halten, geschweige denn zu schreiben, und als das Allerübelste kam noch hinzu, dass seines Vaters Name, und folglich auch sein eigener, auf »en« endete und also nie in der Welt etwas aus ihm werden konnte. Das war gar betrübend; doch geboren war er, wie ihn dünkte, richtig geboren!

Anders war es nicht möglich!

Seht, das war an jenem Abend.

Jahre verstrichen seitdem und in ihrem Lauf wurden aus den Kindern Leute. Ein prächtiges Haus stand in der Stadt, es war voller Herrlichkeiten, alle Leute wollten es sehen, selbst Leute von außerhalb der Stadt kamen, um es zu bewundern. Wer, meinst du wohl, könnte von den Kindern, von denen wir erzählt haben, dies Haus sein Eigentum nennen? Nun, das ist doch wohl leicht zu erraten. Nein, das ist doch nicht so leicht. Das Haus gehörte dem kleinen armen Knaben; es wurde doch etwas aus ihm, obgleich sein Name auf »en« endete – Thorwaldsen.

Und die drei anderen Kinder? – Die Kinder des Geburts-, Geld- und Geistesadels, von ihnen hat weder das eine noch das andere so Hervorragendes geleistet, dass es Erwähnung verdiente, keines übertraf die anderen. Aber Gutes und Tüchtiges wurde doch aus ihnen; es lag ein guter Grund in ihnen. Was sie damals gedacht und gesprochen hatten, war nur – Kindergeschwätz.

Der Puppenspieler

Auf dem Dampfschiff befand sich ein ältlicher Mann mit einem so vergnügten Gesicht, dass, log es nicht, er der glücklichste Mensch auf Erden sein musste. Das wäre er auch, sagte er; ich hörte es aus seinem eigenen Mund; er war ein Däne, war mein Landsmann und reisender Theaterdirektor. Sein ganzes Personal führte er beständig mit sich, es lag in einem großen Kasten; er war Puppenspieler. Seine ihm angeborene gute Laune, erzählte er, wäre von einem Schüler der Polytechnischen Schule geläutert und ausgebildet, und durch dieses Experiment wäre er vollkommen glücklich geworden. Anfänglich verstand ich ihn nicht recht, aber dann setzte er mir seine ganze Geschichte klar auseinander, und hier ist sie.

»Ich gab«, berichtete er, »im Posthaus zu Stagelse eine Vorstellung und hatte ein brillantes Haus und ein brillantes Publikum, mit Ausnahme einiger alter Frauen lauter unkonfirmierte Kinder. Mit einem Mal erscheint eine schwarz gekleidete Person von studentenhaftem Äußeren, sie setzt sich und lacht stets bei den richtigen Stellen, klatscht bei den richtigen Stellen, kurzum, ist ein ganz ungewöhnlicher Zuschauer.

Ich musste durchaus wissen, wer er war, und hörte, er wäre ein Schüler der Polytechnischen Schule, den man ausgesandt hätte, um das Volk in den Provinzen zu belehren. Schlag acht Uhr war meine Vorstellung aus, die Kinder sollten ja zeitig ins Bett, und man muss auch an die Bequemlichkeit seines Publikums denken. Um neun Uhr begann der Polytechniker seine Vorlesung und seine Experimente und nun war ich meinerseits sein Zuhörer. Es war wirklich merkwürdig mit anzuhören und anzusehen. Das meiste ging, wie man zu sagen pflegt, über meinen Kopf hinweg, aber so viel stand mir doch fest: Können wir Menschen dergleichen ersinnen und errechnen, so müssen wir eigentlich länger aushalten, ehe sie uns in die Erde stecken. Es waren nur kleine Wunder, die er uns vormachte, und doch klappte alles, und er wies uns den natürlichen Zusammenhang nach. Zu den Zeiten des Moses und der Propheten wäre so ein polytechnischer Schüler einer der Weisen des Landes geworden, und im Mittelalter hätte man ihn verbrannt. Ich schlief die ganze Nacht nicht, und als ich am nächsten Abend eine Vorstellung gab und der Polytechniker abermals erschien, so geriet ich in die beste Laune. Ich habe von einem Schauspieler gehört, dass er in Liebhaberrollen nur an eine einzige Person unter sämtlichen Zuschauern dächte, für die er spielte, und das ganze übrige Haus vergäße.

Der Polytechniker war meine ›Sie‹, mein einziger Zuschauer, für den ich spielte. Nach Schluss der Vorstellung wurden alle Puppen herausgerufen und ich wurde von dem Polytechniker zu sich auf ein Glas Wein eingeladen. Er sprach von meiner Puppenkomödie, und ich sprach von seiner Wissenschaft, und ich glaube, wir hatten gegenseitig großes Vergnügen aneinander; aber ich behielt doch das Wort, denn in seiner Rede war so viel, worüber er selbst nicht Rechenschaft ablegen konnte, wie zum Beispiel über den Erfahrungssatz, dass ein Stück Eisen, das durch eine Spirale fällt, magnetisch wird. Ja, was ist es? Der Geist kommt über es, aber wo kommt er her? Das ist, denke ich, gerade wie mit den Menschen dieser Welt; der liebe Gott lässt sie durch die Spirale der Zeit hindurchfallen, und der Geist kommt über sie, und dann steht ein Napoleon, ein Luther oder eine ähnliche Person da. ›Die ganze Welt ist eine Reihe von Wunderwerken‹, sagte mein neuer Freund, ›wir sind aber so gewöhnt an sie, dass wir sie Alltagsdinge nennen‹. Und er redete, und er erklärte, es war mir zuletzt, als ob er mir die Hirnschale abhöbe, und ich gestand ehrlich, wäre ich nicht schon ein alter Kerl, so würde ich gleich in eine polytechnische Schule gehen und lernen, der Welt auf die Sprünge zu kommen, und dessen ungeachtet wäre ich einer der glücklichsten Menschen. ›Einer der Glücklichsten!‹, rief er aus, jedes Wort langsam hervorbringend und ganz eigentümlich betonend. ›Sind Sie wirklich glücklich?‹, fragte er dann. ›Ja‹, sagte ich, ›glücklich bin ich und bin in allen Städten, in denen ich mit meiner Gesellschaft erscheine, willkommen. Freilich gibt es wohl einen Wunsch, der mich bisweilen koboldartig überfällt, mir förmlich Albdrücken verursacht und mir die gute Laune verdirbt, und der ist: Theaterdirektor einer lebendigen Truppe, einer richtigen Menschengesellschaft zu werden.‹

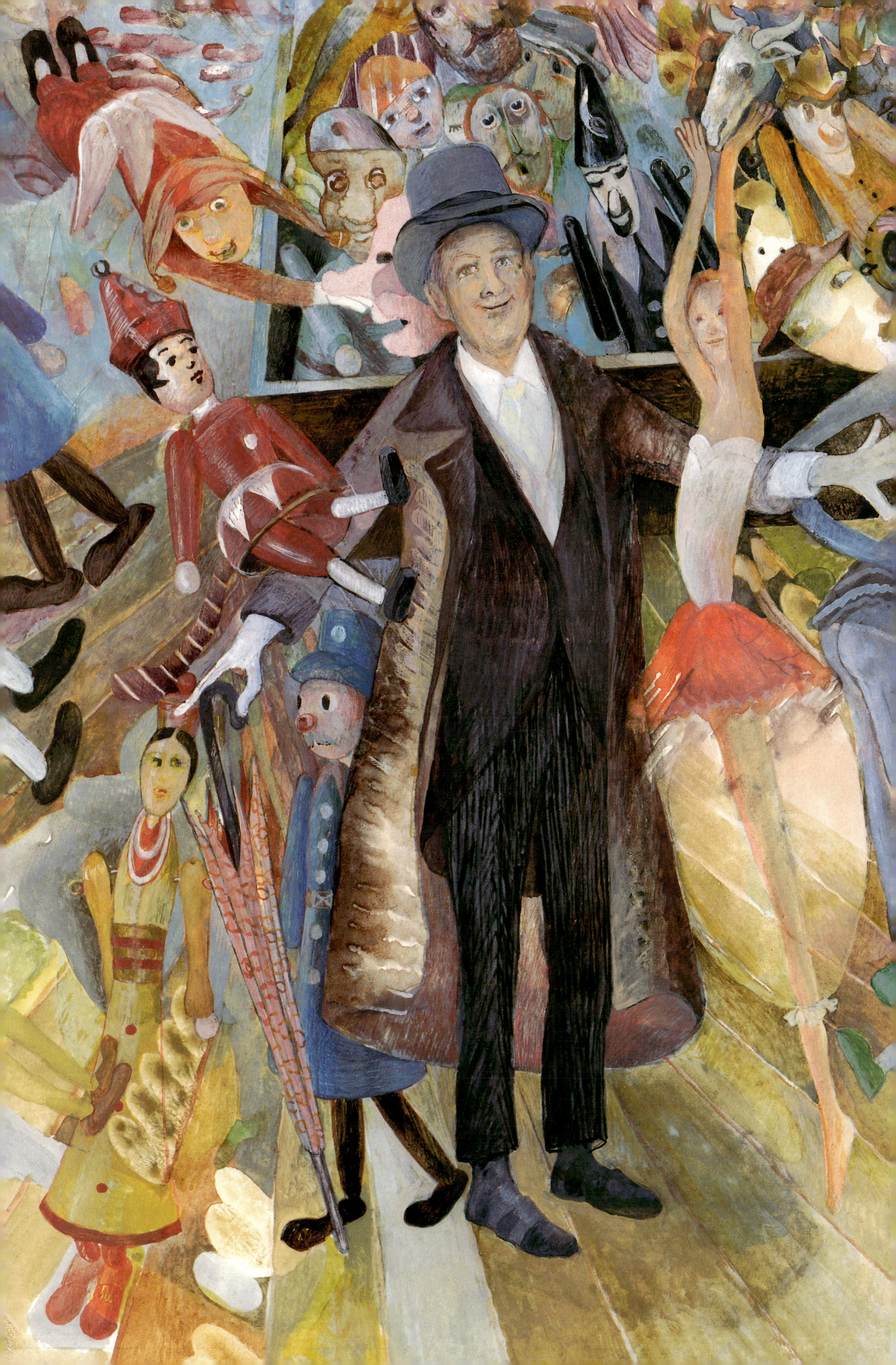

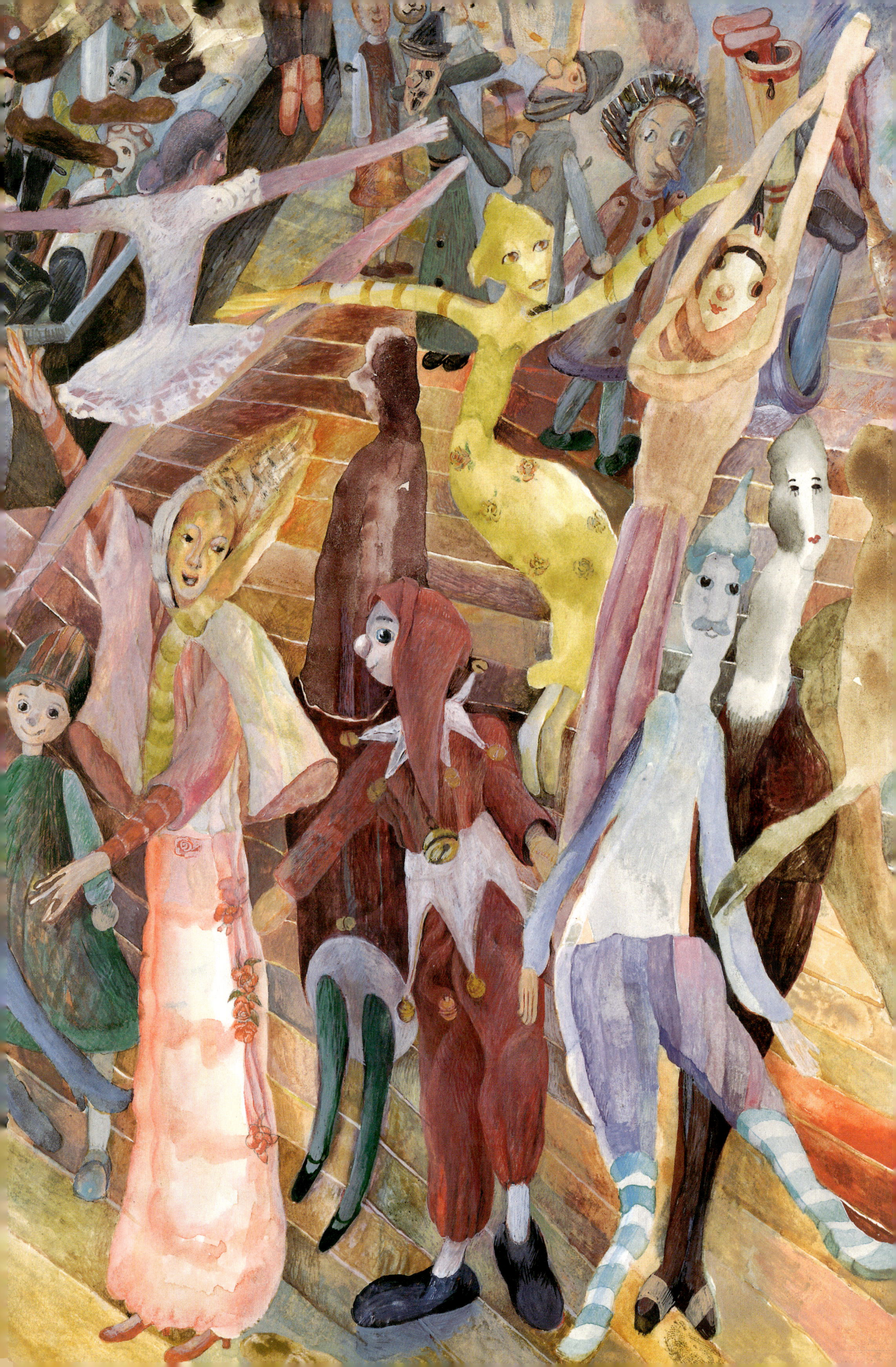

›Sie wünschen sich also Ihre Puppen belebt, Sie wünschen, dass sie sich in wirkliche Schauspieler verwandeln‹, fragte er, ›und dass Sie selbst den Direktor spielen? Glauben Sie in der Tat, dass Sie dann vollkommen glücklich wären?‹ Er glaubte es nun nicht, ich aber glaubte es, und wir sprachen hin, und wir sprachen her und waren dann schließlich auf demselben Fleck, aber mit den Gläsern stießen wir zusammen. Der Wein war sehr gut, allein irgendein Zauberkraut musste in ihm stecken, denn sonst liefe die ganze Geschichte darauf hinaus, dass ich mir einen kleinen Rausch angetrunken hatte. So war es jedoch nicht, meine Augen waren klar und ungetrübt. Es war, als ob plötzlich Sonnenschein das Zimmer erhellte, es strahlte aus dem Antlitz des Polytechnikers, und ich musste unwillkürlich an die alten Götter denken, als sie noch in ewiger Jugend auf Erden wandelten. Das sagte ich auch zu ihm und er lächelte dabei. Ich hätte darauf schwören mögen, dass er ein verkleideter Gott war oder wenigstens aus der Familie eines solchen stammte. – Und richtig, er war es – mein höchster Wunsch sollte erfüllt, die Puppen sollten lebendig und ich Direktor einer Menschentruppe werden. Wir tranken darauf; er packte alle meine Puppen in den hölzernen Kasten, band ihn mir auf den Rücken und ließ mich dann durch eine Spirale fallen. Ich höre noch, wie ich plumpste; ich lag auf dem Boden und die ganze Gesellschaft sprang aus dem Kasten heraus. Der Geist war über sie gekommen, alle Puppen hatten sich in ausgezeichnete Künstler verwandelt, das behaupteten sie selbst, und ich war nun der Direktor. Alles war zur ersten Vorstellung bereit; die ganze Gesellschaft wollte mit mir reden und das Publikum desgleichen. Die Tänzerin versicherte, dass, wenn sie nicht auf einem Bein stände, das Haus fiele, sie wäre in jeder Beziehung Meisterin und verlangte, dementsprechend behandelt zu werden. Die Puppe, welche die Kaiserin spielte, beanspruchte auch außerhalb der Szene die einer solchen gebührende Ehre, denn sonst käme sie aus der Übung. Der junge Mensch, der benutzt wurde, um mit einem Brief hereinzukommen, machte sich ebenso wichtig wie ein erster Liebhaber, denn die Kleinen, behauptete er, wären in einem künstlerischen Ganzen von gleicher Wichtigkeit wie die Großen. Der Held seinerseits begehrte, dass seine ganze Rolle aus lauter Kraftstellen bestehen müsste, denn diese pflegte man zu beklatschen. Die Primadonna wollte nur in roter Toilette spielen, weil ihr diese am besten stände – sie wollte durchaus nicht in Blau auftreten. Es kam mir alles wie eine Flasche voll Fliegen vor, in der ich mittendrin steckte, und ich war der Direktor. Der Atem ging mir aus, ich verlor den Kopf, ich war so elend, wie ein Mensch nur immer werden kann. Es schien ein ganz neues Menschengeschlecht zu sein, unter das ich geraten war, ich wünschte, dass ich sie alle wieder im Kasten hätte und nie Direktor geworden wäre. Ich sagte es ihnen rein heraus, dass sie im Grunde genommen doch nur Puppen wären, und da schlugen sie mich tot. Ich lag in meinem Zimmer auf dem Bett. Wie ich von dem Polytechniker dahin gekommen bin, das mag er wissen, ich weiß es nicht. Der Mond schien auf den Fußboden, wo der Puppenkasten umgeworfen war und alle Puppen verstreut umherlagen. Wie Kraut und Rüben lagen Große und Kleine, die ganze Bescherung durcheinander. Aber ich war nicht faul; flink fuhr ich aus dem Bett, und alle spazierten wieder in den Kasten, einige mit dem Kopf und andere mit den Beinen zuerst. Ich schlug den Deckel zu und setzte mich oben auf den Kasten. Es war ein Bild zum Malen! Können Sie es sehen? Ich kann es sehen. ›Nun sollt ihr drinbleiben‹, sagte ich, ›und nie will ich mehr wünschen, dass ihr Fleisch und Blut erhaltet!‹

Ich geriet in die heiterste Laune und war der glücklichste Mensch. Der Polytechniker hatte mich kuriert. Ich saß in reiner Glückseligkeit auf dem Kasten und fiel auf ihm in Schlaf, und am Morgen – es war eigentlich schon Mittag, aber ich schlief an dem Morgen merkwürdig lange –, da saß ich noch immer auf ihm, glücklich und selig, weil ich gelernt hatte, dass mein ehemaliger einziger Wunsch dumm gewesen war. Ich erkundigte mich nach dem Polytechniker, aber er war fort, verschwunden wie die griechischen und römischen Götter. Und seit der Zeit bin ich der glücklichste Mensch gewesen. Ich bin ein glücklicher Direktor, mein Personal räsoniert nicht, das Publikum auch nicht, es ergötzt sich aus Herzensgrund. Frei kann ich mir alle meine Stücke zusammenbrauen. Aus allen Komödien nehme ich mir das Beste heraus, das mir gefällt, und niemand ärgert sich darüber. Stücke, die auf den großen Theatern jetzt verachtet sind, aber denen das Publikum vor dreißig Jahren nachlief und voller Rührung ihnen lauschte und jämmerlich dabei weinte, deren nehme ich mich jetzt an. Ich spiele sie den Kleinen vor, und die Kleinen weinen, wie einst Vater und Mutter dabei weinten. Ich gebe ›Johanna Montfaucon‹ und ähnliche Rührstücke, aber in Verkürzung, denn die Kleinen halten nicht viel von langem Liebesgeschwätz, sie wollen es unglücklich, aber geschwind. Nun habe ich Dänemark kreuz und quer durchreist, kenne alle Menschen und bin meinerseits bekannt. Jetzt bin ich nach Schweden hinübergegangen, und mache ich hier mein Glück und verdiene ich bar Geld, dann schließe ich mich mit Leib und Seele der skandinavischen Partei an, sonst nicht, das sage ich Ihnen, da Sie mein Landsmann sind.« Und ich als Landsmann erzähle es natürlich sofort weiter, bloß um zu erzählen.

Zwölf mit der Post

Es war bitterböse Kälte, sternklarer Himmel, kein Lüftchen rührte sich. Bums! Da schlugen sie einen Topf gegen die Tür. Paff! Da schossen sie Neujahr ein. Es war Silvesterabend; jetzt schlug die Glocke zwölf.

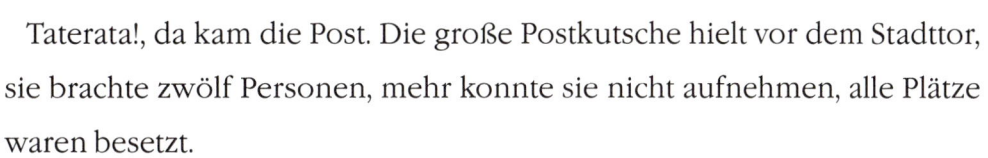

Taterata!, da kam die Post. Die große Postkutsche hielt vor dem Stadttor, sie brachte zwölf Personen, mehr konnte sie nicht aufnehmen, alle Plätze waren besetzt.

»Hurra! Hurra!«, wurde in den Häusern gerufen, in welchen die Leute Silvester feierten; gerade jetzt hatten sie sich mit gefüllten Gläsern erhoben und brachten dem neuen Jahr ein Hoch aus.

»Gesundheit und Zufriedenheit im neuen Jahr!«, riefen sie. »Ein liebes Weibchen, einen Sack voll Geld, Ende aller Sorgen!«

Ja, so wünschte man, und darauf wurde angestoßen, und – die Post hielt mit den fremden Gästen, den zwölf Reisenden, vor dem Stadttor.

Was waren es für Personen? Sie hatten Pässe und Reisegepäck bei sich, ja, Geschenke für dich und mich und alle Menschen in der Stadt. Wer waren die Fremden? Was wollten sie und was brachten sie?

»Guten Morgen!«, sagten sie zu der Schildwache am Tor.

»Guten Morgen!«, erwiderte diese, denn die Glocke hatte ja zwölf geschlagen.

»Ihren Namen? Ihren Stand?«, fragte die Schildwache denjenigen, der zuerst aus dem Wagen trat.

»Sieh nur in den Pass!«, sagte der Mann. »Ich bin ich!« Es war auch wirklich ein ganzer Mann, in einen Bärenpelz gehüllt und mit Pelzstiefeln an den Füßen. »Ich bin der Mann, auf den gar viele ihre Hoffnung setzen. Komm morgen, dann sollst du ein Neujahrsgeschenk bekommen! Ich werfe mit Groschen und Talern umher, mache Geschenke, ja, ich gebe Bälle, volle einunddreißig Bälle, mehr Nächte habe ich nicht fortzugeben. Meine Schiffe sind eingefroren, aber auf meinem Kontor ist es warm. Ich bin Großhändler und heiße Januar. Ich habe nur Rechnungen bei mir.«

Darauf kam der Nächste. Er war ein Spaßvogel, war Arrangeur von Komödien, Maskenbällen und allen nur erdenklichen Lustbarkeiten. Sein Gepäck bestand aus einer großen Tonne.

»Die soll uns an der Fastnacht viel Stoff zur Heiterkeit hergeben«, sagte er. »Ich will andere und auch mich belustigen, denn ich habe aus der ganzen Familie die kürzeste Lebenszeit; ich werde nur achtundzwanzig. Vielleicht schaltet man noch einen Tag ein; aber das ist ebenso viel. Hurra!«

»Sie dürfen nicht so laut schreien«, sagte die Schildwache.

»Bitte, das darf ich wohl!«, versetzte der Mann. »Ich bin Prinz Karneval und reise unter dem Namen Februar.«

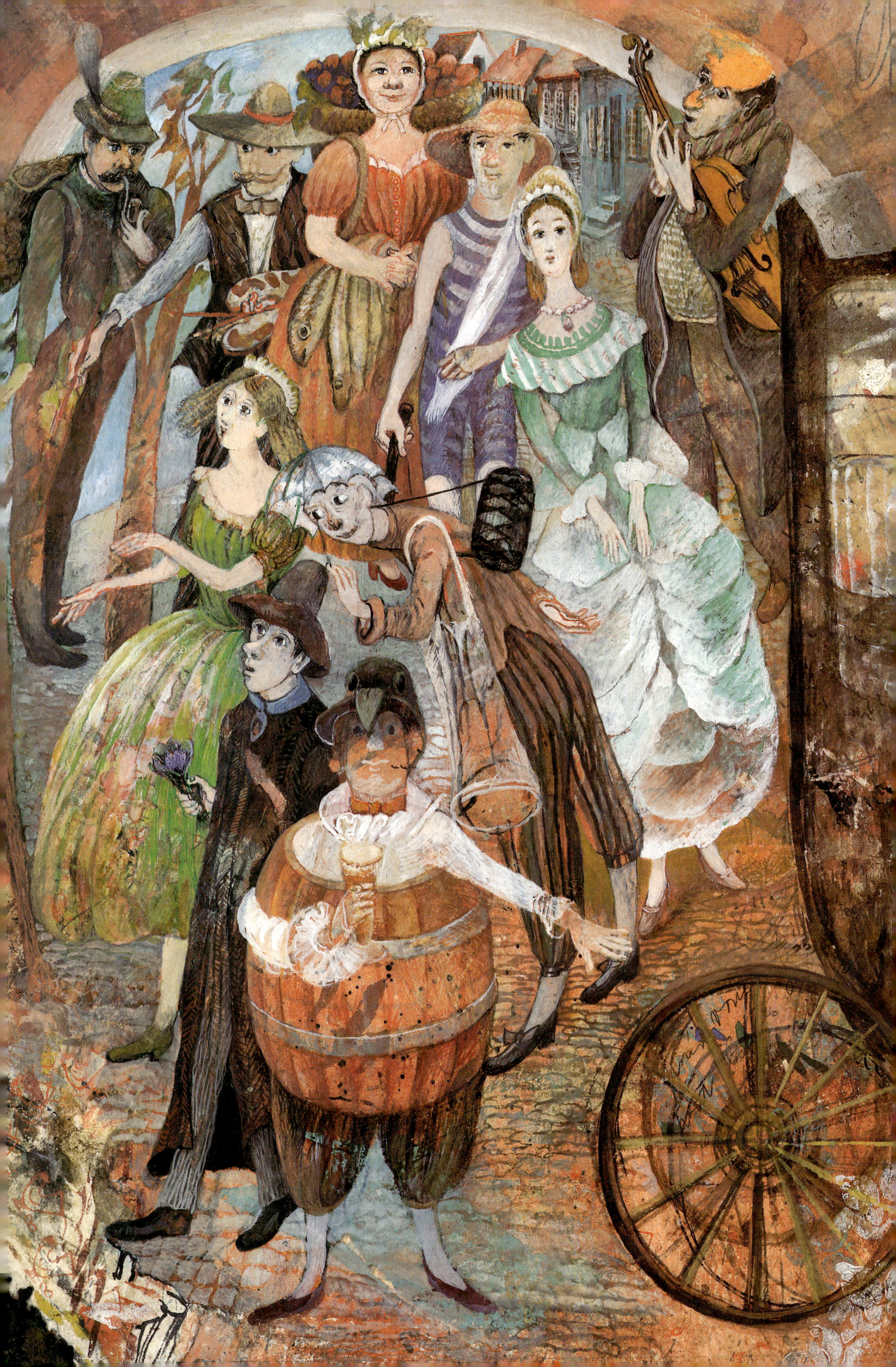

Nun kam der Dritte. Er sah wie die verkörperte Hungersnot aus, trug aber trotzdem den Kopf gar hoch, denn er war mit den »vierzig Rittern« verwandt und außerdem ein Wetterprophet. Das ist freilich kein sehr fettes Amt und darum pries er allen die Fastenzeit an. Sein Staat bestand in einem Veilchenstrauß, den er im Knopfloch trug.

»März, marsch!«, rief der Vierte und versetzte seinem Vorgänger einen Stoß. »März, marsch! Hinein in die Wache, hier gibt es Punsch, ich kann ihn riechen!« Es war aber gar nicht wahr, er wollte ihn nur in den April schicken! Damit führte sich das vierte Bürschlein ein. Sein munteres Wesen gefiel beim ersten Anblick, aber er richtete trotzdem nicht viel aus, hielt jedoch viele Feiertage. »Auf und ab ist meine Lust!«, sagte er; »Regen und Sonnenschein, Ausziehen und Einziehen! Ich bin Ziehtagskommissar, ich bin Leichenbitter, ich kann sowohl lachen wie weinen. Ich habe Sommerzeug in meinem Koffer, es wäre jedoch sehr töricht, es in Gebrauch zu nehmen. Hier bin ich! Um Staat zu machen, gehe ich in seidenen Strümpfen und mit einem Muff.«

Jetzt stieg eine Dame aus der Postkutsche.

»Fräulein Mai!«, sagte sie. Merkwürdig, sie ging in Sommerkleidern und trug dabei Überziehschuhe. Sie hatte einen saftgrünen seidenen Rock an, ihr Haar mit Anemonen geschmückt und duftete zugleich so stark nach Waldmeister, dass die Schildwache niesen musste. »Gott segne Sie!« Mit diesem freundlichen Gruß führte sie sich ein. Sie war niedlich und außerdem eine Sängerin, nicht wie man sie auf den Theatern findet, sondern im Wald; durch den frischen grünen Wald ging sie und sang zu ihrer eigenen Lust. In ihrem Nähkästchen hatte sie Christian Winthers »Holzschnitte«, denn diese sind wie der Buchenwald selbst, und »Richards kleine Gedichte«, sie sind wie Waldmeister.

»Jetzt kommt die Frau, die junge Frau!«, rief man im Wagen, und darauf kam die Frau, jung und fein, stolz und hübsch. Man konnte gleich sehen, dass sie dazu geboren war, die »Siebenschläfer« zu feiern. Einen Schmaus veranstaltete sie am längsten Tag, damit man Zeit bekäme, alle die verschiedenen Gerichte zu verspeisen. Sie hatte Mittel dazu, im eigenen Wagen zu fahren, kam aber doch gleich den anderen mit der Post, um damit zu beweisen, dass sie nicht hochmütig wäre. Allein reiste sie gleichwohl nicht, sie wurde von ihrem jüngeren Bruder Julius begleitet.

Er war wohlbeleibt, trug Sommerkleidung und einen Panamahut. Gepäck führte er nur wenig bei sich, es war ihm in der Hitze zu beschwerlich. Er hatte nur Bademantel und Schwimmhose bei sich; das ist gerade nicht viel.

Nun kam die Mutter, Frau August, Obsthändlerin en gros, Besitzerin mehrerer Fischkästen, Bäuerin in großer Krinoline. Sie war fett und heiß, war stets bei allem dabei und ging selbst mit dem Bierfässchen zu den Leuten auf den Markt. »Man muss sein Brot im Schweiße seines Angesichts essen«, so lautete ihr Wahlspruch. »Das steht in der Bibel, hinterher kann man auch noch ein Waldfest feiern und einen Herbstschmaus geben.«

Jetzt erschien wieder ein Mann, Maler seines Zeichens, Meister in den Farben, das erfuhr der Wald, die Blätter mussten ihre Farbe wechseln, aber nicht zu ihrem Nachteil, wenn er nur wollte. Ein rotes, gelbes, braunes Aussehen gewann der Wald gar bald. Der Meister konnte pfeifen wie der schwarze Star, war ein flinker Arbeiter und schlang die bräunlich grüne Hopfenranke um seinen Bierkrug. Das putzte und für Putz hatte er ein Auge. Hier stand er nun mit seinem Farbentopf, der war sein ganzes Reisegut.

Auf ihn folgte der Gutsbesitzer; er dachte nur an die Saatzeit, an Pflügen und Bestellung des Ackers, ein klein wenig auch an das Jagdvergnügen. Er hatte Hund und Gewehr, seine Tasche war voller Nüsse; knick, knack!, ging es. Entsetzlich viel Gepäck schleppte er mit sich, darunter auch einen englischen Pflug. Sein ganzes Gespräch drehte sich nur um landwirtschaftliche Dinge; viel konnte man aber vor einem ewigen Gehuste und Geschnaube nicht verstehen, das von seinem Nachfolger ausging. Es war der November, der jetzt auftrat.

Er hatte Schnupfen, furchtbaren Schnupfen, sodass er ein Laken als ein Taschentuch gebraucht hätte, und doch sollte er den Dienstmädchen zur Hand gehen, sagte er, die Erkältung würde schon vorübergehen, wenn er sich erst an das Holzhacken machte, und das wollte er, denn er war zunftmäßiger Holzsägemeister. Die Abende brachte er mit der Anfertigung von Schlittschuhen zu, wusste er doch, dass man in wenigen Wochen dieses lustige Schuhwerk gar eifrig gebrauchen würde.

Jetzt kam als Letzte das alte Großmütterchen mit dem Feuertopf; sie fror, aber ihre Augen strahlten wie zwei klare Sterne. Sie trug einen Blumentopf mit einem kleinen Tannenbäumchen. »Das will ich pflegen und will ich warten, dass es bis zum Weihnachtsabend groß wird, vom Fußboden bis zur Decke reicht und mit angezündeten Lichtern, vergoldeten Äpfeln und Nüssen und anderen Zierraten prangt. Der Feuertopf wärmt wie ein Kachelofen, ich nehme das Märchenbuch aus der Tasche und lese den Kindern vor, sodass alle in der Stube still, aber die Puppen auf dem Baum lebendig werden und der kleine Wachsengel auf der obersten Spitze des Baumes seine Flittergoldflügel schüttelt, von dem grünen Wipfel herabfliegt und Klein und Groß in der Stube küsst, auch die armen Kinder, die draußen stehen und das Weihnachtslied von dem Stern über Bethlehem singen.«

»Die Kutsche kann jetzt weiterfahren«, sagte die Schildwache; »das Dutzend ist jetzt voll. Lasst nun einen neuen Reisewagen vorfahren!«

»Lasst erst die zwölf eintreten!«, befahl der Hauptmann, der die Wache hatte. »Immer nur einer auf einmal! Den Pass behalte ich; für jeden gilt er auf die Dauer eines Monats; wenn er um ist, werde ich auf ihm bemerken, wie er sich aufgeführt hat. Seien Sie so gut, Herr Januar, treten Sie gefälligst ein!«

Darauf ging er hinein. Wenn ein Jahr um ist, werde ich dir sagen, was die zwölf dir, mir und uns allen gebracht haben. Jetzt weiß ich es nicht und sie wissen es wohl selber nicht – denn es ist eine wunderliche Zeit, in der wir leben.

Der Mistkäfer

Das Pferd des Kaisers bekam goldene Hufeisen, ein goldenes Hufeisen an jedem Fuß. Weshalb bekam es goldene Hufeisen? Es war das schönste Tier, hatte starke Beine, kluge Augen und eine Mähne, die ihm wie ein seidener Flor um den Hals hing. Es hatte seinen Herrn in Pulverdampf und Kugelregen getragen, hatte Kugeln singen und pfeifen hören. Es hatte um sich gebissen, um sich geschlagen, mitgekämpft, als die Feinde vorwärts drangen. In einem Sprung war es über das Pferd des gestürzten Feindes hinweggesetzt, hatte seinem Kaiser die Krone von rotem Gold gerettet, seinem Kaiser das Leben gerettet, was mehr als das rote Gold war, und deshalb erhielt des Kaisers Pferd goldene Hufeisen, ein goldenes Hufeisen auf jedem Fuß. Und der Mistkäfer kroch hervor.

»Erst die Großen, dann die Kleinen«, sagte er, »doch es ist nicht die Größe, die es tut.« Und darauf streckte er seine dünnen Beine hin.

»Was willst du?«, fragte der Schmied.

»Goldene Hufeisen!«, antwortete der Mistkäfer. »Du bist wohl nicht recht bei Trost!«, erwiderte der Schmied. »Du willst ebenfalls goldene Hufeisen haben?«

»Goldene Hufeisen!«, entgegnete hartnäckig der Mistkäfer. »Bin ich etwa nicht ebenso gut wie die große Bestie, die immer bedient, gestriegelt, abgewartet werden muss und ihr gutes Futter und Saufen erhält? Gehöre ich nicht auch zum Stall des Kaisers?«

»Weshalb bekommt aber das Pferd goldene Hufeisen?«, fragte der Schmied. »Begreifst du denn das gar nicht?«

»Begreifen? Ich begreife wenigstens so viel, dass es eine Geringschätzung gegen mich ist«, bemerkte der Mistkäfer, »es ist eine Kränkung – und deshalb gehe ich in die weite Welt hinaus.«

»Mach, dass du wegkommst!«, rief der Schmied lachend.

»Grober Kerl!«, sagte der Mistkäfer und ging dann zur Stalltür hinaus, flog eine kurze Strecke und befand sich nun in einem niedlichen kleinen Blumengärtchen, wo es nach Rosen und Lavendel duftete.

»Ist es hier nicht herrlich?«, sagte ein kleines, bunt geflecktes Hühnchen. »Wie süß es duftet und wie schön es ist!«

»Ich bin an Besseres gewöhnt«, erwiderte der Mistkäfer. »Nennen Sie dieses hier schön? Hier ist ja nicht einmal ein Düngerhaufen.«

Darauf schritt er weiter und gelangte in den Schatten einer Levkoje; eine Raupe kroch auf ihr.

»Wie schön die Welt doch ist!«, sagte die Raupe. »Die Sonne ist so warm! Alles ist so froh und zufrieden, und wenn ich einmal einschlafe und sterbe, wie sie es nennen, dann wache ich wieder auf und bin ein Schmetterling.«

»Bilde dir nur nichts ein!«, sagte der Mistkäfer. »Jetzt fliegen wir wie Schmetterlinge umher! Ich komme aus des Kaisers Stall, aber niemand in ihm, nicht einmal das Leibross des Kaisers, das doch mit meinen abgelegten goldenen Hufeisen einherstolziert, hat dergleichen Einbildungen. Flügel bekommen! Fliegen! Ja, jetzt fliegen wir!« Und bei diesen Worten flog er auf. »Ich will mich nicht ärgern, aber ich ärgere mich doch.«

Er fiel auf einen großen Rasenfleck. Hier lag er ein wenig und versank dann in Schlaf.

O weh! Was für ein Regenguss stürzte hernieder! Der Mistkäfer erwachte bei dem Geplätscher und wollte sich sofort in die Erde verkriechen, war es jedoch nicht imstande. Er wälzte sich, er schwamm auf dem Bauch und dem Rücken, an Fliegen war gar nicht zu denken, er kam gewiss nie lebendig von diesem Fleck. Er lag, wo er lag, und blieb liegen.

Als der Regen ein wenig nachließ und der Mistkäfer sich das Wasser aus den Augen geblinzelt hatte, schimmerte etwas Weißes vor ihm, es war Leinwand auf der Bleiche. Er eilte hin und kroch in eine Falte des nassen leinenen Zeuges. Freilich lag man darin nicht wie in dem warmen Dünger im Stall; es gab nun aber einmal nichts Besseres, und deshalb blieb er hier einen ganzen Tag und eine ganze Nacht, und auch das Regenwetter blieb gleich heftig. In früher Morgenstunde kroch der Mistkäfer wieder hervor; er war sehr ärgerlich über die Witterung.

Zwei Frösche saßen auf der Leinwand; ihre hellen Augen leuchteten vor lauter Entzücken. »Es ist ein köstliches Wetter!«, sagte der eine. »Wie es erfrischt! Und die Leinwand hält das Wasser so schön zusammen. Es kribbelt und krabbelt mir in den Hinterbeinen, als ob ich schwimmen sollte.«

»Ich möchte nur wissen«, sagte der andere, »ob die Schwalbe, die so weit umherschweift, ob sie auf ihren vielen Reisen in das Ausland ein besseres Klima als das unsrige gefunden hat. Ein solcher Regen, eine solche Nässe; es ist gerade, als ob man in einem nassen Graben läge. Wenn man sich darüber nicht freut, dann hat man sein Vaterland wahrhaftig nicht lieb.«

»Ihr seid wohl nie im Stall des Kaisers gewesen?«, fragte der Mistkäfer. »Da ist die Feuchtigkeit sowohl warm wie gewürzreich. Daran bin ich gewöhnt; das ist das mir zusagende Klima, aber man kann es leider nicht mit auf die Reise nehmen. Gibt es hier im Garten kein Mistbeet, wo sich Standespersonen wie ich aufhalten und sich heimisch fühlen können?«

Aber die Frösche verstanden ihn nicht oder wollten ihn nicht verstehen.

»Ich frage nie zum zweiten Mal«, sagte der Mistkäfer, nachdem er dreimal gefragt hatte, ohne eine Antwort zu erhalten.

Als er eine Strecke weitergegangen war, traf er auf einen Topfscherben; er sollte wohl eigentlich nicht daliegen, da er nun aber einmal dalag, gewährte er Schutz. Hier wohnten mehrere Ohrwürmerfamilien. Sie verlangten nicht große Räumlichkeiten, sondern ein geselliges Zusammenleben. Die Frauen zeichneten sich namentlich durch große Mutterliebe aus, weshalb auch jede ihre Jungen für die schönsten und klügsten hielt.

»Unser Sohn hat sich verlobt«, sagte eine Mutter. »Die süße Unschuld! Sein höchstes Ziel ist, einmal in das Ohr eines Pfarrers kriechen zu können. Er ist so liebenswürdig und kindlich und seine Verlobung hält ihn von allen Ausschweifungen fern. Es gibt nichts Erfreulicheres für eine Mutter.«

»Unser Sohn«, erzählte eine andere Mutter, »war kaum aus dem Ei gekrochen, als er schon lustig zu spielen begann. Es sprüht in ihm, er muss sich die Hörner ablaufen. Das ist wirklich eine große Freude für eine Mutter! Nicht wahr, Herr Mistkäfer?« Sie erkannten den Fremden an seiner Gestalt.

»Sie haben alle beide Recht!«, sagte der Mistkäfer und wurde darauf eingeladen näherzutreten, soweit es ihm gelang, unter den Topfscherben zu kriechen.

»Nun sollen Sie auch unsere kleinen Ohrwürmchen sehen«, sagte eine dritte und vierte der Mütter. »Es sind die lieblichsten Kinder und so drollig! Sie sind nie unartig, außer wenn sie Leibweh haben, aber das bekommt man so leicht in ihrem Alter.«

Und dann erzählte jede Mutter von ihren Jungen, und die Jungen redeten dazwischen und bedienten sich der Gabel, die sie hinten am Schwanz hatten, um den Mistkäfer an den Bartfasern zu zwicken.

»Sie verfallen aber auch auf alles, die kleinen Schelme!«, sagten die Mütter und dampften ordentlich vor Mutterliebe. Den Mistkäfer verdross es jedoch, und deshalb fragte er, ob sich das Mistbeet nicht in der Nähe befände.

»Oh, das liegt weit, weit in die Welt hinaus, jenseits des Grabens«, sagte ein Ohrwurm, »so weit, dass, wie ich hoffe, keines meiner Kinder je so weit kommt, denn das wäre mein Tod.«

»Ich will doch den Versuch machen, so weit zu kommen«, entgegnete der Mistkäfer und ging ohne Abschied. Das ist am galantesten.

Am Graben traf er mehrere seines Geschlechts, lauter Mistkäfer. »Hier wohnen wir!«, sagten sie. »Wir haben es sehr warm! Dürfen wir es wagen, Sie zu uns einzuladen? Die Reise hat Sie gewiss ermüdet.«

»Das hat sie«, sagte der Mistkäfer. »Ich habe im Regenwetter auf Leinwand gelegen und Reinlichkeit berührt mich ganz besonders empfindlich. Ich habe auch in dem einen Flügelgelenk die Gicht bekommen, weil ich unter einem Topfscherben im Zug stehen musste. Es ist eine wahre Erquickung, wieder einmal zu seinen eigenen Leuten zu kommen.«

»Sie kommen vielleicht von dem Mistbeet?«, fragte der Älteste.

»Höher hinauf!«, erwiderte der Mistkäfer. »Ich komme aus dem Stall des Kaisers, in dem ich mit goldenen Hufeisen geboren wurde. Ich reise in einem geheimen Auftrag, weshalb Sie mich nicht ausfragen dürfen, denn ich sage es doch nicht.«

Darauf stieg der Mistkäfer in den fetten Schlamm hinab. Hier saßen drei junge Mistkäferfräulein, die verschämt kicherten, weil sie nicht wussten, was sie sagen sollten.

»Sie sind noch unverlobt«, sagte die Mutter, und wieder begannen die Mistkäferfräulein zu kichern.

»Selbst im Stall des Kaisers habe ich keine schöneren gesehen!«, entgegnete der reisende Mistkäfer galant.

»Verderben Sie mir meine Mädchen nicht, und reden Sie nicht mit ihnen, wenn Sie keine reellen Absichten haben – aber die haben Sie, und ich gebe Ihnen meinen Segen.«

»Hurra!«, riefen alle anderen, und so sah sich der Mistkäfer plötzlich verlobt. Erst Verlobung, dann Hochzeit; es gab ja nichts, worauf man hätte zu warten brauchen.

Der folgende Tag verging sehr gut, der nächste verstrich schon langsamer, aber am dritten Tag musste man doch an Nahrung für Weib und möglicherweise auch Kinder denken.

Ich habe mich überrumpeln lassen, dachte der Mistkäfer, deshalb darf ich sie auch wohl meinerseits überrumpeln.

Und er tat es. Weg war er, weg den ganzen Tag, weg die ganze Nacht – und die Frau saß als Strohwitwe da. Die anderen Mistkäfer behaupteten, sie hätten leider einen ausgemachten Landstreicher in die Familie aufgenommen. Die Frau war ihnen jetzt eine Last.

»Dann kann sie wieder als Jungfrau bei mir bleiben«, sagte die Mutter, »als mein Kind. Pfui über die abscheuliche Kotseele, die sie im Stich ließ!«

Er befand sich inzwischen wieder auf der Landstraße; auf einem Kohlblatt war er über den Graben gesegelt. Gegen Morgen kamen plötzlich zwei Menschen, sie bemerkten den Mistkäfer, nahmen ihn auf, drehten ihn nach allen Seiten, und waren beide erstaunlich gelehrt, besonders der Knabe. »Allah sieht den schwarzen Mistkäfer im schwarzen Gestein des schwarzen Felsens! Steht es nicht so im Koran?«, fragte er und übersetzte den Namen des Mistkäfers ins Lateinische und beschrieb dessen Geschlecht und Natur. Der ältere Gelehrte war nicht dafür, ihn mit nach Hause zu nehmen; man hätte daselbst ebenso gute Exemplare, meinte er, und das war nun freilich nicht höflich geredet, wie es dem Mistkäfer vorkam. Deshalb flog er ihm aus der Hand, flog, da seine Flügel trocken geworden waren, eine tüchtige Strecke und gelangte nach dem Treibhaus, wo er, da das eine Fenster in die Höhe geschoben war, in größter Bequemlichkeit hineinschlüpfen und sich in den frischen Dünger eingraben konnte.

»Hier ist es herrlich und lecker!«, rief er aus.

Bald fiel er in Schlaf und träumte, dass das Pferd des Kaisers gestürzt wäre und der Herr Mistkäfer dessen goldene Hufeisen und das Versprechen erhalten hätte, zwei obendrein zu bekommen. Wie angenehm, wie behaglich ist ein solcher Traum! Als der Mistkäfer erwachte, kroch er hervor und schaute sich um. Was für eine Pracht war hier im Treibhaus! Große Fächerpalmen ragten schlank in die Höhe, die Sonne machte sie gleichsam durchsichtig, und unter ihnen schoss eine Fülle von Grün empor und leuchteten Blumen, rot wie Feuer, gelb wie Bernstein und weiß wie frisch gefallener Schnee.

»Es ist eine unvergleichliche Pracht! Wie delikat es schmecken muss, wenn alle diese Pflanzen erst in Fäulnis übergehen!«, sagte der Mistkäfer. »Es ist

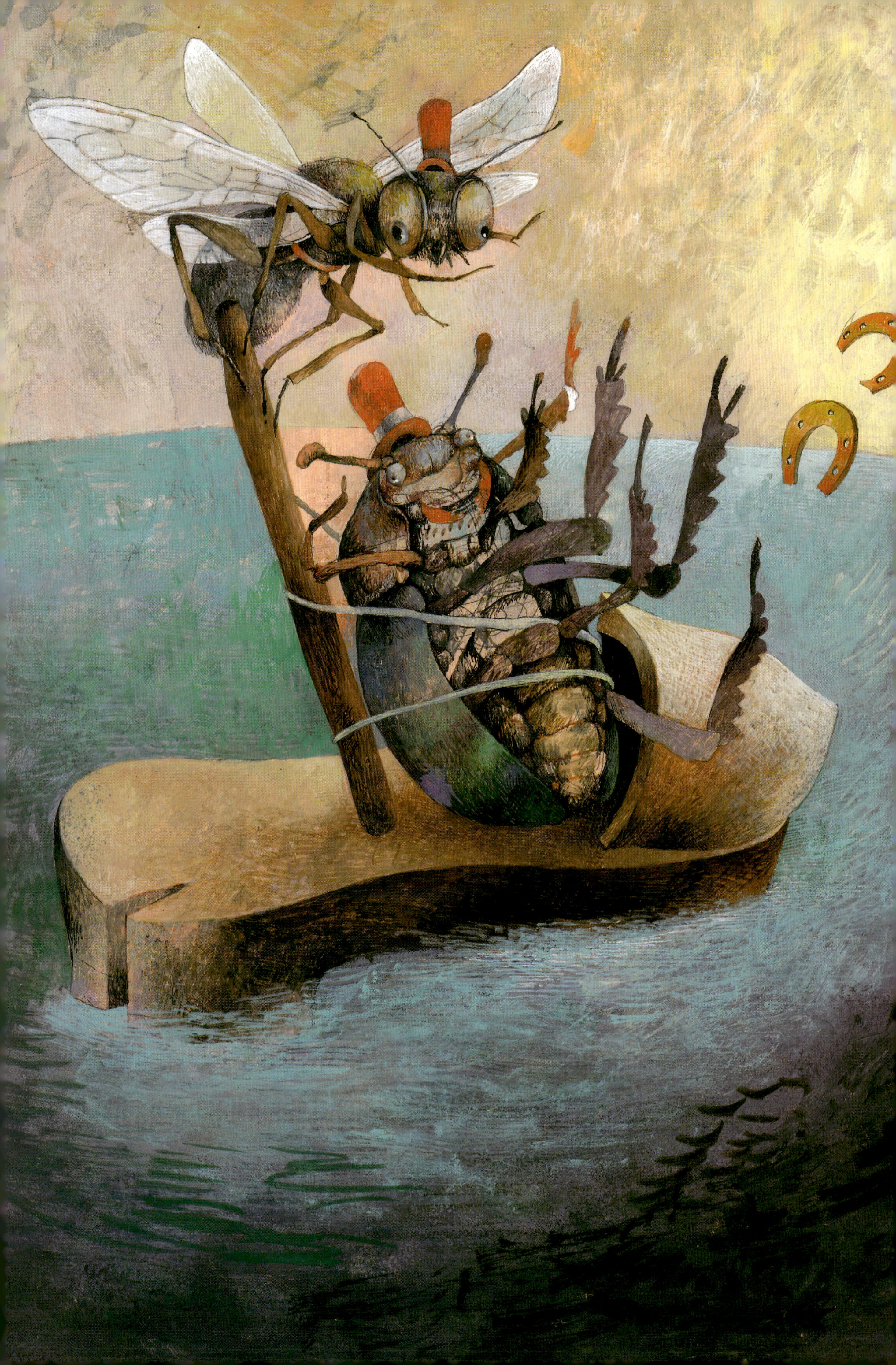

eine vorzügliche Speisekammer. Hier wohnen gewiss Mitglieder meiner Familie. Ich will doch ein wenig nachspüren und zusehen, ob ich jemand entdecken kann, mit dem sich umgehen lässt. Anständig bin ich, das ist mein Stolz!« Darauf suchte er überall umher und gedachte seines Traumes vom toten Pferd und den gewonnenen goldenen Hufeisen

Da legte sich plötzlich eine Hand um den Mistkäfer; er wurde zusammengepresst und hin und her gewendet.

Der kleine Sohn des Gärtners und einer seiner Kameraden befanden sich in dem Treibhaus, hatten den Mistkäfer gesehen und wollten ihren Scherz mit ihm treiben. In ein Weinblatt gehüllt, wanderte er in eine warme Hosentasche. Er kribbelte und krabbelte, erhielt aber zur Belohnung einen kräftigen Handdruck des Knaben, der mit ihm nach einem großen Teich am Ende des Gartens eilte. Hier wurde der Mistkäfer in einen alten zerbrochenen Holzschuh, von dem sich der obere Teil gelöst hatte, hineingesetzt. Ein Holzpflock wurde als Mastbaum in dem Schuh angebracht, und an ihn wurde der Mistkäfer mit einem wollenen Faden angebunden. Er sollte den Schiffer vorstellen und aussegeln.

Es war ein sehr großer Teich, der Mistkäfer hielt ihn für ein Weltmeer und geriet in solches Erstaunen, dass er auf den Rücken fiel und mit den Beinen zappelte.

Der Holzschuh segelte ab, es war eine ziemlich bedeutende Strömung im Wasser; entfernte sich jedoch das Schiffchen zu weit vom Ufer, so streifte der eine Knabe sofort seine Hose in die Höhe und holte es wieder zurück. Als es aber wieder in voller Fahrt war, wurden die Knaben abgerufen. Sie eilten davon und ließen Holzschuh Holzschuh sein. Er trieb immer weiter vom Land ab, immer weiter hinaus; es war dem Mistkäfer entsetzlich zumute. Fliegen konnte er nicht, denn er war ja an den Mast gebunden.

Er erhielt Besuch von einer Fliege.

»Wir haben heute sehr schönes Wetter«, fing die Fliege das Gespräch an. »Hier kann ich mich ausruhen, hier kann ich mich sonnen. Sie haben es wirklich sehr angenehm und behaglich!«

»Sie schwatzen, wie Sie es verstehen! Sehen Sie denn nicht, dass ich hier festgebunden bin?«

»Ich bin aber nicht festgebunden«, versetzte die Fliege und flog fort.

»Nun kenne ich die Welt«, sagte der Mistkäfer. »Es ist eine niedrige Welt, ich bin das einzige anständige Wesen in ihr! Erst verweigert man mir goldene Hufeisen, dann muss ich auf nasser Leinwand liegen, im Zug stehen, und schließlich drängt man mir noch eine Frau auf. Tue ich nun einen raschen Schritt in die weite Welt hinaus und sehe, wie man es haben kann und wie ich es haben müsste, dann kommt so eine Menschenrange und gibt mich angebunden dem wilden Meer preis. Und mittlerweile geht des Kaisers Pferd mit goldenen Hufeisen einher! Das ärgert mich am meisten. Aber auf Dank und Teilnahme kann man in dieser Welt nicht rechnen! Mein Lebenslauf ist sehr belehrend und unterhaltend, aber was kann das helfen, wenn ihn niemand erfährt! Die Welt verdient auch gar nicht, ihn kennen zu lernen, sonst hätte sie mir im Stall des Kaisers zugleich mit dem Leibross, als es seine Beine hinhielt, goldene Hufeisen gegeben. Hätte ich goldene Hufeisen bekommen, so wäre ich eine Ehre für den Stall geworden. Nun hat er mich verloren, und die Welt hat mich verloren, alles ist aus!«

Aber es war noch nicht alles aus, es kam ein Boot mit einigen jungen Mädchen. Sie befanden sich zur Seite des Holzschuhs, fischten ihn auf, und das eine der Mädchen zog eine kleine Schere hervor, zerschnitt den wollenen Faden, ohne den Mistkäfer zu beschädigen, und als sie landeten, setzte es ihn in das Gras.

»Krieche, krieche! Fliege, fliege, wenn du kannst!«, sagte sie. »Freiheit ist ein schönes Ding.«

Und der Mistkäfer flog gerade zum offenen Fenster eines großen Gebäudes hinein; müde sank er in die feine, weiche, lange Mähne des kaiserlichen Leibrosses hinab, das in dem Stall stand, wo dieses und der Mistkäfer zu Hause waren. Er klammerte sich an der Mähne fest, saß ein Weilchen und erholte sich nach und nach. »Hier sitze ich auf dem Leibross des Kaisers, sitze als Reiter auf ihm! Was sage ich! Ja, nun wird es mir klar! Es ist eine gute Idee und eine völlig wahre. Weshalb erhielt das Pferd goldene Hufeisen? Danach fragte auch er mich, der Schmied. Nun sehe ich es ein; um meinetwegen erhielt das Pferd goldene Hufeisen!«

Und über diesen Gedanken geriet der Mistkäfer in gute Laune.

»Man wird scharfsinnig auf Reisen!«, sagte er.

Die Sonnenstrahlen fielen gerade auf ihn, die Sonne schien so prächtig. »Die Welt ist doch nicht so böse«, sagte der Mistkäfer, »man muss sie nur zu nehmen wissen.« Die Welt war wieder schön, denn das Leibross des Kaisers hatte goldene Hufeisen erhalten, weil der Mistkäfer sein Reiter sein sollte.

»Nun will ich aber doch absteigen und den anderen Familienmitgliedern erzählen, wie viel man für mich getan hat. Ich will von all den Annehmlichkeiten erzählen, die ich auf meiner ausländischen Reise genossen habe, und ich will ihnen sagen, dass ich nun so lange zu Hause bleibe, bis das Pferd seine goldenen Hufeisen verbraucht hat.«

Was Vater tut, das ist immer recht

Jetzt will ich dir eine Geschichte erzählen, die ich gehört habe, als ich noch ein kleiner Junge war, und sooft ich mich ihrer seitdem erinnerte, kam sie mir jedes Mal schöner vor. Es geht mit den Geschichten geradeso wie mit manchen Menschen; sie werden mit dem Alter schöner und schöner und das ist so erfreulich.

Du bist ja schon draußen auf dem Land gewesen, hast ein richtiges altes Bauernhaus mit Strohdach gesehen! Moos wächst auf ihm; ein Storchennest ist auf dem Dachfirst. Der Storch darf nicht fehlen; die Wände sind schief, die Fenster niedrig, und nur ein einziges lässt sich öffnen. Der Backofen ragt wie ein kleiner, dicker Bauch hervor, und der Fliederbusch neigt sich über den Zaun, neben dem sich eine Wasserpfütze mit einer Ente oder jungen Entlein gerade unter dem verkrüppelten Weidenbaum befindet. Ja, und dann ist auch ein Kettenhund da, der alles und jeden anbellt.

Genau ein solches Haus stand draußen auf dem Land und in ihm wohnte ein Paar alte Leute, ein Bäuerlein und eine Bauernfrau. Wie wenig sie auch besaßen, konnten sie doch noch ein Stück entbehren, und das war ein Pferd, das an den Grabenrändern der Landstraße zu grasen pflegte. Der Alte ritt auf ihm nach der Stadt, die Nachbarn liehen es und leisteten dafür Gegendienste, aber es war wohl noch zweckmäßiger für beide, das Pferd zu verkaufen oder gegen das eine oder das andere zu vertauschen, was ihnen noch größeren Gewinn abwarf. Aber was sollte das sein?

»Das wirst du, Väterchen, schon am besten verstehen!«, sagte die Frau. »Es ist jetzt gerade Markt im nächsten Flecken, reite hin, lass dir Geld für das Pferd bezahlen oder mache einen guten Tausch. Was du tust, das ist immer recht. Reite auf den Markt!«

Darauf band sie ihm das Halstuch um, denn das verstand sie doch besser als er; sie band ihm eine Doppelschleife, was ihm ein ganz unternehmendes Äußeres verlieh, bürstete ihm den Hut mit der flachen Hand, küsste ihn auf den warmen Mund, und dann ritt er auf dem Pferd, das verkauft oder vertauscht werden sollte, munter von dannen. Ja, Vater verstand es.

Die Sonne brannte, kein Wölkchen stand am Himmel. Es staubte auf dem Weg. Zahlreiche Marktleute zu Wagen, zu Pferde und auf ihren eigenen Beinen belebten die sonst so einsame Landstraße. Es herrschte eine glühende Sonnenhitze und nirgends war ein schattiger Punkt auf dem ganzen Weg zu gewahren.

Unser alter Freund traf mit einem Landmann zusammen, der eine Kuh trieb, eine Kuh, so niedlich, wie nur eine Kuh sein kann. Die gibt gewiss schöne Milch!, dachte er, da ließe sich vielleicht ein ganz guter Tausch machen! »Höre einmal, du mit der Kuh!«, sagte er. »Wollen wir nicht ein wenig miteinander plaudern? Siehst du, ein Pferd, sollte ich denken, kostet mehr als eine Kuh; aber das ist einerlei! Von einer Kuh habe ich mehr Gewinn. Wollen wir tauschen?«

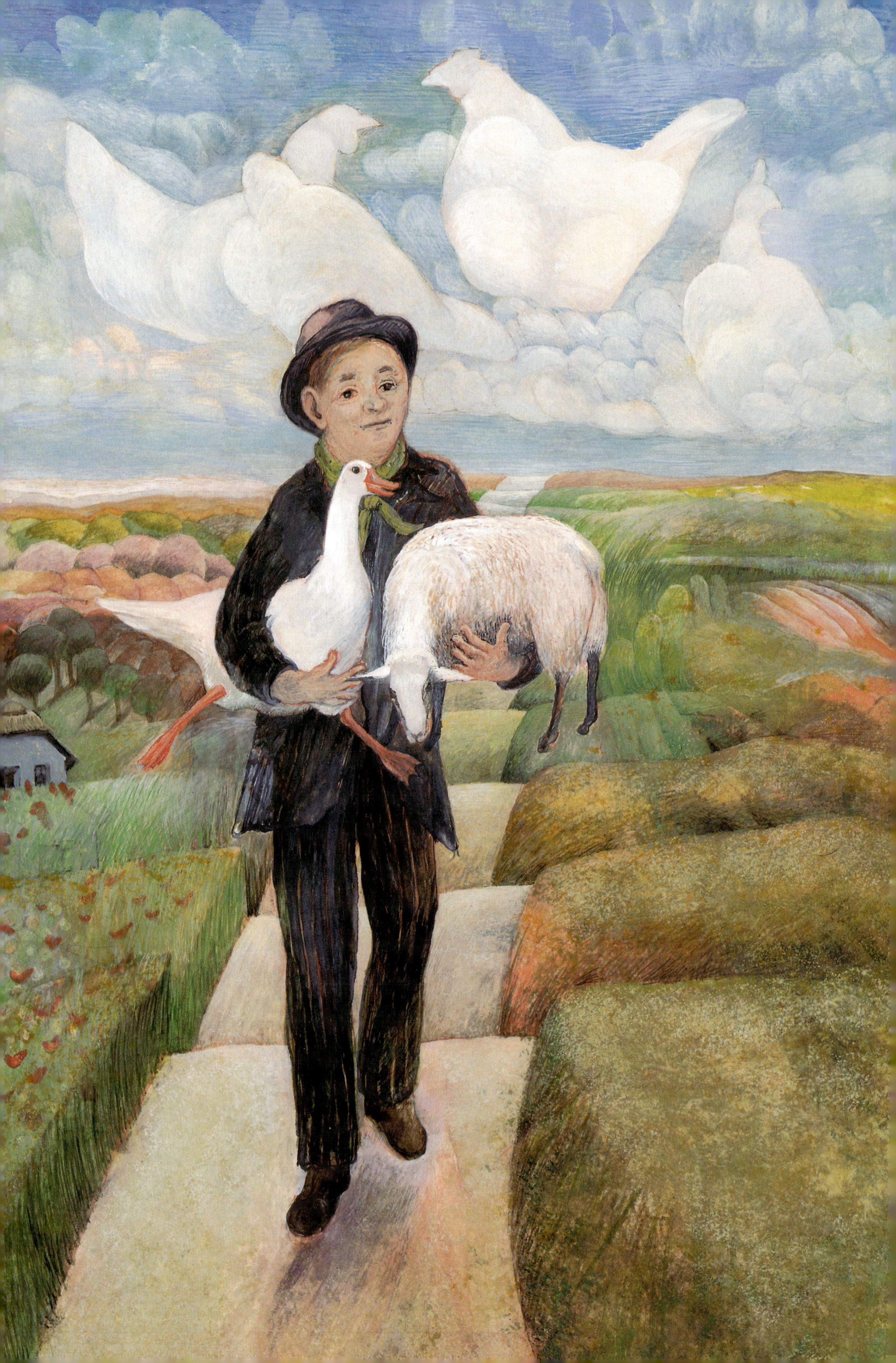

»Recht gern!«, sagte der Mann mit der Kuh, und darauf tauschten sie.

Das Geschäft war abgeschlossen, und nun hätte das Bäuerlein umkehren können, hatte es doch den Zweck seiner Reise erreicht; aber da es einmal seine Absicht gewesen war, auf den Jahrmarkt zu kommen, so wollte es nun auch auf den Jahrmarkt kommen, nur um ihn sich anzusehen, und so trieb denn unser Freund seine Kuh weiter. Er schritt rasch zu, und die Kuh schritt rasch zu, und deshalb erreichten sie bald einen Mann, der ein Schaf führte. Es war ein gutes Schaf, gut im Stande und gut mit Wolle versehen.

Das möchte ich wohl haben!, dachte der Bauer. Auf unserem Grabenrand würde es ihm nicht an Gras fehlen und im Winter könnte man es zu sich in die Stube nehmen. Im Grunde wäre es für uns richtiger, ein Schaf als eine Kuh zu halten. »Wollen wir tauschen?«

Nun, das wollte der Mann, dem das Schaf gehörte, natürlich, und so wurde der Tausch abgeschlossen, und der Bauer ging mit seinem Schaf die Landstraße entlang. Auf einem Fußpfad, der die Straße kreuzte, sah er einen Mann mit einer großen Gans unter dem Arm.

»Potztausend, das ist eine schwere Gans, die du da trägst!«, redete ihn der Bauer an. »Was für Fett und was für Federn sie hat! Die würde sich an einem Strick in unserer Wasserpfütze gut ausnehmen! Da hätte Mutter doch etwas, wofür sie ihre Schalen sammeln könnte! Sie hat oft gesagt: Hätten wir nur eine Gans! Nun kann sie sie bekommen – und sie soll sie bekommen! Willst du tauschen? Ich gebe dir für deine Gans das Schaf und noch schönen Dank dazu!«

Nun, das wollte der andere natürlich und so tauschten sie; der Bauer erhielt die Gans. Er befand sich in der Nähe der Stadt, das Gedränge auf dem Weg nahm zu, es wimmelte von Menschen und Tieren. Alles zog die Landstraße neben dem Kartoffelacker des Chaussee-Einnehmers entlang, in dem dessen Henne angebunden stand, um sich nicht in dem allgemeinen Wirrwarr zu verlaufen und für immer zu verschwinden. Es war eine schwanzlose Henne, die mit dem einen Auge blinzelte und recht hübsch aussah. »Kluck, kluck!«, rief sie; was sie sich dabei dachte, kann ich nicht sagen, aber der Bauer dachte, als er sie sah: Es ist die schönste Henne, die ich je gesehen habe, sie ist schöner als des Pfarrers Bruthenne; die möchte ich wohl haben. Ein Huhn findet immer ein Korn, es kann beinahe für sich selber sorgen! Ich glaube, dass es ein guter Tausch wäre, wenn ich sie für die Gans erhielte. »Wollen wir tauschen?«, fragte er. »Tauschen?«, erwiderte der andere. »Das wäre nicht so übel!« Und dann tauschten sie. Der Chaussee-Einnehmer bekam die Gans und der Bauer die Henne.

Er hatte auf der Reise zur Stadt wahrlich nicht wenig ausgerichtet. Dazu war es warm und er war müde. Ein Schluck Branntwein und ein Bissen Brot waren ein Bedürfnis für ihn. Da er sich gerade vor dem Krug befand, wollte er hinein, aber der Schenkwirt wollte in demselben Augenblick heraus; er traf mit diesem, der einen bis oben voll gestopften Sack trug, in der Tür zusammen.

»Was hast du darin?«, fragte der Bauer.

»Verfaulte Äpfel!«, antwortete der Mann. »Einen ganzen Sack voll für die Schweine.«

»Das ist ja eine erschreckliche Menge! Den Anblick gönnte ich Muttern. Wir hatten im vorigen Jahr nur einen einzigen Apfel auf dem alten Baum am Torfschuppen. Der Apfel musste aufbewahrt werden und stand auf der Kommode, bis er verdarb. Es ist immer ein gewisser Wohlstand!, sagte unsere Mutter. Hier könnte sie aber einmal einen ordentlichen Wohlstand zu sehen bekommen! Ja, ich möchte es ihr gönnen.«

»Nun, was wollt Ihr dafür geben?«, fragte der Mann.

»Geben? Ich gebe meine Henne zum Tausch!« Und dann gab er die Henne zum Tausch, bekam die Äpfel und trat in den Krug hinein, gerade an den Schenktisch heran. Seinen Sack mit den Äpfeln stellte er gegen den Kachelofen; dass aber eingefeuert war, bedachte er nicht. Viele Fremde befanden sich in der Stube, Pferdehändler, Ochsenhändler und auch zwei Engländer, und die sind alle so reich, dass ihnen die Taschen von den Goldstücken platzen. Auf das Wetten verstehen sie sich und das wirst du gleich hören.

»Susss! Susss!« Was war das für ein eigentümlicher Ton am Kachelofen? Die Äpfel begannen zu braten.

»Was ist das?« Das erfuhren sie nun bald, die ganze Geschichte vom Pferd, das gegen eine Kuh und so immer abwärts bis zu den verfaulten Äpfeln vertauscht worden war.

»Warte nur, da wird es Püffe von Muttern setzen, wenn du nach Hause kommst«, sagten die Engländer.

»Ich bekomme Küsse und nicht Püffe!«, entgegnete der Bauer. »Unsere Mutter wird sagen: Was Vater tut, das ist immer recht!«

»Wollen wir wetten?«, fragten sie. »Tonnen voll Goldstücke! Hundert Pfund sind ein Schiffspfund!«

»Ich bin schon mit einem Scheffel voll zufrieden!«, erwiderte der Bauer. »Ich kann aber nur einen Scheffel voll Äpfel und mich selbst und auch Muttern dagegensetzen, aber das ist ja mehr als gestrichenes Maß, das ist schon gehäuftes Maß!«

»Topp, topp!«, riefen sie, und die Wette war damit geschlossen.

Der Wagen des Krügers fuhr vor, die Engländer stiegen ein, das Bäuerlein stieg ein, die verfaulten Äpfel wurden aufgepackt, und endlich fuhren sie vor dem Haus des Bauern vor.

»Guten Abend, Mutter!«

»Dank, Väterchen!«

»Ich habe unser Pferd richtig vertauscht!«

»Ja, du verstehst es!«, sagte die Frau, fasste ihn um den Leib und vergaß sowohl den Sack wie die Fremden.

»Ich habe das Pferd gegen eine Kuh vertauscht!«

»Gott sei Dank für die Milch!«, sagte die Frau. »Nun sollen wieder Milchspeisen, Butter und Käse auf unseren Tisch kommen. Das wäre ein schöner Tausch!«

»Ja, aber die Kuh tauschte ich wieder gegen ein Schaf ein!«

»Das ist bestimmt auch besser!«, sagte die Frau. »Du handelst immer besonnen. Für ein Schaf haben wir Gras vollauf. Nun können wir wieder Schafmilch und Schafkäse und wollene Strümpfe, ja wollene Nachtjacken bekommen. Die gibt die Kuh nicht; sie verliert die Haare! Du bist ein recht überlegter und besonnener Mann!«

»Aber für das Schaf habe ich eine Gans eingetauscht!«

»Sollen wir wirklich in diesem Jahr eine Martinsgans haben, Väterchen? Du sinnst immer darauf, mir eine Freude zu machen! Das ist ein reizender Gedanke von dir! Die Gans können wir draußen auf dem Gras anbinden und sie wird dann bis Martini noch fetter werden!«

»Aber die Gans habe ich wieder gegen eine Henne vertauscht!«, versetzte der Mann.

»Eine Henne! Das heißt ein guter Tausch«, sagte die Frau, »die Henne legt Eier, sie brütet sie aus, wir bekommen Küchlein, wir bekommen einen Hühnerhof! Das habe ich mir immer heimlich gewünscht!«

»Ja, aber für die Henne tauschte ich einen Sack verfaulter Äpfel ein!«

»Nun muss ich dich küssen!«, rief die Frau voller Freude. »Dank, du lieber

Mann! Ich will dir etwas erzählen. Als du fort warst, gedachte ich, dir ein recht gutes Essen zu bereiten: Eierkuchen mit Schnittlauch. Die Eier hatte ich, der Schnittlauch fehlte mir. Deshalb ging ich zu Schullehrers hinüber. Sie haben, wie ich bestimmt weiß, Schnittlauch, aber die Frau ist ein Geizhals, der alte Esel der! Ich bat, mir welchen zu leihen. ›Leihen?‹, versetzte sie. ›Nichts wächst in unserem Garten, nicht einmal ein verfaulter Apfel. Selbst den vermag ich nicht zu leihen!‹ Nun kann ich ihr zehn, ja einen ganzen Sack voll leihen! Das ist eine Freude, Vater!« Und dabei küsste sie ihn mitten auf den Mund.

»Das gefällt mir!«, sagte einer der Engländer. »Immer den Berg hinab und immer gleich froh! Das ist wirklich Geld wert!« Darauf zahlten sie dem Bauern, der Küsse und nicht Püffe erhielt, ein Schiffspfund Goldstücke.

Ja, es belohnt sich immer, wenn die Frau einsieht und erklärt, dass Vater der Klügste ist und, was er tut, immer recht ist. Sieh, das ist nun eine Geschichte! Ich habe sie als kleiner Knabe gehört, und nun hast du sie auch gehört und weißt, dass, was Vater tut, immer recht ist.

Der Schneemann

»Es knackt ordentlich in mir, so herrlich kalt ist es!«, sagte der Schneemann. »Der schneidende Wind kann einem fürwahr Leben einhauchen! Und wo ist die Glühende hin, die mich so angaffte?« Er meinte die Sonne, die gerade unterging. »Sie soll mich nicht zum Blinzeln bringen, ich kann meine Stücke schon noch festhalten!«

Es waren zwei große, dreieckige Dachziegelstücke, die ihm als Augen dienten. Sein Mund war ein Stück einer alten Harke, weshalb dieser auch Zähne hatte.

Er war unter Hurraruf der Knaben geboren, begrüßt von dem Schellengeläute und dem Peitschenknall der Schlitten.

Die Sonne ging unter, der Vollmond ging auf, rund und groß, klar und schön in der blauen Luft.

»Nun haben wir sie wieder von einer anderen Seite«, sagte der Schneemann. Er glaubte, es wäre die Sonne, die sich abermals zeigte. »Ich habe es ihr abgewöhnt, mich anzuglühen und anzuglotzen! Nun kann sie dort oben hängen und so viel Licht verbreiten, dass ich mich selbst sehen kann.

Wüsste ich nur, wie man es anzustellen hat, um vom Fleck zu kommen. Ich möchte so gern vom Fleck kommen! Vermöchte ich es, so würde ich jetzt auf das Eis hinuntergehen, um zu schlittern, wie ich es die Knaben tun sah. Aber ich verstehe nicht zu laufen.«

»Weg, weg!«, bellte der alte Kettenhund. Er war etwas heiser, er war es gewesen, seitdem er nicht mehr Stubenhund war und unter dem Kachelofen lag. »Die Sonne wird dich schon laufen lehren! Das sah ich voriges Jahr bei deinem Vorgänger. Weg, weg – und weg sind sie alle!«

»Ich verstehe dich nicht, Kamerad!«, sagte der Schneemann. »Soll mich etwa die da oben laufen lehren?« Er meinte den Mond. »Sie lief freilich vorher, als ich sie starr ansah, und jetzt schleicht sie sich wieder von einer andern Seite heran.«

»Du weißt nichts«, sagte der Kettenhund, »aber du bist ja auch erst vor kurzem zusammengeklatscht! Das, was du jetzt siehst, heißt der Mond, und das, was unterging, war die Sonne. Sie kommt morgen wieder und wird dich sicherlich in den Wallgraben hinunterlaufen lehren. Das Wetter wird sich bald ändern, das kann ich an meinem linken Hinterbein spüren; es reißt darin. Wir bekommen Witterungswechsel.«

Ich verstehe ihn nicht, dachte der Schneemann, aber ich habe eine Empfindung davon, dass es etwas Unangenehmes ist, was er mir andeutet. Sie, die mich anstrahlte und angaffte, welche er die Sonne nennt, sie ist auch nicht meine Freundin, das sagt mir mein Gefühl.

»Weg, weg!«, bellte der Kettenhund, ging dreimal im Kreis um sich selbst und legte sich dann in sein Haus, um zu schlafen.

Es trat wirklich eine Veränderung im Wetter ein. Ein dicker und feuchter Nebel legte sich am Morgen über die ganze Gegend. Kurz vor Aufgang der Sonne fing es ein wenig an zu wehen. Der Wind war eisig, der Frost durchschüttelte einen, aber welch ein herrlicher Anblick bot sich dar, als sich nun die Sonne erhob! Alle Bäume und Sträucher standen mit Reif bedeckt da. Die Gegend glich einem ganzen Wald weißer Korallen. Es war, als ob alle Zweige von blendend weißen Blüten überdeckt wären. Die unendlich vielen und feinen Verzweigungen, die man im Sommer vor den vielen Blättern nicht sehen kann, traten nun jede Einzelne deutlich hervor, so blendend weiß hervor, als strömte ein weißer Glanz aus jedem einzelnen Zweig. Die Trauerbirke bewegte sich im Wind, es war ein Leben in ihr wie in den Bäumen zur Sommerzeit. Es war eine unvergleichliche Pracht! Als dann die Sonne schien, nein, wie funkelte da das Ganze, als wäre es mit Diamantenstaub überpudert und blitzten große Diamanten über die Schneedecke hin. Oder man hätte auch denken können, als brennten unzählige kleine Lichterchen, noch weißer als der weiße Schnee.

»Es ist eine unvergleichliche Pracht«, sagte ein junges Mädchen, das mit einem jungen Mann in den Garten hinaustrat und gerade neben dem Schneemann Halt machte, von wo sie die schimmernden Bäume anblickten. »Einen schöneren Anblick hat man selbst im Sommer nicht!«, sagte sie, und ihre Augen strahlten.

»Und so einen Kerl wie diesen hier, hat man erst gar nicht«, entgegnete der junge Mann und zeigte auf den Schneemann hin. »Er ist ausgezeichnet!«

Das junge Mädchen lächelte, nickte dem Schneemann zu und tänzelte mit ihrem Freund über den knirschenden Schnee.

»Wer waren die beiden?«, fragte der Schneemann den Kettenhund. »Du bist älter auf dem Hof als ich, kennst du sie?«

»Versteht sich!«, sagte der Kettenhund. »Sie hat mich ja gestreichelt und er mir öfter einen Knochen gegeben; die beiße ich nicht.«

»Aber was stellen sie hier vor?«, fragte der Schneemann.

»Brautleute!«, erwiderte der Kettenhund. »Sie wollen zusammen in eine Hundehütte ziehen und Knochen abnagen. Weg, weg!«

»Haben die beiden ebenso viel zu bedeuten wie du und ich?«, fragte der Schneemann.

»Sie gehören ja zur Herrschaft«, versetzte der Kettenhund. »Man weiß in der Tat doch sehr wenig, wenn man erst gestern geboren ist, das merke ich an dir! Ich bin alt und besitze Kenntnisse, ich kenne alle hier auf dem Hof. Und ich habe eine Zeit gekannt, wo ich hier nicht in der Kälte und an der Kette stand. Weg, weg!«

»Die Kälte ist prächtig«, sagte der Schneemann. »Erzähle, erzähle! Aber du musst mit deiner Kette nicht so rasseln, denn dabei knackt es gleich in mir.«

»Weg, weg!«, bellte der Kettenhund. »Ich bin ein Hündchen gewesen, klein und niedlich, sagten sie. Damals lag ich drinnen im Schloss auf einem Samtstuhl, lag auf dem Schoß der obersten Herrschaft. Ich wurde auf das Maul geküsst, und man wischte mir die Pfoten mit einem gestickten Taschentuch ab. Ich hieß der ›Hübscheste‹, der ›Schönfuß‹. Dann wurde ich ihnen aber zu groß und sie gaben mich deshalb der Haushälterin. Ich kam in die Kellerwohnung; von dort, wo du stehst, kannst du gerade hineinsehen. Du kannst in die Kammer hineinsehen, in der ich Herrschaft gewesen bin, denn das war ich bei der Haushälterin. Es war wohl ein geringerer Platz als oben, aber hier war es behaglicher. Ich wurde nicht wie oben von den Kindern gedrückt und umhergeschleppt. Ich hatte ebenso gutes Futter wie zuvor und weit mehr. Ich hatte mein eigenes Kissen, und ferner gab es dort einen Ofen, der doch, namentlich in jetziger Zeit, das Schönste in der Welt ist! Ich kroch völlig unter ihn, sodass ich ganz verschwand. Oh, von diesem Kachelofen träume ich noch jetzt! Weg, weg!«

»Sieht ein Kachelofen denn so schön aus?«, fragte der Schneemann. »Ähnelt er mir?«

»Er ist der gerade Gegensatz von dir! Kohlschwarz ist er und hat einen langen Hals mit einer Messingtrommel. Er frisst Brennholz, sodass ihm das Feuer aus dem Mund sprüht. Man muss sich ihm zur Seite halten, oben oder auch unter ihm; da verbreitet er eine unendlich behagliche Wärme. Du musst von dort, wo du stehst, zum Fenster hineinsehen können!«

Der Schneemann guckte hin und gewahrte wirklich einen schwarzen, blank polierten Gegenstand mit einer Messingtrommel. Das Feuer strahlte nach vorn auf den Fußboden hinaus. Dem Schneemann wurde ganz sonderbar zumute. Er hatte eine Empfindung, von der er sich selber keine Rechenschaft ablegen konnte. Es überschlich ihn etwas, was er nicht kannte, was aber alle Menschen kennen, wenn sie nicht Schneemänner sind.

»Und weshalb verließest du sie?«, fragte der Schneemann. Sein Gefühl sagte ihm, dass es ein hübsches weibliches Wesen sein musste. »Wie konntest du eine solche Stelle verlassen?«

»Ich war dazu gezwungen«, sagte der Kettenhund. »Sie warfen mich hinaus und legten mich an die Kette. Ich hatte den jüngsten Junker in das Bein gebissen, weil er mir den Knochen, an dem ich nagte, fortstieß. Bein für Bein, heißt es bei mir! Aber das nahmen sie übel und seit der Zeit habe ich hier an der Kette gelegen und meine helle Stimme verloren. Höre nur, wie heiser ich bin. Weg, weg! Das ist das Ende vom Lied gewesen!«

Der Schneemann hörte nicht mehr darauf; er blickte beständig nach der Kellerwohnung der Haushälterin, blickte in ihre Stube hinein, wo der Kachelofen auf seinen vier eisernen Füßen stand und sich in seiner ganzen Größe zeigte, die der des Schneemanns in nichts nachgab.

»Es knackt so eigentümlich in mir!«, sagte er. »Soll ich dort nie hineinkom-

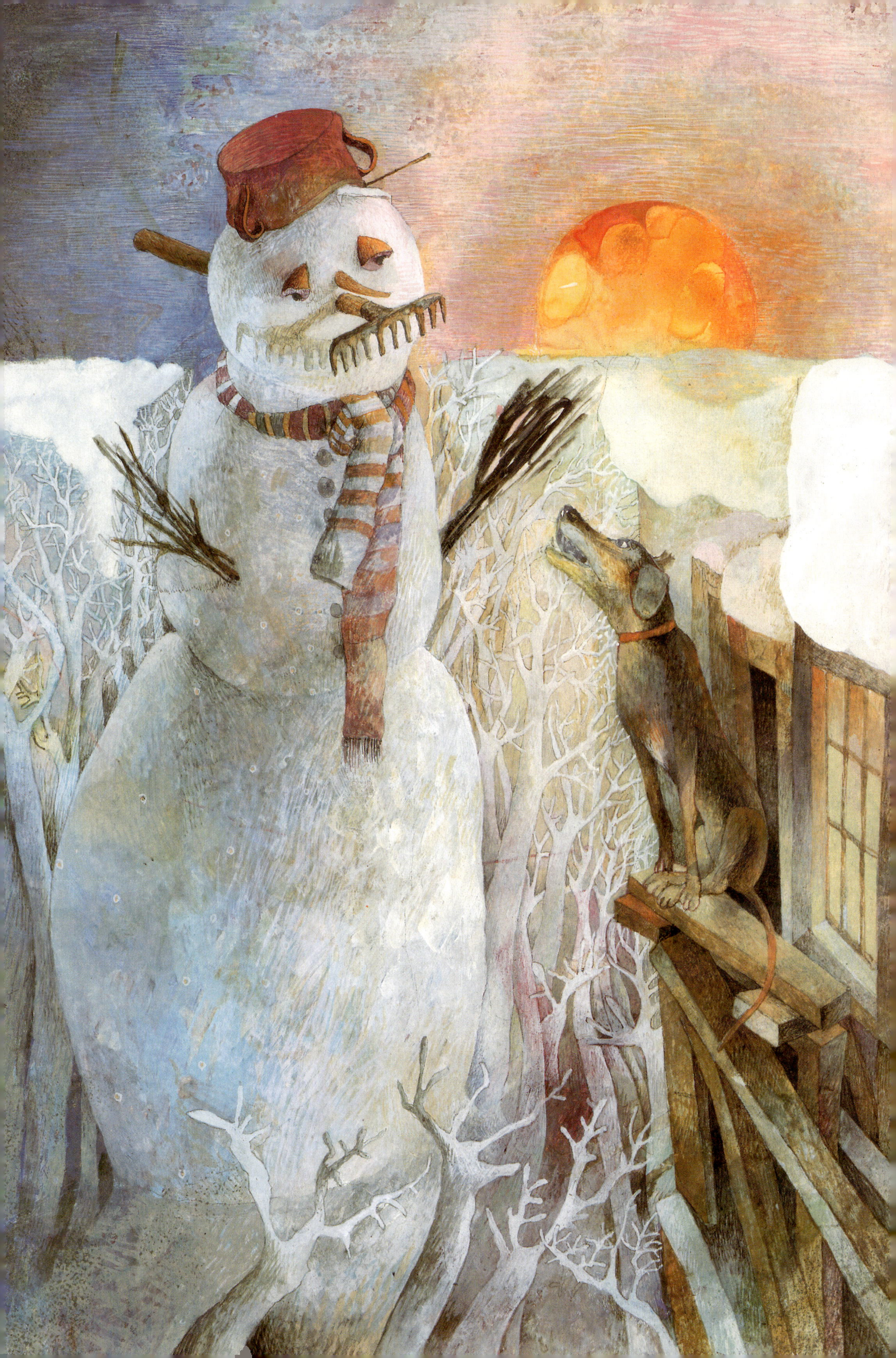

men? Es ist ein unschuldiger Wunsch und unsere unschuldigen Wünsche müssen doch wohl erfüllt werden. Es ist mein höchster Wunsch, mein einziger Wunsch, und es würde fast ungerecht sein, wenn er nicht befriedigt würde. Ich muss hinein, ich muss mich an sie lehnen, und sollte ich auch das Fenster zerschlagen!«

»Dort kommst du nie hinein«, sagte der Kettenhund, »und kämest du wirklich zum Kachelofen, dann wärest du weg, weg!«

»Ich bin jetzt schon so gut wie weg«, sagte der Schneemann, »ich zerbreche, glaube ich.«

Den ganzen Tag stand der Schneemann da und sah zum Fenster hinein. In der Dämmerung wurde die Stube noch einladender. Aus dem Kachelofen leuchtete es so mild, wie weder Mond noch Sonne leuchten kann, nein, wie nur der Kachelofen zu leuchten vermag, wenn etwas in ihm steckt. Ging die Tür auf, so schlug die Flamme hinaus, es war so ihre Gewohnheit. Des Schneemannes weißes Antlitz wurde dann von einer flammenden Röte übergossen und auch seine Brust leuchtete in rötlichem Glanz.

»Ich halte es nicht aus«, sagte er. »Wie schön es sie kleidet, die Zunge herauszustrecken.«

Die Nacht war sehr lang, aber dem Schneemann kam sie nicht so vor. Er stand in süße Gedanken versunken, und sie gefroren, dass sie knackten.

Frühmorgens waren die Kellerfenster zugefroren; sie trugen die schönsten Eisblumen, die ein Schneemann nur verlangen kann, allein, sie verbargen den Kachelofen. Die Scheiben wollten nicht auftauen, er konnte seine Geliebte nicht sehen. Es knackte, es knirschte, es war just ein Frostwetter, über das sich ein Schneemann freuen muss, aber er freute sich nicht. Er hätte sich glücklich fühlen können und fühlen dürfen, aber er war nicht glücklich – er litt am Ofenweh.

»Das ist eine schlimme Krankheit für einen Schneemann«, sagte der Kettenhund; »ich habe auch einmal an derselben Krankheit gelitten, habe sie aber überstanden. Weg, weg! – Jetzt bekommen wir Witterungswechsel.«

Und Witterungswechsel trat ein, es schlug in Tauwetter um.

Das Tauwetter nahm zu, der Schneemann nahm ab. Er sagte nichts, er klagte nicht und das ist das echte Zeichen.

Eines Morgens stürzte er zusammen. Es ragte etwas einem Besenstiel Ähnliches dort in die Höhe, wo er gestanden hatte. Um diesen Gegenstand, der ihm Halt verleihen sollte, hatten ihn die Knaben aufgerichtet.

»Nun kann ich seine Sehnsucht verstehen!«, sagte der Kettenhund. »Der Schneemann hat eine Ofenkratze im Leibe gehabt. Sie war es, die sich in ihm bewegt hat. Nun hat er es überstanden. Weg, weg!«

Und bald war auch der Winter überstanden.

»Weg, weg!«, bellte der Kettenhund; aber die kleinen Mädchen sangen auf dem Hofe:

»Schießt auf, ihr Blümlein, frisch und hold,
Zeig, Weide, deine Woll wie Gold!
Ihr Vöglein, kommt, bald ist Frühjahr,
Schon ist der letzte Februar.
Ich singe mit, Kuckuck, quivit!
Komm, liebe Sonne, säume nit!«

Nun denkt niemand mehr
an den Schneemann.

Im Entenhof

Im Entenhof

Eine Ente aus Portugal war angekommen, einige behaupteten, aus Spanien, gleichviel, sie wurde die Portugiesische genannt, sie legte Eier, wurde geschlachtet und zubereitet. So war ihr Lebenslauf. Alle, die aus ihren Eiern gekrochen waren, wurden die Portugiesischen genannt, und das hatte etwas zu bedeuten. Jetzt war von ihrem ganzen Geschlecht nur noch eine Einzige auf dem Entenhof übrig, einem Hof, zu dem auch die Hühner Zutritt hatten und wo der Hahn mit unendlichem Hochmut auftrat.

»Er beleidigt mein Ohr mit seinem entsetzlichen Krähen«, sagte die Portugiesische. »Aber schön ist er, das kann man nicht leugnen, trotzdem er kein Enterich ist. Er sollte sich nur zu mäßigen verstehen, aber Maß zu halten ist freilich eine Kunst, die höhere Bildung verrät. Diese beweisen die kleinen Singvögel oben in dem Lindenbaum des Nachbargartens. Wie lieblich sie singen! Es liegt etwas so Rührendes in ihrem Gesang. Ich nenne es Portugal! Hätte ich so ein kleines Singvöglein, ich wollte ihm eine Mutter sein, zärtlich und gut; das liegt mir einmal im Blut, in meinem portugiesischen.«

Und gerade während sie so redete, kam wirklich ein kleiner Singvogel an; häuptlings fiel er vom Dach herab. Die Katze war hinter ihm her, jedoch entrann er mit einem gebrochenen Flügel und stürzte in den Entenhof hinunter.

»Das sieht der Katze, diesem Abschaum, ähnlich!«, sagte die Portugiesische. »Ich kenne sie noch von jener Zeit her, wo ich selbst junge Entlein hatte! Dass ein solches Wesen leben und auf den Dächern umhergehen darf! Ich glaube nicht, dass es in Portugal stattfindet.«

Und sie bedauerte den kleinen Singvogel, und die anderen Enten, die keine portugiesischen waren, bedauerten ihn gleichfalls.

»Das liebe kleine Geschöpf!«, sagten sie, und dann kam die eine und dann kam die andere. »Zwar können wir selbst nicht singen«, sagten sie, »aber in uns tragen wir doch etwas der Gesangskunst Verwandtes. Das fühlen wir, wenn wir auch nicht davon reden.«

»Dann will ich davon reden«, sagte die Portugiesische, »und will etwas für den kleinen Vogel tun, denn das ist eines jeden Pflicht.« Mit diesen Worten flog sie in den Wassertrog und plätscherte dergestalt, dass sie das Singvögelchen durch den Guss, womit sie es überschüttete, fast ertränkt hätte. Gut gemeint war es jedoch. »Das ist eine gute Tat«, sagte sie, »woran sich die anderen ein Beispiel nehmen können.«

»Piep!«, sagte der kleine Vogel, dessen einer Flügel gebrochen war. Es wurde ihm schwer, sich zu schütteln, aber er verstand, wie gut die Ente das Plätschern gemeint hatte.

»Ich habe nie über meine Gesinnung nachgedacht«, sagte die Portugiesische, »aber das weiß ich, dass ich alle meine Mitgeschöpfe liebe, allerdings die Katze ausgenommen, aber das kann auch niemand von mir verlangen.

Sie hat mir zwei meiner Lieben aufgefressen! Aber tun Sie nun, als wenn Sie zu Hause wären! Ich bin selbst aus einer fremden Gegend, wie Sie gewiss an meiner Haltung und meinem Federkleid sehen werden. Mein Enterich ist ein Eingeborener, hat nichts von meinem Blut in sich, aber ich überhebe mich deshalb nicht. Hat jemand auf diesem Hof Verständnis für Sie, dann, darf ich wohl sagen, bin ich es.«

»Sie hat Portulak im Kropf«, sagte ein kleines gewöhnliches Entlein, das im Ruf eines Witzboldes stand, und die anderen Gewöhnlichen hielten dies Portulak, das fast wie Portugal klang, für einen unbändigen Witz, stießen einander an und riefen: »Rab!« Es war ausgezeichnet witzig; und darauf ließen sie sich mit dem kleinen Singvogel ein.

»Die Portugiesische hat allerdings die Sprache in ihrer Gewalt«, sagten sie. »Wir führen keine großen Worte im Schnabel, haben aber gleich große Teilnahme. Tun wir nichts für Sie, so beachten wir wenigstens Stillschweigen darüber; und das finden wir am schönsten.«

»Sie besitzen eine schöne Stimme«, sagte eine der Ältesten. »Es muss ein schönes Bewusstsein sein, so viele zu erfreuen, wie Sie tun. Ich verstehe mich freilich nicht vollkommen darauf! Deshalb halte ich meinen Mund. Das ist immer besser, als etwas Dummes zu sagen, wie Ihnen so viele andere sagen.«

»Plage ihn nicht!«, sagte die Portugiesische. »Er bedarf der Ruhe und Pflege. – Kleiner Singvogel, soll ich Sie noch einmal beplätschern?«

»O nein, lassen Sie mich trocken!«, bat er.

»Die Wasserkur ist die einzige, die mir hilft«, versetzte die Portugiesische. »Zerstreuung tut ebenfalls gut. Jetzt kommen bald die Nachbarhühner zu Besuch, es sind zwei chinesische Hühner darunter, die sich zu den Mamelucken gesellt haben, sehr gebildet sind und, was sie in meiner Achtung besonders hebt, sich haben einführen lassen.«

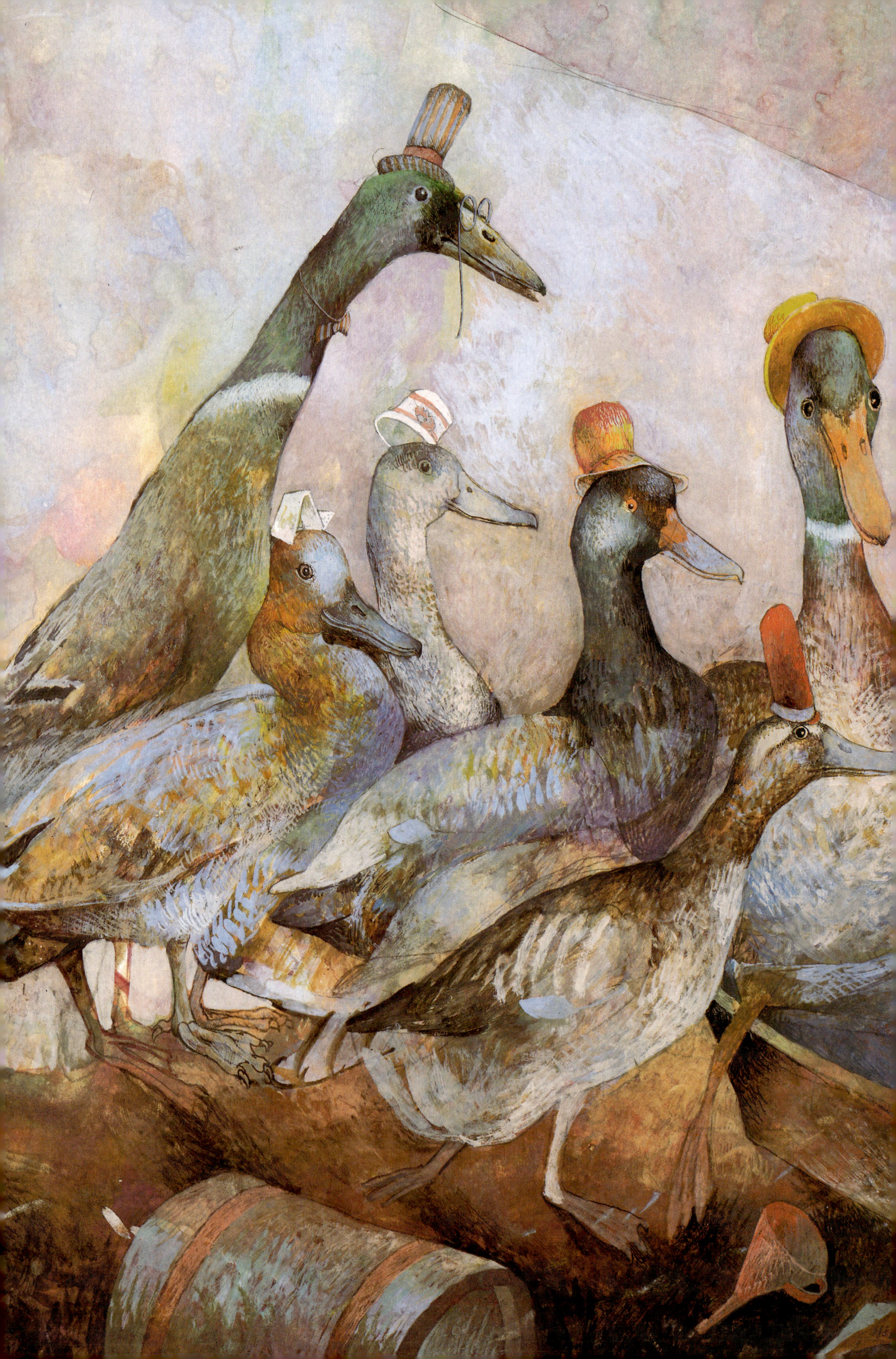

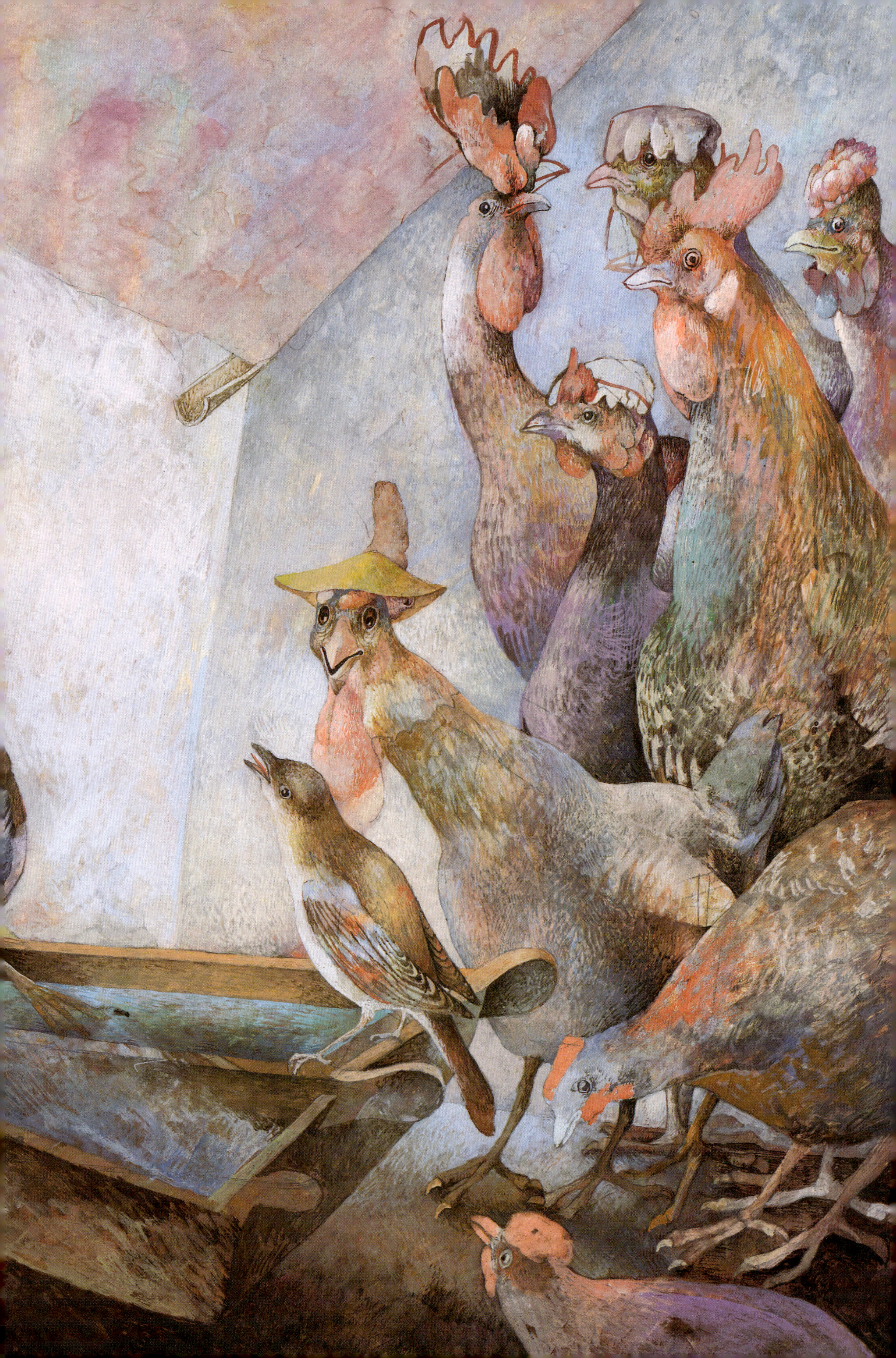

Und die Hühner kamen und der Hahn kam; er war heute so artig, nicht grob zu sein.

»Sie sind ein wirklicher Singvogel«, begann er die Unterredung, »und Sie machen aus Ihrem Stimmchen alles, was aus solcher schwachen Stimme gemacht werden kann. Aber etwas mehr Lokomotivenkraft muss man haben, dass man sein männliches Geschlecht durch die Fülle seiner Stimmmittel zu erkennen geben kann.«

Die beiden Chinesischen standen beim Anblick des Singvogels wie verzückt da. Er sah von der Wasserdusche, die er hatte über sich müssen ergehen lassen, so zerzaust aus, dass er ihnen eine große Ähnlichkeit mit einem chinesischen Küchlein zu haben schien. »Er ist reizend!« Und darauf machten sie sich näher mit ihm bekannt. Sie redeten mit Flüsterstimmen und dem P-Laut in der Umgangssprache der vornehmen Chinesen.

»Wir gehören zu Ihrer Gattung. Die Enten, selbst die Portugiesische, gehören zu den Schwimmvögeln, wie Sie gewiss bemerkt haben werden. Uns kennen Sie noch nicht, aber wie viele kennen uns denn, oder wie viele bemühen sich nur darum, unsere Bekanntschaft zu machen! Niemand, selbst unter den Hühnern, ungeachtet wir dazu geboren sind, auf einer höheren Sprosse zu sitzen als die meisten anderen. – Das ist nun freilich dasselbe, wir gehen zwischen all den anderen, deren Grundsätze nicht die unsrigen sind, unseren stillen Gang, aber wir sehen nur auf die guten Seiten und reden nur von dem Guten, obwohl es schwer zu finden ist, wo nichts ist. Mit Ausnahme von uns beiden und dem Hahn gibt es niemanden im Hühnerhaus, der begabt und zugleich ehrbar ist. Von den Bewohnern des Entenhofes kann man dies keineswegs versichern. Wir warnen Sie, kleiner Singvogel! Trauen Sie jener Schwanzlosen nicht, sie ist falsch und heimtückisch. Die Bunte dort, mit dem schiefen Spiegel auf dem Flügel, ist streitsüchtig und lässt niemandem das letzte Wort und hat trotzdem immer Unrecht. – Die fette Ente da drüben redet von allen Böses und dies widerstrebt unserer Natur. Kann man nichts Gutes reden, dann muss man den Mund halten. Die Portugiesische ist die Einzige, die ein wenig Bildung hat und mit der man umgehen kann, aber sie ist leidenschaftlich und spricht so viel von Portugal.«

»Wie viel die beiden Chinesischen zu tuscheln haben!«, sagten einige Enten. »Uns sind sie langweilig; wir haben nie mit ihnen geredet.«

Jetzt kam der Enterich; er hielt den Singvogel für einen Sperling. »Ich verstehe mich nicht auf den Unterschied«, sagte er, »und das ist mir auch wurst! Er gehört zu den Spielwerken, und hat man sie, so hat man sie.«

»Bekümmern Sie sich nie um das, was er sagt!«, flüsterte die Portugiesische. An seinen Taten ist er achtungswert und Taten gehen über alles. Nun begebe ich mich aber zur Ruhe; man ist es sich selber schuldig, hübsch fett zu werden, bis man mit Äpfeln und Pflaumen einbalsamiert wird.«

Darauf legte sie sich in die Sonne und blinzelte mit dem einen Auge. Sie lag so gut, sie war so gut und nun schlief sie so gut. Der kleine Singvogel zupfte an seinem gebrochenen Flügel und legte sich dicht neben seine Beschützerin. Die Sonne schien warm und schön, es war hier ein prächtiges Plätzchen.

Die Nachbarhühner gingen umher und scharrten; im Grunde genommen waren sie lediglich um des Futters willen gekommen. Die Chinesischen gingen zuerst fort und dann die anderen. Das witzige Entlein sagte von der Portugiesischen, die Alte kehre nun bald wieder in das Entleintum zurück, und die anderen Enten lachten herzlich darüber. »Entleintum! Das ist doch unbändig witzig!« Zugleich wiederholten sie den früheren Witz »Portulak!« Es war außerordentlich komisch und endlich legten sie sich ebenfalls nieder.

Eine Weile hatten sie so gelegen, als plötzlich einiges Naschwerk in den Entenhof geworfen wurde. Es klatschte, dass die ganze schlafende Gesellschaft in die Höhe fuhr und mit den Flügeln schlug. Die Portugiesische erwachte ebenfalls, wälzte sich umher und drückte den kleinen Singvogel entsetzlich.

»Piep!«, schrie er. »Sie traten mich so hart, Madame!«

»Weshalb liegen Sie einem auch im Weg?«, versetzte sie. »Sie müssen nicht so empfindlich sein! Ich habe auch Nerven, habe jedoch niemals Piep gesagt!«

»Seien Sie nicht böse!«, entgegnete das Vögelchen. »Das Piep entschlüpfte nur meinem Schnabel.«

Die Portugiesische hörte gar nicht darauf, fuhr auf den hingeworfenen Imbiss los und hielt ihre gute Mahlzeit. Als sie diese beendigt hatte und sich wieder hinlegte, kam der kleine Singvogel, wollte zärtlich sein und sang ihr ein Liedchen vor.

Sie schaute ihn böse an. »Nun will ich nach der Mahlzeit ein Verdauungsschläfchen halten«, sagte sie, »Sie müssen sich an unsere Haussitte gewöhnen! Jetzt schlafe ich.« Das kleine Vögelchen war ganz verblüfft, denn es meinte es so gut. Als Madame später erwachte, stand es mit einem Körnchen, das es gefunden hatte, vor ihr. Es legte ihr es vor. Aber sie hatte nicht gut geschlafen und war deshalb natürlicherweise verdrießlich.

»Das können Sie einem Küchlein geben«, sagte sie. »Stehen Sie nicht so da und belästigen Sie mich nicht!«

»Aber Sie sind ja böse auf mich«, erwiderte der Singvogel. »Was habe ich denn getan?«

»Getan!«, entgegnete die Portugiesische. »Dieser Ausdruck zeugt durchaus nicht von gutem Geschmack, darauf möchte ich Sie nur aufmerksam machen.«

»Gestern herrschte hier Sonnenschein«, sagte der kleine Vogel, »heute ist es hier finster und grau! Ich bin aufrichtig darüber betrübt!«

»Sie verstehen sich nicht gut auf die Zeitrechnung«, erwiderte die Portugiesische. »Der Tag ist noch nicht vergangen; stehen Sie doch nicht so dumm da!«

»Sie sehen mich so böse an, wie mich die beiden schlimmen Augen ansahen, als ich in den Hof herabfiel.«

»Unverschämter!«, schrie die Portugiesische. »Sie vergleichen mich mit der Katze, mit dem Raubtier. Nicht ein einziger böser Blutstropfen findet sich in mir. Ich habe mich Ihrer angenommen und will Ihnen gute Sitten beibringen!«

Dabei hackte sie den Singvogel auf den Kopf, dass er tot niederfiel.

»Was ist denn das nun wieder?«, sagte sie. »Konnte er das nicht einmal aushalten! Ja, dann passte er gar nicht für diese Welt! Ich bin wie eine Mutter gegen ihn gewesen, das weiß ich, denn Herz habe ich.«

Und der Nachbarhahn steckte den Kopf in den Hof und krähte mit Lokomotivenkraft.

»Sie rauben einem noch das Leben mit dem ewigen Gekrähe!«, sagte sie; »an dem Ganzen tragen Sie allein die Schuld. Er verlor den Kopf, und es fehlt nicht viel, so verliere ich auch den meinigen.«

»Er nimmt nicht viel Platz weg, wo er liegt!«, sagte der Hahn.

»Reden Sie mit Achtung von ihm!«, versetzte die Portugiesische. »Er hatte Stimme, er hatte Gesang und hohe Bildung! Liebevoll und weich war er und das ziemt sich für die Tiere wie für die so genannten Menschen.«

Alle Enten versammelten sich um den kleinen, toten Singvogel; die Enten haben starke Leidenschaften; entweder sind sie lauter Neid oder lauter Mitleiden, und da es hier keine Veranlassung zum Neid gab, so waren sie mitleidig; das waren denn auch die beiden chinesischen Hühner.

»Einen solchen Singvogel bekommen wir nie mehr! Er war fast ein Chinese«, und sie weinten, dass es förmlich gluckste, und alle Hühner glucksten, aber die Enten gingen und hatten die rötesten Augen.

»Herz haben wir«, sagten sie, »das kann niemand leugnen.«

»Herz!«, entgegnete die Portugiesische. »Ja, das haben wir – fast ebenso viel wie in Portugal!«

»Lasst uns nun endlich daran denken, etwas in den Magen zu bekommen!«, sagte der Enterich. »Das ist das Wichtigere! Zerbricht ein Spielzeug, so bleiben uns immer noch genug.«

Die Glocke

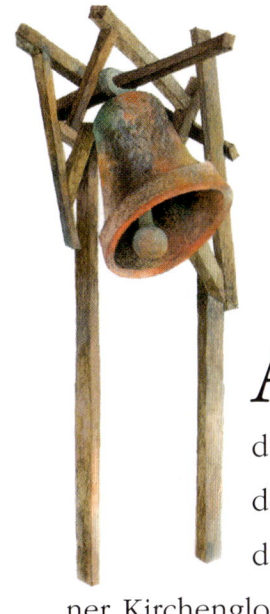

Abends in den schmalen Straßen der großen Stadt, wenn die Sonne unterging und die Sonne oben mit Gold zwischen den Schornsteinen glänzte, hörte häufig bald der eine, bald der andere einen sonderbaren Laut, ähnlich dem Klange einer Kirchenglocke: Aber man hörte ihn nur einen Augenblick, denn es herrschte in der Stadt ein immerwährendes Rasseln von Wagen und Rufen. Das stört! »Nun läutet die Abendglocke«, sagte man, »nun geht die Sonne unter!«

Die, welche außerhalb der Stadt wandelten, wo die Häuser weiter voneinander entfernt lagen, mit Gärten und kleinen Feldern dazwischen, sahen den Abendhimmel noch prächtiger und hörten den Klang der Glocke weit stärker. Es war, als käme der Ton von einer Kirche, tief aus dem stillen, duftenden Walde; und die Leute blickten dorthin und wurden ganz andächtig.

Nun verstrich längere Zeit, der eine sagte zum andern: »Ob wohl eine Kirche da draußen im Wald ist? Die Glocke hat doch einen eigentümlich herrli-

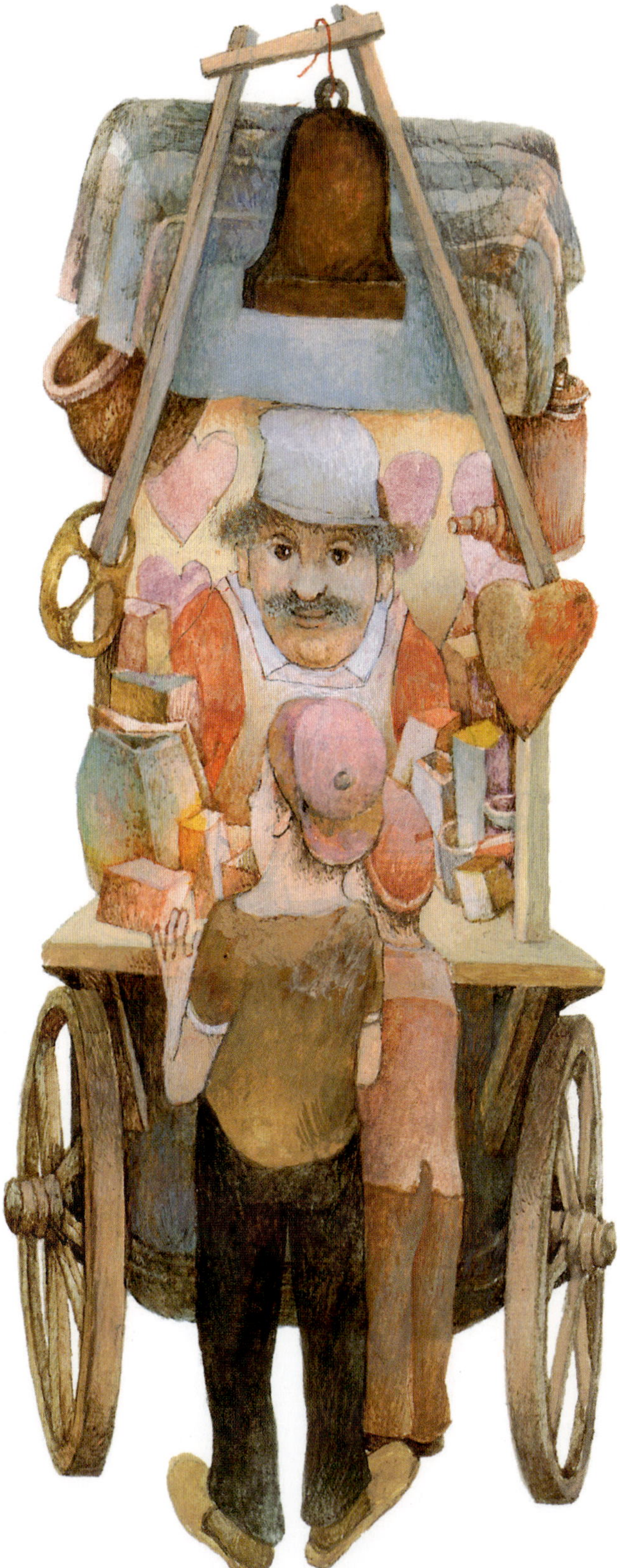

chen Klang! Wollen wir nicht hinaus und sie näher betrachten?« Die reichen Leute fuhren und die Armen gingen; aber der Weg wurde ihnen erstaunlich lang, und als sie zu einer Menge Weidenbäume kamen, die am Rande des Waldes wuchsen, lagerten sie sich und blickten zu den langen Zweigen hinauf und glaubten, dass sie nun recht im Grünen seien. Der Konditor aus der Stadt kam auch und schlug draußen sein Zelt auf; dann kam noch ein Konditor, der hing eine Glocke gerade über seinem Zelte auf, und zwar eine Glocke, die geteert war, um den Regen aushalten zu können, der Glocke fehlte aber der Klöppel. Wenn dann die Leute wieder nach Hause gingen, sagten sie, dass es höchst romantisch gewesen sei, und das bedeutet etwas anderes als einen Tee. Drei Personen versicherten, dass sie in den Wald eingedrungen seien, bis dahin, wo er ende; und sie hätten immer den sonderbaren Glockenklang gehört, aber es sei ihnen dort gerade gewesen, als wenn er aus der Stadt käme. Der eine schrieb ein ganzes Lied darüber und sagte, dass die Glocke wie die Stimme einer Mutter zu einem lieben, klugen Kinde klänge; keine Melodie sei herrlicher als der Klang der Glocke.

Der Kaiser des Landes wurde auch aufmerksam darauf und versprach, dass der, welcher wirklich ausfindig machen könne, woher der Schall komme, den Titel eines »Weltglöckners« haben solle, und das sogar, wenn es auch keine Glocke sei.

Nun gingen viele der guten Versorgung halber nach dem Walde; aber es war nur einer, der mit einer Art Erklärung zurückkam. Keiner war tief genug eingedrungen und er auch nicht; aber er sagte doch, dass der Glockenton von einer sehr großen Eule in einem hohlen Baume herkomme; es sei eine Weisheitseule, die ihren Kopf fortwährend gegen den Baum stoße; aber ob der Ton von ihrem Kopfe oder von dem hohlen Stamme kam, das konnte er noch nicht mit Bestimmtheit sagen. Er wurde als Weltglöckner angestellt und schrieb jedes Jahr eine kleine Abhandlung über die Eule; man ward dadurch ebenso klug, wie man vorher gewesen.

Es war gerade Einsegnungstag. Der Prediger hatte schön und innig gesprochen; die Konfirmanden waren davon tief bewegt; es war ein wichtiger Tag für sie: sie wurden aus Kindern mit einem Male zu erwachsenen Menschen; die Kinderseele sollte nun gleichsam in eine verständige Person hinüberfliegen. Es war der herrlichste Sonnenschein; die Konfirmanden gingen zur Stadt hinaus, und vom Walde klang die große, unbekannte Glocke besonders stark. Sie bekamen sogleich Lust, dahin zu gehen, und zwar alle bis auf drei. Eine von diesen wollte nach Hause und ihr Ballkleid anprobieren, denn es waren gerade das Kleid und der Ball schuld daran, dass sie dieses Mal eingesegnet war, sonst wäre sie nicht zugelassen worden; der zweite war ein armer Knabe, welcher seinen Konfirmationsfrack und die Stiefel vom Sohne des Hauswirtes geliehen hatte, und die musste er zur bestimmten Stunde wieder abliefern; der dritte sagte, dass er nie an fremde Orte ginge, wenn seine Eltern nicht dabei wären, und dass er immer ein artiges Kind gewesen und es auch bleiben wolle, selbst als Konfirmand, und darüber solle man sich nicht lustig machen! – Aber das taten sie doch.

Diese drei gingen also nicht mit, die andern trabten vorwärts. Die Sonne schien, und die Vögel sangen, und die Konfirmanden sangen mit und hielten einander bei den Händen, denn sie hatten ja noch keine Ämter erhalten und waren alle Konfirmanden vor dem lieben Gott.

Aber bald ermüdeten zwei der Kleinsten und kehrten um und gingen wieder zur Stadt; zwei kleine Mädchen setzten sich und banden Kränze: Die kamen auch nicht mit. Und als die andern die Weidenbäume erreichten, wo der Konditor wohnte, sagten sie: »Nun sind wir hier draußen; die

Glocke existiert ja doch eigentlich nicht; sie ist nur etwas, was man sich einbildet!«

Da ertönte plötzlich tief im Walde die Glocke so schön und feierlich, dass vier oder fünf sich entschlossen, doch noch weiter in den Wald hineinzugehen. Der war sehr dicht belaubt! Es war beschwerlich, vorzudringen; Waldlilien und Anemonen wuchsen fast zu hoch, blühende Winden und Brombeerranken hingen in langen Girlanden von Baum zu Baum, wo die Nachtigallen sangen und die Sonnenstrahlen spielten. Das war gar herrlich: Aber für Mädchen war es kein gangbarer Weg; sie würden sich die Kleider zerrissen haben. Da lagen große Felsstücke, mit Moos von allen Farben bewachsen; das frische Quellwasser sprudelte hervor, und wunderbar tönte es, fast wie »Gluck, gluck!«.

»Das ist doch wohl nicht die Glocke!«, sagte einer der Konfirmanden und legte sich nieder und horchte. »Das muss man studieren!« Da blieb er und ließ die andern gehen.

Sie kamen zu einem Hause aus Baumrinde und Zweigen; ein großer Baum mit wilden Äpfeln streckte seine Äste darüber hin, als wollte er seinen ganzen Segen über das Dach ausschütten, welches blühende Rosen trug; die langen Zweige lagen um den Giebel herum, und an diesem hing eine kleine Glocke.

Sollte es die sein, die man gehört hatte? Ja, darin stimmten alle überein bis auf einen; dieser sagte, dass die Glocke zu klein und zu fein sei, als dass sie in solcher Entfernung gehört werden könne, in welcher sie sie gehört hätten, und dass es ganz andre Töne wären, die ein Menschenherz so rührten. Der, welcher sprach, war ein Königssohn, und da sagten die andern, so einer wolle immer klüger sein. Deshalb ließen sie ihn allein gehen; und wie er ging, wurde seine Brust mehr und mehr von der Einsamkeit des Waldes erfüllt; aber noch hörte er die kleine Glocke, über die sich die andern freuten, und mitunter, wenn der Wind die Töne vom Konditor herübertrug, konnte er auch hören, wie da zum Tee gesungen wurde. Aber die tiefen Glockenschläge tönten doch stärker; bald war es, als spielte eine Orgel dazu; der Schall kam von der Linken, von der Seite, auf der das Herz sitzt.

Nun raschelte es im Busche, und da stand ein kleiner Knabe vor dem Königssohn, ein Knabe in Holzschuhen und mit einer so kurzen Jacke, dass man recht sehen konnte, wie lange Handgelenke er habe. Sie kannten einander; der Knabe war derjenige von den Konfirmanden, der nicht hatte mitkommen können, weil er nach Hause musste, um Frack und Stiefel an des Hauswirts Sohn abzuliefern. Das hatte er getan und war dann in Holzschuhen und mit den ärmlichen Kleidern allein fortgegangen, denn die Glocke klang gar zu verlockend: Er musste hinaus.

»Wir können ja zusammen gehen!«, sagte der Königssohn. Aber der arme Konfirmand mit den Holzschuhen war verschämt. Er zupfte an den kurzen Ärmeln der Jacke und sagte: Er fürchte, er könne nicht so rasch mitkommen; überdies meinte er, dass die Glocke zur Rechten gesucht werden müsse, denn der Platz habe ja alles Große und Herrliche.

»Ja, dann begegnen wir uns nicht!«, sagte der Königssohn und nickte dem armen Knaben zu, der in den tiefsten, tiefsten Teil des Waldes ging,

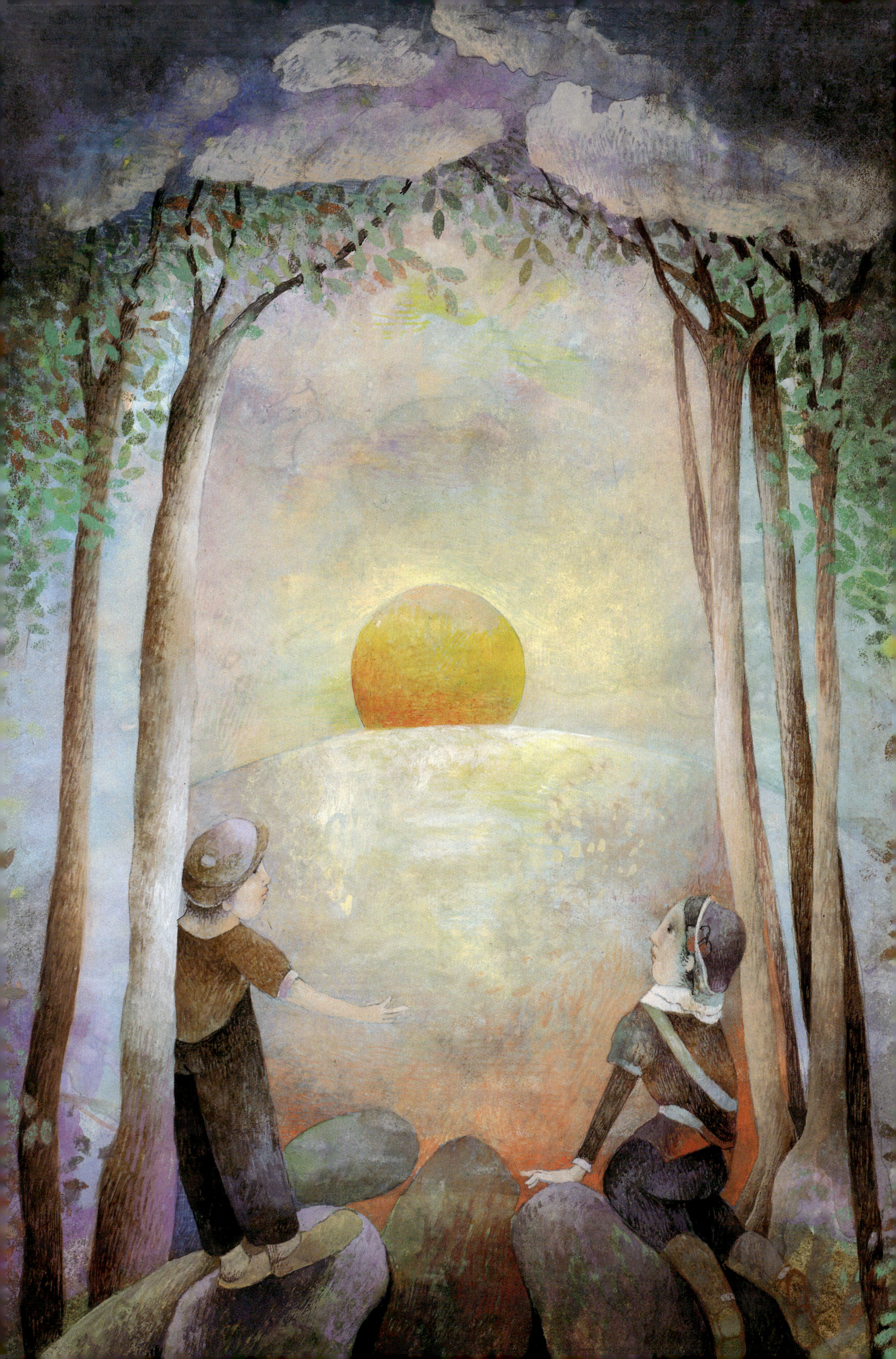

wo die Dornen seine ärmlichen Kleider entzwei- und Gesicht, Hände und Füße blutig rissen. Der Königssohn erhielt auch einige tüchtige Risse, aber die Sonne beschien doch seinen Weg, und er ist es, dem wir nun folgen. Er war ein flinker Bursche.

»Die Glocke will und muss ich finden!«, sagte er, »und wenn ich auch bis ans Ende der Welt gehen muss.«

Hässliche Affen saßen oben in den Bäumen und fletschten mit ihren Zähnen. »Wollen wir ihn prügeln?«, sagten sie. »Wollen wir ihn dreschen? Er ist ein Königssohn!«

Aber er ging unverdrossen tiefer und tiefer in den Wald, wo die wunderbarsten Blumen wuchsen; da standen weiße Sternlilien mit blutroten Staubfäden, himmelblaue Tulpen, die im Winde funkelten, und Apfelbäume, deren Äpfel wie große, glänzende Seifenblasen aussahen; denkt nur, wie die Bäume im Sonnenscheine strahlen mussten! Ringsum die schönsten grünen Wiesen, wo Hirsch und Hindin im Grase spielten, wuchsen prächtige Eichen und Buchen, und war die Rinde von einem der Bäume gesprungen, so wuchsen Gras und lange Ranken in den Spalten; da waren auch große Waldstrecken mit stillen Landseen, in denen weiße Schwäne schwammen und mit den Flügeln schlugen.

Der Königssohn stand oft still und horchte; oft glaubte er, dass von einem dieser tiefen Seen die Glocke zu ihm herauftöne; aber dann merkte er wohl, dass es nicht daher käme, sondern dass die Glocke noch tiefer im Walde läutete.

Nun ging die Sonne unter; die Luft erglänzte rot wie Feuer; es wurde still im Walde, und er sank auf seine Knie, sang sein Abendlied und sagte: »Nie finde ich, was ich suche! Nun geht die Sonne unter, nun kommt die Nacht, die finstere Nacht. Doch einmal kann ich die runde Sonne vielleicht noch sehen, ehe sie an dem Horizonte verschwindet; ich will doch auf die Felsen hinaufsteigen; ihre Höhe erreicht die der höchsten Bäume!«

Und er ergriff nun Ranken und Wurzeln und kletterte an den nassen Steinen empor, wo die Wasserschlangen sich wanden, wo die Kröten ihn gleichsam anbellten; – aber hinauf kam er, bevor die Sonne, von dieser Höhe gesehen, ganz untergegangen war. Oh, welche Pracht! Das Meer, das große, herrliche Meer, welches seine langen Wogen gegen die Küste wälzte, streckte sich vor ihm aus, und die Sonne stand wie ein großer, glänzender Altar da draußen, wo Meer und Himmel sich begegneten; alles schmolz in glühenden Farben zusammen; der Wald sang und sein Herz mit. Die ganze Natur war eine große, heilige Kirche, worin Bäume und schwebende Wolken die Pfeiler, Blumen und Gras die gewebte Sammetdecke und der Himmel selbst die große Kuppel bildeten; dort oben erloschen die roten Farben, indem die Sonne verschwand; aber Millionen Sterne wurden angezündet; es glänzten Diamantenlampen, und der Königssohn breitete seine Arme aus gegen den Himmel, gegen das Meer und gegen den Wald. Da kam plötzlich von dem rechten Seitenwege der arme Konfirmand mit der kurzärmeligen Jacke und den Holzschuhen; er war hier ebenso zeitig angelangt; er war auf seinem Wege dahin gekommen. Und sie liefen einander entgegen und fassten einander an der Hand in der großen Kirche der Natur und der Poesie. Und über ihnen ertönte die unsichtbare, heilige Glocke: Selige Geister umschwebten sie im Tanze zu einem jubelnden Hallelujah!

512 DER STURM VERSETZT SCHILDER

Der Sturm versetzt Schilder

In alten Zeiten, als Großvater noch ein ganz kleiner Junge war und mit roten Höschen, roter Jacke, einem Gürtel um den Leib und einer Feder auf der Mütze einherstolzierte – denn so gingen in seiner Jugend die kleinen Jungen gekleidet, wenn sie in vollem Putz waren –, da war gar vieles ganz anders als jetzt, da herrschte oft ein Staat auf den Straßen, ein Staat, wie wir ihn nicht zu sehen bekommen, denn er ist abgeschafft, er wurde zu altväterisch; aber lustig ist es, Großvater davon erzählen zu hören.

Es muss damals wahrlich einen prächtigen Anblick gewährt haben, als die Schuhmacher beim Wechsel ihres Zunfthauses in feierlichem Zug das Schild nach dem neuen Gebäude hinüberschafften. Ihre seidene Fahne wehte; als Wappenbild zeigte sie einen großen Stiefel und einen zweiköpfigen Adler; die jüngsten Gesellen trugen den Willkommensbecher und die Lade; rote und weiße Bänder flatterten von ihren Hemdsärmeln weit hernieder; die älteren waren mit gezogenem Degen bewaffnet, auf dessen Spitze eine Zitrone steckte. Ein zahlreiches Musikkorps marschierte mit, und das schönste unter den Instrumenten war der »Vogel«, wie Großvater die hohe Stange mit dem Halbmond und allem möglichen rauschenden Tingeltangel, einer echten türkischen Musik, nannte. Er wurde in die Höhe gehoben und geschwungen, es klang und klingelte, und es taten einem ordentlich die Augen weh, wenn die Sonne auf all das Gold, Silber und Messing schien.

Vor dem Zug lief ein Harlekin, seine Kleider waren aus allen möglichen bunten Lappen zusammengenäht, sein Gesicht war geschwärzt und sein Kopf war wie bei einem Schlittenpferd mit Schellen aufgeputzt. Er schlug die Leute mit seiner Pritsche, die ohne wehzutun laut klatschte, und das Volk wogte in den Straßen auf und ab; kleine Jungen und Mädchen fielen über ihre eigenen Beine gerade in den Rinnstein; alte Frauen pufften mit den Ellbogen um sich und schauten sauertöpfisch und zänkisch drein. Einer lachte, ein anderer schwatzte; dicht geschart standen die Leute auf den Treppen und in den Fenstern, ja selbst ganz oben auf den Dächern. Die Sonne schien, ohne einen kleinen Regenguss ging es auch nicht ab, aber das war ja gut für den Landmann, und wenn sie so recht durch und durch nass wurden, so war es ein wahrer Segen für das Land.

Und wie der Großvater erzählen konnte! Er hatte als kleiner Junge all diesen Pomp in seiner größten Herrlichkeit gesehen. Der Altgeselle hielt von dem Gerüst aus, an dem das Schild ausgehängt wurde, eine Rede, und noch dazu eine Rede in Versen, als ob sie ordentlich gedichtet worden wäre, und das war sie wirklich. Drei Mann hatten das Meisterwerk geliefert, nachdem sie sich erst eine ganze Bowle gebraut hatten, um es auf den höchsten Grad der Vollendung zu bringen. Das Volk belohnte den Redner mit einem gewaltigen Hurra, aber weit mehr Lebehochs galten dem Harlekin, als er auf dem Gerüst erschien und den Sprecher nachäffte. Der Narr spielte den Narren ganz vorzüglich und trank Met aus Schnapsgläsern, die er hernach unter das Volk warf und nach denen tausend Arme in die Luft griffen. Großvater besaß noch eins, das ein Bekannter aufgefangen und ihm geschenkt hatte. Es war in der Tat lustig. Und das Schild hing unter Blumen und Grünem vor dem neuen Zunfthaus.

»Einen solchen Volksjubel vergisst man nicht, wie alt man auch wird«, sagte Großvater, und er vergaß ihn auch nicht, trotzdem er später viel andere Pracht und Herrlichkeit zu sehen bekam und davon erzählte, aber am unterhaltendsten blieb es immer, ihn erzählen zu hören, wie das Schild in der großen Stadt nach dem anderen Haus geschafft wurde.

Großvater unternahm damals als kleiner Junge mit seinen Eltern eine Reise; noch nie vorher hatte er die größte Stadt des Landes gesehen. Auf den Straßen wimmelten daselbst so viele Leute, dass er der Meinung war, ein Schild sollte umgehängt werden; ach, und wie viele Schilder gab es dort umzuhängen. Hundert Stuben hätte man mit Bildern anfüllen können, hätte man sie innerhalb der vier Wände aufhängen wollen, statt an den äußeren Mauern. Beim Schneider, der die Leute vom Gröbsten bis auf das Feinste einkleiden konnte, prangte das Aushängeschild mit allen möglichen Röcken und Kleidern; beim Tabaksfabrikanten rauchten auf den Schildern die niedlichsten kleinen Jungen Zigarren, wie sie es in Wirklichkeit nicht besser verstehen. Da gab es Schilder mit Butter und Heringen, Predigerbeffchen und Särgen, und außerdem zahlreiche Bekanntmachungen und Anschläge. Man konnte ganz gut einen ganzen Tag Straße auf und Straße ab gehen und sich an den Bildern satt sehen, dafür wusste man aber auch zugleich, was für Menschen darin wohnten; sie hatten selbst ihr Schild ausgehängt, und »es ist immer gut und lehrreich«, sagte der Großvater, »in einer großen Stadt zu wissen, wer hinter den Wänden wohnt«.

Aber mit den Schildern sollte sich, gerade wie Großvater in die Stadt kam, etwas Eigentümliches ereignen. Er hat es selbst erzählt, und er hatte keinen Schelm im Nacken, wie Mutter behauptete, wenn er mir etwas weismachen wollte. Er sah ganz ernst und zuverlässig aus.

In der ersten Nacht, die er in der Stadt zubrachte, entstand das fürchterlichste Unwetter, von dem man je in den Zeitungen gelesen hat, ein Unwetter, wie es seit Menschengedenken nicht gewesen war. Die Luft war fortwährend mit Dachziegeln angefüllt; alle Planken stürzten um, ja, ein Schiebkarren lief ganz von selbst die Straße hinab, nur um sich zu retten. Es tutete in der Luft, es heulte und brauste, es war ein entsetzlicher Sturm. Das Wasser in den Kanälen trat aus, es wusste nicht, wohin es sollte. Der Sturm fuhr über die Stadt und nahm die Schornsteine mit; mehr als eine alte, stolze Kirchturmspitze musste sich beugen und hat sich nie wieder von ihrem Fall erhoben.

Bei dem alten, ehrlichen Brandmeister, der stets mit der letzten Spritze erschien, stand ein Schilderhaus; der Sturm wollte es ihm nicht gönnen, riss es

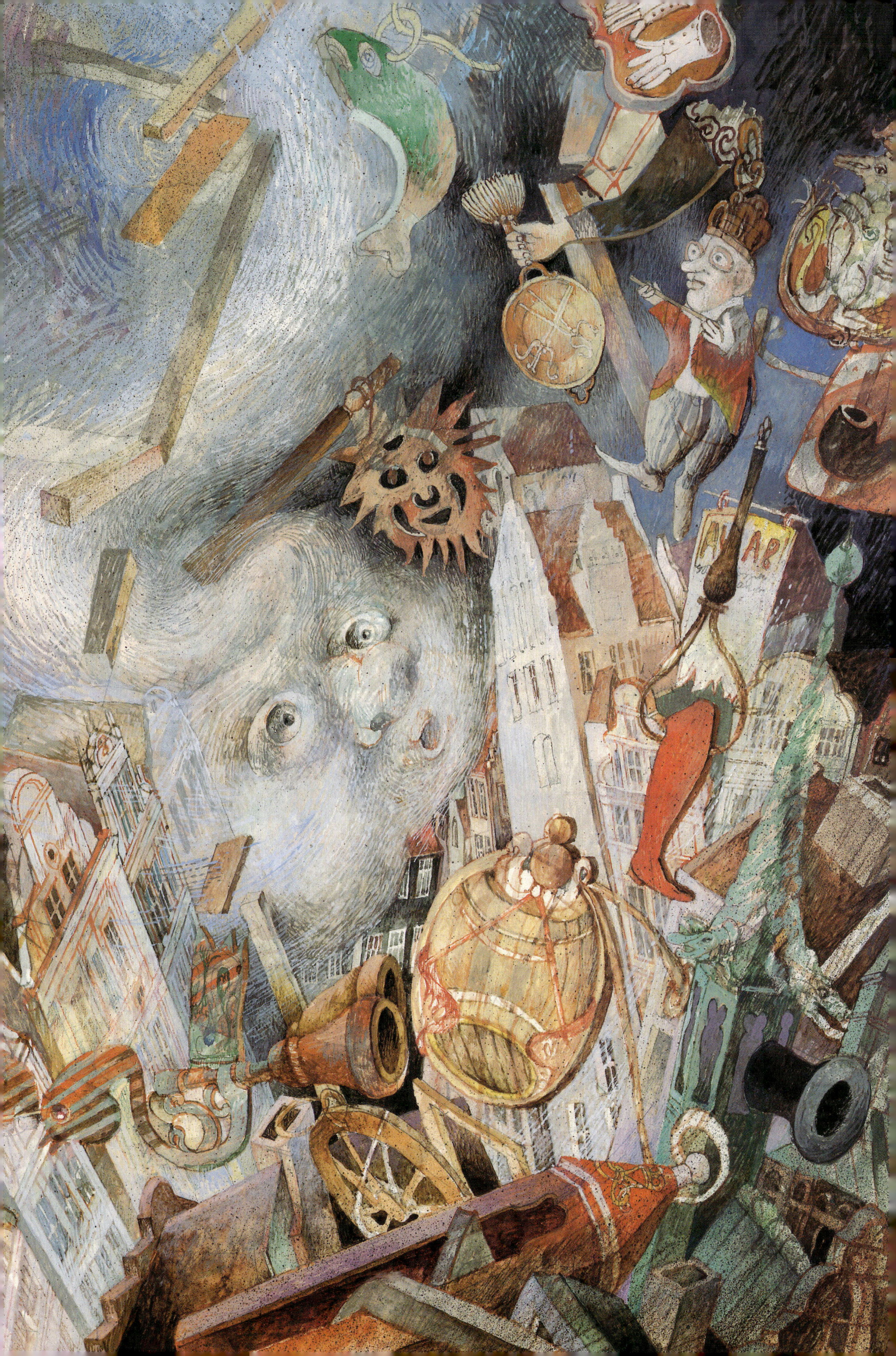

aus seinen Pfosten, und nun polterte es die Straße entlang, und wunderbar genug, es richtete sich wieder auf und blieb vor dem Haus stehen, in dem der einfältige Zimmergeselle wohnte, der bei der letzten Feuersbrunst drei Menschenleben gerettet hatte; aber das Schilderhaus dachte sich nichts dabei.

Das Schild des Barbiers, der große Messingteller, wurde ebenfalls losgerissen und in eine Fenstervertiefung beim Justizrat geweht, und das sah allerdings fast wie Bosheit aus, sagte die ganze Nachbarschaft, weil selbst die allerintimsten Freundinnen die Frau Justizrätin das Schermesser oder Reibeisen nannten. Sie war so sehr klug, sie wusste mehr als die übrigen Menschen, mehr als die Menschen von sich selbst wussten.

Ein Schild mit dem Bild eines Stockfisches blieb gerade über der Tür eines Mannes liegen, der eine Zeitung schrieb. Das war nun ein schlechter Spaß von dem Sturm, der nicht daran dachte, dass mit einem Zeitungsschreiber durchaus nicht zu spaßen ist; er ist König in seiner Zeitung wie in seiner eigenen Meinung.

Der Wetterhahn flog über das Dach seines Gegenübers und blieb dort, sagten die Nachbarn, wie die allerschwärzeste Bosheit stehen.

Die Tonne des Fassbinders wurde unter »Damenputz« ausgehängt.

Der Speisezettel der Garküche in schwerem Rahmen, der neben der Tür befestigt war, hing jetzt über dem Portal des Theaters, wohin sich sonst niemand verirrte. Es war ein lächerliches Plakat: »Meerrettichsuppe und gefüllter Kohlkopf«. Der Fuchspelz des Kürschners, ein höchst respektables Schild, wurde an den Glockenzug des jungen Mannes gehängt, der regelmäßig die Frühpredigt besuchte, wie ein zusammengeklappter Regenschirm aussah, nach Wahrheit strebte und, wie seine Tante sagte, ein Muster war.

Die Inschrift: »Höhere Bildungsanstalt« prangte über einer Billardstube, und die Anstalt selbst erhielt das Schild: »Hier werden Kinder mit der Flasche aufgezogen.« Witzig war es gerade nicht, nur unartig, aber der Sturm hatte es getan, und der lässt sich keine Gesetze vorschreiben.

Es war eine fürchterliche Nacht, und am Morgen, denkt nur, da waren fast sämtliche Schilder in der Stadt umgetauscht, und an manchen Stellen war es mit so ausgesuchter Bosheit geschehen, dass Großvater es gar nicht zu erzählen wagte, aber innerlich lachte er, das bemerkte ich recht wohl, und es ist schon möglich, dass er doch den Schalk im Nacken hatte.

Die armen Leute in der großen Stadt, namentlich die Fremden, begingen Missgriffe über Missgriffe, doch trugen sie nicht die Schuld daran, da sie sich nach den Schildern richteten. Einige wollten eine sehr ernste Versammlung älterer Personen besuchen, wo die wichtigsten Dinge verhandelt werden sollten, und gerieten in eine lärmende Knabenschule, wo man fast über Tisch und Bänke sprang. Es gab sogar Leute, die Kirche und Theater miteinander verwechselten, und das ist doch schrecklich.

In unseren Tagen hat gottlob nie ein solcher Sturm geblasen, nur Großvater hat ihn erlebt, und auch nur in seiner frühesten Jugend; ein solcher Sturm erhebt sich vielleicht auch nicht in unserer Zeit, wohl aber können ihn unsere Enkel erleben. Da wollen wir freilich hoffen und darum beten, dass sie sich, wenn der Sturm die Schilder vertauscht, hübsch in ihrem Zimmer halten.

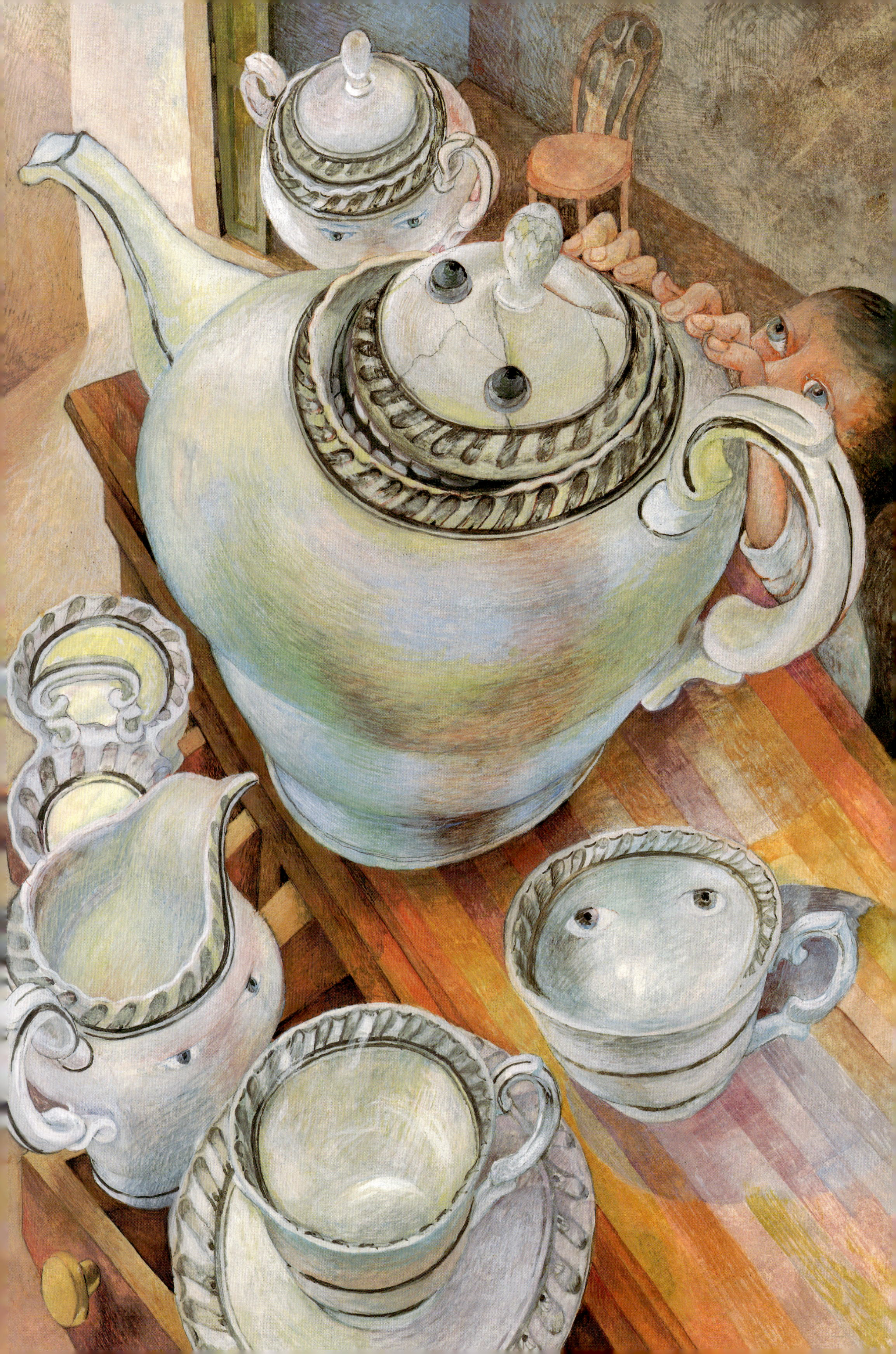

Die Teekanne

Es war einmal eine stolze Teekanne, stolz auf ihr Porzellan, stolz auf ihre lange Tülle, stolz auf ihren breiten Henkel. Sie hatte etwas vorn und etwas hinten: die Tülle vorn, den Henkel hinten, und davon sprach sie gern; von ihrem Deckel dagegen, der einige Sprünge hatte und gekittet war, sprach sie nicht; er hatte seine Mängel, und von seinen Mängeln spricht man nicht gern, das tun schon die anderen zur Genüge. Die Tassen, der Sahnetopf und die Zuckerschale, kurzum, das ganze Teegeschirr, würden sicherlich die Gebrechlichkeit des Deckels nicht vergessen und weit mehr davon reden als von dem guten Henkel und der ausgezeichneten Tülle; das wusste die Teekanne. »Oh, ich kenne sie!«, sprach sie für sich selbst. »Ich kenne auch ebenso gut meine Mängel, und darin besteht meine Demut, meine Bescheidenheit. Mängel haben wir ja alle, aber man hat dann auch wieder seine besondere Begabung. Die Tassen erhielten einen Henkel, die Zuckerschale einen Deckel, ich erhielt beides und noch vorn etwas dazu, was sie nie bekommen – ich erhielt eine Tülle, die mich zur Königin am Teetisch macht. Der Zuckerschale und dem Sahnetopf wurde verliehen, Dienerinnen des Wohlgeschmacks zu sein, ich aber bin die Spendende, die Herrscherin, ich verbreite Segen unter der durstenden Menschheit; in meinem Innern werden die chinesischen Blätter in dem kochenden, geschmacklosen Wasser verarbeitet.«

Dies alles sagte die Teekanne in ihrer sorglosen, unbefangenen Jugendzeit. Sie stand auf dem gedeckten Tisch, sie wurde von der feinsten Hand in die Höhe gehoben. Aber die feinste Hand war linkisch und ungeschickt, die Teekanne fiel, die Tülle brach ab, der Henkel brach ab, vom Deckel verlohnt sichs gar nicht erst zu reden, von ihm ist zur Genüge die Rede gewesen. Besinnungslos lag die Teekanne am Boden, weithin entströmte ihr das kochende Wasser. Das war ein harter Stoß, den sie erhielt, und das Härteste war, dass sie lachten, dass sie sie auslachten und nicht die linkische Hand.

»Nie werde ich diesen entsetzlichen Augenblick vergessen!«, sagte die Teekanne, wenn sie später sich selbst ihren Lebenslauf erzählte. »Ich wurde Invalidin genannt, in einen Winkel gesetzt und am folgenden Tag einer armen Frau geschenkt, die um etwas Bratenfett bettelte. Ich stieg nun zur Armut hernieder, stand, sowohl was das Äußere wie das Innere anlangt, zwecklos da, aber gerade da, wo ich stand, begann mein besseres Leben. Man ist einem fortwährenden Wechsel unterworfen. Erde wurde in mich hineingepackt; für eine Teekanne ist das ebenso, wie begraben zu werden, aber in die Erde wurde eine Blumenzwiebel gelegt. Wer sie hereinlegte, wer sie mir schenkte, weiß ich nicht, aber geschenkt wurde sie mir als Ersatz für die chinesischen Blätter und das kochende Wasser, als Ersatz für den abgebrochenen Henkel und die Tülle. Und die Zwiebel lag in der Erde, die Zwiebel lag in mir, sie wurde mein Herz, mein lebendiges Herz, wie ich es nie vorher gehabt hatte. Leben und Kraft waren in mir, allerlei Kräfte regten sich – der Puls schlug, die Zwiebel keimte, die in ihr schlummernden Gedanken und Gefühle machten sich gewaltsam Bahn; in einer Blume brachen sie hervor. Ich sah sie, ich trug sie, ich vergaß mich selbst in ihrer Schönheit. Gesegnet ist es, sich selbst in anderen zu vergessen! Sie sagte mir keinen Dank, sie dachte nicht an mich – sie wurde bewundert und gepriesen. Ich war so froh darüber, wie hätte ich es nicht sein müssen! Eines Tages vernahm ich, wie gesagt wurde, sie verdiene einen besseren Topf. Man brach mich mitten durch; oh, das tat schrecklich weh, aber die Blume kam in einen besseren Topf – und ich, ich wurde in den Hof hinausgeworfen, liege als alter Scherben da – aber die Erinnerung lebt in mir, die kann mir niemand rauben.«

DAS SCHNEEGLÖCKCHEN

Es war Winterszeit, die Luft kalt, der Wind scharf, aber zu Hause war es warm und gut, in ihrem eigenen Häuschen lag die Blume, sie schlummerte in ihrer Zwiebel unter Erde und Schnee. Eines Tages fiel Regen; die Tropfen drangen durch die Schneedecke in die Erde hinein, rührten die Blumenzwiebel an, meldeten von der Lichtwelt auf der Oberfläche. Bald drang der Sonnenstrahl durch den Schnee bis zur Zwiebel hinab und stach sie.

»Komm herein!«, sagte die Blume.

»Ich kann nicht«, erwiderte der Sonnenstrahl, »ich habe noch nicht Kraft genug, selbst zu öffnen; erst im Sommer werde ich stark.«

»Wann ist es Sommer?«, fragte die Blume und wiederholte es, sooft ein neuer Sonnenstrahl hinabdrang. Aber es währte lange bis zur Sommerszeit; noch lag der Schnee und jede Nacht fror die Oberfläche des Wassers zu.

»Wie lange es währt! Wie lange es währt!«, sagte die Blume. »Ich fühle ein Kribbeln und Krabbeln, ich muss mich recken, ich muss mich strecken, ich muss hinaus, dem Sommer einen Guten Morgen zunicken; es wird eine holdselige Zeit!«

Und die Blume reckte sich und streckte sich inwendig gegen die dünne Schale, welche das Wasser von außen erwärmt und in welche der Sonnenstrahl hineingestochen hatte. Sie spross unter dem Schnee hervor, mit weißlich grüner Knospe auf dem Stängel, mit schmalen, dicken Blättern, die gleichsam einen Schirm um sie bilden wollten. Der Schnee war kalt, aber vom Licht durchstrahlt, dazu so leicht zu durchbrechen, und hierher drang der Sonnenschein mit größerer Macht als zuvor.

»Willkommen, willkommen!«, sprach und klang jeder Strahl; und die Blume erhob sich über den Schnee in die Lichtwelt hinaus. Die Sonnenstrahlen streichelten und küssten sie, sodass sie sich ganz öffnete, weiß wie der Schnee und mit grünen Streifen verziert. Sie neigte ihr Haupt in Freude und Demut.

»Schöne Blume!«, sangen die Sonnenstrahlen. »Wie frisch und leuchtend du bist! Du bist die Erste, du bist die Einzige, du bist unsere Liebe! Du läutest den Sommer ein, einen herrlichen Sommer über Land und Stadt! Aller Schnee muss schmelzen, die kalten Winde werden verjagt! Wir werden herrschen, alles wird grünen! Und dann erhältst du Gesellschaft, Flieder und Goldregen und zuletzt die Rosen, aber du bist die Erste, so fein und leuchtend!«

Es war eine große Lust. Es war, als ob die Luft sänge und klänge, als ob die Lichtstrahlen in ihre Blätter und ihren Stängel drängen. Sie stand so fein und zerbrechlich und doch so kräftig da, in jugendlicher Schönheit. Sie stand in weißem Gewand mit grünen Bändern und pries den Sommer.

Aber es war noch lange bis zur Sommerszeit, Wolken verhüllten die Sonne, scharfe Winde brausten über sie fort.

»Du bist ein wenig zu früh gekommen«, sagten Wind und Wetter. »Wir besitzen noch die Macht, die musst du fühlen und dich hineinfinden! Du hättest in deinem Haus bleiben, hättest nicht hinausgehen sollen, es ist noch nicht die Zeit!«

Es war schneidend kalt! Die Tage, welche kamen, brachten keinen einzigen Sonnenstrahl. Für eine so kleine, zerbrechliche Blume war es ein Wetter, um vor Kälte zu vergehen. Aber sie entfaltete mehr Stärke in sich, als sie selbst wusste; sie war stark in Freude und Glauben an den Sommer, er musste kommen, er war ihr in ihrer tiefen Sehnsucht verkündigt und von dem warmen Sonnenlicht bekräftigt worden. Und deshalb stand sie voller Trost in ihrer weißen Tracht, in dem tiefen Schnee, ihr Haupt neigend, wenn die Schneeflocken dicht und schwer auf sie herabfielen, während eisige Winde über sie hinfuhren.

»Du zerbrichst!«, sagten sie. »Verwelke, erfriere! Was wolltest du draußen? Weshalb ließest du dich hervorlocken? Der Sonnenstrahl hat dich gefoppt! Nun sollst du es gut haben, du Sommernarr!«

»Sommernarr!«, hallte es an dem kalten Morgen wider.

»Sommernarr!«, jubelten einige Kinder, die in den Garten kamen. »Da steht einer, so reizend, so schön, der Erste, der Einzige!«

Und diese Worte taten der Blume so wohl, es waren Worte wie warme Sonnenstrahlen. Die Blume empfand in ihrer Freude nicht einmal, dass sie gepflückt wurde. Sie lag in Kinderhand, wurde von Kindermund geküsst, wurde in das warme Zimmer gebracht, von sanften Augen angesehen und in Wasser gesetzt, so stärkend, so belebend. Die Blume glaubte, dass sie in einem Augenblick mitten in den Sommer hineinversetzt wäre.

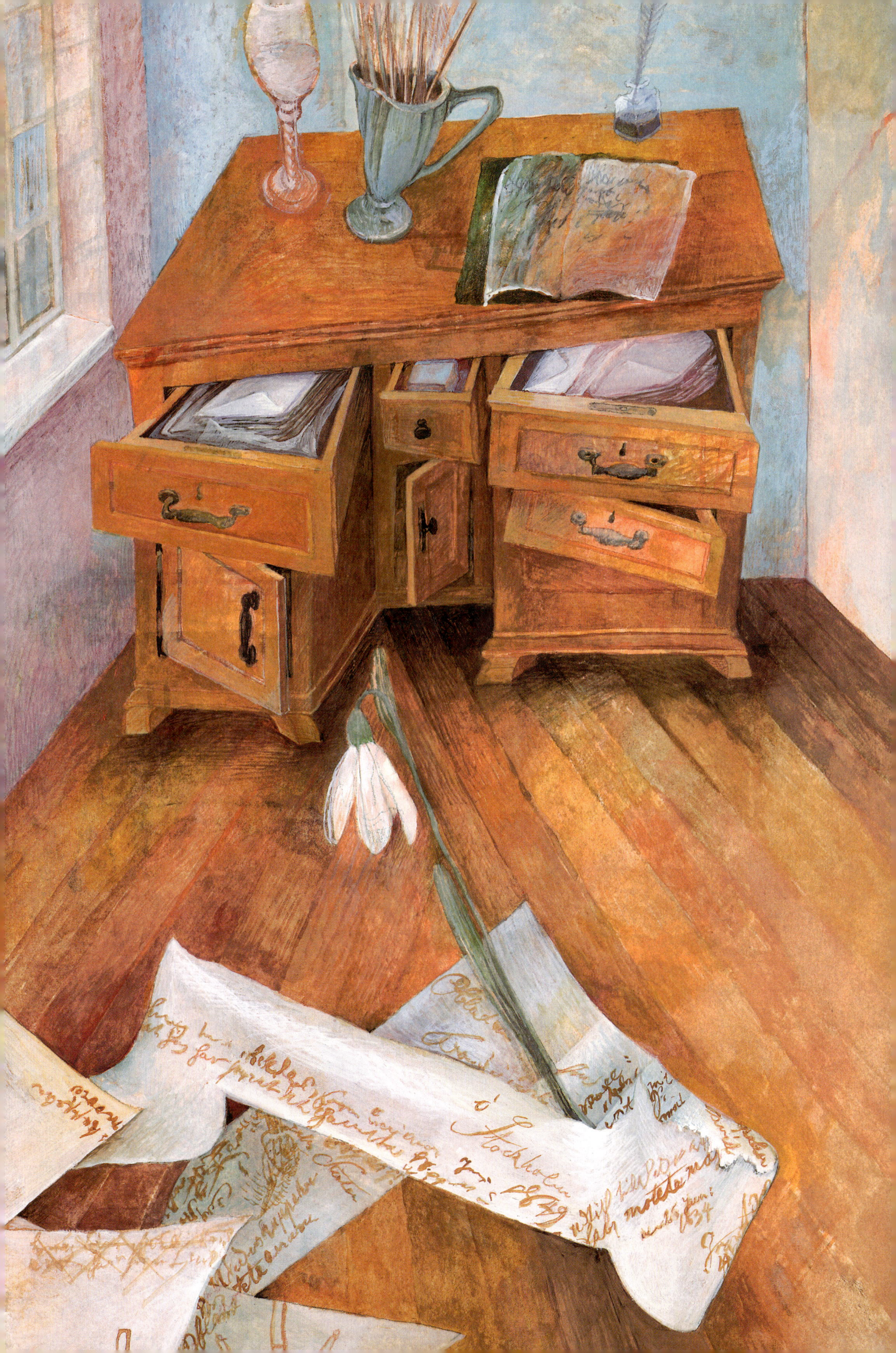
Stockholm

Die Tochter des Hauses, ein anmutiges Mädchen, war konfirmiert. Sie hatte einen lieben jungen Freund, der auch konfirmiert war und sich auf die Beamtenlaufbahn vorbereitete. »Er soll mein Sommernarr sein«, sagte sie, nahm darauf die feine Blume, legte sie in ein duftendes Stück Papier, auf welchem Verse geschrieben standen, Verse über die Blume, die mit Sommernarr anfingen und mit Sommernarr schlossen, »Sommernarr, mein lieber Freund, sei auch einmal Winternarr!« Sie hatte ihn mit dem Sommer aufgezogen. Ja, das stand alles in den Versen, und sie wurden wie ein Brief zusammengelegt, die Blume lag darin, und dunkel war es um sie her, wie damals, als sie noch in der Zwiebel lag. Die Blume ging auf Reisen, lag im Briefbeutel, wurde gepresst und gestoßen, es war gar nicht behaglich. Aber es nahm auch ein Ende.

Die Reise war vorbei, der Brief wurde geöffnet und von dem lieben Freund gelesen. Er war so glücklich und fröhlich, dass er die Blume küsste. Darauf wurde sie mit ihren Versen in ein Schubfach gelegt, in dem schon mehrere schöne Briefe lagen, aber alle ohne Blume; sie war die Erste, die Einzige, wie die Sonnenstrahlen sie auch als die Einzige hervorgerufen hatten, und darüber nachzudenken machte ihr viel Vergnügen.

Lange durfte sie denn auch darüber nachdenken; sie dachte nach, während der Sommer verstrich und der lange Winter verstrich, und als es abermals Sommer ward, da kam sie wieder zum Vorschein. Doch jetzt war der junge Mann gar nicht freudig; er griff die Papiere so hart an und warf die Verse hin, dass die Blume auf den Boden fiel. Gepresst und getrocknet war sie, aber deshalb hätte sie doch nicht auf den Boden geworfen werden sollen. Freilich lag es sich dort noch immer besser als im Feuer, das die Verse und Briefe hoch auflodernd verzehrte. Was war denn geschehen? Was leider so oft geschieht. Die Blume hatte ihren Scherz mit ihm getrieben, das war Spaß; das Mädchen hatte ihren Scherz mit ihm getrieben und das war kein Spaß. Im lichten Monat Juni hatte sie sich einen anderen Freund erwählt. Am Morgen beschien die Sonne den kleinen, flach gepressten Sommernarren, der aussah, als wäre er auf den Boden gemalt. Die Magd, welche auskehrte, hob ihn auf und legte ihn in eins der Bücher auf dem Tisch, indem sie glaubte, dass er herausgefallen wäre, als sie aufräumte. Und die Blume lag zwischen den Versen, gedruckten Versen, und diese sind weit vornehmer als die geschriebenen, wenigstens haben sie mehr gekostet. Jahre vergingen, das Buch stand auf dem Regal. Jetzt kam es wieder zum Vorschein, wurde geöffnet und gelesen. Es war ein gutes Buch, Verse und Lieder eines berühmten Dichters. Der Mann, welcher im Buch las, wandte das Blatt um. »Da liegt ja eine Blume«, sagte er, »ein Sommernarr! Die ist gewiss nicht ohne Absicht hierher gelegt worden. Bleibe als Zeichen im Buch liegen; an dich knüpfen sich sicher schöne Erinnerungen!« Und darauf wurde der Sommernarr wieder in das Buch gelegt und fühlte sich geehrt und erfreut zu wissen, dass er als Zeichen in dem schönen Liederbuch liegen sollte. – Das ist das Märchen von dem Schneeglöckchen, dem Sommernarren.

Ein Blatt vom Himmel

Hoch oben in der dünnen, klaren Luft flog ein Engel mit einer Blume aus dem Garten des Himmels. Indem er die Blume küsste, fiel ein ganz kleines Blättchen herab, in den erweichten Boden, mitten im Walde, und schlug sogleich Wurzel und trieb Wurzel und Schösslinge mitten zwischen den andern Gewächsen.

»Das ist ein possierlicher Steckling, der da«, sagten sie. Und niemand wollte ihn anerkennen, weder Disteln noch Brennnesseln.

»Das wird wohl eine Art Gartenpflanze sein«, sagten sie, und nun wurde die Pflanze als Gartengewächs verhöhnt.

»Wo willst du hin?«, sagten die hohen Disteln, deren Blätter alle mit Stacheln bewaffnet sind.

»Du lässt die Zügel gar weit schießen, das ist dummes Zeug! Wir stehen nicht hier, um dich zu tragen!«

Der Winter kam, der Schnee bedeckte die Pflanze; von ihr aber bekam die Schneedecke einen Glanz, als werde sie auch von unten vom Sonnenlicht durchströmt. Als das Frühjahr kam, zeigte sich ein blühendes Gewächs, herrlich wie kein anderes im Walde.

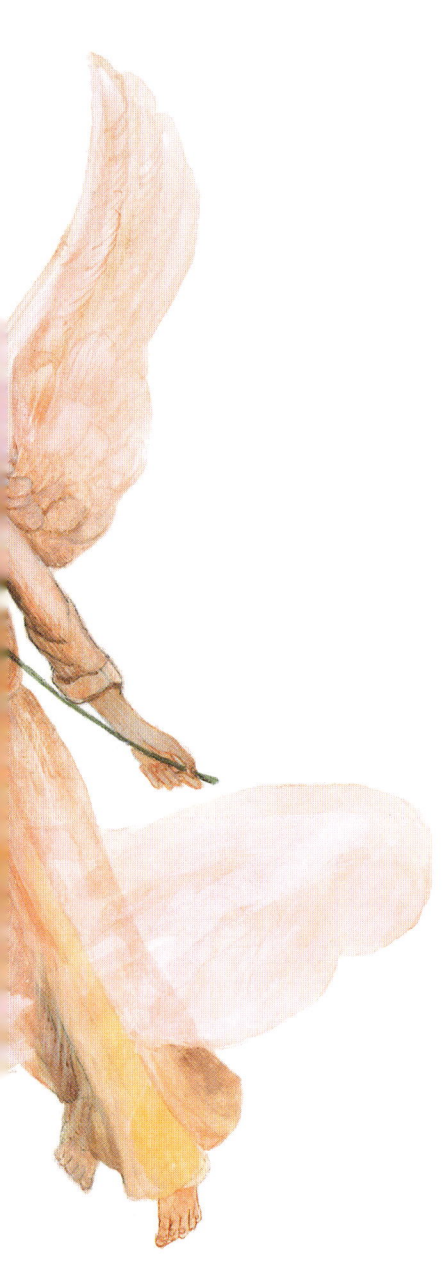

Nun machte der botanische Professor sich auf, welcher es schwarz auf weiß hatte, dass er das war, was er eben war. Er besah die Pflanze, er kostete sie, aber sie stand nicht in seiner Pflanzenlehre; es war ihm nicht möglich herauszufinden, in welche Klasse sie gehöre.

»Das ist eine Abart!«, sagte er. »Ich kenne sie nicht. Sie ist nicht in das System aufgenommen.«

»Nicht in das System aufgenommen?«, sagten Disteln und Brennnesseln. Die großen Bäume, die ringsum standen, sahen und hörten es, aber sagten nichts – weder Böses noch Gutes, und das ist immer das Klügste, wenn man dumm ist.

Da kam durch den Wald ein armes, unschuldiges Mädchen; ihr Herz war rein, ihr Verstand groß durch den Glauben; ihr ganzes Erbteil war eine alte Bibel; aber aus ihren Blättern sprach Gottes Stimme zu ihr: Wenn die Menschen uns Böses zufügen wollen, da heißt es ja von Joseph: »Sie dachten Böses in ihren Herzen, doch Gott lenkte es zum Guten.« Leiden wir Unrecht, werden wir verkannt und verhöhnt, da tönt es von ihm, dem Reinsten, dem Besten, von ihm, den sie verspotteten und an das Kreuz nagelten, wo er betete: »Vater, vergib ihnen, denn sie wissen nicht, was sie tun!« Das Mädchen blieb vor der wunderbaren Pflanze stehen, deren grüne Blätter süß und erquickend dufteten, deren Blumen in dem klaren Sonnenscheine wie ein Farbenfeuerwerk strahlten, und aus jeder klang es heraus, als verberge sie den tiefen Born der Melodien, den Jahrtausende nicht zu erschöpfen vermögen. Mit frommer Andacht erblickte es all diese Herrlichkeit Gottes, es bog einen der Zweige zu sich herab, um recht die Blume beschauen und ihren Duft einatmen zu können. Es wurde hell in ihrem Sinne; es tat ihrem Herzen wohl; gerne hätte es eine Blume gepflückt; es konnte es aber nicht über sich gewinnen, sie abzubrechen: Sie würde ja bald bei ihr verwelken; das Mädchen nahm nur ein einziges der grünen Blätter, legte dasselbe daheim in ihre Bibel; da lag es frisch, immer grün und unverwelkt.

Zwischen den Blättern der Bibel lag es aufgehoben; mit der Bibel wurde es unter den Kopf des jungen Mädchens gelegt, als es nach einigen Wochen in seinem Sarge lag mit dem heiligen Ernste des Todes auf dem frommen Gesichte, als ob es sich in dem irdischen Staube abpräge, dass es jetzt vor seinem Gotte stehe!

Aber draußen im Walde blühte die wunderbare Pflanze; sie war fast wie ein Baum anzusehen und alle Zugvögel beugten sich vor ihr.

»Das ist nun wieder so eine Ausländischtuerei«, sagten die Disteln und die Kletten, »so können wir uns hier zu Lande doch nie betragen.«

Die schwarzen Waldschnecken spuckten vor der Blume aus.

Dann kam der Schweinehirt. Er sammelte Disteln und Gesträuche, um Asche daraus zu brennen. Die ganze wunderbare Pflanze samt allen Wurzeln kam mit in sein Bündel: »Sie soll auch nutzbar werden«, sagte er, und gesagt, getan!

Doch seit Jahr und Tag litt der König des Landes an der tiefsten Schwermut, er war fleißig und arbeitsam, es half ihm nichts; man las ihm sinnige gelehrte Schriften vor, man las die oberflächlichsten, die leichtesten, die man finden konnte, – es half nichts! Da sandte einer der Weisesten der Welt, an die man sich gewendet hatte, einen Boten ab und ließ sagen, dass es doch ein Mittel gebe, ihm Linderung zu verschaffen und ihn zu heilen: »In dem eigenen Reiche des Königs wüchse im Walde eine Pflanze himmlischen Ursprungs; so und so sähe sie aus, man könne sich nicht irren.«

»Sie ist wohl mit in mein Bündel gekommen«, sagte der Schweinehirt, »und ist schon lange zu Asche geworden, aber ich wusste es nicht besser.«

»Wusstest du es nicht besser? Unwissenheit über Unwissenheit!« Und diese Worte konnte sich der Schweinehirt zu Herzen nehmen; ihm und keinem andern galten sie.

Kein Blatt war mehr zu finden, das einzige lag in dem Sarge der Toten und davon wusste niemand etwas.

Und der König selbst wanderte in seinem Missmut in den Wald nach dem Orte hinaus.

»Hier hat die Pflanze gestanden!«, sagte er, »es ist eine heilige Stätte!«

Und der Platz wurde mit einem goldenen Gitter eingezäunt und eine Schildwache dort aufgestellt!

Der botanische Professor schrieb eine sehr große Abhandlung über die himmlische Pflanze; für diese wurde er vergoldet und diese Vergoldung stand ihm und seiner Familie sehr gut; und das ist das Erfreulichste bei der ganzen Geschichte; denn die Pflanze war verschwunden und der König blieb missmutig und betrübt – aber das war er auch vorher, sagte die Schildwache.

Feder und Tintenfass

In dem Zimmer eines Dichters wurde einst, während man sein Tintenfass besah, die Äußerung getan: »Es ist merkwürdig, was doch alles aus diesem Tintenfass hervorgehen kann! Was mag jetzt wohl das Nächste sein? Ja, es ist merkwürdig!« – »Das ist es«, sagte das Tintenfass. »Es ist unbegreiflich! Das ist es, was ich immer behaupte!«, sagte es stolz zu der Schreibfeder und zu den anderen Gegenständen auf dem Tisch, die es hören konnten. »Es ist wirklich merkwürdig, was doch alles aus mir hervorgehen kann, ja, es ist fast unglaublich! Ich weiß in der Tat selbst nicht, was das Nächste werden wird, wenn der Mensch erst wieder anfängt, aus mir zu schöpfen. Ein Tropfen von mir ist hinreichend zu einer halben Seite Papier, und was kann nicht auf ihr stehen! Ich bin etwas ganz Merkwürdiges! Von mir allein gehen alle Werke des Dichters aus! Diese Charakterisierungen des einzelnen Menschen, wie er leibt und lebt, sodass die Leute ihn zu erkennen glauben, diese innigen Gefühle, diese gute Laune, diese reizenden

Schilderungen der Natur. Ich begreife es selbst nicht, denn ich kenne die Natur gar nicht; aber es lebt nun einmal in mir. Aus mir ging hervor und geht immer noch hervor diese Heerschar schwebender, anmutiger Mädchen, kecker Ritter auf schnaubenden Rossen, fröhlicher und gesunder Naturburschen! Ja, ich weiß es selbst nicht und denke dabei gar nicht.«

»Darin haben Sie vollständig Recht!«, sagte die Schreibfeder. »Sie denken durchaus nicht, denn dächten Sie, so würden Sie begreifen, dass Sie nur Flüssigkeit hergeben! Sie geben Feuchtigkeit, damit ich aussprechen und auf dem Papier sichtbar machen kann, was ich in mir habe; das schreibe ich nieder. Die Feder ist es, welche schreibt; daran zweifelt kein Mensch, und die meisten Menschen haben, was die Dichtkunst anlangt, doch ebenso viel Einsicht wie ein altes Tintenfass.«

»Sie haben nur wenig Erfahrung!«, versetzte das Tintenfass. »Sie stehen ja kaum eine Woche im Dienst und sind schon halb abgenutzt. Bilden Sie sich etwa ein, dass Sie die Dichterin sind? Sie sind nur die Magd, und viele Ihrer Gattung habe ich schon gehabt, ehe Sie kamen, und zwar ebenso von der Gänsefamilie wie aus der englischen Fabrik. Ich verstehe mich auf Gänsekiele wie auf Stahlfedern. Ich habe schon viele in Diensten gehabt und werde noch viele bekommen, wenn er, der Mensch, der für mich die Bewegungen macht, kommt und niederschreibt, was er aus meinem Innern schöpft. Ich möchte jetzt nur wissen, was er zuerst aus mir hervorholen wird.«

»Dummer Tintenkübel!«, sagte die Feder.

Spät am Abend kam der Dichter nach Hause, er war im Konzert gewesen, hatte einen ausgezeichneten Violinspieler gehört und war von dessen unvergleichlichem Spiel völlig erfüllt und ergriffen. Eine in Erstaunen setzende Welt von Tönen hatte er aus seinem Instrument hervorgezaubert –

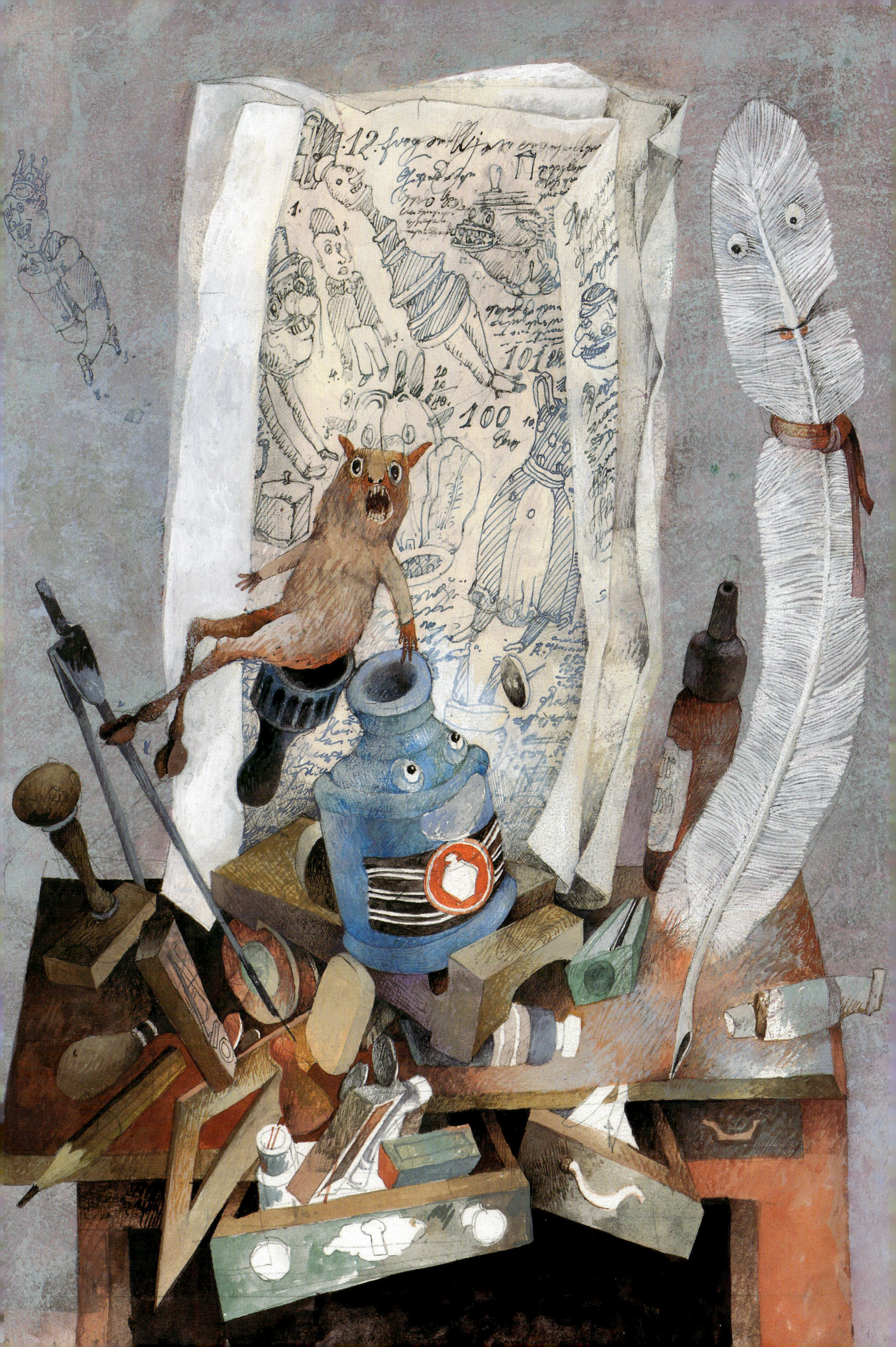

bald tönte es wie klingende Wassertropfen, Perle an Perle, bald wie ein voller Chor zwitschernder Vögel, bald brauste der Sturm durch einen Tannenwald. Er glaubte, sein eigenes Herz weinen zu hören, aber in Melodien, wie sie aus der herrlichen Stimme einer Frau hervortönen. Es war gewesen, als ob nicht nur die Saiten der Violine klängen, sondern auch der Steg, ja selbst die Schrauben und der Resonanzboden; es war außerordentlich! Es war schwer gewesen und hatte doch wie Kinderspiel ausgesehen, als ob der Bogen nur hin und her über die Saiten liefe. Man hätte glauben mögen, dass es jeder müsste nachmachen können. Die Violine klang von selbst, der Bogen spielte von selbst, die beiden waren es, welche das Ganze machten, man vergaß den Meister darüber, der sie führte, der ihnen Leben und Seele einhauchte. Den Meister vergaß man, aber an ihn dachte der Dichter, seiner erwähnte er und schrieb dabei seine Gedanken nieder: »Wie töricht, wenn der Bogen und die Violine auf ihre Leistungen hochmütig sein wollen! Und das tun wir Menschen doch so oft, der Dichter, der Künstler, der Erfinder und Bahnbrecher in der Wissenschaft, der Feldherr. Wir überheben uns, wir sind stolz auf unsere Werke – und alle sind wir gleichwohl nur die Instrumente, auf denen Gott spielt; ihm allein die Ehre! Wir haben nichts, weswegen wir stolz zu sein brauchten.«

Ja, das schrieb der Dichter nieder, schrieb es in der Form einer Parabel und nannte sie »Der Meister und die Instrumente«.

»Da bekamen Sie Ihren Teil, Madame!«, sagte die Feder zum Tintenfass, als sie beide wieder allein waren. »Sie hörten ihn wohl sich laut vorlesen, was ich niedergeschrieben hatte?«

»Ja, was ich Ihnen zu schreiben gab«, sagte das Tintenfass. »Es war ja ein Hieb auf Sie für Ihren Hochmut! Dass Sie nicht einmal verstehen können, dass man sich über Sie lustig macht! Ich gab Ihnen einen Hieb gerade aus meinem Innersten heraus! Ich muss doch wohl meinen eigenen Spott kennen!«

»Einfältige Tintenhalterin!«, versetzte die Feder.

»Schreibpflock!«, erwiderte das Tintenfass.

Und eine jede von ihnen hatte das Bewusstsein, der anderen gründlichen Bescheid gegeben zu haben, und es ist immer ein angenehmes Bewusstsein, davon überzeugt zu sein, dass man es jemandem ordentlich gegeben hat, dann wird man im Schlaf nicht beunruhigt, und sie wurden beide nicht beunruhigt. Aber der Dichter schlief nicht; die Gedanken quollen hervor wie die Töne aus der Violine, rollend wie Perlen, brausend durch den Wald wie der Sturm, den er in seinem eigenen Herzen empfand. Er empfand den Strahl von dem ewigen Meister. – Ihm allein die Ehre!

Convallaria majalis   *Rumex acetosa*

1.

2.

4.

3.

5.

6.

Quercus petraea   *Rosa damascena*

Das stumme Buch

An der Landstraße im Walde lag ein einsames Bauerngehöft, die Straße führte quer durch dessen Hofraum. Die Sonne schien hernieder, alle Fenster waren geöffnet; drinnen im Hause herrschte ein reges Leben; hier im Hofe, in einer Laubhütte von blühendem Flieder, stand ein offener Sarg – den Toten hatte man dahin getragen, diesen Vormittag sollte er begraben werden. Niemand weinte eine Träne um ihn, sein Gesicht war mit einem weißen Tuche bedeckt, und unter seinem Haupte lag ein großes, dickes Buch, dessen Blätter aus ganzen Bogen Löschpapier bestanden, und in jedem Blatte lag eine verwelkte Blume; es war ein Herbarium, an verschiedenen Orten gesammelt; es sollte mit ins Grab, so hatte er's selbst verlangt. An jede Blume knüpfte sich ein Kapitel aus seinem Leben.

»Wer ist der Tote?«, fragten wir, und man antwortete uns: »Der alte Student! Er soll einst ein flinker Mensch gewesen sein, alte Sprachen getrieben, gesungen und selbst Lieder gedichtet haben, so sagt man; da kam irgendetwas dazwischen, und darum warf er seine Gedanken und sich selbst auf den Branntwein, und als endlich auch gar seine Gesundheit darauf ging, so kam er zuletzt hier aufs Land heraus, wo jemand Kost und Logis für ihn bezahlte. Er war fromm wie ein Kind, wenn ihn nur nicht der finstere Sinn überkam; aber dann war er schlimm, und er wurde wie ein Riese und lief wie ein gehetztes Wild im Walde umher; aber wenn wir ihn erst wieder nach Hause kriegten und ihn dahin brachten, dass er das Buch mit den trockenen Pflanzen öffnete, so saß er oft ganze Tage und blickte bald die, bald jene Pflanze an, und manchmal rollten ihm die Tränen über die Wangen; Gott weiß, was er dabei dachte. – Aber das Buch bat er uns in den Sarg zu legen, und jetzt liegt er da, und in einer kleinen Weile wird der Deckel zugenagelt, und er wird seine süße Ruhe im Grabe haben!«

Das Leichentuch wurde emporgehoben; es war Friede auf des Toten Antlitz, ein Sonnenstrahl fiel darauf; eine Schwalbe schoss in ihrem pfeilschnellen Fluge in die Laubhütte hinein und kehrte im Fluge um, zwitschernd über dem Haupte des Toten.

Welch sonderbares Gefühl ist es doch – wir kennen es gewiss alle –, alte Briefe aus unserer Jugendzeit wieder zu durchblättern; ein neues Leben taucht gleichsam mit allen seinen Hoffnungen und Sorgen empor. Wie viele der Menschen, mit denen wir in jener Zeit innig verkehrten, sind uns jetzt wie gestorben, und doch leben sie noch, aber wir haben ihrer seit langem nicht gedacht, ihrer, an die wir einst immer festzuhalten glaubten, mit denen wir Freud und Leid teilen wollten!

Das verwelkte Eichenblatt im Buche hier erinnert an den Freund, den Schulfreund, den Freund fürs Leben; er heftete dieses Blatt auf die Studentenmütze, im grünen Walde, als der Bund für dieses Dasein geschlossen wurde; – wo lebt er jetzt? – Das Blatt ist aufgehoben, die Freundschaft zerstoben! Hier ist eine fremde Treibhauspflanze, zu zart für die Gärten des Nordens – es ist, als dufteten die Blätter noch! Sie gab sie ihm, das Fräulein aus dem adeligen Garten. Hier ist eine Wasserrose, die er selbst gepflückt und mit salzigen Tränen genetzt hat; – die Rosen der süßen Gewässer. Und hier ist eine Nessel, was sprechen ihre Blätter wohl? Was dachte er wohl, als er sie pflückte, als er sie aufhob? Hier ist ein Maiblümchen aus des Waldes Einsamkeit, hier ist Immergrün aus dem Blumentopfe der Schenkstube und hier der nackte, scharfe Grashalm.

Der blühende Flieder neigt seinen frischen, duftenden Büschel über das Haupt des Toten, die Schwalbe fliegt wiederum vorüber, »quivit!, quivit!« – Jetzt kommen die Männer mit Nägeln und Hammer, der Deckel wird über den Toten gelegt, damit sein Haupt auf dem stummen Buche ruhe; – aufgehoben – zerstoben.

Hans Christian Andersen wurde 1805 in Dänemark geboren. Er war der Sohn eines Schuhmachers und stammte aus sehr ärmlichen Verhältnissen. Im Jahr 1835 erschien das erste seiner Märchenbücher, das ihn mit einem Schlag bekannt machte. Andersens erste Märchen sind stark von Volksmärchen beeinflusst. Später schuf sich Andersen einen ganz eigenen, manchmal fast umgangssprachlichen Märchenton, der ihn zum berühmtesten Dichter seines Landes und zu einem der meistübersetzten Autoren machte. Er starb im Jahr 1875.

Kamila Štanclová, 1945 in Zvolen geboren, studierte an der Hochschule für Bildende Kunst in Bratislava. Nach Abschluss des Studiums illustrierte sie über 70 Bücher für Kinder und Erwachsene. Ihre Arbeiten sind mit zahlreichen Preisen ausgezeichnet worden.

Dušan Kállay, 1948 in Bratislava geboren, studierte an derselben Hochschule wie seine spätere Frau Kamila. Die von ihm illustrierten Bücher sind international publiziert worden. 1988 wurde er für sein Lebenswerk mit dem Hans-Christian-Andersen-Preis ausgezeichnet. Zu den bekanntesten der von ihm illustrierten Bücher gehören »Alice im Wunderland«, »Der Kaufmann von Venedig« und »Ein Sommernachtstraum«. Die vorliegende Andersen-Ausgabe ist das erste Werk, das das Ehepaar gemeinsam illustriert hat.

Es war eine große Herausforderung für uns, die Märchen von Hans Christian Andersen zu illustrieren. Mehr als drei Jahre haben wir an den Bildern gearbeitet. Von dem Moment an, wo Andersen in unser Haus Einzug hielt, haben wir nur noch mit ihm gelebt, seinem standhaften Zinnsoldaten, den wilden Schwänen und der kleinen Seejungfrau.